权威·前沿·原创

皮书系列为
"十二五"国家重点图书出版规划项目

河北经济蓝皮书

BLUE BOOK OF
HEBEI ECONOMY

河北省经济发展报告
（2016）

ANNUAL REPORT ON ECONOMIC DEVELOPMENT
IN HEBEI (2016)

新常态与京津冀协同发展

主 编／马树强 金 浩 张 贵

社会科学文献出版社
SOCIAL SCIENCES ACADEMIC PRESS (CHINA)

图书在版编目（CIP）数据

河北省经济发展报告.新常态与京津冀协同发展：2016/马树强，
金浩，张贵主编.—北京：社会科学文献出版社，2016.4
（河北经济蓝皮书）
ISBN 978 - 7 - 5097 - 8993 - 3

Ⅰ.①河…　Ⅱ.①马…　②金…　③张…　Ⅲ.①区域经济发展 -
研究报告 - 河北省 - 2016 ②区域经济发展 - 协调发展 - 研究报告 -
华北地区 - 2016　Ⅳ.①F127.22 ②F127.2

中国版本图书馆 CIP 数据核字（2016）第 071075 号

河北经济蓝皮书
河北省经济发展报告（2016）
——新常态与京津冀协同发展

主　编／马树强　金　浩　张　贵

出 版 人／谢寿光
项目统筹／恽　薇　高　雁
责任编辑／王楠楠

出　　　版／社会科学文献出版社·经济与管理出版分社（010）59367226
　　　　　　地址：北京市北三环中路甲 29 号院华龙大厦　邮编：100029
　　　　　　网址：www. ssap. com. cn
发　　　行／市场营销中心（010）59367081　59367018
印　　　装／北京季蜂印刷有限公司

规　　　格／开本：787mm×1092mm　1/16
　　　　　　印 张：24.75　字 数：376 千字
版　　　次／2016 年 4 月第 1 版　2016 年 4 月第 1 次印刷
书　　　号／ISBN 978 - 7 - 5097 - 8993 - 3
定　　　价／89.00 元

皮书序列号／B - 2014 - 347

　　本书是国家社科基金重点项目"基于竞争优势转型的我国产业创新生态系统理论、机制与对策研究"（14AJY006），河北省教育厅人才社会科学研究重大课题攻关项目"京津冀协同发展的区域治理机制、体系与对策研究"（ZD201410），河北省软科学基地重点项目"河北省新型城镇化与京津冀区域统筹发展研究"（134576225D），河北省软科学研究项目"京津冀产业协同创新发展的机制、路径与对策研究"（15456232D），"京津冀协同发展的内生动力与区域治理对策研究"，河北省创新能力提升计划项目（河北省科技厅）"推进京津冀科技人才一体化对策研究"，河北省博士后科研项目择优资助项目"区域人才集聚系统演化机制及趋势预测研究"（B2013003010），河北省社会科学基金"生态创新驱动下京津冀人才'集聚＋培育'共享机制"研究（HB15GL106），河北省高层次人才科学研究项目"绿色智力资本对企业可持续发展的影响研究"（GCC2014036），河北省社会科学基金"京津冀环境治理协作中的河北省对策"（HB14YJ083），河北省科技计划项目"促进京津冀产业对接与转移的思路与对策研究"（15457634D）的阶段成果。

"河北经济蓝皮书" 编委会

马树强　河北工业大学京津冀发展研究中心主任，教授、
　　　　博士生导师，"河北经济蓝皮书"编委会主任

金　浩　河北工业大学经济管理学院原院长，教授、博士
　　　　生导师

张　贵　河北工业大学京津冀发展研究中心常务副主任，
　　　　教授、博士生导师

刘　兵　河北工业大学教授、博士生导师

孙久文　中国人民大学区域与城市经济研究所所长，教
　　　　授、博士生导师

沈体雁　北京大学首都发展研究院副院长，教授、博士生
　　　　导师

周立群　南开大学滨海开发研究院常务副院长，教授、博
　　　　士生导师

李家祥　天津师范大学滨海新区经济社会发展研究中心主
　　　　任，教授、博士生导师

祝尔娟　首都经贸大学北京经济社会发展研究所所长，教
　　　　授、博士生导师

武义青　河北经贸大学副校长，教授、博士生导师

冯石岗　河北工业大学马克思主义学院原院长，教授、博士生导师

李金海　河北工业大学文法学院原院长，教授

陈鸿雁　河北工业大学宣传部部长，教授

王树强　河北工业大学经济管理学院教授

主编简介

马树强　河北工业大学京津冀发展研究中心主任，教授、博士生导师，河北省有突出贡献中青年专家、省管优秀专家。曾获全国普通高校优秀思想政治工作者称号，享受省级劳动模范待遇。研究领域和方向为区域经济学、京津冀地区经济。近年来，主持完成了多项省部级以及委办局科研课题，在《光明日报》《经济日报》《中国高等教育》《中国监察》《学术研究》《理论前沿》等报刊发表论文；主持高等教育教学研究项目 2 项，获国家优秀教学成果二等奖，河北省一等奖、三等奖；主持调研课题获河北省决策科学研究优秀成果一等奖；主编《托起彩虹的年轻人》一书，原国务院副总理李岚清亲笔题写书名，该书获河北省社会主义精神文明优秀教材一等奖。

金　浩　河北工业大学经济管理学院原院长，教授、博士生导师，韩国国立全南大学经济学博士、博士后，在河北省统计学会、中国数量经济学会、中国管理科学研究院学术委员会等多个学术团体任职。主要研究领域为数量经济、区域经济、产业经济学等；主持完成多项国家级、省部级项目，出版《农业过剩劳动二元经济发展》等著作，在《数量经济技术经济》、*The Studies in Regional Development* 等国内外核心期刊上发表学术论文 100 多篇，曾荣获天津市、河北省哲学社会科学优秀成果一等奖、二等奖多项；在教书育人方面，近十年来，指导培养 200 余名硕士研究生和 40 余名博士研究生，荣获河北省教学名师称号。

张　贵　河北工业大学京津冀发展研究中心常务副主任，教授、博士生导师，英国利兹大学和澳大利亚西悉尼大学的访问学者。河北省政府特殊津贴专家、河北省京津冀协同发展专家咨询委员会专家委员、河北省专家咨询服务协会常务理事、天津发展战略咨询专家、南开大学特约研究员、河北中青年社科专家五十人工程人选、河北省百名优秀创新人才支持计划人选、中国工业经济学会理事、天津市经济学会理事、天津市环渤海研究会常务理事等。研究方向为京津冀区域经济、新型城镇化、战略性新兴产业。在《经济研究》《中国工业经济》等刊物发表学术论文 50 余篇，出版《高新技术产业成长》《创新驱动与高新技术产业发展》等 9 部学术著作；主持国家社会科学基金项目 3 项，参与国家重大项目和教育部重大攻关项目 4 项，主持完成省部级以上项目 20 多项；获第七届（2015）高等学校科学研究优秀成果二等奖（集体）以及其他省市级以上学术成果奖 5 项。

摘　要

当前我国已进入经济新常态，经济增长已由高速转向中高速，经济增长模式已由规模扩充转向内涵发展，经济增长动力已由要素推动、投资拉动转向以创新创业为主体的供给侧和需求侧结构改革共同驱动。经过淘汰落后产能、节能减排和结构转型等多重政策协同发力，我国经济出现新气象：我国产业结构已开始迈向中高端，经济发展已开启新动力，互联网＋、智能制造逐渐成为促进传统产业转型升级的主导力量，新技术、新产业、新模式、新业态正在积蓄新动能。改革开放加速推进，简政放权、依法治国、混合所有制、财政金融体制改革、国企改革的深入推进正在释放社会的创新创业活力，"一带一路"战略开始全面落地，自贸区的先行先试经验正在全面铺开，我国的优势产业正在走向国际竞争前沿，体制和经济的国际融合日益深化；区域协同发展战略有序落地，京津冀协同发展、长江经济带建设、环渤海经济合作成为我国社会经济全面深入转型的核心载体和强力支撑。

《京津冀协同发展战略纲要》的出台标志着京津冀协同已由市场自发孕育向国家整体战略推进转变，已由单一经济协作向社会、经济、文化、生态、行政、法制等全领域、多层次一体化推进，因此在当前战略转变关键期，京津冀协同需要吸收新思想、站上新高度、放眼新高端，构建协同发展新内涵，重建协同发展新思路。本书在进行广泛调研和专家咨询的基础上，围绕政府颁布的经济转型升级相关政策措施，对京津冀协同发展新思维进行了全方位解读。全书由总报告、分报告和专题报告三部分组成，共 13 篇研究报告。

总报告认为面对新常态赋予京津冀协同发展的新使命、提出的新挑战，加速推进京津冀协同发展需要凭借敢破敢立的勇气和智慧，完成重大体制机

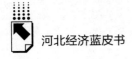
制突破，进行有效制度安排，建立以"三重共同体"为基础的区域治理新体系，在政府层面形成利益共同体、在市场主体层面形成经济共同体、在社会民众层面形成命运共同体，构建一个多方参与的市（区、县）长联合会议，形成政府间平等协商机制；加速发展中小企业和民营资本，激活市场主体的活力；重视行业协会、联盟和 NGO、NPO 等的作用，充分发挥社会力量在监督、协调、服务、补充方面的作用，实现区域平等协商、合作共赢，促进资源和要素在区域间有效配置和有序流动。

分报告围绕如何将国家重大发展战略融入京津冀协同发展、如何依据京津冀三地的核心功能定位重构产业体系两个主题分别论述，探讨了《中国制造2025》与京津冀协同发展、"一带一路"战略与京津冀协同发展、京津冀协同发展与创新创业、京津冀生态测度核算与共建共享的市场机制研究、依法治国背景下的京津冀协同发展、科技创新中心与北京新定位、全国先进制造业基地与天津发展、全国现代商贸物流重要基地与河北战略、京津冀协同发展机遇下河北省产业转型升级等京津冀协同发展新思路。

专题报告针对协同发展中的京津冀如何落实政府先行先试的重大政策措施问题进行了重点研讨，分析了智慧城市与京津冀城市群建设、PPP 模式与公共服务、自贸区与京津冀协同发展等核心问题。

Abstract

Currently, China's economy steps into the "new normal" phase where economic growth rate has been turned from the high-speed into the Medium-high speed growth, economic growth model has been changed from scale expansion to connotation development, economic growth has been driven by the structure reform the supply side and demand side leading to innovation and entrepreneurship rather than the sole investment. After eliminating backward production capacity, implementing energy-saving , emission reduction and structural transformation policies, new weather in China economy begins to emerge as following : China's industrial structure has begun to move towards high-end; Economic development has opened a new power; Internet + , intelligent manufacturing have gradually become the dominant force in the transformation and upgrading of traditional industries; New technologies, new industries, new models, new formats are saving new energy; Reform and opening up to the outside world is accelerating; Decentralization, rule of law, mixed ownership, the reform of financial system, the reform of state-owned enterprises are promoting the innovation and entrepreneurship; "One Belt and One Road" strategy has being beginning to be practicable; FTA with leading and exploratory advantage is full spreading; Advantage industry of our country is moving toward the forefront of international competition, ; Integration of the economy and system is deepening ; Regional coordinated development strategy is taken into effect, Beijing – Tianjin – Hebei cooperation development, the Yangtze River economic belt construction and economic cooperation around Bohai Sea have become the core carrier and strong support of China's economic and social comprehensive transformation.

Release of "Outline of Beijing – Tianjin – Hebei Cooperation Strategy" has promoted the transformation of the country's overall strategy from market system promotion to government lead, from a single economic cooperation to the multi-

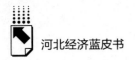

level integration including social, economic, cultural, ecological, administrative, legal fields and so on. At the crucial period in the current strategic change, Beijing – Tianjin – Hebei collaborative needs to absorb new ideas, look to the new high-end, build collaborative development of new content, the new idea of collaborative development. This book conduct a full range of interpretation to Beijing – Tianjin – Hebei cooperation new thinking on the basis of extensive investigate and survey and consultation on some experts, focusing on the relevant policies about economic transformation and upgrading and measures for the coordinated development published by government. The whole book is composed of three parts, including the general report, the branch reports and the special reports, and the whole book is divided into 13 parts. According to the general report, in the face of the new mission, new challenge to Beijing – Tianjin – Hebei cooperation under new normal, it will need to rely on the political courage and wisdom, complete the major institutional breakthrough, make effective institutional arrangements. In particular a governance new system need be established on the basis of "triple community" including a community of interests formed by governments , the economic community formed by the market players, a community of fate formed by the public. Accordingly, a joint chief conference participated by the all cities or counties should be established to form equal consultations between the governments; the development of small and medium-sized enterprises and private capital should be accelerated to activate the vitality of market players; Industry association, alliance, and NGO, NPO should bring the functions of supervision, coordination , complement and service into play to realize equal consultation, cooperation for a win-win result. The resources and factors could move freely between Beijing – Tianjin – Hebei.

The branch report focuses on how to integrate the major national development strategy into Beijing – Tianjin – Hebei cooperation development policy and how to reconstruct the industrial systems according to the core functions of Beijing, Tianjin and Hebei determined by the central government, which respectively discusses the topics as following: "Made in China 2025" plan and the cooperation development of Beijing – Tianjin – Hebei, "One Belt and One Road" strategy and the cooperation development of Beijing – Tianjin – Hebei,

Innovation and entrepreneurship with cooperation development of the Beijing – Tianjin – Hebei, Measure on ecological capacity and Construction on market mechanism for building commonly sharing ecological environment among Beijing, Tianjin and Hebei, Ruling a country by law and cooperation development of the Beijing – Tianjin – Hebei, Science and technology innovation center and new orientation of Beijing, National advanced manufacturing industry base and development of Tianjin, National important trade and logistics base and Hebei strategy, Transformation and upgrading of Hebei industry under the background of Beijing – Tianjin – Hebei cooperation development.

Special reports stress on how Beijing, Tianjin and Hebei implement a leading and exploratory policy in reform and opening up in promoting Beijing – Tianjin – Hebei cooperation development, which discusses the topics as following: Intelligent cities and construction on Beijing – Tianjin – Hebei city clusters, PPP model and public service, FTA and Beijing – Tianjin – Hebei cooperation development.

目 录

Ⅰ 总报告

Ⅱ 分报告

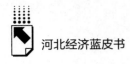

Ⅲ　专题报告

皮书数据库阅读**使用指南**

CONTENTS

I   General Report

II   Sub-reports

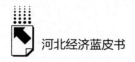
Ⅲ Special Subject Reports

总 报 告

General Report

B.1

新常态下京津冀协同发展
战略的新思维[*]

张 贵 尹金宝 孙凯辉[**]

摘 要： 中国经济社会进入新常态，呈现经济发展由高速向中高速换
挡、经济结构不断优化升级、发展动力从要素和投资驱动向
创新驱动转换等特点。新常态既给京津冀协同发展带来了机
遇也提出了挑战，并赋予京津冀协同发展新使命。针对京津
冀协同发展中的各种问题和"乱象"，特别是政府活动多、

* 国家社科基金重点项目"基于竞争优势转型的我国产业创新生态系统理论、机制与对策研
究"（14AJY006）、河北省教育厅人文社会科学研究重大课题攻关项目"京津冀协同发展的
区域治理机制、体系与对策研究"（ZD201410）、河北省软科学基地重点项目"京津功能疏
解、新增长极培育与河北省战略选择"（134576222D）、河北省高校百名优秀创新人才支持计
划（Ⅱ）、天津市科技发展战略研究计划项目"借重首都科技资源、深化京津冀协同创新研
究"（14ZLZLZF00112）的阶段性研究成果。
** 张贵，河北工业大学教授、博士生导师，京津冀发展研究中心常务副主任；尹金宝，河北工
业大学经济管理学院硕士研究生；孙凯辉，河北工业大学经济管理学院硕士研究生。

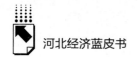

企业和民众参与不够等现象，本报告引入"区域治理"理念，并发展了该理论，认为其作为一种有效制度安排，核心是通过平等协商让资源和要素在区域间有效配置，这既是一种重大体制机制突破，也需要敢破敢立的勇气和智慧。本报告构建了绩效评价指标体系，并评价对比了京津冀、长三角、珠三角的治理效果，指出影响京津冀协同发展的最大瓶颈是缺少一个卓有成效的制度安排，要尽可能实现社会各界的诉求，最大化区域公共利益，并动员全社会力量积极投入协同发展中。基于此，本报告提出了京津冀"三重共同体"的历史命题，指出未来将在政府层面上形成利益共同体，在市场主体层面上形成经济共同体，在社会民众层面上形成命运共同体。最后，本报告提出京津冀协同发展应站在一个时代前沿高度，从政府、市场、社会三个维度调动社会各界积极性，各安其道地竞相参与到协同发展当中去，重点是构建一个多方参与的市（区、县）长联合会议，形成政府间平等协商机制；加速发展中小企业和民营资本，激活市场主体的活力；重视行业协会、联盟和NGO、NPO等的作用，充分发挥社会力量的监督、协调、服务、补充作用。

关键词：　京津冀协同发展　三重共同体　区域治理　河北省

2014年2月26日，习近平总书记在北京主持召开座谈会，强调实现京津冀协同发展，并首次将京津冀协同发展上升为重大国家战略，自此京津冀一体化进入实质性阶段，在政府强有力的推动下，取得了较大成果。北京从2013年到2014年底累计退出680家"三高一低"企业，2015年上半年又退出185家。2014年，天津引进首都企业投资项目538个，投资到位额

1230.50亿元；引进河北企业投资项目769个，投资到位额262.86亿元。京冀两地企业在津投资到位资金总额占全市引进内资的41.48%，总项目数占37.2%。自2014年以来，有80多家企业从北京搬到了河北，总投资超过1200亿元，预计产值超过2500亿元。当然，协同发展是一项复杂工程，仍然有许多问题亟待处理，还存在诸如盲目引进和承接企业，各地纷纷"跑部进京"，仍然跳不出"自己的一亩三分地"，以及急于求成，全面出击，没有重点等"乱象"。

如何正确认识新常态下京津冀协同发展新使命，抓住新常态给京津冀协同发展带来的机遇，探寻推动京津冀协同发展的动力是推进区域一体化发展必须明确的首要问题和关键环节。

一 京津冀协同发展的新使命与核心命题

（一）新常态下京津冀发展遇到的新问题

我国经济社会发展进入新常态，经济发展从高速向中高速换挡，发展动力从要素驱动向创新驱动转换。区域经济正从规模速度型增长转向质量效率型增长，从增量扩能为主转向调整存量、做优增量并存，经济发展大环境也在发生转变。习近平总书记于2014年2月26日听取京津冀工作汇报时，强调京津冀协同发展意义重大及其在新一轮区域发展中的战略地位，并提出将对京津冀协同发展问题的认识上升至国家战略层面。京津冀地缘相接、人缘相亲，地域一体、文化一脉，历史渊源深厚，但由于京津冀长期以来并没有形成统一的区域规划和协作机制，京津冀协同发展困难重重，一体化进程滞后于长三角、珠三角地区。对此，探索新常态下京津冀发展遇到的问题，是实现京津冀协同发展进程中的基础环节。

1. 体制机制约束，缺乏市场活力

京津冀区域内，北京、天津和河北省三地地方政府掌握着各个区域内的经济资源。随着企业改制、民营企业的兴起、社会团体的发展，区

域治理的参与者开始变得多元化，但大部分的决策依旧由地方政府及其下属部门做出，其他参与者的意见并不能起到决定性作用。由于体制机制约束，京津冀区域内行政力量干预区域经济，各级政府为实现对自身利益的追求和保护，依托行政区构建贸易壁垒，阻碍生产要素流动，严重削弱了市场对资源实行优化配置的能力，使京津冀区域整体经济效益下降。这一现状阻碍了京津冀区域统一市场体系的形成，导致京津冀区域市场缺乏活力。[①]

2. 市场化程度低，增长方式转型乏力

新常态下，我国区域发展的动力应从要素驱动转向创新驱动。北京、天津创新资源富集，尤其是北京拥有约全国总数 2/3 的两院院士、1/3 的国家重点实验室和 1/4 的全国重点院校，既聚集了 14 家国家级高新区和经济技术开发区，又有大批央企、知名民企、外企的总部，高端产业发达，但由于京津冀区域内国有经济比重较高，政府对资源的控制力较强，经济的市场化程度相对较低，造成创新资源在京津冀区域内流动不畅，阻碍优质要素资源的优化配置，抑制创新资源优势的充分发挥。[②] 再加上京津冀区域内计划体制惯性强，行政审批项目过多、权力过于集中，即使是最活跃的民营经济也没有足够的力量打破行政区划的空间限制，无法进行跨行政区的行业集聚和整合，影响了整体创新活力的释放，造成京津冀区域增长方式转型乏力。

3. 社会参与程度低，民间力量尚不足

京津冀区域发展需要多元主体的共同参与而不是仅凭政府力量，因此在发展过程中必须吸纳区域利益相关者加入，从而实现共同治理。由于京津冀区域内的民营经济存在缺乏活力、所占比重较低等问题，民营经济不足以突破行政区划构筑的贸易壁垒，难以实现生产要素在区域市场内的充分流动和

---

① 刘刚、赵欣欣：《京津冀都市圈产业发展和演进趋势分析》，《天津行政学院学报》2008 年第 1 期。

② 薄文广、陈飞：《京津冀协同发展：挑战与困境》，《南开学报》（哲学社会科学版）2015 年第 1 期。

优化配置。社会组织和公众具有为社会提供服务、满足社会需求、监督协调等功能，能够弥补政府和市场的不足。[①] 但当前京津冀区域内社会组织数量较少，2013 年京津冀地区社会组织有 29606 个，仅为长三角地区的 28.4%。在每万人社会组织个数方面，相较于长三角地区的 7.52 个以及珠三角地区的 4.72 个，京津冀地区仅为 3.04 个，远低于以上两个地区（见表 1）。作为政府和市场之间的桥梁和纽带，社会组织数量的不足导致其难以承担推进京津冀区域协调发展的职能。

表 1　2013 年京津冀、长三角、珠三角社会组织发展情况

单位：个

地　区	社会组织数	每万人社会组织数
京津冀	29606	3.04
长三角	104286	7.52
珠三角	41317	4.72

资料来源：《中国城市统计年鉴（2014）》《中国民政统计年鉴（2014）》。

（二）京津冀协同发展应承载的使命

《京津冀协同发展规划纲要》明确提出该区域的功能定位是"以首都为核心的世界级城市群，区域整体协同发展改革引领区，全国创新驱动经济增长新引擎，生态修复环境改善示范区"。而要完成这项艰巨的历史使命，从另一个角度来看，需要重点推进以下五点工作。

1. 重塑经济增长的动力源泉，建成世界级的科技与产业创新中心

经济发展进入新常态后，必须重塑经济增长的动力源泉。当前世界，创新已成为经济发展与国际竞争的决定性因素，因此京津冀协同发展应将创新作为经济增长新引擎。作为一个区域经济整体，京津冀地区在技术和产业水平方面与世界其他著名经济区及我国长三角、珠三角地区相比仍存在一定差

---

① 马海龙：《京津冀区域治理的模式选择》，《北京行政学院学报》2010 年第 6 期。

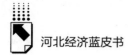

距。针对这一现状，京津冀三地应合理利用当地资源，充分发挥自身优势。其中，北京应通过提升在原始创新和技术服务方面的能力，将自身打造成为全球高端创新中心、创新人才聚集中心、技术创新总部基地和科技成果交易核心区。天津应通过强化在应用研究与工程化技术研发转化方面的能力，将自身打造成为高水平现代化制造业研发转化基地、产业创新中心和科技型中小企业创新创业示范区。河北则应通过加强在科技创新成果应用和示范推广方面的能力，将自身打造成为科技成果孵化转化中心。三地协同发展，以信息和网络技术为支撑，高新科技产业驱动，重塑经济增长的动力源泉，建成世界级的技术和产业创新中心。

2. 加速市场化进程，构建以创新驱动为核心的区域现代产业体系

虽然京津冀协同发展已经上升为国家战略，但由于行政区划的分割，京津冀区域内行政力量干预区域经济，生产要素无法充分流动，从而削弱了市场对资源实施优化配置的能力，导致京津冀区域整体经济效益下降。京津冀协同发展，需要充分发挥市场对资源配置的决定性作用，实现资源要素在京津冀区域内的自由流动和相互对接，构建以创新驱动为核心的区域现代产业体系。

3. 带动环首都欠发达地区加快发展，促进社会和谐和区域协调发展

河北先后提出"环首都经济圈""环首都绿色经济圈"的概念，体现出越来越强烈的京冀合作信号，但实际情况却是"环首都经济圈"周围更明显的是"环首都贫困带"。其原因既有北京对河北的过分索取与限制开发，也有河北自身所存在的问题。[①] 为实现京津冀协同发展，需带动环首都欠发达地区加快发展，保证社会和谐、区域协调发展。

4. 以京津冀城市群建设为载体，形成世界级城市群

协同创新指各区域间创新资源和要素有效配置，打破彼此间行政区划壁垒，使各地区在人才、资本、信息、技术等创新要素方面的优势得到充分发

---

① 周立群、曹知修：《京津冀协同发展开启经济一体化新路径》，《中共天津市委党校学报》2014 年第 4 期。

挥，进而实现深度合作。基于这些创新资源的跨区域流动和交互作用，实现优势互补、特色突出，使不同区域差异化对接、区域协同发展。同时，在区域发展与城镇化建设中引入生态文明理念，把生态文明理念融入空间区域层面中。合理划分生产、生活和生态空间，为自然留下更多修复空间，划定并严守生态红线，科学设置开发强度，① 打造人、产、城和生态四者卓有成效融合的示范区。

5. 推进行政体制改革与创新，建设京津冀区域产业发展长效体制机制

一个行政区域内的资源、人才、市场等经济发展的必要因素因行政区划的限制而不足，政府在制定经济规划时，就会受到区域内各种因素的影响，无法制定出更好的经济规划。② 而将经济区划与行政区划联动调整，在相互联系紧密、优势互补的区域进行统筹规划，就可以在制定经济规划的同时，统筹各地区的资源、市场等，更好地发挥各地区优势，互补不足，合作发展。因此，京津冀协同发展须推动行政体制改革与创新，建设京津冀区域产业发展长效体制机制的探索区。

（三）京津冀协同发展的核心命题

京津冀协同发展是一项重大国家战略，基于国内外新形势、新变化、新要求，以区域治理为视角，通过对"系统架构、创新驱动、再造优势"三大核心问题的破解，消除京津冀协同发展的约束，寻找新动力，实现新目标。

1. 系统架构

在政府主导和外部推动下，经过几年大规模建设，京津冀进入一个加速转型期。但从发展现实看，京津冀协同发展面临着诸多问题。为顺利实现京津冀协同发展和一体化发展模式转型，我们可以将该区域视为一个由多种因

---

① 胡鞍钢、沈若萌、刘珉：《建设生态共同体，京津冀协同发展》，《林业经济》2015 年第 8 期。

② 崔冬初、宋之杰：《京津冀区域经济一体化中存在的问题及对策》，《经济纵横》2012 年第 5 期。

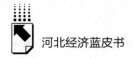
素组成的动态演化的复杂系统。随着区域经济一体化内容广泛深入，新一轮的区域协同发展涵盖的范围大大扩展，增加了货物贸易自由化、服务贸易自由化、农产品贸易自由化、投资自由化、贸易争端解决机制、统一的竞争政策及知识产权保护标准、共同的环境标准和劳工标准等，甚至提出要具备共同的文化观念。每一个构成要素，都从不同角度、不同程度地影响着一体化进程。所以，在加速转型期，京津冀协同发展不应过度强调重大项目、重点工程、重点企业、重大政策等"散点"在经济发展中的引爆作用，转而应强调各种要素、各种资源、各种产业、各种政策自身的系统性和完整性，要求彼此具备匹配性、协调性，进而共同构成一个大的区域系统。

2. 创新驱动

区域经济一体化的目的，从根本上说，就是通过行政力量、基于对市场规范的共识，扫除行政壁垒，促进区域内部要素的流动，实现资源的有效配置，实施创新驱动战略，重塑经济增长的动力源泉，建成世界级的技术和产业创新中心，形成新的经济增长方式。创新驱动与传统体制下的地区合作不同，它必须是建立在分享共同利益基础上的合作行为。创新驱动是京津冀协同发展的必然选择，利用创新打破存在于重工业化过程中的技术、资本、需求、供给以及资源禀赋约束壁垒，转变现代社会把不可再生资源作为主要发展动力的生产方式。通过创新，开发、采用和创造出一种新的生产方式——以可再生、可循环、可持续利用的无污染和轻污染的资源取代不可再生资源，使之成为主要生产能源和材料。京津冀的创新驱动战略是一个复杂的系统工程，不仅表现为技术创新、研发活动等，更需要深度探讨如何创新出高一级的新产业，如何在已有的产业链上发掘新产业，如何利用制度从单独的创新现象中催生出大量的创新活动，形成创新"涌现"，形成"制度引致'催化'创新—瓶颈突破（及重点突破）—整体推进'涌现'创新—产业跨越发展"的路线，以促进产业发展，带动经济增长。

3. 优势再造

回顾京津冀协同发展历程，其具有两个显著特点。一是"硬件"规划较多，"软件"实施细则较少。该地区已开展的区域规划研究主要由建设、国土部门发起并领导，侧重于城市建设规划、土地规划等"硬件"方面，而从经济发展角度入手、着眼于区域经济融合与区域竞争力提升的区域合作、产业布局、产业集群与互补等"软件"方面的实施细则并未得到大规模的深入开展。二是宏观规划较多，微观对策较少。要真正实现京津冀协同发展和一体化，不仅需要区域的宏观规划，更应该从经济与发展微观运行的视角谋划区域内市场主体和经济主体的经济行为。

因此，为加速实现向京津冀协同发展和一体化发展模式转型，应强调京津冀区域的优势再造，包括基础设施、市场、产业、资源、金融、发展规划等核心内容。再造是该区域能量聚合、优势互补、形成合理分工与协作的必然要求，也是提升该区域整体竞争力的源泉所在。再造不是对过去发展成就的"否定"，而是优化升级，它包含两个过程：一个是合理化，即对前期发展的优化配置，形成彼此协调发展的局面；二是高新化，即培育和发展这一地区的活力、动力和自生能力，进而提高国内区际和国际竞争力。

二　京津冀区域发展的绩效评价与分析

本报告应用区域发展绩效评价体系将京津冀、长三角、珠三角进行实证分析，从中探寻区域协同发展动力。

（一）指标体系框架的构建

作为多元主体共同参与的群体性行为，区域发展的激励约束机制应建立在存在相应评价标准的基础之上，为此要先构建区域发展绩效评价体系。

区域发展绩效评价指标由效能性指标、公平性指标、参与度指标、责任性指标和安全性指标构成（见表2）。其中，定性指标通过专家访谈法和问卷调查法等进行综合评价得出。

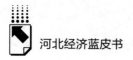

表2 区域发展绩效评价指标

一级指标	二级指标	三级指标
区域发展绩效评价 A	效能性 B1	城镇居民人均可支配收入(元)C11
		地方政府税收返还和收入转移(亿元)C12
		地方政府预算(亿元)C13
		资源的获取 C14
		居民满意度调查 C15
		制定区域远景目标 C16
	公平性 B2	失业率(%)C21
		女性领导在地方领导中的比例(%)C22
		私营工业企业单位数(个)C23
		城乡居民收入差距(元)C24
		人均基本公共服务支出(元)C25
		城镇最低生活保障平均标准(元)C26
		居民公平感 C27
	参与度 B3	居民对参与社会管理的满意度 C31
		每万人志愿者数量(人)C32
		每万人公民组织的数量(个)C33
		重大决策听证率 C34
		媒体监督的有效性 C35
	责任性 B4	定期的官方公示,合约、采购预算及财务状况 C41
		政府机关工作作风 C42
		厅级腐败案件涉案人数占行政人员比例 C43
		管理能力 C44
		官员收入和财产公示 C45
		独立的预算/审计 C46
	安全性 B5	区域环境污染治理 C51
		犯罪率 C52
		妇女保护政策 C53
		每万亿元生产总值生产安全事故死亡人数(人)C54
		居民安全感 C55

资料来源：*Urban Governance Index Methodology Guidelines*，http：//www. unhabitat. org/list. asp? Search Type = title & search = Urban + Governance + Index&catid = 491&typeid = 3，作者在此基础上做了相应修改。

（二）区域发展绩效评价的实证分析

1. 指标数据来源

评价指标数据主要来自 2006～2014 年的《中国统计年鉴》《中国城市统计年鉴》《中国民政统计年鉴》《各省（区、市）财政预算报告汇编》《国民经济和社会发展统计公报》，部分指标通过换算得到。

2. 指标数据的计算及其结果

为确定各级指标权重，对京津冀、长三角、珠三角地区地方政府人员、企业人员、居民、相关专家等 120 余人进行了问卷调查，按照改进层次分析法，分析得出最终二级指标的权重（见表 3）。

表 3　二级指标的权重

因素	效能性	公平性	参与度	责任性	安全性
权重（计算值）	0.38	0.24	0.15	0.09	0.14

确定二级指标权重后，需进一步确认三级指标的权重。本报告从效能性、公平性、参与度、责任性和安全性 5 个方面进行计算。

（1）效能性

区域发展绩效评价指标中的效能性二级指标设置了城镇居民人均可支配收入、地方政府税收返还和收入转移、地方政府预算、资源的获取、居民满意度调查和制定区域远景目标 6 个三级指标。以下为 2013 年效能性指标数据无量纲化结果（见表 4）。

表 4　效能性指标无量纲化结果

地区	C11	C12	C13	C14	C15	C16
北京	0.8340	0.2021	0.0718	0.9425	0.8166	0.8895
天津	0.4566	0.0000	0.0000	0.4182	0.7075	0.7648
河北	0.0000	0.0618	0.2978	0.0000	0.0000	0.0000
上海	1.0000	0.3241	0.4880	0.8193	0.9629	0.9629
江苏	0.4681	0.4849	1.0000	0.5409	0.6922	0.6113
浙江	0.7179	0.1469	0.4974	0.4931	0.6184	0.5454
广东	0.4941	1.0000	0.9688	0.6213	0.7075	0.7301

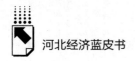

取效能性三级指标的权重分别为 0.24、0.16、0.12、0.15、0.18、0.15，利用模糊评价法，得到效能性的评价向量为（0.6629，0.4144，0.0456，0.7911，0.6073，0.5226，0.7249），并得出效能性无量纲化结果排名依次为上海、广东、北京、江苏、浙江、天津、河北。

（2）公平性

区域发展绩效评价指标中的公平性二级指标设置了失业率、女性领导在地方领导中的比例、私营工业企业单位数、城乡居民收入差距、人均基本公共服务支出、城镇最低生活保障平均标准和居民公平感7个三级指标。以下为2013年公平性指标无量纲化结果（见表5）。

表5　公平性指标无量纲化结果

地区	C21	C22	C23	C24	C25	C26	C27
北京	1.0000	0.4037	0.0000	0.2109	0.5946	0.8095	0.0282
天津	0.2007	1.0000	0.0445	0.7240	0.6829	1.0000	0.6561
河北	0.1739	0.0000	0.2561	1.0000	0.0000	0.3968	0.2178
上海	0.0000	0.8230	0.0966	0.0000	1.0000	1.0000	0.0000
江苏	0.3913	0.9156	1.0000	0.4933	0.1380	0.5143	0.8430
浙江	0.3980	0.3896	0.8405	0.2330	0.1123	0.6381	0.9444
广东	0.5920	0.4704	0.4803	0.2631	0.0760	0.0000	0.3744

取公平性三级指标的权重分别为 0.14、0.10、0.11、0.19、0.18、0.12、0.16，利用模糊评价法，得到公平性的评价向量为（0.4291，0.6185，0.3250，0.3929，0.5715，0.4793，0.3063），并得出公平性无量纲化结果排名依次为天津、江苏、浙江、北京、上海、河北、广东。

（3）参与度

区域发展绩效评价指标中的参与度二级指标设置了居民对参与社会管理的满意度、每万人志愿者数量、每万人公民组织的数量、重大决策听证率和媒体监督的有效性5个三级指标。以下为2013年参与度指标无量纲化结果（见表6）。

表6　参与度指标无量纲化结果

地区	C31	C32	C33	C34	C35
北京	0.7073	0.6086	0.7260	0.4371	0.9664
天津	0.4054	1.0000	0.3856	0.9569	0.5017
河北	0.0000	0.0966	0.0000	0.0000	0.0000
上海	0.8336	0.5386	1.0000	0.6147	0.8593
江苏	0.5103	0.0337	0.8754	0.7132	0.5039
浙江	0.6537	0.0000	0.9031	0.3869	0.4054
广东	0.9729	0.2609	0.4241	0.9730	0.6385

取参与度三级指标的权重分别为0.15、0.24、0.26、0.18、0.17，利用模糊评价法，得到参与度的评价向量为（0.6839，0.6586，0.0232，0.7710，0.5263，0.4714，0.6025），并得出参与度无量纲化结果排名依次为上海、北京、天津、广东、江苏、浙江、河北。

（4）责任性

区域发展绩效评价指标中的责任性二级指标设置了6个三级指标：定期的官方公示，合约、采购预算以及财务状况；政府机关工作作风；厅级腐败案件涉案人数占行政人员比例；管理能力；官员收入和财产公示以及独立的预算/审计。以下为2013年责任性指标数据无量纲化结果（见表7）。

表7　责任性指标无量纲化结果

地区	C41	C42	C43	C44	C45	C46
北京	0.5389	0.9266	0.7894	0.9365	0.0000	0.0000
天津	0.4102	0.7816	0.4482	0.7811	0.4510	0.1031
河北	0.0000	0.0000	0.4838	0.0000	0.1342	0.1737
上海	0.7307	0.9526	0.7869	0.9543	0.4958	0.9372
江苏	0.4476	0.5755	0.5097	0.6652	0.6069	0.6586
浙江	0.4627	0.7288	0.6284	0.6815	0.7710	0.5178
广东	0.9751	0.7816	0.0000	0.7475	0.9179	0.7854

取责任性三级指标的权重分别为0.18、0.23、0.10、0.24、0.12、0.13，利用模糊评价法，得到责任性的评价向量为（0.6138，0.5534，

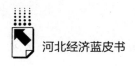

0.0871、0.8397、0.5820、0.6371、0.5985），并得出责任性无量纲化结果排名依次为上海、浙江、北京、江苏、广东、天津、河北。

（5）安全性

区域发展绩效评价指标中的安全性二级指标设置了区域环境污染治理、犯罪率、妇女保护政策、每万亿元生产总值生产安全事故死亡人数、居民安全感5个三级指标。以下为2013年安全性指标数据无量纲化结果（见表8）。

表8　安全性指标无量纲化结果

地区	C51	C52	C53	C54	C55
北京	0.3271	0.4732	0.9571	0.8409	0.9543
天津	0.2064	0.1018	0.7628	0.7045	0.7151
河北	0.0000	0.0000	0.0000	0.3991	0.0000
上海	0.8472	0.6286	0.9372	0.8052	0.8418
江苏	0.8119	0.3496	0.7439	1.0000	0.5422
浙江	0.8295	0.3652	0.6903	0.0000	0.5088
广东	0.9371	0.2587	0.5078	0.4114	0.5930

取安全性三级指标的权重分别为0.15、0.32、0.10、0.26、0.17，利用模糊评价法，得到安全性的评价向量为（0.6770、0.4445、0.1038、0.7744、0.6602、0.3968、0.4819），并得出安全性无量纲化结果排名依次为上海、北京、江苏、广东、天津、浙江、河北。

3. 区域发展绩效综合评价

对北京、天津、河北、上海、江苏、浙江和广东区域发展绩效进行综合评价，根据得出的各地区二级指标得分，结合二级指标的权重——0.38、0.24、0.15、0.09、0.14，得出各地区区域发展绩效综合评价向量为（0.6075、0.5167、0.1212、0.6946、0.5917、0.4972、0.5607），并得出区域发展绩效综合评价结果排名为：上海、北京、江苏、广东、天津、浙江、河北。

对京津冀、长三角、珠三角区域发展绩效进行综合评价，可先对4省3

市区域发展绩效综合评价结果进行权重赋值，取北京、天津、河北三地的权重分别为 0.45、0.31、0.24，取上海、江苏、浙江三地的权重分别为 0.45、0.35、0.25，取广东的权重为 1.00，则京津冀、长三角、珠三角区域发展绩效综合评价结果分别为 0.4785、0.6144、0.5607。

对 2005～2013 年京津冀、长三角、珠三角区域的数据指标进行处理得出最终结果（见表 9）。通过绘制京津冀、长三角和珠三角三地区域比较的折线图，可以更加直观地看出京津冀、长三角、珠三角区域发展绩效评价结果（见图 1）。

表 9　京津冀、长三角、珠三角区域发展绩效评价结果

地区＼年份	2005	2006	2007	2008	2009	2010	2011	2012	2013
京津冀	0.3768	0.3837	0.3919	0.4110	0.3925	0.4134	0.4298	0.4347	0.4785
长三角	0.4732	0.4858	0.5076	0.4886	0.4635	0.5585	0.5823	0.6002	0.6144
珠三角	0.4843	0.5089	0.5203	0.4937	0.4610	0.5067	0.5295	0.5564	0.5607

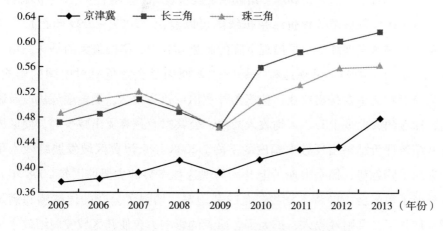

图 1　京津冀、长三角、珠三角区域发展绩效评价结果

4. 区域发展绩效评价结果的分析

参照评价模型和评价指标的分级标准，参考区域发展绩效综合评判标准，并结合国内外各类综合评价的分级方法，根据阈值原则给出如下判别标准：

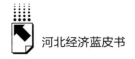

得分 < 0.3，区域发展绩效水平低；

得分 ∈ [0.3，0.4]，区域发展绩效水平中；

得分 ∈ (0.4，0.5]，区域发展绩效水平良；

得分 > 0.5，区域发展绩效水平高。

综合京津冀、长三角、珠三角区域发展绩效评价结果，以及京津冀、长三角、珠三角区域发展绩效评价结果折线图可得如下结论。

（1）依据阀值原则给定的判别标准，2013年长三角和珠三角区域发展绩效水平高，而京津冀区域发展绩效水平良。

2005~2013年京津冀、长三角和珠三角区域发展绩效平均值分别为0.4125、0.5305和0.5135，可见，京津冀区域发展绩效水平整体为良，而长三角和珠三角区域发展绩效水平整体为高。2008年京津冀区域发展绩效水平由中变为良，而长三角和珠三角区域发展绩效水平由良变为高分别是在2007年和2006年。从中可以得出，京津冀区域发展绩效水平与长三角和珠三角区域发展绩效水平相比仍有很大差距。

（2）京津冀、长三角和珠三角区域发展绩效水平整体上呈"U"形态势。

通过区域发展绩效评价结果折线图可以看出，2007~2009年，长三角和珠三角区域发展绩效水平出现下降的趋势。其中，降幅最大的是珠三角地区，降幅为0.0593。呈现这种态势的主要原因是金融危机对中国的影响，此次受影响的主要是出口业，珠三角外贸出口较为发达，受金融危机波及影响，珠三角失业率上升、人均收入减少、公共财政预算支出减少等，使区域发展绩效评价结果出现较大幅度的下降。2008年京津冀区域发展绩效水平未呈现下降趋势，而是出现了上升。呈现这种态势的主要原因是2008年北京举办了奥运会，提高了公共资源的利用率，增强了公众的优越感和满足感，加强了公共财政投入，扩大了志愿者的影响力，使其区域发展绩效水平得以提升。从2010年开始，京津冀、长三角和珠三角区域发展绩效水平出现逐步回升的趋势。其中，长三角的提高幅度较大，主要原因为2010年长三角地区规划推进了产业分工、基础设施体系建设与资源要素市场体系建设，提出了体制改革与制度创新路径。

（3）京津冀区域发展绩效水平与长三角、珠三角区域发展绩效水平存在明显的差异。

京津冀区域发展绩效水平较低，区域发展绩效水平平均值为 0.4125，刚刚达到区域发展绩效水平良，主要原因为北京、天津和河北三地未能形成有效的协同发展，三地产业同构现象严重、结构布局不合理，以及区域基础设施网络不健全、生态环境压力大等一系列问题，严重阻碍了京津冀区域一体化的进程。而长三角和珠三角地理位置较优越，经济、文化实力较强，这使得长三角和珠三角区域发展绩效水平高于京津冀。除上述因素外，造成京津冀在区域发展绩效水平方面落后于长三角、珠三角的原因还包括资源配置和资金使用上的失衡。例如，2013 年长三角和珠三角地方政府收入转移支出平均分别为 728.36 亿元和 1759.92 亿元，而京津冀地方政府收入转移支出平均为 379.17 亿元，分别为长三角和珠三角地方政府收入转移支出的 52.06% 和 21.54%。

（4）区域发展绩效评价结果与经济体制改革呈正相关

国务院于 2008 年 9 月通过的《关于进一步推进长江三角洲地区改革开放和经济社会发展的指导意见》中明确提出了长江三角洲区域发展的目标，2010 年 6 月国家发改委批复的《长江三角洲地区区域规划》首次提出"统筹两省一市发展"，辐射泛长三角地区。经济体制的改革有利于促进转变经济增长方式和优化经济结构，扩大投资领域，深化金融领域开放创新，提高市场活力，有利于增加居民人均收入，提高地方政府的收入转移支出。2010 年后，长三角区域发展绩效水平呈不断上升趋势，最终超越了珠三角区域发展绩效水平，而且呈现差距进一步扩大的趋势。

三　京津冀协同发展的新模式：区域治理

（一）京津冀为什么要推行区域治理

京津冀协同发展是具有标志性意义的重大国家战略，不仅关系到该区域的可持续发展，还会影响到国家的区域发展战略思路与战略部署，甚至影响

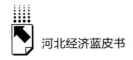

创新型国家建设进程以及新的经济增长方式的探索。而通过上文对区域发展绩效水平的评价与分析发现，北京、天津和河北三地未能形成有效的协同发展，而这也造成京津冀区域发展绩效水平与长三角、珠三角相比有着明显的差异。

区域治理是指在基于一定的经济、政治、社会、文化和自然等因素而联系在一起的地域范围内，以政府、企业和社会公众等利益相关者为核心主体，以实现区域公共利益最大化为目标，利用沟通、合作、协商、谈判等多样化方式，建立正式与非正式的制度化安排，构建区域内外利益相关者的新型关系，对区域公共事务进行协调和自主治理的创新性实践过程。而长期以来，京津冀区域合作乏力，也缺少这种治理机制的有效运行。因此，在京津冀区域推行区域治理有利于在京津冀区域内动员各种力量，引导、协调和规范社会的各种活动，保证社会的生存、团结和发展以及社会与生态的平衡，加快推进京津冀协同发展进程。

（二）区域治理的要素与基本原理

1. 区域治理的主体

区域公共问题解决的主体不是单一的，而是涉及各方面的利益，参与者最终形成自主自治的网络，在这个网络系统中，参与者为了共同利益或者自身利益而放弃自己的部分权利，依靠各自的优势和资源，通过对话增进理解与信任，树立共同目标并建立合作。中央政府、地方各级政府、大企业和中小型企业、非营利组织作为区域治理的重要主体成分，使得区域治理主体具有多中心、多层次的特征。

（1）政府：区域治理的主导者

政府在区域治理中处于核心地位，是区域治理最重要的参与者。政府不仅能够解决区域经济问题，遏制和纠正市场失灵，而且能够解决区域非经济公共问题，通过宏观调控和微观控制保证经济良性运行，成为保证社会稳定和提供社会公共服务的最大可能生产商。京津冀区域内参与区域治理的政府包括中央政府、中央政府派出机构和地方政府。

（2）企业：区域治理的主体

区域发展首先是区域经济的发展，只有经济发展了，才能为区域提供良好的公共服务，提升区域整体的发展水平。经济发展需要以企业为代表的产业发展，企业作为独立经济主体在区域经济发展中发挥着重要作用，是协调区际关系不可或缺的主体力量。企业既可以刺激和促进区域经济的发展，又能够加强区域间的经济联系。企业的空间扩展要求跨越行政区界线组织和配置资源，这就要求政府遵循市场经济规律，从区域的角度进行资源配置与产业布局，推动区域协调发展。企业是市场的主体，也是区域治理的主体。京津冀区域内参与区域治理的企业包括国有企业、其他大型企业和中小企业。

（3）公民社会组织：参与者与监督者

公民社会组织是有着共同利益追求的公民自愿组成的非营利性社会团体，是建立在共同的利益、目的和价值基础上的非强制性的行为集体。它既不属于政府，也不属于营利的私营经济，处于"公"与"私"之间的一个领域。京津冀区域内参与区域治理的公民社会组织包括非营利组织和民众，其中，非营利组织（NPO）包括慈善团体、非政府组织（NGO）、社区组织、专业协会、工会。

2. 区域治理的客体

在区域治理中，作为区域核心主体的利益相关者采用合作的方式解决与区域公共利益相关的事务。区域公共事务涉及区域的经济发展、交通基础设施、生态环境、公共服务等多个方面，涵盖了人们生活的方方面面，这些事务依靠单个成员无法解决。

（1）区域经济发展

区域经济发展是区域协同发展的前提和基础，也是区域治理的重要客体。京津冀两市一省的产业同构严重，分工与合作体系尚未形成，产业转移与扩散进程缓慢，因此需要建立统一的经济体制环境和统一的区域市场，制定产业布局规划，引导产业合理转移。

（2）区域交通基础设施

交通基础设施一体化是区域经济一体化的基础，现代化的综合交通体系

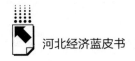

是实现区域产业合理分工、城市群空间布局优化以及市场要素自由流动的重要物质载体与基础。交通基础设施一体化是区域一体化的先行领域，必须加快构建快速、便捷、高效、安全、大容量、低成本的互联互通综合交通网络，以服务和促进区域的协调发展，实现区域治理。

（3）区域生态环境

区域内山水相连、大气一体、地下潜流互通，林草相依，生态系统同源同体，地缘相接、人缘相亲，地域一体、文化一脉，任何一方的破坏都可能导致整个区域生态环境的恶化，从而无法避免外部性的产生。区域生态环境保护涉及所有人的共同利益，同时也是单独依靠某地政府无法解决的问题，因此须协调各方利益相关者共同解决这一区域公共问题。

（4）区域公共服务

在区域快速发展的过程中，公共服务成为制约发展进程的关键因素。基本公共服务均等化是促进人口区域内合理流动，带动资本、技术等要素流动，促进区域协调发展的关键环节。然而从总体上看，区域内各城市之间在医疗、社会保障和义务教育等方面存在明显的差别，公共服务存在不均等化严重、供求总量和结构失衡等问题。因此，如何促进公共服务制度对接，实现基本公共服务均等化就成为区域需要研究与解决的重大问题。

因此，区域治理的要素不仅包括政府、企业和公民社会组织三大主体，还包括经济发展、交通基础设施、生态环境和公共服务四大客体，主体通过利益诉求对客体进行治理。

（三）京津冀协同发展的"三重共同体"框架

基于京津冀协同发展把区域治理作为新的发展模式，本报告提出了破解京津冀区域治理的"三重共同体"框架——在政府层面形成利益共同体，在市场主体层面形成经济共同体，在社会民众层面形成命运共同体，破解京津冀区域治理难题，消除京津冀协同发展约束，寻找新动力和实现新目标。

1. 利益共同体

区域经济一体化的根本目标，就是利用行政力量对市场规范的认识，打破行政区划壁垒，加快区域内要素流动，实现资源的优化配置，实施创新驱动战略，创造新的经济增长动力源泉，将自身打造成为世界级的技术创新中心和产业创新中心。京津冀三地只有立足各自不同的定位和角色，才能结合各自的优势，在一体化发展的推进过程中发挥各自的优势。三地要想发挥捆绑的优势，实现在产业分工、城市布局、交通体系建设等方面的长远发展，必须首先明确各自的功能定位。为推进京津冀协同发展进程，京津冀三地应立足自身比较优势，秉持合作共赢理念和区域优势互补原则，遵守现代产业分工要求。加快推进改革的一体化进程，不仅要破除资本、技术、人才、产权、劳动力的体制机制障碍，还要改革京津冀地方财政、税收和官员政绩考核体系等区域利益的分配、补偿机制，实现北京中关村、天津滨海新区的优惠政策向河北辐射，把统一财政事权作为原则，构建适用于京津冀协同发展模式并能够为其提供长效资金支持的财政制度。把一个地区的利益当作共同的利益来对待，把制度安排作为创新的"催化剂"，促使创新活动"涌现"，形成"制度引致'催化'创新—瓶颈突破（及重点突破）—整体推进'涌现'创新—产业跨越发展"的发展模式，以此带动产业发展，促进经济增长，构建利益共同体。京津冀不仅要共同分享发展的成果，更要共同担负应有的社会责任。

2. 经济共同体

为加速推进京津冀协同发展、加快实现发展模式向一体化转型，应以京津冀区域内优势再造为基础，涵盖基础设施、市场、产业、资源、金融、发展规划等核心内容，组建一批类似于渤海津冀港口投资发展有限公司、京津冀轨道交通投资公司的集团；共建一批以高铁、高速沿线为支撑的科技园区载体和重大项目，合理调配资源，实现共赢，形成经济共同体。

3. 命运共同体

在政府主导和外部推动的共同作用下，京津冀地区在历经数年大规模建设后迈入加速转型期。然而，从实际发展情况来看，京津冀协同发展面临的

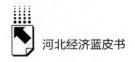
主要问题有"三大断崖"和"一个共害"。第一个断崖是"经济断崖",北京、天津是高地,每平方公里每年的产出分别为1.73万元和1.2万元,而河北只有0.15万元;第二个断崖是"社会断崖",相对于北京、天津较高的生活水平,河北的城市与其周边农村的发展却存在极不协调的二元结构;第三个断崖是"人才断崖",北京、天津集聚了京津冀地区绝大多数的高等院校、科研机构、发明专利和创新人才,相比之下,河北的人才资源尤其是高端人才资源则显得十分匮乏。"一个共害"指环境污染,在全国污染最严重的十个城市中,京津冀地区占据一半以上。京津冀协同发展所面临的约束造成了以下几个方面的影响。首先,区域内体制不活,市场化程度低,致使市场主体缺乏发展动力,同时,由于区域市场的分割,要素市场不统一,阻碍了要素在区域内的充分流动;其次,在城市功能定位、基础设施、公共事业、产业布局等方面协调不足,导致区域重复建设,资源浪费;再次,随着经济的发展,在生态建设、环境保护方面的利益冲突也日益严重;最后,特大型城市与其周边农村发展存在极不协调的二元结构等问题,阻碍了京津冀区域一体化发展。

因此,为顺利实现京津冀协同发展和一体化发展模式转型,应分别从创新驱动、结构调整、经济转型和生态合作等多方面入手,使创新从单向流动向双向流动演进,合理"稀释"大型企业、医院、高校和商品市场等,使其不仅从低水平向高水平的城市聚拢,也应该试着从高水平向低水平的城市"逆城市化"迁出。激活市场主体,鼓励社会团体、民众参与,发挥产业协作联盟、行业协会作用,最终形成京津冀区域文化认同、文化自觉,创建京津冀一体化的命运共同体。

(四)京津冀区域治理之三位一体机制

区域治理的本质是一种提供公共品的过程。区域经济、交通基础设施、生态环境、公共服务等共同构成了区域公共事务。市场主导和社会自愿相结合的供给方式也逐渐取代原有的由政府垄断的公共产品供给方式。由此提出构建京津冀区域治理的政府机制、市场机制、社会机制"三位一体"机制,充分发挥三者在宏观领域、微观领域和中观领域的作用。

1. 区域市场机制

市场机制是现代经济运行的主要机制，是推动资源要素对接对流的主导机制。

为加强区域市场机制，应以市场的价格机制、竞争机制、供求机制等为工具促进区域间合作，推进京津冀区域治理，发挥企业在区域治理中的主体作用，使市场成为实现资源优化配置的决定性力量。首先，作为动力机制，市场机制应能够促进区域内生产要素跨地区流动，发挥人口的集聚效应和扩散效应，对资源进行合理配置，提高配置效率；发挥区域产业效应，使区域内形成合理的分工、协作，建立竞争与合作并存的区域市场体系。其次，作为竞争机制，市场机制运用价格杠杆调节区域内各利益主体间的基本经济联系，推动基本公共服务均等化发展，选取不同利益主体的自由选择作为价值取向并结合大众的趋利原则对资本、人才、技术等要素进行优化配置，从而实现产出最大化和收益最大化。最后，作为趋利机制，市场机制的运行，强力推进了区域产业结构的调整和优化，对要素资源进行了合理优化配置，形成了与之相适应的产业集群，进而实现了效益最大化、效率最优化，达到帕累托最优。因此，对区域治理中市场机制的强化，可激发出市场所蕴含的无法估量的科技潜能和经济潜能，为京津冀协同发展探寻、开辟出新动力和新路径，从而实现区域的全面崛起。

市场机制的作用主要体现在三个方面。一是集聚效应，指在特定区域或区域经济地域单元内，生产要素、经济活动等分布在较为集中的地理区位，有利于加强产业间联系，深化社会分工以及提高资源的利用率，从而实现节约成本和增加效益的目的。我们可以从内部经济集聚和外部经济集聚两个角度分析市场机制的集聚效应。其中，内部经济集聚效应指由于生产要素集中于企业内部而带来的高效益。凭借内部经济集聚效应，在从外部吸取各类生产要素的同时，企业也通过推出创新型产品和衍生新企业实现自身所在区域或区域经济地域单元经济实力提高的目的。外部经济集聚效应则来源于在特定区域或区域经济地域单元内现代生产活动在空间地理上的集中性。即生产

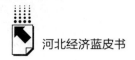

活动在空间上集聚，足以集中实现企业资金周转、劳动力培养、商品流通以及技术创新、升级等，进而产生经济效益。空间集聚降低了企业的进入壁垒，与集聚区外孤立的企业相比，集聚区内企业具有更广阔的生存发展空间。而且，生产要素的利用程度伴随集聚区内不断增加的企业数量得到不断提高。每一个企业都在集聚区产业链中的某一环节占据着重要地位，通过彼此之间的相互协作实现规模经济。二是扩散效应，指集聚区内的生产要素和经济活动存在着向区域和区域经济地域单元外其他地域的扩散效应，其在促进外界地域经济发展的同时也受到外界地域对集聚区经济发展的促进作用。扩散效应表现在两个方面，一方面，利用不同形式的扩散推动集聚区的形成和扩增，从而实现所属区域或区域经济地域单元经济发展质量的提升。另一方面，集聚区可以通过扩展地域空间和输出物质、能量增大集聚区规模和增强集聚区实力。三是结构效应，指区域或区域经济地域单元空间由于集聚效应和扩散效应的共同作用而产生的经济一体化以及产业集群化、互动化趋势。因此，可分别从生产要素、经济活动两个角度分析市场机制的作用。市场机制的作用从生产要素角度来看，主要体现在生产要素的流动、集聚、对外扩散和溢出过程上；从经济活动角度来看，则表现为对企业和经济部门的区位选择与再选择过程。一方面，企业和经济部门的集聚在影响产品市场的同时也促进了区域的专业化或多样化；另一方面，人口的地域集聚促使区域内人口数量、劳动力市场以及工资水平发生变动，从而干扰企业和经济部门的集聚和扩散。

2. 区域政府机制

通过京津冀区域治理，实现三地政府行政职能及管理角色调整，推动京津冀地区转变为创新驱动的内生发展的经济区域。京津冀三地政府行政职能及管理角色的转变，将引导我国东部地区自主创新能力的提高、经济增长方式的转变、结构优化升级的加快实现以及国际竞争力和可持续发展能力的增强。政府发挥其在宏观领域的作用，通过稳定宏观经济，维护社会公平，加大市场监管力度，加强社会管理，弥补市场机制自身不足所导致的京津冀协同发展进程中的资源浪费现象，实现产业结构布局的优化升级，保证城市间基础设施完备，推进城市空间布局一体化。制定并实施区域发展战略、政策、规划和标准，实现区域协调发展，为京津冀协同发展提供良好的制度环境。政府需要意识并改正自身存在的问题，如"越位""错位""不到位""缺位"等，做到有所为，有所不为。改革财税体制、税费关系以及地方政府官员考核评估制度，形成良好的税收制度环境，有效制止地方政府间的恶性竞争。

政府机制的作用主要体现在五个方面。一是制定和实施规划。区域各经济地域单元的政府立足本经济地域实际情况，以区域协调发展战略规划为行动指南，落实既定经济发展方案，协调产业布局、相关基础设施、社会公共服务、生态环境以及其他方面间的关系。同时，区域各经济地域单元的政府应以区域政府所制定的协调发展方案为指导，实现与区域内其他经济地域单元政府的有效联动。二是建设基础设施。既建设并完善海陆空等空间一体化基础设施，又建设空间一体化的公共信息网络设施。三是促进要素流动。政府在各经济地域单元基础上制定区域协调发展运行机制和发展政策，通过对生产要素市场规则的统一以及政府的协调管理，实现生产要素跨地区流动，进一步发展并完善区域生产要素市场。四是优化产业布局。首先，政府应从区域协调发展的要求出发，合理规划各地域单元的产业发展；其次，政府应将各地域单元内土地批租、税收优惠以及财政政策全面统一，同等对待各地域单元上的各类市场主体，避免地域间恶性竞争；最后，政府应利用地域单元间的协调、协商机制，实现所在地域单元内产业的合理集中、扩散。五是治理生态环境。政府应制定和实施促进区域协调发展的生态环境空间治理政策和措施，有效降低区域协调发展对生态环境所产生的负面影响。

3. 区域社会机制

社会机制可以弥补政府失灵，分担政府机构的部分职能，协调政府、社会两者关系，提升政府管理社会的水平，推动政府职能的转变，促使政府解决好自身对市场制度建设的"定位"与"到位"问题，促进政府决策的科学化和民主化，填补政府机制退让的职能，优化政府行为，提高政府能力，降低政府成本，克服政府各自为政的决策模式。

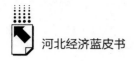

　　社会机制可以弥补市场失灵，发挥对经济的协调、润滑作用，营造市场机制正常运行的土壤，以市场机制为媒介对资源进行优化配置，为市场提供服务、监督、沟通和调节的作用，实现交易的公平、公正、公开，强化企业等微观主体的自律行为，解决重复性建设问题，提升产业层次，增强企业竞争力。

　　社会机制发挥中坚作用，培育行业自律行为，强化自我约束的能力，提升公共参与和监督的意识。民间团体、商会等社会中介组织与市场中介组织构成了社会机制发挥作用的载体，其中，社会中介组织作为一种社会组织，其发展壮大对于社会的和谐运行发挥着不可代替的作用，是我国社会和谐与稳定发展的润滑剂和调节剂。

　　社会机制的作用主要体现在四个方面。一是代表企业参与政府决策。如果每一个企业都直接面向政府讨价还价，那么其成本对于企业和政府而言都难以承担。社会组织把分散的企业集聚起来，一方面提高了单个企业在与政府谈判时的地位，另一方面也分摊了单个企业所需承担的巨额谈判成本。同时，作为一股由社会公众和企业构成的强大的谈判力量，其意见必然会得到政府的重视。二是传递市场信息与政策信息。作为政府与市场的中间媒介，社会组织能够保证信息的快速双向交流，缩短双重时滞，既节约了经济空间调整运行的成本，又弱化了实施政策进程中的障碍。社会组织作为中间媒介既便于政府获取行业的统计资料，知悉行业发展趋势，利于政府更好地采纳社会组织针对产业领域提出的政策建议，又能够把经济空间调整政策的变化和趋势及时告知企业，使其及时把握变动情况，从而为其形成理性预期提供必要的基础和条件。三是协调各方之间的利益冲突。首先，利益冲突体现为各经济地域单元之间、各经济地域单元政府之间的利益冲突。社会组织能够运用其自身独特的属性，打破地方政府只顾眼前利益所带来的行政区划壁垒，合理调整区域空间布局，优化配置要素资源。其次，利益冲突体现在不同企业之间。社会组织基于企业利益协调企业间的利益关系，并通过加快建立退出机制，扫除企业退出市场的障碍。同时，企业通过重组、分工、合并的形式实现生产销售差异化，在产品、工序和信息等多方面形成互补，企业间也逐渐形成竞争与合作同时存在的良性竞争。四是监督政府政策与维护企业利益。社会组织中的行业协会能够维护本行业企业的利益，对于损害到行业内企业利益甚至行业整体利益的政府部门行为，行业协会可代表企业与相关政府部门进行交涉并反映意见，为企业及整个行业争取应得利益。

4. "三位一体"机制的构建

通过对市场机制、政府机制和社会机制的分析，构建京津冀区域治理的"三位一体"机制，并将其作为对资源配置起决定性作用的机制。基于其所影响的微观主体具有自主能动性的特点，可以利用价格机制、竞争机制、市场规则等为媒介推进项目合作，从而加快区域治理进程。作为对经济进行宏观调控的政府机制，其通过稳定宏观经济、加强市场监管，维护市场秩序，推动可持续发展，促进共同富裕；作为对经济发挥着沟通、监督、催化、润滑作用的社会机制，其通过加强大众的参与意识和监督意识，有效协调政府和市场间的关系。市场机制、政府机制和社会机制三者相辅相成，相互促进（见图2）。

首先，作为社会经济活动的"晴雨表"，市场能够根据价格变动情况监测当前经济活动中各项比例关系是否失调，并传递供求变化信号，通过利益竞争使消费者和生产者实现利益最大化。其中，企业通过技术进步和效率提升加速区域内产业链条的不断延伸，促进京津冀区域经济一体化，在区域内形成了兼顾分工、协调、稳健、有活力的市场。其次，就政府机制而言，需要政府营造良好的制度环境、政策环境，并制定决策实施办法、协调措施和目标评价机制，通过政府宏观调控和职能的转变，推进京津冀区域内制度建设，克服区域内各城市政府因为本位主义思想而导致的行政区域之间的恶性竞争、产业同构严重以及布局结构不合理等现象，为区域内经济的畅通运行扫除制度障碍。最后，通过社会力量的培养，即加强社会机制的作用，构建区域内外以政府、企业界专家和社会中介组织为代表的决策、咨询和服务机构，增加透明度，促使区域内各城市政府以及中央政府接受舆论监督，另外，利用社会机制的信息反馈功能将京津冀区域治理的问题与不足反馈给决策和执行控制部门，促使其重新做出相应的调整，从而进一步推动区域内制

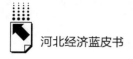

度建设和变迁,为政府职能转变提供载体,为市场主体培育行业自律行为创造条件,并为社会参与提供相应的平台。三种机制的相互作用最终使京津冀区域内的社会资源得到统一配置,使产业发展符合产业互动规律,政府、企业和社会中介组织等参与者实现互动,区域治理最终得以实现。

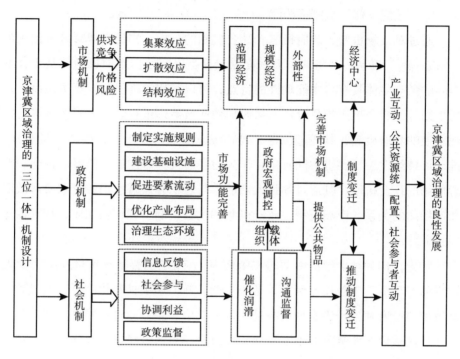

图2 京津冀区域治理的"三位一体"机制设计

四 推进京津冀区域治理的对策建议

(一)推进政府职能转变,促进地方政府合作

推进体制机制创新,转变政府职能。改革京津冀地方财政、税收等区域利益分配和补偿机制,探索以财政事权统一为原则,建立一种适合京津冀区域发展模式的长效资金支持的财政制度。理顺中央与地方的关系,科学划分政府的管理权限,深化财税体制改革、完善分税制,建立规范的中央对地方

的转移支付制度，改革地方政府官员考核评估制度，建立促进区域合作与共同发展的科学的考核体系，既要考核当地经济增长指标，更要关注经济增长的质量指标、效益指标和环保指标，建立利益共享机制和利益补偿机制，跨空间进行管理、规划、建设，实现经济上互利共赢的局面，打破原有的分配格局，平衡和协调整体利益和局部利益冲突。① 以各地的实际情况和需要为标准，确定政府的规模并科学划分政府的职能和权利；引进市场竞争机制、电子政府等形式，以促使政府提高服务效率和透明度。实现政府职能向创造良好发展环境、提供优质公共服务、维护社会公平正义的根本转变，实现政府组织机构及人员编制向科学化、规范化、法制化转变，使行政运行机制和政府管理方式变得规范有序、公开透明、便民高效，从而建设人民满意的政府。

加速形成合作机制，完善组织制度。改革政府间的纵向关系，重塑新的政府间合作网络关系，加强与无行政隶属关系的相邻政府的联系，并在此基础上建立新型横向关系和新型政府网络关系。② 在京津冀各个城市建立"市长联合会议"，并使其成为京津冀区域合作的最高决策机构，形成正式的制度化合作机制，由联合会议商讨和决定一切事务，包括制定区域规划、推进经济合作、制定生态环境保护和基础设施建设等区域公共事务的决策。在京津冀市长联合会议框架下，实现平等协商原则，组建京津冀城市协调会，由北京的 14 区（县）长、天津市的 15 区（县）长与河北 11 个设区市的市长组成。城市协调会负责协商市长联合会议制定决策的落实，就区域重大公共事务开展交流和协商，并研究制定产业规划、环境保护规划、港口合作规划等专项规划，将京津冀城市协调会打造成为重要的区域治理平台。制定京津冀城市协调会章程，规范各地方政府的行为，完善组织制度，创新合作机制。形成政府与非政府组织之间的公私伙伴关系（PPP），即公共部门与私营部门采用资源共投、风险同担、权力共使、利益同享的方式，联合生产和

---

① 张亚明、刘海鸥：《协同创新博弈观的京津冀科技资源共享模型与策略》，《中国科技论坛》2014 年第 1 期。

② 吴群刚、杨开忠：《关于京津冀区域一体化发展的思考》，《城市问题》2010 年第 1 期。

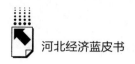
提供公共产品和公共服务，创建公共服务平台和基础设施、金融机构等，合理调配资源，实现共赢，形成经济共同体。

界定政府与市场的关系，促使其形成共生关系。政府和市场之间的关系并非简单的此消彼长的关系，应突破政府与市场二元对立的思维，形成互补共生的关系。正确处理政府、市场两者的关系，需要重新界定两者的职能，而不单单是削弱政府职能和强化市场功能。[①] 政府要在经济调节、市场监管、社会管理和公共服务方面到位而不越位。中央政府要加强宏观调控能力，从各区域政府之间的沟通、合作入手，加大各地区的协调力度，结合制度改革、结构优化和要素升级这三大"发动机"，加快国家发展战略、规划、政策、标准等的制定和实施，通过制定完善的市场监管制度，加大市场监管力度，加深公共部门与私营部门的合作关系，促进各类公共服务供给。地方政府要加强区域公共服务、市场监管、社会管理、环境保护等职责。市场要在资源配置方面起到决定性作用，应根据市场经济的一般规律和我国国情，处理好政府和市场的关系。凡是市场能够解决的一般性竞争领域，要交给市场来办；凡是市场不能解决或不能有效解决的领域，应交由政府来办。政府的主要职能是弥补市场失灵，为市场主体创造公平竞争的环境，为做到这一点，必须真正解决政府职能所存在的"越位""错位""不到位""缺位"等问题。真正做到该市场的归给市场，该政府的归给政府，使政府、市场与社会充分发挥各自应有的作用。

（二）构建活力区域市场，调整优化经济结构

大力发展中小企业，提高市场活力。发挥中小企业在市场中的作用，积极鼓励创新，激发其发展活力，创造更多的经济增长动力。第一，建立科创服务中心，引进创新人才，为中小企业在各方面的问题进行答疑解惑，并及时公布最新的关于创新政策与企业政策的信息。第二，建立规范的融资平台，致力于为中小企业创造更好的创新环境，为中小企业进行创新研发缓解

---

① 赵弘：《京津冀协同发展的核心和关键问题》，《中国流通经济》2014 年第 12 期。

资金压力,加快其科技进步和结构调整。第三,促进生产要素的自由流动,使其能够根据市场需求进行快速集聚,激发中小企业的生产活力。第四,划分产业区域,引导相同性质的企业集聚,发挥产业集聚的作用,集中创新,突出特色,提升整体生产力。第五,打造创新新引擎,扶植新生代企业,鼓励创新,为企业提供未来战略规划指导。第六,降低市场准入和退出门槛,鼓励民营资本进入航空航天、太阳能、高铁等高新技术产业领域,加强中小企业与政府企业的合作交流。第七,正确把握新技术、新产业、新模式和新业态"四新"中小企业的创新发展,以市场需求为导向,以技术创新、模式创新为内核,加深信息技术与企业的结合,创造新型企业发展模式。第八,调整优化经济结构,促进中小企业迅速发展,扶植新型科技产业、新型新兴产业,给予政策鼓励,激发企业活力,扩大企业规模,以提供更多就业岗位。

打造新型产业格局,形成分工体系。京津冀区域要形成自研发设计至终端产品的完整产业链的优势,就应围绕发展潜力大、成长性强、带动作用显著的优势产业链,建立"研发—转化—生产"良性循环的区域产业生态系统;全面增强整个区域产业的综合实力、创新能力和竞争力,最终形成京津冀协同发展和区域一体化新格局。按照现有的技术链、企业群、产业带、城市群发展思路,推进北京非首都功能疏解和津冀产业对接和承接,形成"研发—转化—组装—物流—配套—服务"的产业分工与布局空间结构。产业创新、产业分工和产业转移的并行,萌生出一种新型的产业分工格局。传统的部门间分工逐渐过渡为产品间分工和产业链分工,形成了以工序、区段、环节为对象的产业链分工体系:"创新中心 + 研发转化 + 高端制造 + 高端服务 + 高品位宜居生活"的分工合作新型体系,并最终促使世界级创新中心的形成。① 实际上,北京、天津的产业分工主要是研发、整机组装和现代服务业,而河北则主要负责零部件生产和发展相关配套产业。为了适应新的分工格局,要尽快启动产业合作发展基金,可以通过政府与社会资本合作

---

① 丁梅、张贵、陈鸿雁:《京津冀协同发展与区域治理研究》,《中共天津市委党校学报》2015 年第 3 期。

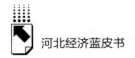

的形式启动产业合作发展基金，提升河北的产业配套承接能力、教育和医疗保障水平，以更好地服务产业优化配置和转移对接。

构建统一的区域市场，打破市场分割。充分发挥市场对资源配置的决定性作用，促进经济要素的自由流动和快速集聚，尤其是激活民营企业、中小企业的活力，降低民资进入市场的门槛，提供投资便利化服务；形成开放统一的资金市场、劳动力市场、技术市场和企业产权市场，促进人流、物流、资源流和信息流等的互联互通，以推动整个区域配置效率和整体效益的提升。京津冀三地以资本为纽带，打破强政府、弱市场的格局。以往京津冀地区的发展过多依赖于政府这只"有形的手"，而"无形的手"即市场所发挥的作用并不是那么明显。要打破现有的"诸侯经济"现状，在产业转移的过程中要坚持政府引导、市场主导、有序推进的转移原则，让市场经济介入一体化的进程中，由市场根据地区的产业基础以及承载力，利用资源自由流动的特点，让要素随着产业转移在地区间重新布局，实现由市场支配的京津冀区域发展体系。

（三）发挥社会组织作用，架构民间参与"渠道"

提高社会组织活力，通过促进各组织间的沟通和交流，提高社会自治水平，加大各组织在社会监督、社会协调和社会服务方面的力度，通过创建企业、居民、NGO、NPO及政府部门之间的协商对话平台，吸引各方组织参与其中，进行主题讨论，对社会上存在的各种问题提出相应的意见与解决方案，集思广益，促进社会与组织的共同进步。政府应依据公众的知情权、参与权和管理权，积极并及时地公布该地区的政策、法律法规和管理程序，通过提供公开、合法的渠道，完善公众参与机制，让公众参与到京津冀治理之中，为区域的发展出谋划策。各行业协会应起黏合剂的作用，积极响应政府号召，依托企业的真实情况，协调政府与企业的关系，建立行业信息交流平台，及时发布行业最新信息，并提供规范的行业资格认证考核程序，制定行业规则和标准。发挥非政府组织作用，促进就业、环境、贫富差距等方面问题的解决。发挥非营利组织的作用，促进教育、医疗卫生等方面问题的解决，协调不同职能部门间的关系。发挥中介组织的作用，促进政府职能向宏观和多元管理转变，培育和规范市场，提高市场活动效率，维护自身合法权益。

促进京津冀区域内各类组织的沟通与交流，促使其积极合作，共同发展，朝着京津冀文化一体化、经济一体化的目标迈进，真正实现各组织互利共赢。目前，河北省各类民间团体组织数目众多，社会组织中人才济济，在行业与政府的沟通中起到重要的"枢纽"作用，在促进一体化发展中具有不容小觑的力量。营造民间组织的开放文化，鼓励模仿、引进学习再创新的模式，实现后来者居上的发展思路。通过民间组织的开放，促使人才相互流动，参照已有的成功经验，民间组织互惠互利，打造京津冀区域内的开放文化和学习文化。完善相关制度，推动经济跨越式发展，促进企业成长。民间组织应在京津冀文化塑造过程中起到示范、表率作用，积极引导"崇文、重教、亲商"文化，着力规范制度、搞好服务，营造良好的制度文化。京津冀文化上一脉相承，地理位置上相邻，应积极开展文化交流活动，促使各团体组织沟通与交流，推动京津冀和谐发展。

借鉴发达国家的经验，在京津冀区域治理中，推进城市协调会、规划委员会等各类协商会议对社会开放，使社会公众充分了解决策的制定、执行和实施过程。规划论坛、经济协作论坛、生态环境保护论坛等开放式会议也应鼓励和确保社会组织和民众的参与，并且在城市协调会章程中应明确规定社会组织的参与方式与途径。京津冀区域治理的各类平台要主动吸纳社会组织，使其真正成为提供服务、反映诉求、规范行为的治理主体，切实参与到区域公共事务的治理之中，发挥社会力量在监督、协调、服务、沟通方面的中坚作用。

（四）树立新型治理理念，促进思想观念转变

转变城市发展观念，打造京津双城。京津两地首先应转变思想，深化合作，形成合力，切实发挥中心城市扩散效应。[①] 作为科技、政治、文化和国

---

① 祝尔娟：《推进京津冀区域协同发展的思路与重点》，《经济与管理》2014 年第 3 期。

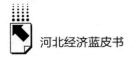

际交流中心，北京应积极参与京津冀区域治理，充分发挥自身在科技、人才、资源等方面的优势，扫除阻碍京津冀协同发展的行政壁垒，服务并推动京津冀区域协调发展；天津应发挥其港口、技术辐射优势，加快经济建设，与北京形成双中心的发展格局，主动与京冀寻求合作，带动区域经济发展；河北应立足自身发展，加快基础设施建设与健全医疗保障体系，提高人均收入水平，加快融入京津冀一体化发展的进程中，积极承接京津的产业转移。

完善区域法律法规，创造良好环境。鉴于我国尚未颁布政府间合作的相关法律，各区域合作机制和合作成果缺乏有效的法律保护，因此建立京津冀区域合作法律法规，成为保证区域合作机制确立、规范政府部门的监管和消除各地区行政壁垒的有效途径。通过法律法规的确立，对中央政府与地方政府的事权与财权进行划分，杜绝各自为政的现象并规范各政府的合作行为。因此，通过出台"区域合作法"，划定各政府之间的权力范围以及规范合作行为，保障各方政府应有的利益，实现有效的监管，并为区域合作机制的确立提供法律支持。通过制定"区域开发法"，保障区域开发的秩序、空间的合理规划以及各地区利益的合理分配，促进整体区域布局、分工的协调发展。通过出台"中央和地方关系法"，明确划分中央政府与地方政府的职能和事权。

树立互动合作理念，加快思想转变。坚定京津冀一体化的发展理念，立足于互动合作促进经济文化发展，积极消除各地区的行政壁垒和贸易体制性壁垒，促进各地区的文化交流和生产要素的自由流动。虚化行政区划界线，树立区域一体化、文化一体化、经济一体化的观念，深化区域整体认同感、归属感和自豪感，推行多元治理，结合政府、市场和社会公众的集体力量，共同治理京津冀，共同推进京津冀一体化发展进程，打破地方经济壁垒，实现从空吸到扩散的转变。解决问题的途径是一方面要遏制地方政府过度追求经济利益的冲动，通过改革投资体制、金融机制、财政机制、政绩考核机制，弱化地方政府作用，促进三地市场有效对接，减少地方政府对地方财政的过度依赖，把政府的经济职能回归到调节经济运行上；另一方面要完善基础设施建设，使生产要素在各区域之间迅速流转，真正实现公共服务的同城化、均等化。

五 河北省融入协同发展的新思路

（一）创新驱动，激起主体活力

大众创业、万众创新是引领社会发展的强大原动力，有利于优化产业、企业、分配等多方面结构。为缓解就业压力，河北省应大力发展创业人才中心、创业就业平台，辅以配套政策，吸引人才创业，通过创业带动就业，以就业促进创新，形成"创业—就业—创新"的良好反应链。河北省应把握信息技术与产业模式转变相结合的重要机遇，推行创业主体大众化，一方面，出台配套政策和加大监管力度，鼓励新型产业模式并加强网络安全防范和网络交易行为规范，加强技术检验、资格认证；另一方面，借鉴新型孵化模式的成功经验，建造河北省创新工业园，实现创新与创业、线上与线下、孵化与投资相结合，为创业者提供成本低廉、程序简便、主题多元的开放式发展平台。同时，构建一个多方参与的市（区、县）长联合会议，形成政府间平等协商机制。通过建立健全该会议制度，组织协商解决跨行政区域的创新要素流动问题，有效打破制度藩篱、释放创新活力，调动创新创业积极性，推动科技成果资本化、产业化，帮助河北省加速实现创新驱动。

（二）开放驱动，激发市场需求

1. 对内开放

为承接京津功能疏解和产业转移，河北省推出了全省对接京津功能疏解和产业转移的 40 个重要平台，着力打造 5 条京津冀协同发展产业带，以此为平台，实施产业协同创新模式推广工程："京津研发 + 河北转化"模式，即河北省积极引进并转化京津的创新成果；"河北为主 + 提升能力"

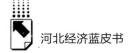
模式，即通过提升河北省承接能力，围绕核心产业，促进京津科技创新与河北省应用研发形成产业链，加快创新要素流转，提升核心产业竞争力；"产业集群+技术平台"模式，即将具有发展潜力和优势明显的产业集聚，对接京津的上游产业。河北省通过提高综合承载能力、加强开发区体制机制建设以及完善服务功能，加强建设这40个重点承接平台和5条京津冀协同发展产业带，不断吸引京津产业、项目落户开发区，激发市场需求。

2. 对外开放

河北省应加快融入"一带一路"大通道，探寻可发挥自身优势的机遇。河北省虽不是"一带一路"重点区域，但这并不代表河北无法获得利益。一方面，"一带一路"是河北省对外投资合作的重点领域，河北省对"一带一路"的投资合作项目，占据全省对外投资合作项目的70%以上。其中包括占全部境外制造业生产基地总数66%的10个制造业生产基地，占全部境外园区项目总数60%的3个境外工业园区。另一方面，"一带一路"还是河北省外贸出口的重要市场。"一带一路"沿线大多为普遍处在经济上升期的新兴经济体和发展中国家，这些地区基础设施建设尚不完善，需要大量钢铁、建材等基础原材料产品进行经济建设，而钢铁等基础原材料产业恰好是河北省的优势产业，因此河北省应主动融入"一带一路"，进而拉动省内优势产品的出口。

（三）改革驱动，激活企业动力

1. 大力扶植中小企业发展，激发中小企业的发展活力

引导中小企业勇于创新，积极创新，增加新的经济增长动力。一是建立完整的企业发展信息系统，及时公布最新关于企业政策的信息。第二，建立规范的企业融资平台，致力于为中小企业创造更好的融资环境，激发企业发展活力。第三，促进生产要素的自由流动，使其能根据市场需求快速集聚，激发中小企业的生产活力。第四，划分产业区域，引导相同性质的企业集聚，发挥产业集聚的作用，集中创新，突出特色，提升整体生产力。第五，打造创新新引擎，扶植新生代企业，鼓励创新，提供企业未来

战略规划指导。第六，降低市场准入和退出门槛，鼓励民营资本进入航空航天、太阳能、高铁等高新技术产业，加强中小企业与政府企业的合作交流。

2. 适应改革发展新形势、新任务，推进简政放权、放管结合、转变政府职能工作

将工作重点从数量向质量转变，以群众需求为导向，用群众"点菜"取代政府部门给群众"端菜"，由纵横联动取代之前的分层级推进模式，加大力度解决涉及多个领域、部门、层级的重大问题。深化改革行政审批程序，提高行政审批的工作效率；深化改革投资审批程序，简化投资项目报建手续；深入推进职业资格、收费管理，全面清理并取消一批收费项目和资质资格认定；深入推进商事制度改革，实现"三证合一""一照一码"；深入推进教科文卫体领域的相关改革，打造经济增长"双引擎"。

参考文献

［1］ 刘刚、赵欣欣：《京津冀都市圈产业发展和演进趋势分析》，《天津行政学院学报》2008 年第 1 期。

［2］ 薄文广、陈飞：《京津冀协同发展：挑战与困境》，《南开学报》（哲学社会科学版）2015 年第 1 期。

［3］ 马海龙：《京津冀区域治理的模式选择》，《北京行政学院学报》2010 年第6 期。

［4］ 周立群、曹知修：《京津冀协同发展开启经济一体化新路径》，《中共天津市委党校学报》2014 年第 4 期。

［5］ 胡鞍钢、沈若萌、刘珉：《建设生态共同体，京津冀协同发展》，《林业经济》2015 年第 8 期。

［6］ 崔冬初、宋之杰：《京津冀区域经济一体化中存在的问题及对策》，《经济纵横》2012 年第 5 期。

［7］ 张业明、刘海鸥：《协同创新博弈观的京津冀科技资源共享模型与策略》，《中国科技论坛》2014 年第 1 期。

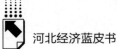

［8］ 吴群刚、杨开忠：《关于京津冀区域一体化发展的思考》，《城市问题》2010 年第 1 期。

［9］ 赵弘：《京津冀协同发展的核心和关键问题》，《中国流通经济》2014 年第 12 期。

［10］ 丁梅、张贵、陈鸿雁：《京津冀协同发展与区域治理研究》，《中共天津市委党校学报》2015 年第 3 期。

［11］ 祝尔娟：《推进京津冀区域协同发展的思路与重点》，《经济与管理》2014 年第 3 期。

分 报 告

Sub-reports

B.2

《中国制造2025》与京津冀协同发展[*]

李 峰 李 娜[**]

摘 要： 《中国制造2025》是我国实施制造强国战略的第一个十年行动纲领，力争通过三个十年的努力，到新中国成立一百年时，把我国建设成为引领世界制造业发展的制造强国。京津冀地区是我国科技资源丰富、经济具有活力、开放程度高的地区之一。京津冀协同发展规划中，京津冀的整体定位为"以首都为核心的世界级城市群、区域整体协同发展改革引领区、全国创新驱动经济增长新引擎、生态修复环境改善示范区"。但京津冀发展也面临资源环境压力加大、区域发展不平衡等

* 本报告是河北省社会科学发展研究项目"基于产业链视角的京津冀战略性新兴产业协同发展的实证与对策研究"（2015040211）的阶段性成果。
** 李峰，河北工业大学经济管理学院讲师，经济学博士，研究方向为产业创新与区域经济；李娜，河北工业大学经济管理学院硕士研究生，研究方向为应用经济学。

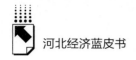

矛盾。本报告在《中国制造2025》出台的背景下，依托当前京津冀资源禀赋与比较优势，着眼于未来工业的发展趋势，以创新驱动京津冀地区发展，以工业化与信息化深度融合培育我国增长新动力和新的增长极，以协同发展促进体制、机制改革，最终促使京津冀成为国家经济发展的重要引擎和参与国际竞争合作的先导区域。

关键词：《中国制造2025》　京津冀协同发展　创新驱动　工业化与信息化融合

一　研究背景

（一）《中国制造2025》的提出背景

2015年3月5日，在十二届全国人大三次会议上，国务院总理李克强在《政府工作报告》中提出，要实施"中国制造2025"，坚持创新驱动、智能转型、强化基础、绿色发展，加快从制造大国向制造强国转变。《中国制造2025》提出了我国制造强国建设三个十年的"三步走"战略，通过"三步走"实现制造强国的战略目标：第一步，到2025年迈入制造强国行列；第二步，到2035年我国制造业整体达到世界制造强国阵营中等水平；第三步，到新中国成立一百年时，我制造业大国地位更加巩固，综合实力进入世界制造强国前列。[①]

《中国制造2025》的提出背景，正是全球新一轮科技与产业革命时期，也正值我国加快转变经济发展方式的历史时期。从国际上来看，发达国家纷

---

① 《国务院关于印发〈中国制造2025〉的通知》（国发〔2015〕28号），中国政府网，2015年5月19日。

纷提出了重返制造业、振兴装备制造业、实行新的工业化发展计划等，例如，美国提出了"再工业化""先进制造业伙伴计划"；德国提出了以智能制造为主导的工业4.0，引领了新工业革命；日本开始实施"再兴战略"；韩国抛出了"新增动力战略"；法国也提出了"新工业法国"。发达国家出台的各种规划与政策，意欲加快制造业升级，重塑本土制造业竞争优势，抢占制造业发展战略高地。同时，伴随着新一轮的科技革命和产业变革，世界科技创新呈现新的发展特征与趋势：一方面，信息技术与制造业深度融合，制造业日趋智能化、数字化、网络化；另一方面，新材料、新能源、3D打印等技术突破引发全球产业变革，对世界范围内的制造业发展带来深刻影响。

从国内发展来看，我国经济总量已跃居世界第二，众多主要经济指标名列世界前列，已建成了一个门类比较齐全的工业体系，整个产业的规模已位居世界第一，占整个世界制造业20%左右的份额，成为全球制造业大国。但我国制造业大而不强，在创新能力、产业结构水平、信息化程度、质量效益等方面，与世界先进水平还有较大差距。伴随着原材料、劳动力、土地等要素成本快速上升，人民币汇率加速升值，结构性因素与周期性因素相互作用，我国经济呈现投资趋缓、出口趋降的局面。同时，高耗能、高污染制造业的发展，对国内的生态环境和自然资源带来了很大的冲击和破坏，这都倒逼我国原有制造业发展模式深刻变革。

因此，《中国制造2025》的提出可以说是应对新一轮科技革命和产业变革，立足我国经济发展方式转变的制造强国战略。通过这一战略，改变依靠资源等要素投入和规模扩张的粗放型增长模式，依靠技术进步、劳动力素质提高和创新发展，重塑制造业的竞争优势，促进我国从"制造业大国"向"制造业强国"迈进。

（二）京津冀协同发展提出的背景

京津冀地区位于环渤海地区的中心位置，作为全国三大城市群之一，是我国吸纳人口多、经济具有活力、开放程度高的地区之一。随着快速发展，京津冀地区面临着诸多困难和问题，特别是北京集聚了过多的非首都功能，"大城市病"问题突出，人口过度膨胀，交通日益拥堵，引发了一系列经济社会问题。而且，京津冀区域发展悬殊，特别是河北与京津两市发展水平差距较大，公共服务水平差距明显。同时，京津冀地区水资源严重短缺，地下水严重超采，大气污染严重，环境污染问题突出，已成为我国东部人与自然关系最为紧张、资源环境超载矛盾最为严重的区域。

2013 年，习近平总书记先后到天津、河北调研，强调要推动京津冀协同发展。2014 年 2 月 26 日，习近平总书记在北京考察工作时发表重要讲话，全面深刻阐述了京津冀协同发展战略的重大意义、推进思路和重点任务。2014 年 2 月 26 日，习近平总书记在北京考察工作时发表重要讲话，全面深刻阐述了京津冀协同发展战略的重大意义、推进思路和重点任务。2015 年 4 月 30 日，中共中央政治局召开会议，审议通过《京津冀协同发展规划纲要》，京津冀整体定位是"以首都为核心的世界级城市群、区域整体协同发展改革引领区、全国创新驱动经济增长新引擎、生态修复环境改善示范区"。[①]

因此，京津冀协同发展已上升为国家战略。这是适应我国经济发展进入新常态，应对资源环境压力加大、区域发展不平衡矛盾日益突出等挑战的重要战略，是有序疏解北京非首都功能，培育我国经济增长新动力和新增长极、优化区域发展格局的现实需要。京津冀协同发展是国家经济发展的重要引擎，京津冀地区是参与国际竞争与合作的先导区域，对于增强对环渤海地区和北方腹地的辐射带动能力、探索改革路径、构建区域协调发展体制机制具有十分重大的意义。

二 京津冀制造业发展现状与面临问题

随着区域合作与产业布局的逐步优化，京津冀成为我国经济发展的重要

---

① 新华社记者：《京津冀协同发展是大思路大战略》，《经济日报》2015 年 8 月 24 日，第 1 版。

引擎。随着京津冀协同发展上升为重大国家战略，京津冀也将被打造成为我国新经济增长方式的引领区和推动区域经济社会发展的重要驱动力。2014年，京津冀三地 GDP 达到 66474.5 亿元，占全国 GDP 的 10.4%，地方公共财政预算收入为 8863.8 亿元，占全国公共财政预算收入的 11.7%。以下是京津冀三地 2009~2014 年 GDP 及在全国的排名①（见表 1）。

表 1 2009~2014 年京津冀三省市 GDP 及在全国的排名

年份	2009	2010	2011	2012	2013	2014
河北（亿元）	17235.48	20394.26	24515.76	26575.01	28301.41	29421.2
全国排名	6	6	6	6	6	6
北京（亿元）	12153.03	14113.58	16251.93	17879.40	19800.81	21330.8
全国排名	13	13	13	13	13	13
天津（亿元）	7521.85	9224.46	11307.28	12893.88	14442.01	15722.47
全国排名	20	20	20	19	18	17

资料来源：作者根据《中国统计年鉴》数据整理而得。

京津冀三地经济发展不平衡。从人均收入来看，京津冀地区存在明显的贫富差距。2014 年，北京市人均地区生产总值为 99995 元，约合 16274.96 美元（按 2014 年人民币兑美元均价计算），天津市人均地区生产总值为 102469 元（根据天津市 GDP 和总人口计算而来），约合 16676.63 美元，两市发展水平均相当于发达国家水平，而河北省人均地区生产总值仅为 39845.81 元，约合 6485 美元，不到北京和天津的 1/2，差距比较大。

（一）京津冀制造业发展现状

1. 京津冀地区创新资源优势突出，是我国重要科技创新的集聚地

京津冀地区集中了全国总数 1/3 的国家重点实验室和工程技术研究中心，拥有超过全国总数 2/3 的两院院士，聚集了以中关村国家自主创新示范区为代表的 7 个国家高新区和 7 个国家级经济技术开发区，拥有丰富密集的

① 全国排名当中，中国香港、台湾除外。

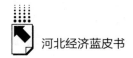
创新资源。北京拥有中国科学院、中国工程院等科研机构，拥有全国最大的科学技术研究基地，每年获得的科研奖励约占全国的 1/3，从 2000 年到 2013 年，北京的专利授权数量居全国第一位，2013 年达到最高 62671 件。而且北京拥有全国数量最多的著名高校和号称"中国硅谷"的中关村科技园区。2014 年，中关村国家自主创新示范区对全市经济增长的贡献达两成。2015 年，中关村万元工业增加值能耗下降 12.1%，高技术制造业增加值增长 14.1%，服务业占全市生产总值的比重达 78.5%。

天津市是国际港口城市，是发展较为成熟的中心性城市，在港口贸易、生产性科技研发、现代制造、物流等方面具有独特的优势。根据《京津冀协同发展规划》，到 2017 年，京津冀科技创新中心地位将进一步强化，区域协同创新能力和创新成果转化率将明显提升。到 2020 年，科技投入、研发支出占地区生产总值的比重将达 3.5%，区域内将形成分工明确、产业链与创新链高效连接的创新驱动格局。①

2. 京津冀三地产业结构发展趋势具有较大差异

从北京地区生产总值产业构成来看，第一产业所占比重非常小，2003 年以来，第二产业的比重大幅度下降之后逐步趋于平稳，到 2014 年，第二产业的比重稳定在 21% 左右；第三产业的比重呈现逐步上升的趋势，在 2014 年达到了 77.9%。天津地区第二产业的比重略高于第三产业的比重，但是第一产业的比重高于比北京地区，第三产业相比北京还欠发达。天津的第二产业占比呈现先上升后下降的过程，在 2014 年该比重为 49.4%。河北的产业结构处于相对落后的阶段，第一产业占有很大比重，第二产业的比重远高于第三产业所占比重（见图 1、图 2 和图 3）。

从京津冀三个地区的总体发展趋势来看，在三地的 GDP 中第一产业所占比重均呈现逐步缩小态势；北京的第二产业所占比重也呈现逐渐收缩的态势，天津第二产业比重与以前相比有所上升，后又呈现下降的态势；河北第二产业比重有所上升，后处于基本稳定的状态；天津和河北的第二产业所占

---

① 新华社记者：《京津冀协同发展是大思路大战略》，《经济日报》2015 年 8 月 24 日，第 1 版。

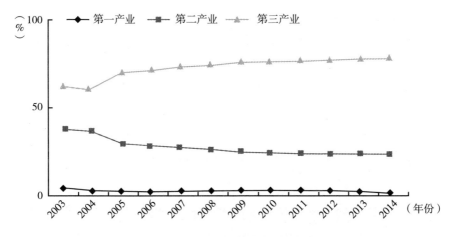

图 1 北京地区生产总值产业构成

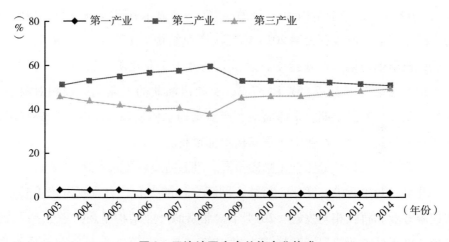

图 2 天津地区生产总值产业构成

比重均在 50% 上下；北京和天津的第三产业所占比重均呈现上升的态势，与北京相比，天津的第三产业所占比重提高速度明显缓慢；而河北省的第三产业所占比重基本保持不变，呈现乏力增长态势。

北京由于其地理位置和政治中心的地位，在产业结构优化方面领先于天津和河北。北京第一产业所占比重明显低于京津冀三个地区第一产业比重的平均值，而北京第三产业比重明显高于京津冀地区第三产业比重的平均值。

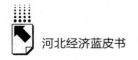
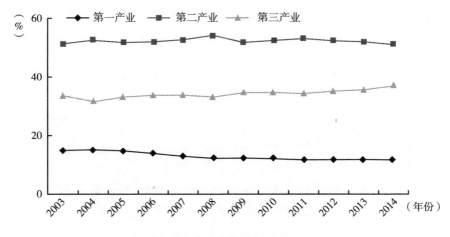

图3　河北地区生产总值产业构成

北京2014年三次产业结构为0.7∶21.4∶77.9，显示其已经进入服务型经济为主的后工业化阶段；天津2014年三次产业结构为1.3∶49.4∶49.3，第三产业比重基本与第二产业持平，显示其仍处于工业化阶段后期；河北2014年三次产业结构为11.7∶51.1∶37.2，反映出河北的工业化进程相对滞后，尚处于工业化阶段中期。京津冀地区产业结构总体呈现"三二一"的格局，主要是因为北京第三产业的比重和权重都很高。

3. 京津冀三地所处工业化阶段不同，制造业发展重心不同

北京是我国政治、文化、科技、国际交往的中心，农业所占比重较小，现代服务业和科技相对发达。2014年，北京的产业结构呈现"三二一"的格局，处于后工业阶段。2014年，北京第一产业、第二产业分别完成投资163.9亿元、716.8亿元，分别同比下降6.6%、5.1%。第二产业主要以高技术产业及汽车、通信、医药制造等现代制造业为主。根据2015年北京市《政府工作报告》，2015年北京会做大做强战略性新兴产业，加快新一代信息技术创新发展，发展互联网金融、大数据金融，提升信息服务业、科技服务业发展水平等。

2014年，天津第二产业所占比例不小，但其增长速度缓慢，变动趋势不大。在以制造业为主的产业结构中，形成了航空航天、装备制造、电子信

息、生物医药、新能源新材料等优势产业，此外，天津的通信设备、计算机及其他电子设备制造业、黑色金属冶炼及压延加工业、交通运输设备制造业、医药制造业、废弃资源和废旧材料回收加工业等产业在全国具有明显优势，但在科技服务、金融业、信息传输计算机服务和软件业等服务业上与北京有较大差距。

河北正处于工业化中期阶段，主导产业为第二产业，第三产业所占比重偏低，缺乏强大的发展动力。与北京和天津相比，河北的第一产业所占比重明显偏大。河北是我国重要的材料、能源基地，钢铁、水泥、玻璃等产能在全国占有较大份额，基础工业的产业基础比较雄厚。京津冀各有其优势与劣势产业，产业梯度较为明显，且呈现互补状态，这就使得三地的产业对接与转移存在可能性。

4. 与长三角、珠三角地区相比，京津冀在科研创新不同方面的表现有所差异

从科技资本的投入来看，长三角地区的 R&D 投入总量高于京津冀和珠三角地区。2013 年，长三角、京津冀、珠三角地区的 R&D 支出分别达到约 3081 亿元、1895 亿元、1443 亿元。从增长来看，珠三角地区 R&D 支出增长最快，说明珠三角地区比较重视科技资本投入。而从 R&D 支出占 GDP 的比重来看，京津冀地区明显高于长三角和珠三角地区。从 R&D 支出的来源看，在政府投入所占比重方面，京津冀地区、长三角地区、珠三角地区梯度明显，2013 年，三个地区的政府投入占 R&D 支出的比重分别是 41.74%、14.71%、8.05%（见表 2）。

表 2　2013 年京津冀、长三角、珠三角地区 R&D 支出及比较

单位：万元，%

地区	R&D 支出	年均增长	R&D 支出占 GDP 比重	政府投入占 R&D 支出的比重
京津冀	18949941	13.50	3.05	41.74
长三角	30814988	14.56	2.60	14.71
珠三角	14434527	16.77	2.32	8.05

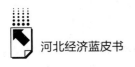

续表

地区	R&D 支出	年均增长	R&D 支出 占 GDP 比重	政府投入占 R&D 支出的比重
北 京	11850469	11.44	6.08	3.48
天 津	4280921	18.75	2.98	16.97
河 北	2818551	14.68	1.00	13.76
江 苏	14874466	15.50	2.51	9.52
浙 江	8172675	13.10	2.18	8.09
上 海	7767847	14.32	3.60	31.61
广 东	14434527	16.77	2.32	8.05

资料来源：根据《中国科技统计年鉴（2014）》整理而得。

从科技人力资源存量方面看，长三角地区的 R&D 人员总数居于三大区域首位，2013 年，京津冀、长三角、珠三角地区的 R&D 人员总数分别为614476 人、1269721 人、652405 人，分别占其城镇人口总量的 0.94%、1.18%、0.9%。从 R&D 人员占城镇人口总量的比例来看，京津冀落后于长三角地区，领先于珠三角地区（见表3）。

表3　2013 年京津冀 R&D 人员数量及占城镇总人口比例

单位：人，%

地区	R&D 人员	城镇总人口	R&D 人员占城镇总人口的比例
京津冀	614476	65608800	0.94
长三角	1269721	107727000	1.18
珠三角	652405	72123700	0.90
北 京	334194	18250700	1.83
天 津	143667	12073600	1.19
河 北	136615	35284500	0.39
江 苏	626882	50900100	1.23
浙 江	416010	35187200	1.18
上 海	416010	21639700	1.92
广 东	652405	72123700	0.90

资料来源：根据《中国科技统计年鉴（2014）》整理而得。

从技术市场成交额来看，2013 年京津冀地区的技术市场成交额位于三个区域之首，是长三角地区的 2.77 倍，是珠三角地区的 5.97 倍，说明京津冀地区技术市场交易活跃并有较高的效率。从技术市场成交额增长率方面看，珠三角地区大幅领先于京津冀和长三角地区。京津冀和长三角地区的技术市场成交额增长较稳定，2013年两地的技术市场成交额增幅分别为15.79%和13.96%。在基础研究领域，从规模以上工业企业R&D项目数、R&D投入以及R&D人员全时当量三个指标来看，长三角地区都领先于京津冀和珠三角地区，京津冀和珠三角地区的R&D项目数虽然相差不多，但是珠三角地区的R&D投入要领先于京津冀地区，是京津冀地区的1.66倍（见表4）。

表4　2013年京津冀、长三角、珠三角地区技术市场成交额及
规模以上工业企业R&D投入比较

地区	技术市场成交额（万元）	增长率（%）	规模以上工业企业R&D项目数（个）	规模以上工业企业R&D投入（万元）	规模以上工业企业R&D人员全时当量（人年）
京津冀	31594395.32	15.79	30559	7458413.00	191259.00
长三角	11406781.85	13.96	104129	23287108.00	749585.00
珠三角	5293935.64	45.06	40759	12374791.20	426329.80
北　京	28517239.48	15.99	10037	2130618.00	58036.10
天　津	2761575.08	18.87	12904	3000377.00	68174.80
河　北	315580.76	-16.55	7618	2327418.00	65048.50
江　苏	5275019.66	31.57	48530	12395745.00	393942.10
浙　江	814958.20	0.23	42158	6843562.00	263506.70
上　海	5316803.99	2.49	13441	4047800.00	92136.40
广　东	5293935.64	45.06	40759	12374791.20	426329.80

资料来源：根据《中国科技统计年鉴（2014）》整理而得。

（二）京津冀区域制造业发展存在的问题

1. 京津冀三地企业技术外生性强和根植性弱，持续创新能力亟须提升

尽管京津冀是全国最强科技资源的聚集地，但与先进国家相比，制造业自主创新能力比较薄弱，关键核心技术与高端装备对外依存度高，制造业创新体系还不够完善，部分制造业产品处于全球价值链的中低端。以新一代电

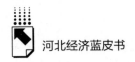

子信息战略性新兴产业为例，京津冀三地普遍存在研发投入不足、企业技术外生性强，信息设备制造业强、软件和信息服务业弱，关键核心技术与高端装备对外依存度高等问题，并且存在"大进大出"的组装加工模式问题，这使得其电子信息产业发展抗风险能力弱、增值空间有限。整体来看，电子信息产业集群还没有进入设计、知识产权经营等知识、技术密集型产业环节，还未形成与跨国公司竞争的市场实力。

2. 京津冀制造业智能化具备一定基础，但信息化与工业化融合程度与智能化水平有待提高

作为我国制造业的重要基地，京津冀的制造业智能化具备一定的工业基础，而且，京津冀工业化与信息化融合实施多年，信息技术已广泛应用于设计、工艺、生产等流程，数字化模具、数控机械设备等迅速普及，有效提高了制造业的自动化和智能化水平。但与发达国家相比，高端装备制造业和生产性服务业发展滞后，信息化与工业化融合深度不够，智能制造水平还有一定差距，工业机器人的普及应用还远远不够。尤其是高端传感器、重要操作系统和数字化基础的智能化水平还有待提高，互联网与工业的融合发展还有很大空间。推进制造强国建设，必须着力解决以上问题。

3. 京津冀三地创新基础不同，区域合作网络亟待完善

京津冀地区是我国科技资源分布最为丰富且集中的地区，但存在科技资源分布不均的现象。北京由于地理、政治、文化等因素，高新技术产业与现代服务业较为发达；天津具有较好的工业基础，也引入大量科技资源，大大提升了自身的技术创新能力；而河北科技资源严重不足，与京津相比处于弱势地位。图2显示了在京津冀区域中，创新产出（专利）和创新资金投入比重的变化趋势。从图2中可以看出，在创新资金方面，北京占了绝大部分，与天津和河北的差距较大，但2007年后创新资金所占比重逐年降低。从天津和河北创新资金占比来看，天津的创新资金占比呈增加趋势，与河北创新资金占比的差距逐年加大。河北的创新产出比重也逐年降低（见图4）。

2014年，北京市专利申请量为13.8万件，同比增长12.0%；全市专利授权量达到7.4万件，同比增长19.1%。其中，发明专利申请量达到7.8万

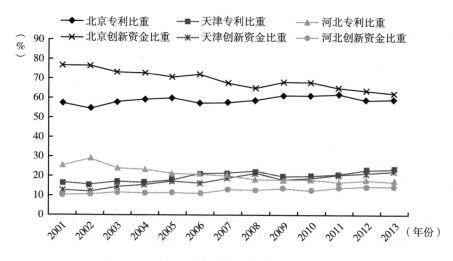

图 4　京津冀区域创新产出和创新资金占比比较

件，同比增长 15.7%；发明专利授权量达到 2.3 万件，同比增长 12.3%，居国内首位，进一步拉大了与津冀两地的差距。由于区域内创新分工格局尚未形成，创新链与产业链对接融合不充分，科技资源共享不足，三地科技创新协同转化与制造业转型升级任务比较艰巨。根据南开大学经济与社会发展研究院院长刘秉镰的数据，目前中关村的科技成果转化中，有 96% 离开了京津冀，河北、天津拿去转化的科技成果分别仅占中关村所有落地成果的 2% 和 1.8%。相比之下，江苏省落地的科技成果中有 85% 来自中关村。

4. 京津冀环境污染比较严重，绿色低碳产业有待于进一步创新发展

京津冀区域空气质量相对较差。2014 年中国空气最差十城中，京津冀占据 8 席。区域内 PM2.5 年均浓度平均超标 1.6 倍以上。该区域 13 个地级及以上城市空气质量平均达标天数为 156 天，比全国范围内平均水平少 85 天；重度及以上污染天数比例为 17.0%，较 74 个城市的平均值高出 11.4 个百分点。京津冀三省市地理位置相连，共同处于一个生态单元中，在生态环境问题上，三省市只能加强合作，共同治理。根据《京津冀大气污染防治行动计划》，到 2017 年底，北京市要调整退出高污染企业 1200 家，天津市钢铁、水泥产能分别控制在 2000 万吨和 500 万吨，河北省钢铁产能压缩淘

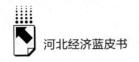

汰 6000 万吨以上。京津冀要推动产业转型升级,实现"腾笼换鸟",淘汰落后产能,改造传统产业,发展新兴产业、绿色产业。[①]

三 京津冀协同背景下制造业发展的政策建议

由于京津冀三地资源禀赋、发展阶段、功能定位不同,京津冀制造业协同进程中,需充分发挥各自的比较优势,围绕京津冀制造业产业转移和产业结构优化调整的重点领域展开,以《中国制造 2025》为契机,深化科技体制改革,促进经济增长方式转型,构建开放型经济新体制,激发制造业发展活力和创新动力,以新技术、新模式、新业态驱动京津冀创新发展。

(一)适应新常态、引领新常态,实现京津冀制造业创新驱动发展

1. 加强科技创新,打造先进制造业关键产品的核心竞争优势

借重京津冀科技、教育资源,强化制造基础,着重发展核心基础零部件/元器件、关键基础材料、先进基础工艺及产业,加快服务型制造业和生产性服务业创新发展,促进企业真正成为技术创新的主体。不断提升自主创新能力,瞄准突破口和主攻方向,着力攻克一批关键核心技术,努力占领制高点。着重发展集成电路设计业,打造先进制造业关键产品的核心竞争优势,形成支撑配套业共同发展的集成电路产业链格局。依托产业集聚区,以培育和引进龙头企业及实施大项目为抓手建设集聚载体,推动京津冀制造业重点突破和整体提升,实现跨越式发展。

2. 建设京津冀协同创新示范区,发挥示范区的辐射和带动作用

京津冀协同创新示范区,是京津冀创新资源的"汇集区"和创新成果的"扩散源",通过先行先试催生示范效应,以示范区为"桥头堡"和发展极,创新驱动经济持续发展。打破原有限制资源和要素自由流动的行政分割

---

① 新华社记者:《京津冀协同发展是大思路大战略》,《经济日报》2015 年 8 月 24 日,第 1 版。

局面，形成以差异化、高端化为特色的区域创新集群。借重首都科技资源，特别是具有互补性的高科技产业和发达服务业，以"科技新干线""交通新干线""科教共同体"等形式，形成引领京津冀协同创新与发展的"轴线"，进而形成具有全球竞争力的高技术产业基地，带动京津冀三地技术创新、资源重组、人才培养等，再造科技创新发展空间。形成具有自主知识产权的原始创新成果，培育具有重要应用前景的高端产品，打造特色产业集群和示范基地。

3. 构建京津冀三地差异化的区域创新体系

北京重点提升原始创新和技术服务能力，打造我国自主创新的重要源头和原始创新的主要策源地，集聚高端创新要素，促进科技创新资源和成果开放共享，加强科技人才培养与交流，为创新驱动发展发挥龙头带动作用；河北重点强化科技创新成果应用和示范推广能力，建设重点产业技术研发基地，加强科技成果孵化转化能力，通过科技支撑产业结构调整，成为京津冀产业与经济转型升级试验区。而天津则重点提高应用研究与工程技术研发转化能力，依托原有的制造业基础与比较优势，打造产业创新中心、高水平现代化制造研发基地和科技型中小企业创新创业示范区。[①]

在创新与制造业方面，京津冀三地加强联系，例如，在电子信息与通信设备、生物医药、光机电一体、新型电源与电子材料产品、新能源等战略性产业领域，形成首都科研成果研发、津冀两地技术转化与高端制造价值链对接协作格局，进而提高产业结构的层次，提升高新技术产业对经济增长的贡献率，使产业链向高附加值的创新链条挺进。

（二）推动工业信息化、数字化、智能化等科技创新，促进京津冀地区率先实现现代化

两化融合是工业化发展的一场革命性变化。信息技术是新一轮科技革命

---

① 鲁平：《加快合作平台建设　承接京津产业转移》，《河北日报》2015 年 4 月 30 日，第 7 版。

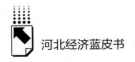
中创新最活跃、渗透性最强、应用最广泛的领域，信息技术正在与制造、能源、材料、生物等产业，以及医疗、教育、物流、金融等服务业深度融合，引发了新一轮技术革命，带来了商业模式的创新，并催生出电子商务、大数据、云计算等新兴产业。

1. 转变思维，试验区与典型企业应用相结合，推动信息网络技术与制造业深度融合

尽管信息化推动工业化将是一个长期过程，但随着人们对信息化与工业化认知水平的不断加深，信息化与工业化融合将不断向纵深推进。当前，应推动各省级政府开展省级两化深度融合试验区工作，推动物联网、大数据技术在工业领域的集成创新和应用。通过引进、合作、培育等方式，聚集一批国内外知名物联网研发机构，开展接口、服务、架构、协议、安全、标识等方面的合作，加快构建完善的物联网产业体系。此外，推动离散性企业应用制造执行系统（MES）、企业资源计划（ERP），提升精益生产水平。建设"两化"服务平台，建立"两化"深度融合发展水平检测和评估制度，激发企业内生动力。健全和完善相关信息化法律法规和标准体系，提供安全规范的信息化应用环境。

2. 重点改造提升传统制造业，利用信息技术培育、牵引战略性新兴产业

紧抓全球前沿科技创新与革命机遇，密切跟踪以德国工业4.0战略、3D打印为代表的工业物联网、智能制造、分布式制造等引领的新工业革命，通过信息技术更新换代，推动企业信息化由单项应用向网络化综合集成应用转变，推动企业内部及产业链上下游之间采购、生产制造、销售等环节高效协同，促进企业生产制造的智能化、敏捷化、柔性化，实现企业组织结构、管理模式与经济业态创新。同时，强化和提升科技集聚区的科技能力，将互联网技术、数字化技术、通信技术"嵌入"工业流程，如广泛应用微处理器、网络技术、控制技术等，大幅提高产品的附加值。通过平台、产品、内容多层面融合，将技术、产品和服务等综合集成，推动产业智能化、绿色化、高端化发展，使工业产品结构不断升级，实现对传统制造业的升级改造

和新兴制造业的兴起，以创新驱动战略促使该区域率先基本实现现代化。

3. 加强京津冀制造业有效转移与承接，促进京津冀制造业智能化协同

京津冀分工合作，鼓励和推动错位竞争、链式发展，明确三省市产业发展定位，理顺产业发展链条，从注重功能集聚为主向积聚、疏解与扩散并重转型，打造立足区域、服务全国、辐射全球的优势产业集聚区。加强三省市产业发展规划衔接，制定京津冀产业指导目录，在区域整合过程中，加快津冀承接平台建设，突破产业分立的格局，加强京津冀产业协作等。运用信息技术改造提升传统产业，依托开发区、保税区、临港经济区、工业园区等重点功能区，推动新一代信息技术在制造装备、业务流程、生产要素等产业体系中全面渗透。对于大企业，要深化信息技术在研发设计、制造、管理、营销等全流程和全产业链中的集成应用，培育数字化车间、智能工厂，推广智能制造生产模式。对于中小微企业，重点是进一步完善面向中小微企业的信息化服务体系，提高中小微企业信息化应用能力和水平。

（三）积极布局下一代互联网、物联网，在优势领域抢占战略制高点

新一代的信息技术与智能化是全球关注的焦点，发达国家和发展中国家竞相制订和实施信息化与工业化融合战略与行动计划，力图抢占未来发展的战略制高点。"互联网＋"作为新经济的重要代表，是高度市场化产业综合体，对传统商业模式产生变革性影响。艾瑞公司数据显示，网店与实体店相比，能够节省60%的运输成本和30%的运输时间，降低55%的营销成本和47%的渠道成本。京津冀地区应密切关注全球信息化应用与发展进程，加快适应经济结构战略性调整和经济增长方式转变的需要。

1. 依托京津冀科技资源优势，大力发展云计算、物联网、移动互联网等重点领域

在共建京津冀高端信息化的公共基础设施上发力，打造"信息高速路"共建数据信息共享机制，合力推动数据相关技术研发，在优势领域抢占战略制高点。借力京津冀人才优势，面向云计算、物联网、移动互联网等重点领

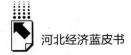

域，创新应用服务引领，增强产品、网络与服务的垂直整合能力，积极开展下一代互联网架构及关键技术研发，推动标准化建设，构建下一代互联网网络与信息安全防护体系。依托超算中心，加快云计算标准制定，在电子政务、企业信息化、互联网信息服务等领域加快云计算应用。同时，推进制造业分工细化和服务外包，加快从生产制造向基于信息和网络技术的服务型制造转变，推动电子信息产品制造、软件开发、通信服务的融合创新和互动发展。

2. 实施前沿技术开发与应用紧密结合的创新双导向战略，加强互联网的广泛应用，使其成为辐射和带动河北省其他地区的发展极

当前，以互联网、新一代信息技术、物联网、大数据、云计算等为代表的新技术在工业制造和服务业领域广泛应用，深度改变了工业生产组织方式，带来了新工业革命。协同创新示范区应将"互联网＋制造""互联网＋创业""互联网＋金融""互联网＋商贸"列为创新突破点，抓住京津产业转移和河北省重新布局的机遇，吸引国内京东、阿里等电子商务巨头投资，积极倡导建立京津冀信息新干线，通过转换发展方式集聚创新要素，在辐射范围内，体现协同创新示范区高起点、高层次、高平台的特点，以"互联网＋先进制造业"协同机制，释放落地效应或放大辐射功能，促进大量关联企业及基础支持机构集聚，逐渐形成强劲、可持续的竞争优势。

（四）以融合发展需求为导向，积极创新产业发展模式

1. 以融合发展需求为导向，促进协同攻关应用体系，注重信息网络技术与制造业深度融合

以融合发展需求为导向，推进产用互动，建立电子制造、基础软件、关键装备、大型用户参与的协同攻关应用体系，促进生产性服务业发展。同时，推动互联网与制造业深度融合，把现代物流、电子商务作为推进"两化"融合的重要支撑和内容。围绕基础设施、工业控制、现代物流等重大应用领域，进一步开展物联网技术研发和示范应用。鼓励制造业创新销售和服务模式，引导企业充分运用电子商务、O2O 等互联网模式实现产

品营销。

2. 整合全球科技资源，积极创新产业发展模式

借重北京的科技优势，延伸自身的优势及有潜在优势的产业链，拓展产业群，通过结构调整和产业升级整编产业组织和企业组织。主动参与全球价值链，构建开放型体制，组建区域性企业集团及产业组织体系，创新电子信息产业发展模式。以电子信息产业为例，京津冀三地的电子信息产业集群以外资为主导，大部分制造业企业产能受制于外资企业订单，市场控制力与自主品牌实力较弱，三地合作的难度加大。通过政府引导，积极探索和实现上下游环节虚拟一体化（虚拟 IDM），支持和引导企业兼并，使产业链上下游按照共建价值链紧密衔接，形成生产研发与市场应用链接、关键设备与生产制造有机链接、整机企业与配套企业整合的产业网络，推动产业、创新与市场的有效融合。

（五）京津冀环境治理需要制定长久的发展策略和规划

1. 打破行政区域限制，促进绿色循环低碳发展，加强生态环境保护和治理

京津冀地区环境污染是长期积累的结果，其环境治理需要制定长久的发展策略和规划。在生态环境保护方面，重点是联防联控环境污染，建立一体化的环境准入和退出机制。遵循"统一规划、严格标准、联合管理、改革创新、协同互助"的原则，打破行政区域限制，推动能源生产和消费革命，促进绿色循环低碳发展。同时，需要加强生态环境保护和治理，扩大区域生态空间。推进生态保护与建设，谋划建设一批环首都国家公园和森林公园，积极应对气候变化，注重涉及大气污染治理、绿色交通、清洁能源、清洁生产、监测预警与管控等领域的关键技术联合攻关和集成应用。

2. 共建京津冀绿色生态科技创新示范区，构建河北省绿色低碳循环现代产业体系

推进京津冀协同发展，开展生态文明先行示范区、绿色发展示范区建设等。在生态修复、环境污染治理、绿色农产品等领域，河北应联合京津两地

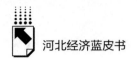

开展关键技术研究，实施跨学科、跨领域重大项目和示范工程建设，加快实施水体污染控制与治理国家科技重大专项，开展湖泊湿地生态环境保护和修复等技术攻关与示范应用，并加强传统产业生产技术、工艺流程、能源利用等方面的技术应用。建立新能源汽车应用研发技术创新示范区，创立国家绿色生态科技创新核心区，促进科技资源优化配置，实现区域产业结构升级，解决资源、能源与环境问题。将京津冀协同创新示范区作为桥头堡，组织开展新技术开发和推广示范，构建河北省绿色低碳循环现代产业体系，突出集聚化、融合化、低碳化，形成高端引领、创新驱动、绿色低碳的产业循环发展模式。

（六）加强"政—产—学—研"合作创新，多层次、多方面合作，体制改革促进京津冀协同

1. 加强"政—产—学—研"合作创新，多层次、多方面合作，为京津冀制造产业科技创新提供支撑

加快建立以企业为主体、市场为导向、产学研用紧密结合的科技创新体系，加快建设新能源、新材料工程，高端制造工程，互联网与大数据中心，生物医药等科技创新重大工程，打造一批国家级和市级重点实验室、工程技术（研究）中心、产业技术创新中心以及一些专门的共性技术研究机构，真正把创新活力激发出来、传递下去。同时，以政府合作共建、企业合建、政校企合建、跨省市共建等方式，助推区域间企业合作、要素流动、技术溢出。

加强"政—产—学—研"合作创新，开展多层次、多方面合作，探索技术转移、引进再创新与创业孵化相互融合的新型服务模式。推动产业链上下游在设计研发、关键零部件及核心技术上的协同创新，为示范区科技创新提供支撑，把河北省的技术推向全国乃至全球，培育一批创新型行业"巨人"和企业"航母"。

2. 推进科技创新机制与体制创新，激发示范区企业科技创新活力

示范区是推进京津冀创新与高新技术产业发展的先行先试园区，重点应

在创新机制、创新方式、创新政策，以及金融、法律、科教、人才等创新环境方面探索经验，特别是在技术标准、财政政策、法律法规等方面有所创新与突破，推进河北省"创新驱动内生增长"的道路。

加强京津冀科技信息交流与通力合作，共建科技合作机制，实现三地创新要素与资源共享，力求产生"1+2＞3"的协同效应。将重大工程与重大项目作为推进前沿技术研发与创新的重要抓手，通过技术创新和人力资本驱动，促进资本、人才、科技共同体发展，实现高新技术产业和生产型服务业的聚集，培育和集聚全球技术领先、具有集成创新能力的高科技先锋企业群体，引领和带动河北省战略性新兴产业科技创新。

以全球视野谋划和推动开放式创新，借重和吸引北京优势资源，在新能源、新材料，节能环保，高端装备制造，软件与集成电路，电子商务等领域探索建立多种形式的联盟，包括产业联盟、技术联盟等。通过联盟成员间的合作交流和资源共享，加快建设联合开发、优势互补、利益共享、风险共担的产业技术创新战略联盟。鼓励和引导社会资本参与战略联盟的培育与建设，促进资本与技术有效对接，强化河北省制造业、研发转化、科技成果产业化基地作用。

此外，研究在示范区内实施京津冀高新技术企业互认备案、科技成果处置收益统一化、创新券制度等相关政策。加强创新资源利用和经济效益的统计分析与动态监测，全面提高京津冀科技资源转化的能力和水平。同时，积极探索绿色环保产业发展跨区域财税体制改革，以及跨区域财政转移支付制度、生态补偿机制的建立，设立国家层面的京津冀协同创新引导资金，力争在部分领域取得突破，形成一批具有全球竞争力、国家竞争力的特色优势产业集群。

参考文献

[1] 刘志彪：《苏南自主创新示范区建设的路径选择》，《唯实》2013年第1期。

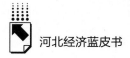

［2］李峰：《经济新常态下信息化与工业化深度融合的趋势与天津发展战略》，《天津经济》2015 年第 4 期。

［3］苏励、王玉亮、郭伟、镡立勇：《全省科技创新大会在石召开》，《河北经济日报》2012 年 10 月 24 日。

［4］刘刚：《实施京津协同发展战略　区县要走科技驱动的新型城市化道路》，《天津日报》2014 年 1 月 13 日。

［5］谭向军：《关于在滨海高新区创建国家自主创新示范区的战略构想》，《港口经济》2013 年第 10 期。

［6］陈红：《建立技术经纪服务体系的探讨》，《技术与市场》2010 年第 3 期。

［7］袁于飞：《创新驱动　科技强国》，《光明日报》2015 年 3 月 18 日。

［8］陶用之：《长三角企业自主创新与企业知名品牌的成长途径》，《社会科学》2007 年第 9 期

［9］李峰：《世界电子信息产业发展的六大趋势及对天津的启示》，《天津经济》2011 年第 10 期。

［10］甄峰：《创新政策误区与创新体系建设》，《光明日报》2015 年 3 月 18 日。

［11］吴传清：《"十三五"期间促进长江经济带产业转型升级的战略思路》，《区域经济评论》2015 年第 1 期。

［12］鲁平：《加快合作平台建设　承接京津产业转移》，《河北日报》2015 年 4 月 30 日。

［13］《国务院关于印发〈中国制造 2025〉的通知》（国发〔2015〕28 号），中国政府网，2015 年 5 月 19 日。

B.3
"一带一路"战略与京津冀协同发展

张　超*

摘　要： "一带一路"、京津冀协同发展、长江经济带三大战略并非相互孤立运行的，而是相互促进、高度相关的。京津冀地区既是协同发展战略的主战场，又是"丝绸之路经济带"与"21世纪海上丝绸之路"战略结合地，战略地位十分突出。"一带一路"战略既是破解当前京津冀地区存在的诸如产业竞争力不强、产能过剩、创新能力较弱、空间优势未能有效发挥等一系列问题的重要策略，也是实现京津冀未来战略定位的重要举措。京津冀地区应充分利用京津冀协同发展和"一带一路"两个重大国家战略的叠加效应，加快构建全方位的对外开放新机制，大力推动区域交流与合作，积极打造对外开放平台，实行"走出去"与"引进来"相结合，充分利用国际国内两种资源、两个市场，加快拓展对外开放的深度和广度，形成借力协同发展推动大开放的局面。

关键词： "一带一路"战略　京津冀协同发展　产能合作　企业"走出去"

一　引言

在宏观经济发展目标锁定为提升中国质量的背景下，中国经济进入结构性

---

* 张超，河北工业大学讲师、博士，研究领域为区域经济学。

减速的新常态，国内改革步入深水区，对外开放面临调整转向，经济发展处于换挡期、阵痛期和消化期。为实现调结构以满足人们对物质、社会、环境等方面多样需求的目标，国家出台了一系列重大发展战略。作为部署和优化经济发展空间格局的重要举措，2014年底召开的中央经济工作会议明确提出重点实施"一带一路"、京津冀协同发展、长江经济带三大战略，而这三大战略并非相互孤立运行的，而是相互促进、高度相关的。京津冀地区既是协同发展战略的主战场，又是"丝绸之路经济带"与"21世纪海上丝绸之路"战略结合地，战略地位十分突出。河北地处京畿重地，内环天津、外沿渤海，横连东中西部，纵接东北中原，拥有487公里海岸线和7200多平方公里海域面积，经济腹地广阔。可以说，"一带一路"各项战略举措都有利于京津冀协同发展目标加速实现。

目前，京津冀协同发展是推进京津冀地区实现跨越式发展的核心战略，未来京津冀协同发展主要有三大核心目标，即打造世界级城市群、推进经济创新发展和承载首都功能疏解，其核心仍然是提升区域竞争力。遵循这一发展思路，京津冀三地功能定位必须服务于以上三大目标，突出功能定位高端化、产业创新转型升级和科学优化的空间布局。那么，未来在协同发展的布局下京津冀地区的定位是什么呢？梳理和总结相关政策及学者研究不难发现，京津冀协同发展大致有以下几大定位：世界一流的国家首都圈、充满活力的世界创新城市圈；最具影响力的世界交往中心区、平衡南北方发展的首要极核区、国家区域治理现代化首善区、全国生态文明引领区。其中，"充满活力的世界创新城市圈"强调创新是京津冀区域发展的核心动力，实现创新驱动发展也是京津冀协调发展的重要使命和责任；"最具影响力的世界交往中心区"突出了京津冀地区在"中国的世界网络"壮大和成熟的进程中，统筹国内、国际两个大局，深化和扩大对内对外开放和空间一体化的重要意义；"平衡南北方发展的首要极核区"突出了京津冀地区带动北方腹地发展、平衡南北方关系的历史使命和责任。这三大定位均与我国正在实施的"一带一路"战略密切相关，"一带一路"战略既是破解当前京津冀地区存在的诸如产业竞争力不强、产能过剩、创新能力较弱、空间优势未能有效发挥等一系列问题的重要策略，也是实现京津冀未来战略定位的重要举措。

二　京津冀协同发展面临的若干问题

京津冀协同发展战略的核心诉求在于竞争力提升，而竞争力较弱也是目前京津冀地区面临的突出问题。这一点主要体现在以下几个方面。

首先，京津冀地区制造业整体实力较弱，资源型产业优势明显。京津冀地区整体处于较低的工业化阶段，对比京津冀、长三角和珠三角三大地区发现，从产值结构来看，三大地区的产业结构有所差别，但差别不大，第二产业比重均在40%以上，其中，珠三角和长三角地区在50%以上，而且这一比重自2002年以来一直呈现明显的上升趋势。京津冀地区第三产业产值比重虽然超过第二产业，但其第一产业的比重为三大地区中最高。三大地区就业结构的差别则比较明显，京津冀地区的第一产业就业占近36%，超过第二产业（30.22%）和第三产业（33.91%）；长三角和珠三角地区的就业结构比较接近，第一产业就业比重在20%左右，第二产业就业比重为45%～50%，第三产业就业比重在35%左右（见表1）。从发展趋势来看，京津冀地区的第三产业就业比重增长快于第二产业，长三角地区第二、第三产业就业比重都在增长，而珠三角地区第二产业就业比重在增长，第三产业就业比重在下降。考虑到三大城镇群的发展历程，京津冀地区在计划经济时期具有较好的重工业基础，工业结构偏重，因此其就业结构更能反映其发展水平，同时其第三产业产值比重高与北京的首都职能密不可分。珠三角地区历史上工业基础相对薄弱，虽然经济水平已经较高，但随着产业升级，其第二产业比重目前仍有增加的趋势。所以总体而言，相对于长三角和珠三角地区，

表1　三大城镇群产值结构和就业结构（所占比重）

单位：%

产　业	珠三角		长三角		京津冀	
	产值结构	就业结构	产值结构	就业结构	产值结构	就业结构
第一产业	3.3	16.22	4.1	20.16	7.0	35.87
第二产业	50.6	49.43	55.3	45.07	45.3	30.22
第三产业	46.2	34.35	40.6	34.78	47.6	33.91

京津冀地区尚处于较低的工业化阶段，调整产业结构，加快经济发展是提升京津冀地区国内以至国际竞争力的前提。

从京津冀、长三角、珠三角三大城镇群各自在全国制造业中的地位来看，长三角地区整体实力最为突出，制造业增加值占全国的19%，高于珠三角地区9个百分点，高于京津冀地区12个百分点；而珠三角地区个别制造业部门的地位异常突出，仪器仪表及文化办公用机械制造业增加值占了全国该行业产值的46.5%；京津冀地区的资源型行业优势居于其他两个城镇群之上。从生产地域分工来看，资源密集型行业方面，三大城镇群中只有京津冀地区的黑色金属矿采选业在全国具有专业化地位，区位熵均值高达2.95。劳动密集型行业方面，珠三角地区占优，有6个专业化部门，多于长三角地区的5个和京津冀地区的4个；珠三角地区的专业化程度也最高，区位熵均值为1.66，高于长三角地区的1.41和京津冀地区的1.32。资本密集型行业的专业化部门以长三角和京津冀地区较多，均为5个，珠三角地区为2个。技术密集型行业方面，珠三角和京津冀地区的专业化部门数量略少，各有3个，长三角地区有5个；在专业化程度方面，珠三角地区远高于其他两个城镇群，三者的区位熵均值分别为2.59、1.29、1.16。综合来看，长三角地区实力最强，珠三角地区专业化程度最高，京津冀地区资源型产业最突出（见表2）。

表2 三大城镇群专业化部门分布及专业化程度

行业类型	指标	珠三角	长三角	京津冀
资源密集型	专业化部门数量（个）	0	0	1
	区位熵均值	—	—	2.95
劳动密集型	专业化部门数量（个）	6	5	4
	区位熵均值	1.66	1.41	1.32
资本密集型	专业化部门数量（个）	2	5	5
	区位熵均值	1.64	1.62	1.73
技术密集型	专业化部门数量（个）	3	5	3
	区位熵均值	2.59	1.29	1.16
总 计	专业化部门数量（个）	11	15	13

从各行业的竞争力来看，在京津冀地区 5 个具有地区增长实力的行业中，1 个是资源密集型，3 个是资本密集型，1 个是技术密集型，除黑色金属矿采选业和有色金属冶炼及压延加工业之外，其他均与长三角地区相同。珠三角地区具有地区增长实力的行业有 6 个，为三个区域中最多，这 6 个行业中有 4 个是技术密集型的，2 个是资本密集型的。长三角地有 4 个高竞争力行业，其中，2 个技术密集型的，2 个是资本密集型的，除医药制造业外其他均与珠三角地区相同。三个城镇群具有地区增长实力的行业相似性很大，预示着在未来的发展中地区间的竞争将是激烈的（见表 3）。

表 3 三大城镇群具有地区增长实力的行业

珠三角（6 个）	长三角（4 个）	京津冀（5 个）
黑色金属冶炼及压延加工业 电力热力的生产和供应业 电子及通信设备制造业 电气机械及器材制造业 仪器仪表及文化办公用机械制造业 交通运输设备制造业	黑色金属冶炼及压延加工业 电力热力的生产和供应业 电子及通信设备制造业 医药制造业	黑色金属冶炼及压延加工业 电力热力的生产和供应业 有色金属冶炼及压延加工业 医药制造业 黑色金属矿采选业

具有地区增长潜力的行业京津冀地区有 11 个，介于长三角地区的 21 个和珠三角地区的 7 个之间。京津冀地区具有地区增长潜力的行业中有 6 个为劳动密集型、4 个为资本密集型、1 个为资源密集型；珠三角地区具有增长潜力的行业中有 3 个为劳动密集型、4 个为资本密集型，各约占一半；长三角地区具有地区增长潜力的行业中有 11 个为劳动密集型、8 个为资本密集型、2 个为资源密集型（见表 4）。总体来看，三个区域具有地区增长潜力的行业主要集中于劳动密集型和资本密集型行业。

综合专业化和竞争力的分析可以看到三大城镇群未来的产业发展趋势。持续专业化部门以长三角地区为最多，为 13 个；其次依次是珠三角 8 个、京津冀 7 个；珠三角地区的行业分布比较均匀，有 3 个技术密集型行业，京津冀、长三角地区则以劳动和资本密集型行业为主。潜在专业化部门也是以

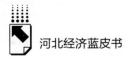

长三角地区为最多，有 12 个，其次依次是京津冀 9 个、珠三角 5 个（见表 5）；衰退专业化部门在珠三角、长三角和京津冀地区分别有 5 个、1 个、2 个。

表 4　三大城镇群具有地区增长潜力的行业

珠三角(7 个)	长三角(20 个)	京津冀(11 个)
化学原料及化学制品制造业	化学原料及化学制品制造业	化学原料及化学制品制造业
塑料制品业	塑料制品业	塑料制品业
烟草加工业	烟草加工业	烟草加工业
家具制造业	家具制造业	家具制造业
金属制品业	金属制品业	金属制品业
石油加工及炼焦业	石油加工及炼焦业	石油和天然气开采业
印刷业记录媒介的复制	木材加工及竹藤棕草制品业	木材加工及竹藤棕草制品业
	皮革毛皮羽绒及其制品业	皮革毛皮羽绒及其制品业
	饮料制造业	饮料制造业
	食品加工业	食品加工业
	普通机械制造业	普通机械制造业
	纺织业	
	非金属矿物制品业	
	食品制造业	
	橡胶制品业	
	服装及其他纤维制品制造业	
	印刷业记录媒介的复制	
	非金属矿采选业	
	化学纤维制造业	
	造纸及纸制品业	

表 5　三大城镇群潜在专业化部门

珠三角(5 个)	长三角(12 个)	京津冀(9 个)
烟草加工业	烟草加工业	烟草加工业
电力热力的生产和供应业	电力热力的生产和供应业	电力热力的生产和供应业
黑色金属冶炼及压延加工业	黑色金属冶炼及压延加工业	塑料制品业
石油加工及炼焦业	石油加工及炼焦业	皮革毛皮羽绒及其制品业
交通运输设备制造业	木材加工及竹藤棕草制品业	木材加工及竹藤棕草制品业
	石油和天然气开采业	石油和天然气开采业
	食品加工业	食品加工业
	饮料制造业	普通机械制造业
	食品制造业	有色金属冶炼及压延加工业
	非金属矿物制品业	
	非金属矿采选业	
	医药制造业	

其次，部分产业产能过剩问题突出。京津冀地区尤其是河北省是典型的传统工业主导型区域，河北省 GDP 份额中第二产业增加值占到了一半以上，其中又有约 90% 来自传统工业。钢铁、水泥、建材（主要是玻璃产业）和装备制造是河北省四大支柱产业，这四大行业规上企业产值在传统工业中的比重达 80%，以煤炭为代表的资源型产业比重也相当大。而煤炭、钢铁、水泥、玻璃等均属"三低两高型"产业，即低生产率、低附加值、低产业带动性、高污染、高耗能产业，又是目前国内产能严重过剩的产业，亟待转型升级。以钢铁行业为例，由表 6 可知，在固定资产投资逐年加大的条件下，1979 ~ 2012 年河北省钢铁产量年均增速达 15% 以上，这也加速了相关产业的产能过剩。为缓解京津冀地区传统产业产能过剩态势，工信部甚至专门发布《部分产能严重过剩行业产能置换实施办法》，规定京津冀等环境敏感地区，对于钢铁（炼钢、炼铁）、电解铝、水泥（熟料）、平板玻璃等产能严重过剩行业的项目建设，须制定产能置换方案，同时鼓励开展市场化运作的产能置换指标交易。在工信部公布的 2013 年首批淘汰落后产能企业名单中，在工信部规定可置换的钢铁（炼钢、炼铁）、电解铝、水泥（熟料）、平板玻璃四个行业领域内，京津冀地区除天津荣程钢铁外，其余全为河北企业。

表 6　河北省钢铁产量和增速

单位：万吨，%

工业品	产量					平均增速
	1999 年	2000 年	2010 年	2011 年	2012 年	1979 ~ 2012 年
粗钢	383.69	1230.10	14458.79	16452.25	18048.38	15.2
钢材	281.27	1306.52	16757.23	19258.43	20995.2	17.2
生铁	521.25	1709.23	13705.39	15443.09	16350.23	13.5

再次，中间原料型工业比重过大，深加工产业发展不足，重点行业企业规模小。京津冀地区是我国科技资源最为密集的地区，理应大力发展以高加工度产业为主的加工制造业，但实际上，从目前京津冀地区细分制造业行业占比看，以黑色金属冶炼及压延加工、非金属矿物制品、化学原料及化学制

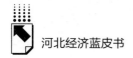

品制造等为代表的中间原料型工业比重很大，且这些行业均属高耗能、高污染部分；而诸如电气器材、医药制造、高端装备制造等高端战略新兴产业规模明显不足，比重明显偏低。同时，钢铁、化工等重点产业企业平均规模过小，布局分散，产业集中度不够。以钢铁行业为例，目前区域内386家钢铁企业中，炼铁企业多达101家，尽管总产量达5284万吨，但单位企业的产量仅约为52万吨；而整个区域炼钢企业多达51家，其中绝大多数产量低于100万吨。京津冀地区12家炼油企业原油加工能力平均为227.5万吨，低于全国平均水平，其中，只有1家加工能力达到800万吨，有6家低于100万吨。

最后，科技创新成果转化能力弱，创新资源优势未能得到充分发挥。京津冀都市圈是我国智力资源密集区域之一，知识创新能力在全国占有明显的优势，但科技创新转化能力弱，在企业技术创新业绩方面并没有得到充分体现，在高端产品开发方面没有大的突破，高技术产业发展也不快。对于创新而言，京津冀地区企业面临"三大陷阱、三大缺失"，导致其存在"不愿转型和不能转型"的问题。首先，"三大陷阱"导致企业"不愿转型"。其一是初级生产要素的低成本优势陷阱。这其中包括低廉的劳动力成本、土地成本和环境成本等。尽管在经济增长新常态背景下，我国初级生产要素的价格有了大幅度上升，但是相对于世界发达国家和地区，我们的初级要素价格仍然相当低廉，这就使我们的企业、我们的个人在通过初级生产要素获取竞争优势方面仍然有相当大的空间，这一点目前正在改变。其二是规模经济陷阱。中国具有庞大的消费市场，伴随居民消费升级，我国对产品和服务的需求规模巨大，这使得企业可以通过扩大生产实现盈利，但同时也给我们转向创新驱动带来挑战，因为企业往往不需要考虑太多产品差异化，通过模仿、复制，就能将大量的产品顺利卖出。其三是寻租陷阱。京津冀地区的国有企业较多，政企联系较密，在政府职能转变不到位、法制不够健全的背景下，仍有部分企业通过寻租获取优势。根据全国第二次经济普查数据，京津冀地区国有企业资产总额在全国范围内所占比重高达62.8%。其次，"三大缺失"导致京津冀地区企业"不能转型"。这"三大缺失"涉及创新主体和创新环境。其一，京津冀地区企业家、企业家精神缺失。由于历史和体制的原因，京津冀区域内存在"官本位"文化，非公经济发展不够活跃,相对缺乏真正的企业家和企业家精神。其二是地区创新生态系统缺失。企业创新转型也要根植于创新的"土壤",创新精神以及吸引和孕育创新创业活动的"栖息地"(或产业创新社区)也即地区创新生态系统两者缺一不可。目前,地区竞争力取决于其创新生态系统竞争力,一个地区创新能力的提升在于完善和丰富创新生态系统的各个要素,并强化要素之间的联系(linkage)。创新生态系统中有几大关键要素,包括人才、资金、技术、产业公地(相关配套产业)、市场竞争环境、地方创新支撑等,这些要素间的联系(linkage)也至关重要。京津冀地区是我国智力资源最富集的地区,但却未能有效将其转化为企业的创新能力,其原因关键在于未能建立起较为完善的创新生态系统。京津冀三地要素市场分割严重,公共服务区域间差距太大、未能有效衔接,人才在北京之外无法保证宜居宜业;京津冀地区民营企业、中小企业、产业公地还不够发达,北京的研发成果往往跳过京津冀转向其他沿海地区("炮弹效应")。此外,高校、科研机构的知识、技术生产、人才输出也存在问题,人才输出未能以培养创新创业人才为导向,而是以就业为导向,人才培养、知识技术生产也未能与本地企业、产业公地的未来发展相结合。这些都导致了京津冀企业创新乏力。其三是知识产权保护缺失。创新需要各种要素,但要素市场又相互分割,这就使我们的创新成本和风险非常大,剽窃、抄袭的行为仍然很严重,从而导致很多人不愿意做原创性的工作。

由此可以看出,目前京津冀地区尤其是河北省的主导产业基本表现为"资源型、高污染、弱创新"和"低端、过剩、小散"的特征,这不仅与未来建设世界级城市群的战略目标相悖,也不利于该区域经济增长及本地居民生活品质改善,亟待借助"一带一路"战略转型升级。

三 "一带一路"战略对京津冀协同及竞争力提升的推动作用

(一)京津冀地区竞争力提升的分析框架

竞争力本质上就是生产率,地区竞争力提升即通过推动本地产业、劳

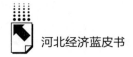
动力的高端化发展实现本地区生产率跃升。有关区域竞争力实现策略存在不同的分析框架，其中包括产业竞争力论、人才竞争力论、城市化论、一体化论和区域营销论等。产业竞争力论最早由波特（Porter）提出，他认为一个国家和地区的核心竞争力在于其产业竞争能力，城市定位应重点关注产业发展。林毅夫（2014）提出的"新结构经济学"也强调了产业选择在城市或区域竞争力提升中的关键作用，并在此基础上提出产业筛选的"六步法"，认为本国（本地区）在充分挖掘本地潜在比较优势，同时顺应地区后发优势的条件下，将实现竞争力提升。人才竞争力论最早由佛罗里达（2010）在其富有创见性的著作《创意阶层的崛起》（*The Rise of Creative Class*）中提出，与波特的产业竞争论截然相反，人才竞争力论强调智力人才在城市竞争力提升中的核心作用，认为人才、创意才是决定厂商发展的关键性要素，而决定创意阶层家庭区位选择的首要原因并非就业机会、工资报酬等生产性因素，而是环境、居住、文化等生活性因素。格莱泽（2012）也阐明了城市高品质生活资源在吸引"思想创造者"过程中的重要性，并由此提出"消费城市"的概念。事实上，在人们物质福利达到一定水平的条件下，区位的生活性资源在家庭迁移中将扮演更重要的角色，资本反而是次要的，投资是伴随人才流动的，因此地区间竞争的核心聚焦于人才竞争。一体化理论在国内最早由杨开忠（1993）在其著作《迈向空间一体化》中提出，他认为一体化的市场、基础设施和制度是提升地区竞争力的关键，一个地区的发展必须融入更大的市场。这一点在随后2009年世界银行发展报告中进一步得到印证。区域营销理论源于Kotler、H. Haider 和 Rein 的代表性论著《营销地方：吸引投资、产业和旅游者》，其强调应将一个地区看作未来极具发展潜力的产品，在战略愿景指导下像营销产品一样营销地方，主动行销地区的特色。本报告主要结合波特产业竞争力论和一体化理论，对"一带一路"战略对京津冀协同发展的带动作用进行分析，可以说，目前"一带一路"战略强调的互联互通、产能合作、企业"走出去"参与国际竞争等均是对波特产业竞争力论和一体化理论的应用。

（二）"一带一路"战略提出及重要举措

自 1978 年以来，在经济全球化和市场一体化浪潮的带动下，依托特有的地方政府竞争驱动经济的发展范式，中国实现了"增长的奇迹"，GDP 增速长期保持在 10% 以上。伴随着经济高速增长，我国也实现了经济发展的"三个第一、一个第二"，即进出口总额世界第一、外商投资世界第一、外汇储备世界第一以及经济总量世界第二，中国由资本输入逐步转向资本输出，同时也具备了参与更广泛国际合作的能力。与此同时，由于在改革开放初期我国实施了不平衡发展战略，更靠近世界市场的广大沿海地区率先开放，广大中西部内陆地区相对封闭，并快速形成了以沿海发展带支撑全国经济增长的格局。目前，在我国经济"新常态"的背景下，仅仅依靠沿海地区推动经济增长已经不可能，加快西部地区开放步伐，推动内陆沿边地区由对外开放的边缘迈向前沿成为战略需要。"一带一路"战略就力图在新形势、新环境、"新常态"下塑造中国全方位开放的新格局。

"一带一路"指的是"丝绸之路经济带"和"21 世纪海上丝绸之路"。当前，在世界多极化、经济全球化、文化多样化和社会信息化潮流下，中国经济与世界经济高度关联，推进中国与周边国家和地区一体化发展成为提升区域竞争力的战略着力点。2013 年 9 月 7 日，习近平在哈萨克斯坦纳扎尔巴耶夫大学发表演讲，倡议亚欧国家共同建设"丝绸之路经济带"，并引起相关国家尤其是中亚各国的积极响应。2013 年 10 月 3 日，习近平在印度尼西亚国会发表题为《携手建设中国 – 东盟命运共同体》的重要演讲时提出与东盟共同建设"21 世纪海上丝绸之路"。2015 年 3 月 28 日，在国家发改委、外交部、商务部联合发布的《推动共建丝绸之路经济带和 21 世纪海上丝绸之路的愿景与行动》中明确提出加快"丝绸之路经济带"建设，打造新亚欧大陆桥、中蒙俄、中国—中亚—西亚、中国—中南半岛等国际经济合作走廊。目前，"一带一路"战略规划纲要已经发布，"一带"大致有三条线路，分别是中国经中亚、俄罗斯至欧洲（波罗的海）；中国经中亚、西亚至波斯湾、地中海；中国至东南亚、南亚、印度洋。而"一路"有两条线

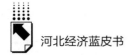
路，分别是从中国沿海港口过南海到印度洋，延伸至欧洲和从中国沿海港口过南海到南太平洋。"一带一路"是世界上跨度最长的经济大走廊，是世界上最具发展潜力的经济合作带，沿线国家和地区经济增速普遍在 4% 以上，具备较强的经济增长潜力，而同时城镇化率多在 55% 以下，基础设施、住房建设等有巨大的发展空间；而西亚地区政治局势较为复杂，很多国家以石油、天然气为支柱产业，城镇化水平相对较高，部分国家仍有较大经济增长空间。

"一带一路"战略重心在于国际经济合作，核心战略为"一体化"战略。合作内容涉及基础设施、能源、贸易、产业链及文化等多个方面，从空间上看，京津冀地区尤其是天津、沧州、唐山本身就是"一带一路"的战略交汇点。京津冀地区是中国与世界经济的主要结合部之一，是推进"丝绸之路经济带"建设的重要中心地，也是推进"21 世纪海上丝绸之路"建设的重要战略支点区，是实现新的两个大局战略构想的重要引擎。而实现这一目标的关键是"一体化"策略下的全方位区域协调发展，包括产品市场互通、基础设施互联、经济要素有序自由流动和制度政策相互衔接等。实施"一带一路"战略，就是要建设中国对外经济交往的大通道，这些大通道包括在陆地上建立起的连接欧亚的 6 条经济走廊，以及"21 世纪海上丝绸之路"。"一带一路"沿线涉及几十个国家，很多国家经济发展水平不高，基础设施普遍较差，相当一部分地区生态环境比较恶劣，且社会结构复杂。建设这几条陆地经济走廊的重点在于亚欧互联互通产业合作的硬件支撑，建立起一个由公路、铁路、隧道、桥梁、油气管道和港口组成的，纵横亚欧的庞大网络。"21 世纪海上丝绸之路"将东南亚与印度洋主要港口串联在一起，加强了中国与巴基斯坦、孟加拉国、缅甸等印度洋国家的联系。在这一理念的指引下，"一带一路"战略规划纲要明确提出未来"一体化"策略的落脚点在于"五通"，即政策沟通、道路联通、贸易畅通、货币流通和民心相通，分别对应一体化政策制度、一体化基础设施、一体化市场、一体化货币体系和一体化价值观。其中，政策沟通指各国可以就经济发展战略和对策进行充分交流，本着求同存异的原则，协商制定推进区域合作的规划和措施，在政策和法律上为区域经济融合"开绿灯"。道路联通是指各国完善跨境交通基础设施，逐步形成"一带一路"交通运输网络，为各国经济发展和人员往来提供便利，其中包括公路、铁路、管道、航空、航运等多方面的互联互通，这将为相临产业、货物贸易、资源能源等领域带来直接的合作。贸易畅通指各国就贸易和投资便利化做出适当安排，消除贸易壁垒，降低贸易和投资成本，提高区域经济循环速度和质量，实现互利共赢。目前，中国已经与"一带一路"相关国家或国家组织签署了一系列的贸易协定，预计未来中国将以这些已有的经贸合作为支点，逐步扩展和深入。货币流通是指在经常项下和资本项下实现本币兑换和结算，降低流通成本，增强抵御金融风险的能力，提高本地区经济国际竞争力。2014 年 11 月，国家主席习近平宣布中国将出资 400 亿美元成立丝路基金。这是专门服务于"一带一路"的营运资金。民心相通指加强人文交流，将历史上丝绸之路建立起来的民间文化交流提升至更广义的国与国、民与民之间在文化、教育、医疗卫生、宗教等方面的交流和合作。

（三）"一带一路"战略对京津冀协同发展的影响

首先，"一带一路"战略可有力消减京津冀地区过剩产能。市场经济的基本规律是，经济要素从供求过剩区域向供求不足区域转移，从高成本区域向低成本区域转移。在中国与"一带一路"沿线国家明显存在制造业供求和成本双梯度差的情况下，"中国制造"向"一带一路"沿线国家的产能转移便符合市场经济规律，是一种有效率的价值实现方式。目前，京津冀总体处于工业化后期，制造业中大量门类存在产能过剩情况，同时京津冀地区还是人口高度密集，农产品、能矿产品需求旺盛的区域。通过产能合作，推动产能向"一带一路"地区转移，并同时吸引农矿产品等紧缺资源，互通有无，将极大改善改善京津冀初级产品的供给形势。同时，京津冀制造业生产能力的输出，也将进一步提高"中国制造"在"一带一路"沿线市场的占有率，扩大相关产品在"一带一路"沿线国家的影响力与号召力。相对于直接贸易，推进京津冀产能向"一带一路"沿线国家转移，可减少各类关

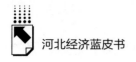

税和非关税壁垒，降低劳动力成本，提升企业竞争力、市场潜力，扩大企业成长空间。

从需求层面看，"一带一路"沿线国家和地区大多为发展中国家或新兴经济体，经济发展趋势向好，尤其在改善民生、发展经济方面有强烈诉求。除此之外，"一带一路"战略规划纲要强调"五通"中"道路联通"先行，这其中包括我国与沿线国家在道路、机场、港口、桥梁等基础设施方面的全方位合作，仅"一带一路"六大走廊建设中的高铁工程就达 8 万公里以上，仅亚太地区未来 10 年涉及基础设施建设的投资就将达 50 万亿元，这就从战略层面保障了过剩产能外输。以水泥行业为例，2013 年"一带一路"沿线地区水泥消费总量达 8 亿吨，且目前基础设施建设缺口达 1.7 亿~2 亿吨，加大对"一带一路"地区开放的程度将极大地扩大我国水泥消费市场，从而推进我国水泥产能梯度转移。此外，水泥等产能消费市场还将伴随"一带一路"沿线国家基础设施建设的逐步推进而进一步释放。目前，"一带一路"沿线地区人均水泥消费量很低，若以人均水泥消费量达到欧美国家平均 300~500 千克水平计算，未来该区域水泥消费总量将提升至 15 亿~25 亿吨，这一利好可显著刺激我国水泥出口提升以及国内企业在海外加快建厂等。目前，在京津冀协同发展规划中也明确提出了在"一带一路"战略下大力化解过剩产能的诉求，提出全面贯彻落实《国务院关于化解产能严重过剩矛盾的指导意见》，利用河北与国家发改委共建的合作平台，借助国家力量促进河北省国际产能合作，积极开拓国际市场，消化省内产能等，力争到 2017 年底，完成压减钢铁产能 6000 万吨、水泥产能 6000 万吨、玻璃产能 3600 万重量箱，消减煤炭消费 4000 万吨的目标。

其次，"一带一路"战略有助于京津冀地区企业创新转型。对于企业创新转型而言，来自"一带一路"最大的机遇还在于"走出去"。京津冀地区与"一带一路"沿线国家在产业结构上具有较强的互补性，贸易投资合作空间巨大。此外，京津冀地区在基础设施与常规装备制造方面具有较强的国际竞争力，在高铁、重型机械装备制造方面已经达到世界先进水平，与"一带一路"沿线国家大规模开发阶段的需求特点契合度较高。从 2014 年起，我国对外投资超过外商对华投资，成为资本净输出国。拥有、保持和扩展外国企业没有或无法获得的资产及其所有权，是跨国企业对外直接投资的重要因素。品牌是这种资产的核心组成之一。为了"走出去"，企业应当不断拥有、保持和扩展自己的品牌资产。因此，自主品牌是适应、引领我国对外直接投资和实施"一带一路"战略的客观要求。"一带一路"大多沿线国家尚处在工业化初期阶段，不少国家的经济高度依赖能源、矿产等资源型行业，而中国有能力向这些国家提供各种机械和交通运输设备等，处于产业链的相对高点。在"一带一路"建设中，我国将在沿线国家发展能源在外、资源在外、市场在外的"三头在外"的产业，进而带动产品、设备和劳务输出。这不仅能有效实现我国产能的向外投放，也能促进国外新兴市场的快速发展，是一件两全其美的好事。此外，在"一带一路"战略带动下，将会有更多高端、创新性跨国企业进驻京津冀。其中，北京是中央机关和国务院部委办局及所属事业单位、高校科研机构、使馆领事馆、国际组织驻华代表机构、跨国公司总部，以及国际化和高端化会展活动潜在主办主体最多、最密集的城市。作为首都，北京是我国的政治中心、文化中心和科技创新中心，拥有各类高等学校 179 所，各类研究机构近 3000 所，157 个大使馆，2个名誉领事馆，25 个国际组织驻华代表机构，共计 39 个国家 240 家境外驻华媒体，每年约接待国宾、党宾 100 多批，其中国家元首或首脑数十人次。截至 2014 年，北京市已经与全世界 51 个城市结成国际友好城市，拥有世界500 强企业 52 家，在全球城市中位居首位，拥有跨国公司地区总部达 153家。北京也是全国行业性协会最集中的城市。伴随着国际交往中心建设的推进和"一带一路"、亚投行、"走出去"等国家战略的实施，我国国力和全球地位将进一步增强，政治、经济、文化交往活动也将更加频繁，高端化、国际化的市场需求也将更为强劲，这也势必加快本地区企业的创新转型步伐。

最后，"一带一路"战略大幅提升了京津冀地区在全国空间格局中的战略地位。毋庸置疑，"一带一路"改变了中国区域发展的现有格局，为京津冀发展带来了新的历史机遇。京津冀发展规划中也强调推进区域大通道建设，体现出主动对接国家"一带一路"战略的意图，包括建设石家庄至黄骅港铁路通道，使之与山西、陕西、内蒙古、甘肃、新疆连接；打通唐山港、秦皇岛港与二连浩特口岸的综合运输大通道，争取将唐山港和秦皇岛港作为蒙古国出海口；规划开通"石—新—欧"、"冀—蒙—俄"国际货运班列，增加班次密度，打造"丝绸之路经济带"国际综合物流通道。同时，加密京唐港、秦皇岛港与日本、韩国、东南亚的集装箱航线，积极开辟欧美、南美、大洋洲等国际远洋航线，打造"21世纪海上丝绸之路"国际综合物流航道。

海上运输是"21世纪海上丝绸之路"不可或缺的重要因素，"21世纪海上丝绸之路"大框架下的港口布局应该有3个特点：世界级大港大多数位于"21世纪海上丝绸之路"的沿线；有众多的世界级的石油、铁矿石等资源装卸港；沿线有众多的地方和区域性港口。在这方面，优越的港口条件无疑为京津冀地区战略地位进一步提升提供了坚实基础。依托"一带一路"战略，京津冀沿海港口纷纷扩张，各港口除了加码投资之外，还纷纷提出相关规划。在转型升级的大背景下，中国港口的投资建设迎来新一轮热潮。此外，"一带一路"战略还大大拓展了京津冀地区的腹地范围。京津冀地区原有腹地主要包括国内北方大部分区域（见表7）。而在"一带一路"战略的带动作用下，京津冀地区腹地范围将扩大至俄罗斯、蒙古、中亚、西亚甚至欧洲地区，这将极大拓展京津冀产能合作及市场范围。其中，天津港腹地无论在经济体量和质量等方面都表现最好，而黄骅港腹地范围广阔，并富有纵深，间接腹地经济发展潜力最大。

表7 环渤海主要港口交通与腹地条件

港口	主要铁路线	腹地
天 津 港	京沪、京哈、京津、京包等	华东、华南、西部、京津地区等
京 唐 港	京九、京沪、京广、京哈、京承、京包等	河北、北京、山西、宁夏、内蒙古等地
曹妃甸港	京山、京秦、大秦等	华北、东北及北部部分地区
秦皇岛港	京哈、京包、京沪等	华北、东北、西北地区
黄 骅 港	京沪、京大、京九等	华北、华东、山西以及铁路线延伸地区

四 "一带一路"战略下京津冀地区重要实施举措

目前,京津冀地区应充分利用京津冀协同发展和"一带一路"两个重大国家战略的叠加效应,加快构建全方位的对外开放新机制,大力推动区域交流与合作,积极打造对外开放平台,实行"走出去"与"引进来"相结合,充分利用国际国内两种资源、两个市场,加快拓展对外开放的深度和广度,形成借力协同发展、推动大开放的局面。

同时,京津冀地区还必须处理好发展与环境保护的关系。渤海沿海地区拥有港口,利于利用国际国内两种资源、两种市场,土地资源丰富,利用海水淡化缓解水资源短缺的潜力大,开发可行性和环境可持续性较强,应相对集中培育和发展经济中心功能。目前,京津冀地区人口和经济主要集中在中部平原地区。为优化空间布局,要因势利导积极推进人口和经济活动向沿海地带转移。

具体而言,可开辟新亚欧大陆桥经济走廊新通道。"一带一路"是国家重大地缘发展战略。目前,京津冀地区是"丝绸之路经济带"中蒙俄通道的重要组成部分,也是"21世纪海上丝绸之路"的重要战略节点港口所在地。黄骅港至新疆乌鲁木齐的铁路距离约3000公里,比连云港到乌鲁木齐铁路里程短600公里,是新亚欧大陆桥运距最短的东方桥头堡。规划建设以黄骅港为桥头堡的新亚欧大陆桥,不仅可以使京津冀地区成为"丝绸之路经济带"主通道——新亚欧大陆桥通道上最具竞争力的线路,从而大大提高京津冀地区在"丝绸之路经济带"中的战略地位,而且,可以明显提高"丝绸之路经济带"的影响力和竞争力,促进北方发展,具有重大战略意义。因此,京津冀协同发展要把规划建设以黄骅港为东方桥头堡的新亚欧大陆桥作为战略工程来抓。

同时,加快港口建设,打造"丝绸之路经济带"上重要出海口。按照京津冀区域产业功能布局,以河北省港口功能定位为基础,实现区域协同发展。港口产业分工定位是港口发展的纲领,对港口未来发展及减少同质化竞

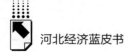
争具有重要意义。若港口自身定位过高，用有限的资源去谋求各个方面的发展则违背经济学中资源稀缺性的观点；同时，即使建立起全方位的港口发展体系，港口基础设施的利用率也不会太高，从而造成资源的严重浪费。这是因为货量是有限的，最终要面临其他港口货物分流。若港口自身发展定位低，港口发展也将因此受限，港口作业不能满足船舶进出港和货物吞吐的要求，也不利于吸纳货源，提升港口竞争力，甚至使港口面临被淘汰的命运。河北省港口相关管理部门要根据辖区内港口自然条件、基础设施建设、吞吐量、货类情况、所在城市经济状况、腹地经济状况等确定港口定位，明确河北省港口群的发展方向。由于港口未来发展的定位取决于港口综合竞争水平，各港口要严格依据职能定位，加强基础设施建设，尤其是优势业务码头的建设，增强港口竞争力。在此基础上要进一步完善秦皇岛、唐山、黄骅三大港口功能，大力发展集装箱运输，提升大宗散货物流运输能力，促进河北省港口由运输大港转变为贸易大港。

河北省应依托秦皇岛、唐山、黄骅三大港口，建设现代化综合港口群，加快实施秦皇岛港西港搬迁改造工程，建设秦皇岛国际邮轮港，推进唐山港综合开发，建设黄骅港综合大港。主动参与环渤海港口分工协作，重点推进中石化曹妃甸千万吨炼油项目码头工程、唐山港曹妃甸港区煤码头三期工程、华能唐山港曹妃甸港区煤码头工程、黄骅港散货港区原油码头工程等涉及原油、矿石、煤炭、集装箱等的大型专业化码头的建设，促进港口功能向综合大港和贸易大港转变。联合京津共同构建衔接中蒙俄、新亚欧大陆桥等经济走廊和"21世纪海上丝绸之路"的枢纽港群体系，打造新亚欧大陆桥重要的出海口。同时，要拓宽河北省能源原材料供应渠道，打通河北省通向"一带一路"能源富集地区的物流大通道，加快曹妃甸港区原油、LNG码头等大型专业化码头建设，提升海上油气供应保障能力。加快外贸物流基地建设，在"一带一路"沿线相关省份的主要交通节点城市设立内陆港，争取更广阔的经济腹地和货源。积极扩大人文交流合作，如结合秦皇岛港西港搬迁改造，规划建设国际邮轮码头，发展海上观光旅游。

参考文献

［1］杨开忠：《迈向空间一体化：中国市场经济与区域发展战略》，四川人民出版社，1993。

［2］孙久文、原倩：《京津冀协同发展战略的比较和演进重点》，《经济社会体制比较》2014 年第 5 期。

［3］刘安国、张英奎、姜玲等：《京津冀制造业产业转移与产业结构调整优化重点领域研究——不完全竞争视角》，《重庆大学学报》（社会科学版）2013 年第 5 期。

［4］吴良镛：《京津冀地区城乡空间发展规划研究》，清华大学出版社，2002。

［5］杨开忠：《中国西部大开发战略》，广东教育出版社，2001。

［6］《2009 年世界发展报告：重塑世界经济地理》，清华大学出版社，2009。

［7］吴群刚、杨开忠：《关于京津冀区域一体化发展的思考》，《城市问题》2010 年第 1 期。

［8］林毅夫：《新结构经济学》，北京大学出版社，2014。

［9］〔美〕佛罗里达：《创意阶层的崛起》，中信出版社，2010。

［10］〔美〕格莱泽：《城市的胜利》，上海社会科学院出版社，2012。

B.4

京津冀协同发展与创新创业[*]

孙丽文　李　跃[**]

摘　要：　京津冀协同发展的关键在于协同创新，依靠创新深化区域间
合作，实现创新要素的自由流动与资源共享，形成协同创新
创业的区域系统环境，以创新推进京津冀共同发展。本报告
首先描述了京津冀创新创业现状，指出京津冀在创新合作机
制、要素流动、协同创新动力等方面存在的问题；然后以
"产、学、研、融、政、介"等创新环境要素为关注点，对
京津冀产业经济基础、政策环境、市场环境、人才与研发环
境、金融环境和中介服务环境进行比较；并在学习和借鉴中
国城市创新创业环境评价报告、世界竞争力指数、硅谷指数
等相关评价研究的基础上建立指标体系，以2013年数据为样
本、运用因子分析法对京津冀区域创新创业环境进行分析与
评价，指出京津冀在区域总体环境及子环境方面存在的差异。
最后以创新资源的开放共享、高效配置、合理利用为主线，
以深化体制机制改革为动力，以京津冀协同发展为目标，依
托于跨区域的创新平台建设和合作机制建设，提出京津冀协
同创新系统的构建思路；并从政策互动、资源共享、市场开
放、知识协同四个方面提出建立创新合作机制，以保障协同
创新系统的有效运行。

---

[*]　本报告为河北省高等学校人文社会科学重点项目"区域高新技术产业生长过程与关键要素研
究"（SD133008）的成果。

[**]　孙丽文，河北工业大学经济管理学院教授、博士生导师，研究方向为创新与区域产业发展；
李跃，河北工业大学经济管理学院硕士研究生，研究方向为区域经济。

关键词： 京津冀 协同发展 创新创业 生态系统环境

京津冀协同发展经历了漫长的过程，在提法上从"首都圈"到"环渤海经济区""环京津都市圈"再到"京津冀一体化"等多次变化；历经了起步期（1981～1989 年）、徘徊期（1990～2003 年）、规划期（2004～2013年）和战略协同期（2014 年以来）四个发展阶段。早在 20 世纪 80 年代初，三地政府就国土整治规划形成了初步的京津冀一体化发展思想。1985 年，李文彦首次提出了大渤海地区的概念，"环渤海经济圈"提法也随之产生。进入 20 世纪 90 年代后，环渤海地区总体发展定位是成为具有现代化水平的能源原材料基地和外向型经济复合区。2001 年，吴良镛教授提出"京津冀一体化"的发展构想，到 2004 年，三地协商达成《廊坊共识》，正式确定了"京津冀经济一体化"的发展思路。2010 年，"环首都经济圈"从概念设想阶段正式进入规划实施阶段。2014 年 2 月 26 日，习近平总书记在北京主持召开座谈会发表重要讲话，标志着京津冀协同发展进入新的阶段。随着京津冀协同发展上升为国家战略，如何更好地实现协同成为重要的研究议题。

协同的本质是要打破藩篱，形成合作共赢的发展格局。在当前我国经济转型发展时期，经济发展动力已由要素驱动转向创新驱动，以创新、创业和新兴产业为核心能力的创新集群成为区域竞争力的集中体现。"大众创业、万众创新"已成为时代的最强音，促进创新创业是现阶段区域经济发展的迫切要求。而创新创业环境的好坏，在一定程度上决定着小微企业或个人能否创新创业成功。"大众创业、万众创新"的提出和"众创空间"政策的确定，为创新创业搭建了新的平台，提供了更好的创新创业服务环境。目前，创新创业活动在京津冀各地得到了政府的大力支持和鼓励，也得到了社会的充分认可和称赞，但在经济一体化的大背景下，京津冀如何更好地实现产业联动、资源整合，通过打造创新创业共同体实现协同创新，以提升京津冀区域及创新型企业和创业群体的创新能力，这一问题还需要深入研究。

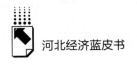

一 京津冀创新创业现状与问题

（一）京津冀创新创业现状

创新创业是推动一个国家、地区经济增长的主要根源和最直接动力，是促进社会经济发展的最根本的内生性要素。随着以创客为代表的"大众创业、万众创新"浪潮在我国迅速兴起，"众创空间"成为新的热词。当前众创空间主要的两种业态是孵化器和创客空间。科技部公布的数据显示，2014年，全国科技企业孵化器数量超过1600个，在孵企业8万余家。仅就北京而言，各类孵化机构超过150个，国家级孵化机构50个，入驻企业超过9000家。中关村创业大街共入孵400多个创业团队，获得融资的团队超过150个。截止到2015年5月4日，北京首批众创空间已达到25个。天津从2014年开始，形成青创园产业基地、"闯"先生、骑鹅公社等成熟的众创空间，截止到2015年5月，天津已建和在建的众创空间数量超过了30个，25家已于2015年8月被认定为首批众创空间，其中，滨海新区有7个，数量最多。到2016年，天津众创空间的数量将超过100个。2015年9月，河北省科技厅对河北省的众创空间进行了认定，最终确定20个众创空间成为省级众创空间，其中7个在石家庄。众创空间的建立为小微企业提供了低成本、便利化、全要素的开放式综合服务平台，激发了大众创新的活力，提高了区域创新创业服务能力。

虽然创新创业活动在京津冀三地均得到政府的鼓励和支持，也得到社会的认可和称赞，但由于基础和环境不同，京津冀各地创新活动的绩效具有较大的差异。从研发项目、专利申请、有效发明专利、技术市场成交额以及高新技术产业发展等方面看，河北与北京和天津相比还有相当大的差距。《中国统计年鉴（2014）》数据显示，2013年京津冀三地有效发明专利数分别为16402件、10191件、4049件，三地技术市场的成交额分别为36727656万元、55696886万元、29160256万元，河北省远远低于京津地区（见表1）。

从高技术产业发展情况看，2012 年京津冀三地的主营业务收入分别为 3569.9 亿元、3526.9 亿元、1204.5 亿元，高技术产业利润总额分别为 235.6 亿元、247.7 亿元、79.7 亿元，河北较北京、天津的差距较大。从高技术产业发展动态数据看，自 2010 年以来，京津冀三地高技术产业主营业务收入均在不断增加，而高技术产业利润总额京津两地在不断增加、河北省却呈现下降趋势，反映出河北省高技术产业的收益水平不高，创新动力不足。

表 1　2013 年京津冀研发活动、发明专利及新技术产品情况

省份	R&D 经费（万元）	R&D 项目数（项）	专利申请数（件）	有效发明专利数（件）	开发新产品经费（万元）	技术市场成交额（万元）
北京	2130618	10037	19210	16402	2931908	36727656
天津	3000377	12904	16302	10191	2459585	55696886
河北	2327418	7618	9171	4049	2025041	29160256

资料来源：《中国统计年鉴（2014）》。

（二）京津冀协同创新存在的问题

从总体看，京津冀地区人才、资金、技术等创新要素资源富集，应成为全国知识创新的核心区和产业技术创新的示范区，但协同创新动力、产业链协同与资源配置效率、资源流动、行政主导型经济等方面的问题，导致京津冀区域创新资源共享不足、创新链与产业链融合对接不充分，制约了京津冀的协同发展。京津冀协同创新面临着下列问题。

1. 行政主导型经济导致要素在区域间流通不畅

行政主导型经济是以行政区划为边界的，存在各种行政性限制壁垒，导致经济要素难以在区域间自由流动，要素市场分割严重。京津冀区域各自孤立发展、产业同构现象严重，科研成果转化率较低、优势资源整合配置不尽合理。"分灶吃饭"的财税体制，使得地方政府只追求本地区发展而忽视相互间合作。区域政策及资源的不公、社会福利的不均及公共服务等方面巨大

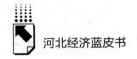

的差距，导致京津冀空间发展不平衡现象十分严重，成为资源流动和产业对接困难的重要原因，行政主导型经济已成为京津冀协同发展的主要障碍。

2. 产业链协同程度不高，资源配置效率低下

产业合理分工与有效转移是实现京津冀协同发展的保证，只有区域间产业分工合理，三地形成差异竞争、错位发展的格局，才能实现京津冀一体化发展。由于京津冀三地存在"断崖式分割"，产业链环节存在缺失，产业链断链明显、关联系数较低、协同程度不高，资源配置效率低下，阻碍了京津冀的协同发展。再加上京津冀区域内产业同构或恶性竞争长期存在，省市间创新资源浪费与供给不足现象并存，使得创新要素的流动与开放共享程度较低，创新链与产业链的对接不充分。

3. 京津两地对科技人才的"虹吸"现象严重，河北省在协同创新中动力不足

科技人才是技术创新的基础要素，随着经济发展水平的提高，人力资本的作用日益重要。而目前京津人才聚集效应明显大于扩散效应，造成河北省人力资源流失。以霸州、曹妃甸两家企业为例，新招收的本科毕业生两年内就已流失70%。京津两地的经济优势和人才发展环境使得河北的大量科技人才外流。此外，交通基础设施的落后也是河北省人才流失的一个原因，京津两地到冀南、冀东、冀东南地区的交通设施建设滞后于其经济关联程度，一定程度上制约了京津两地人才向河北的流动。京津两地对科技人才的"虹吸"现象严重。"京津双核"明显的极化效应使河北省与京津两地存在巨大的落差，也导致区域内部技术承接能力不强，技术消化能力相对薄弱。由前面数据可知，河北省在研发项目、专利申请、有效发明专利、技术市场成交额和高技术产业发展等方面均与京津两地有明显的差距，在区域协同创新中动力不足。

4. 区域协同创新合作机制尚未建立

实现创新资源的合理利用与高效配置是京津冀协同创新的目标，目前京津冀区域创新体系的协同建设尚缺乏有效的制度保障。在规划同编、创新政策协同和重大项目联合推进等方面，一体化的区域协同机制尚未形成；完善

的一体化科技中介服务体系还没建立，特别是在技术交易过程中，科技中介机构的服务能力发挥不够；三地的技术交易市场自成体系，科技金融制度存在地区壁垒。由于区域创新资源共建、共享与开放不足，一体化的区域要素市场建设被割裂了，降低了要素配置的效率，未形成推进京津冀协同创新发展的强大合力。

综上所述，京津冀协同创新由于机制尚不完善，三地的科技资源还存在"孤岛""错轨""断崖"现象，未能使创新链、资金链、产业链、服务链实现有效融合，必须进行协同创新体系的建设。

二 京津冀创新创业环境分析

京津冀协同发展的关键在于协同创新，创新创业环境是影响协同创新系统运行的重要因素。根据国内外文献对创新创业环境评价的研究，在学习和借鉴中国城市创新创业环境评价研究报告、世界竞争力指数、硅谷指数等评价指标的基础上，本报告基于创新创业服务实践，以"产、学、研、融、政、介"等创新环境要素为关注点，从产业经济环境、政策支撑环境、人才与研发环境、金融支撑环境、中介服务环境等方面对京津冀创新创业环境进行比较与评价。

（一）京津冀创新创业环境基础

1. 经济基础与产业环境

从经济发展水平看，京津冀三地发展不平衡，差距较大。根据《中国统计年鉴（2014）》数据，2013 年北京人均 GDP 为 94251.13 元，天津为 101699.6 元，而河北仅为 38825.5 元，明显低于京津两地（见图 1）。

从产业结构来看，京津冀三地存在明显的梯度差异，处于不同的经济发展阶段。由表 2 所列京津冀三次产业构成数据分析，2013 年北京市三次产业结构为 0.8∶22.3∶76.9，已进入后工业化阶段，创新成为发展的主要驱动力；天津市三次产业结构为 1.3∶50.6∶48.1，处于工业化中后期阶段，正在向创新驱动发展的阶段过渡；河北省三次产业结构为 12.4∶52.1∶35.5，处

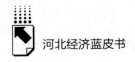

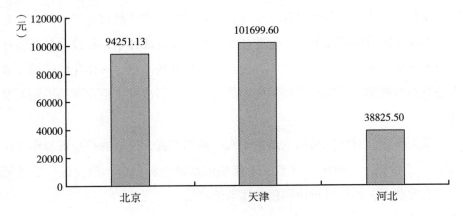

图1　2013 年京津冀三地人均 GDP 比较

于工业化过程中，目前的发展还是以投资驱动为主。总体来看，三地的经济发展处于不同的阶段。

表2　京津冀三次产业比重

单位：%

年份	北京			天津			河北		
	第一产业	第二产业	第三产业	第一产业	第二产业	第三产业	第一产业	第二产业	第三产业
2011	0.8	23.1	76.1	1.4	52.4	46.2	11.9	53.5	34.6
2012	0.8	22.7	76.5	1.3	51.7	47	12	52.7	35.3
2013	0.8	22.3	76.9	1.3	50.6	48.1	12.4	52.2	35.5

资料来源：《中国统计年鉴（2014）》。

从支撑区域经济的主导产业看，北京以高科技产业和服务业为主，从各行业产值占北京市总产值的比重来看，金融业占 14.47%，信息传输、计算机服务和软件业占 8.97%，租赁和商务服务业占 7.88%，由此看出，金融业，信息传输、计算机服务和软件业，租赁和商务服务业为北京市的支柱产业。根据天津市的产业功能定位，天津的支柱产业为电子信息产品制造、软件与信息服务、汽车、化工、冶金、医药、新能源、环保等产业。河北省的支柱产业为钢铁、化工与医疗产业、石油加工炼焦及核燃料、装备制造业。由此看出，北京以服务业为主导的总部经济为主、科技研发优势突出，天津制造业基础雄厚，而河北的基础原材料产业占据重要地位。京津冀三地产业差异性强，创新合作的空间和潜力巨大。

2. 政策环境

政府是创新创业的推动者，地方政府出台的科技创新支持政策对创新创业活动具有重要的作用。对于政策支持环境的分析，我们主要用地方财政科技经费支出及科技经费支出占财政支出的比重来反映。政府对科技投入的支持力度，由地方政府财力及对创新的支持意愿决定。由图2可知，2013年京津冀三地地方财政科技经费支出分别为234.67亿元、92.81亿元、37.11亿元，河北省地方财政科技经费支出明显低于京津两地；从科技经费支出占财政支出的比重看，京津冀三地分别为5.62%、3.64%和1%，河北省也远远低于北京和天津。

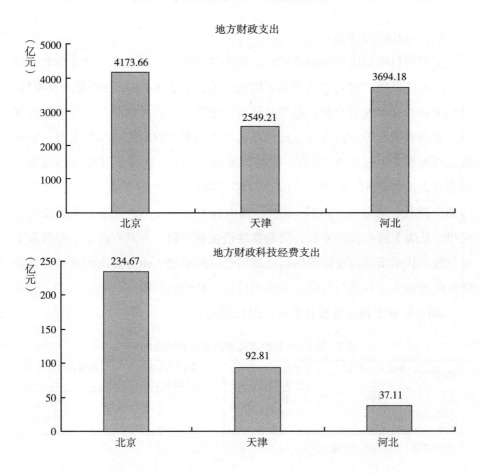

087

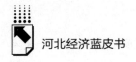

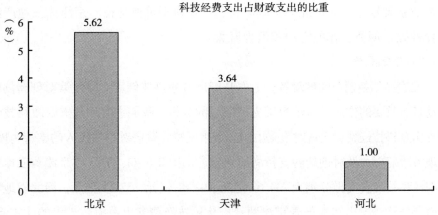

图2　2013年京津冀地方财政支出、地方财政科技经费支出及
科技经费支出占财政支出的比重情况

3. 人才和研发环境

创新的目的是实现知识成果向生产力的转化，从而增强区域竞争力，推动区域经济发展。对人才和研发环境的评价，主要从 R&D 经费投入及项目、专利申请、有效发明专利、新产品开发经费投入、技术创新、高等教育发展与人才培养情况等方面进行。从培养人才的高等学校的数量与层次看，北京市的高等学校中有8所"985"院校、26所"211"院校；天津市的高等学校中有2所"985"院校、3所"211"院校；河北省的高等学校中没有"985"院校，有2所"211"院校，其中有1所隶属河北管辖，但学校位于天津。从表1所列数据来看，河北省的研发项目数、专利申请数、有效发明专利数、技术市场成交额等均远远落后于京津两地，由此看出河北省的创新研发能力和人才环境与北京、天津相比还有相当大的差距。

2013年京津冀高等教育发展情况比较见表3。

表3　2013年京津冀高等教育发展情况比较

省份	年末人口总数 （万人）	普通高校本专科 在校学生数（人）	在校学生数占 总人口比例（%）	普通高校学校数 （所）
北京	2115	598904	2.8	89
天津	1472	489919	3.3	55
河北	7333	1174374	1.6	118

资料来源：《中国统计年鉴（2014）》。

4. 金融环境

金融对于创新创业的支持是区域创新创业环境的重要组成部分，它不仅可以解决创新创业及科技成果转化过程中所面临的资金难题，还可以促进形成技术产业化的制度功能体系。2013 年京津冀三地的上市企业数分别为 219 家、75 家、44 家；上市企业融资额分别为 364.81 亿元、376.52 亿元、242.22 亿元。从金融服务方面看，北京金融业从业人员数、存款余额、贷款余额均高于天津和河北（见表 4）。

表 4　2013 年京津冀地区金融环境比较

项目	北京	天津	河北
上市企业数（家）	219	75	44
上市企业融资额（亿元）	364.81	376.52	242.22
金融业从业人员数（万人）	39.14	8.09	25.43
存款余额（亿元）	91660.5	22684.59	34257.16
贷款余额（亿元）	47880.9	19453.31	21317.96

资料来源：《北京统计年鉴（2014）》《天津统计年鉴（2014）》《河北经济统计年鉴（2014）》。

5. 市场环境

就市场环境而言，我们主要从市场规模看，用市场消费品零售总额来衡量京津冀三地市场环境的差异。图 3 显示，2013 年北京的市场消费品零售总额在京津冀三地之中最高，天津次之，河北最低；北京的市场消费品零售总额分别约是天津、河北的 2 倍和 4 倍，在市场环境方面三地具有明显的差距。

6. 中介服务环境

创新创业环境中，中介机构能起到充分利用双方资源、发挥自身独特优势，从而影响区域创新效率的作用。当前以创客为代表的"大众创业、万众创新"浪潮正在全国迅速兴起，"众创空间"成为新的热词。截止到 2015 年 5 月，北京首批众创空间已达到 25 家；天津从 2014 年开始也形成了青创园产业基地、"闯"先生、骑鹅公社等成熟的众创空间；河北省科技厅于 2015 年 9 月对众创空间进行了认定，最终确定 20 个为省级众创空间。北京

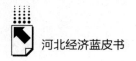

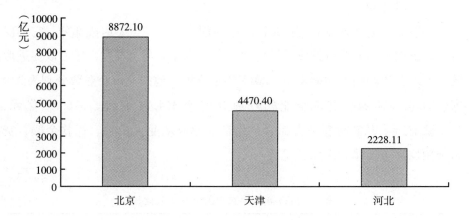

图3　2013年京津冀地区市场消费品零售总额比较

中关村创业大街自开街以来，已经形成了创业投资、硬件平台、教育培训、投融资对接等一批特色鲜明的服务模式，构建了为创业企业提供早期办理、投融资对接、商业模式构建、团队融合、媒体资讯、创业培训等全方位服务的创业生态体系，在全国影响巨大，成为创新创业生态体系的样板。

总体来看，京津冀三地在经济、科技、教育及公共服务资源方面存有较大的差异。三地主导产业不同，产业差异性大，在协同创新中的作用不同。北京在以服务业为主导的总部经济、科技研发方面优势突出，其工作重点应是提升原始创新能力，成为技术创新中心和科技成果交易核心区；天津的制造业基础雄厚，应重点提升应用研究与技术转化能力，成为现代制造业研发转化基地和科技型中小企业创新创业示范区；而河北的基础原材料产业占有重要地位，可重点加强技术创新成果转化的能力，努力建设科技成果转化孵化中心。

（二）京津冀区域创新创业环境评价

为了综合评价京津冀三地创新创业环境的差异，本报告遵循科学性、可比性、可获得性的指标选取原则，在学习借鉴国内外相关研究的基础上，选取人均GDP、第三产业比重、地方财政支出、普通高校本专科在校生占年末总人口比例、普通高校在校生数量、R&D 经费内部支出、R&D 经费内部支出占 GDP 比重、科技活动人员、公共图书馆图书藏量、存款余额、贷款余额来分别反映产业经济环境、政策支撑环境、人才环境、研发环境、市场环境和金融支撑环境，以此建立创新创业环境评价指标体系（见表5）。

表5 区域创新创业环境评价指标体系

一级指标	二级指标
经济环境	X_1:人均 GDP
	X_2:第三产业比重
政策支撑环境	X_3:地方财政支出
人才环境	X_4:普通高校本专科在校生占年末总人口比例
	X_5:普通高校在校生数量
研发环境	X_6:R&D 经费内部支出
	X_7:R&D 经费内部支出占 GDP 比重
	X_8:科技活动人员
	X_9:公共图书馆图书藏量
市场环境	X_{10}:社会消费品零售总额
金融支撑环境	X_{11}:存款余额
	X_{12}:贷款余额

主要采集东部地区数据进行比较，以反映省市创新创业环境的差异。本报告以 2013 年北京、天津、河北、浙江、江苏、上海、辽宁、山东、广东、广西、福建、海南 12 个省市的数据为样本，所采集的数据来源于《中国统计年鉴》《中国科技统计年鉴》及各省市统计年鉴。

对评价指标体系进行 Bartlett 检验，结果显示，Bartlett 检验的 P 值为 0.00，小于 0.05，说明该评价数据适合采用因子分析方法。

使用 SPSS17.0 对包括京津冀在内的 12 个省市 2013 年的数据进行因子分析，得到 3 个主因子，其特征值分别为 6.01、2.42、1.307，方差贡献率分别为 50.083%、20.168%、10.891%。3 个主因子的累计方差贡献率达到 81.142%，能够解释评价指标的大部分变化，因此把它们当作评价 12 个省市创新创业环境的主因子。

　　各主因子较高的载荷很有规律地分布在若干个关键评价指标上，我们对这 3 个因子进行命名和解释。由旋转成分矩阵可知，第一主因子主要由 X_3、X_6、X_8、X_{11}、X_{12}、X_5 组成，它们作用在第一主因子上的载荷分别为 0.919、0.907、0.88、0.854、0.78、0.742，这几个指标描述了科研资金政策环境情况，所以定义为科研资金政策环境因子。第二主因子主要由 X_1、X_4、X_2 组成，它们作用在第二主因子上的载荷分别为 0.927、0.882、0.829，这几个指标主要反映了人才经济环境情况，所以定义为人才经济环境因子。第三主因子由 X_7 构成，其作用在第三主因子上的载荷为 0.97，定义为科研创新投入因子。

　　利用各因子的权重公式：ω_i（$\omega_i = \dfrac{\lambda_i}{\sum \lambda_i}$），其中 λ_i 为第 i 个因子的特征值（$i = 1$，2，3）计算得到 3 个因子的权重为 0.617、0.249、0.134。最后，通过 $F = 0.617 \cdot F_1 + 0.249 \cdot F_2 + 0.134 \cdot F_3$ 计算得到包括京津冀在内的 12 个省市 2013 年创新创业环境综合得分，评价结果见表 6。

表 6　区域创新创业环境体系评价结果

省份	F_1	F_2	F_3	F	排名
北京	0.28645	2.07012	0.00455	0.69280923	3
天津	−1.06985	1.51142	−0.68704	−0.37581723	7
河北	−0.3367	−0.98523	−0.48307	−0.51779755	10
江苏	1.2542	0.11882	−0.63871	0.71784044	2
浙江	−0.76247	−0.17918	2.88769	−0.12810935	6
福建	−0.49004	−0.29936	−0.33691	−0.42204126	9
上海	0.22872	1.01864	0.28501	0.43295294	4
辽宁	−0.31291	−0.57996	−0.62775	−0.42159401	8
广东	2.37427	−0.55317	0.62651	1.4111376	1
广西	−0.5517	−0.91114	−0.63843	−0.65282238	11
山东	0.39058	−0.40504	−0.39865	0.0867138	5
海南	−1.01054	−0.80591	0.00681	−0.82326223	12

从东部地区总体情况看,广东、江苏的综合环境最好,处于领先地位;北京的综合环境排名第3,其人才经济环境位居领先地位;天津的综合环境排名居于中游,在人才经济环境方面具有优势;河北的综合环境排名为东部地区的第10位,相对较为落后。由此看来,京津冀区域与其他省区相比综合环境排名并不理想。

从京津冀三地的情况比较看,北京的创新创业环境最好,天津次之,河北最差。北京在各个因子上的得分都优于天津和河北,天津的人才经济环境也比河北好,说明河北是京津冀协同发展的"短板"。要推进京津冀协同发展,必须解决发展中的"短板"问题。下面对河北省各主要城市的创新创业环境做进一步的具体分析。

(三)河北省主要城市创新创业环境分析

根据《河北统计年鉴(2014)》数据,同样利用因子分析法对河北省11个地级市的创新创业环境进行评价,得到如表7所示的评价结果。在河北省11个市的综合环境得分中,石家庄、唐山、邯郸、保定、廊坊、沧州的排名情况较好,其中,石家庄和唐山的创新创业环境得分高于河北省总体水平。

表7 河北省11个市创新创业环境得分

城市	F_1	F_2	F_3	F	排名
石家庄	2.10487	0.70094	1.74663	1.835891149	1
承 德	-0.72166	-0.30425	-0.02263	-0.559742968	10
张家口	-0.34516	-0.8615	0.34151	-0.330897481	8
秦皇岛	-0.86748	1.21361	0.78103	-0.3142167	7
唐 山	1.73475	-0.36288	-1.86146	0.909534588	2
廊 坊	-0.24478	-0.60818	0.95688	-0.135389842	5
保 定	-0.43666	2.28187	-1.16754	-0.112834465	4
沧 州	0.09255	-0.98412	-0.48486	-0.155589324	6
衡 水	-0.68552	-0.65158	-0.39801	-0.640452545	11
邢 台	-0.66155	-0.28159	0.25293	-0.475689668	9
邯 郸	0.03065	-0.14231	-0.14448	-0.020604127	3

据清华大学启迪创新研究院的研究结果，2012 年进入中国城市创新创业环境排行榜的河北省城市中，也是石家庄和唐山的排名最靠前，与上述因子分析法的评价结果一致。2012 年进入排行榜的河北省主要城市有石家庄、唐山、廊坊、秦皇岛、邯郸、沧州，各城市的具体得分情况见表 8。下面就结合表 7、表 8 的评价结果，对河北省主要城市的创新创业子环境进行具体分析。

表 8　河北省主要城市创新创业环境比较

城 市	综合得分	政策环境	产业环境	人才环境	研发环境	金融环境	中介服务环境	市场环境	创新知名度
石家庄	34.47	30.34	38.87	51.76	34.71	35.67	25.17	43.99	29.66
唐 山	30.90	30.90	25.05	30.75	30.46	36.64	25.11	38.85	23.73
廊 坊	28.08	27.84	38.92	34.02	24.47	22.32	23.56	25.68	26.02
秦皇岛	26.71	22.38	31.46	34.46	28.09	22.33	21.36	24.14	24.41
邯 郸	25.06	26.49	29.47	25.65	27.10	24.31	22.72	31.19	21.74
沧 州	23.94	24.17	30.65	23.70	21.48	23.03	21.55	28.52	23.65

从一级指标情况看，石家庄的人才环境、研发环境、市场环境、创新知名度明显优于河北省其他城市，产业环境和廊坊差距不大。石家庄是省会城市，河北省的人才资源和科技资源在这里集聚，使其人才、研发环境相比其他城市优势明显，创新能力提升的潜力较大。

唐山的金融环境、政策环境和市场环境较好，但是相对于石家庄和秦皇岛而言，唐山在产业环境和人才环境方面存在一定的劣势（产业环境主要通过高技术产业产值、高技术产业占规模以上工业比重、新成立企业数、新成立企业占企业总数比重来衡量；人才环境主要通过大专以上人口比例、普通高校在校生数量、科技人员数量来衡量）。唐山是连接华北、东北两大地区的咽喉要地，矿产资源丰富，已形成钢铁、能源、装备制造、建材、化工等优势主导产业，是中国重要能源、原材料工业基地，并拥有京唐港和曹妃甸港两个港区，唐山可利用资源、港口、产业基础等方面的优势，通过对接京津产业主动"抱团"寻求新的突破。

河北省主要城市创新创业子环境比较见图 4。

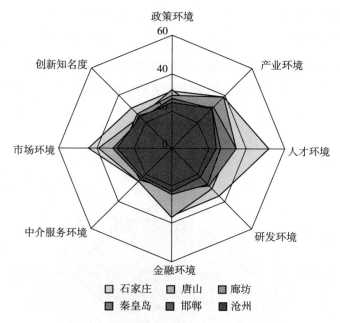

图4　河北省主要城市创新创业子环境比较

廊坊在产业环境和人才环境方面具有比较优势。廊坊地处北京、天津两大直辖市之间，被称为"京津走廊上的明珠"。廊坊在地理位置、产业环境和人才环境方面的优势有利于实现与京津两地在政策、规划、建设等方面的对接，为资本、技术、人才、劳动力等生产要素的自由流动和优化配置提供了条件。

秦皇岛在产业环境、人才环境和研发环境方面具有优势，但在政策环境方面存在一定的劣势。为弥补这一劣势，近年来秦皇岛出台了一系列促进与京津两地产业对接的政策，同时创建秦皇岛众创空间联盟，提升了秦皇岛的创新创业服务能力，这有利于让更多的项目通过众创空间走向市场。

邯郸和沧州在产业环境和市场环境方面具有比较优势。在京津冀协同发展的背景下，邯郸利用自己的资源优势、资产优势和区位优势，吸引京津产业转移，赢得发展先机。邯郸先后与京津两地政府及央企签订了逾千份合作协议，仅邯郸经济开发区就累计引进 368 个项目，这也促进了邯郸产业的发展。阿里巴巴沧州产业带可以充分整合沧州特色的产业资源，吸引产业链的聚集，形成产业集群效应，这有利于沧州的产业发展。

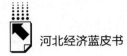

保定拥有丰富的教育资源，可通过促进校企合作，加快技术创新；健全财税金融政策支持体系，加大政府支持力度，并通过激活民间资本，引导和鼓励社会资金投入创新创业领域，为创新创业群体创造良好的投融资环境。

河北省 6 个主要城市创新创业子环境得分情况见图 5。

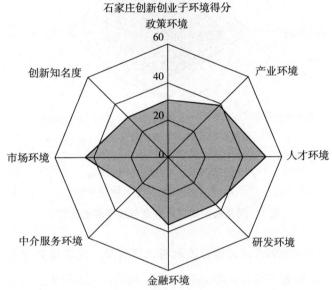

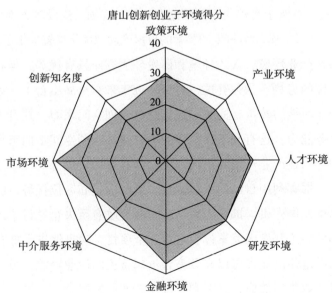

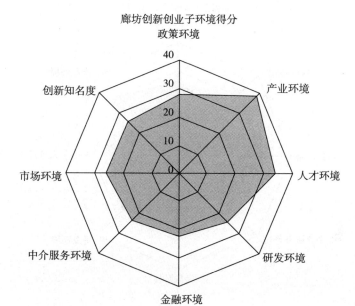

廊坊创新创业子环境得分

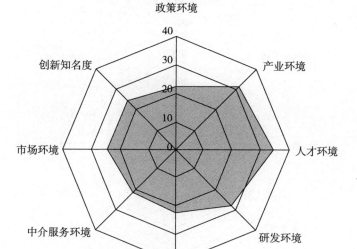

秦皇岛创新创业子环境得分

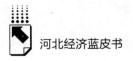

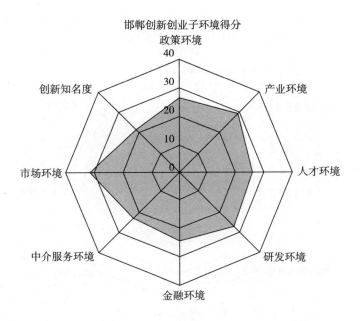

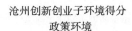

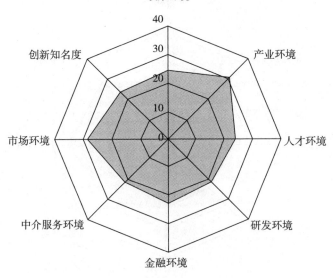

图5　河北省主要城市创新创业子环境得分

综合上述数据和评价结果，京津冀三地创新创业环境差异明显，北京综合环境优于天津和河北。河北省在经济、科技、教育及其他公共服务资源方面与京津两地有较大差距。在京津冀协同发展中，河北省应充分利用自身的区位和空间优势，服务好京津两地科技原创性成果的孵化和转化，借助京津之力提升创新创业水平。

三 京津冀协同创新创业生态体系构建

推进京津冀协同发展，关键是如何"协同"，以实现"1＋1＞2"的效应。协同就是借助双方或多方的合作与互补，将各自的隐性资源激活，实现共同发力、合作共赢。培育创新创业的氛围与环境，构建适合京津冀协同发展的创新创业生态体系，是加快京津冀协同发展的必然选择。

（一）京津冀协同创新创业生态体系构建思路

以创新驱动京津冀协同发展，其首要任务就是整合区域科技、人才等创新资源，建立与完善区域创新体系，形成京津冀协同创新共同体。京津冀协同创新创业效果如何，取决于区域创新体系中企业、政府、高校、科研机构、中介组织等主体是否能耦合互动、产生"外溢效益"；取决于体制、政策、市场、基础设施及社会文化环境对创新创业是否具有激发效果。京津冀三地必须以创新资源的开放共享、高效配置、合理利用为主线，以深化体制机制改革为动力，以区域协同发展为目标，依托跨区域创新创业平台建设和合作机制建设，合力打造有利于创新创业的生态体系（见图6）。图6所描述的京津冀协同创新创业生态体系的运行，是以创新平台建设为基础、以创新合作机制建设为保障的。

一是建立共同的创新创业平台或联盟，促进京津冀三地科技创新资源的流动和共享。在当今"互联网＋"时代，创新创业平台的建设也应以"互联网＋"思维来配置科技资源，以"互联网＋科技大市场"建立一批协同创新示范园区，并以园区为载体，探索跨地区"共建、共管、共享"的园

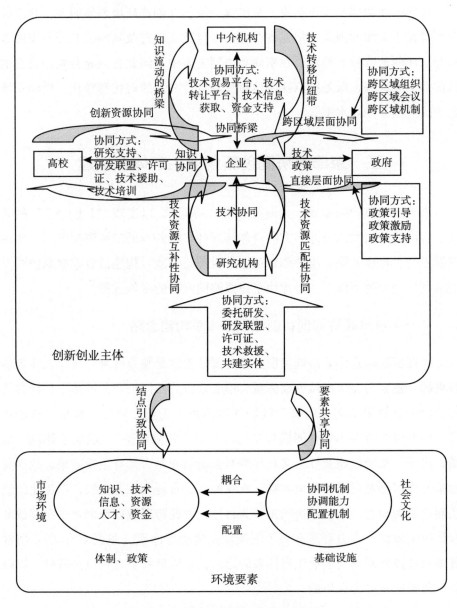

图6 京津冀协同创新创业生态体系

区合作模式，有效整合资源，创新运营管理模式，开展各具特色的创新园区试点，实现政策、资源和利益的共享。

二是建立统一的技术转移及科技成果转化平台，开展三地互动的科技服务，以促进科技成果转化。推进京津冀协同创新需要建立科技成果转化孵化平台，促进京津两地研发成果在河北的孵化；建立信息交易服务平台，健全技术交易市场的服务体系标准，实现信息资源共享。创新型企业和创业群体，可以通过网络平台申请项目；在项目研发阶段，可通过组建专利合作共同体或科技成果转化产业联盟，来聚集不同行业的创新资源，对核心技术进行联合攻关，并合力促进科技成果转化。

在孵化器合作层面，可以探讨孵化器管理模式的输出和承接，推动各类资源要素的互联互通与创新孵化网络平台的建设。科技型企业孵化器可以借鉴硅谷和中关村的经验，加强与三地政府、高校、科研机构、企业和其他相关孵化器的联系，形成协同创新孵化网络。

（二）京津冀协同创新创业生态体系运行机制建设

京津冀三地政府要不断进行制度创新，并构建有效的协调机制，才能使协同创新创业生态体系运行良好，促进创新创业能力的提高。京津冀协同创新共同体的建设，需要从政策互动、资源共享、市场开放、知识协同等方面建立合作机制，以保障协同创新创业生态体系的运行。

1. 政策互动机制

政府对创新创业的支持和推动，主要是通过政策措施的制定与推行来实现的。京津冀三地政府通过出台和对接跨区域科技协作政策，引导和激励创新创业主体进行协同创新活动。政府需要在合作组织机制、法律保障机制、利益共享和补偿机制等方面进行制度创新和突破。例如，对于跨省市的产业转移、跨省市技术成果转化，通过建立税收分享、利益共享制度，打造协同创新利益共同体，让区域合作从"小项目"向"大园区"转变。为推动技术转移和成果转化，政府可以做出具体的规定以认定和管理孵化器，加大对科技企业孵化器的税收减免、财政补助、运行补贴、地税流程返还等优惠政策力度，加快大众孵化创业体制机制的突破，打造区域创业孵化共同体，让创新创业从"小众"走向"大众"。

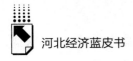

2. 资源共享机制

京津冀协同创新是一种跨区域、跨组织、跨文化的合作创新活动，需要知识、技术、信息、人才、资金等多种创新要素的投入，涉及技术、产品、管理、制度等多方面的创新。为推动科研设施从"小孤岛"变为"大资源"，应以"整合资源、盘活存量、开放共享"为原则建立资源共享机制，实现跨区域创新主体和创新资源的耦合，提升资源的协调能力和配置效率，从而形成"1+1>2"的效应。

3. 市场开放机制

推进京津冀要素市场一体化建设，形成互联互通的人才市场、技术市场和多层次的资本市场，促进创新要素在京津冀三地的集聚及顺畅流动，是建立京津冀协同创新共同体的必然要求。三地可通过研发联盟、买卖专利、许可证、研究协议等方式，促进技术转移和科技成果的转化应用。在技术服务市场，通过共建科技大市场、科技孵化中心、联合攻关研究院等，为京津冀重点产业发展提供技术支撑和技术示范；协调推进首都科技平台津冀工作站的建立，使其发挥更大作用，以带动京津冀整体创新能力的提升。

4. 知识协同机制

高校和科研机构是知识的加工厂，是某些产业技术的直接来源。产学研合作有利于技术资源的匹配、互补和相容。区域间产学研合作受到技术资源、政府政策及制度机制的影响。如果一个区域缺少技术资源和政府政策的支持，其创新型企业或者创业群体创新创业的成本会相对较高，从而减少了创新创业主体的动力，导致区域间协同创新停滞不前。京津冀三地企业可通过研发联盟、委托研发、许可证、技术救援、共建实体等形式，实现跨区域的产学研合作，促进知识的共享与转化应用。

参考文献

[1] 文亮、李海珍：《中小企业创业环境与创业绩效关系的实证研究》，《系统工

程》2010 年第 10 期。

［2］赵夫增、王胜光：《世界互联中的创业生态系统》，《中国科学院院刊》2015 年第 4 期。

［3］张玉宝、王军、岳金柱：《京津冀科技创新协同发展现状及对策》，《城市管理与科技》2014 年第 5 期。

［4］林嵩：《创业生态系统：概念发展与运行机制》，《中央财经大学学报》2011 年第 4 期。

［5］袁刚、张小康：《政府制度创新对区域协同发展的作用：以京津冀为例》，《生态经济》2014 年第 12 期。

［6］蔡莉、崔启国、史琳：《创业环境研究框架》，《吉林大学社会科学学报》2007 年第 1 期。

［7］杨勇、王志杰：《区域科技创业生态系统运行机制及政策仿真研究》，《科学学与科学技术管理》2014 年第 12 期。

［8］清华大学启迪创新研究院：《中国城市创新创业环境评价研究报告（2012）》，2012。

［9］清华大学启迪创新研究院：《中国城市创新创业环境评价研究报告（2015）》，2015。

［10］解学梅：《协同创新效应运行机理研究：一个都市圈视角》，《科学学研究》2013 年第 12 期。

［11］朱至文：《主成分分析法在城市创业环境评价中的应用——基于 2004～2008 年江苏省各省辖市的统计数据》，《科技管理研究》2009 年第 12 期。

B.5

京津冀生态测度核算与共建
共享的市场机制研究[*]

张 贵 齐晓梦 原慧华[**]

摘　要：　生态共建共享是区域一体化过程中的关键内容，对京津冀协
同发展尤为重要。本报告采用成本分析法、基于能源生态足迹
及承载力的生态服务价值法，测算出京津在流域和大气方面对
河北生态补偿应付出的成本和具体金额，结果表明，目前京津
冀区域政府主导下的生态补偿标准和方式有待改进。报告最后
分别从建立区域污染防治和生态保护联动机制、树立底线思
维、引入排放权交易、制定合理补偿标准以及引导公众参与的
角度给出京津冀生态共建共享市场机制的政策建议。

关键词：　生态共建共享　补偿标准　市场机制

京津冀协同发展进入实操性阶段，区域生态建设是京津冀协同发展的
重要组成部分，随着京津冀地区经济社会的发展进步，区域生态环境形势

* 基金项目：国家社科基金重点项目"基于竞争优势转型的我国产业创新生态系统理论、机制与
对策研究"（14AJY006）、河北省教育厅人文社会科学研究重大课题攻关项目"京津冀协同发展
的区域治理机制、体系与对策研究"（ZD201410）、河北省软科学基地重点项目"京津功能疏解、
新增长极培育与河北省战略选择"（134576222D）、河北省高校百名优秀创新人才支持计划
（Ⅱ）、天津市科技发展战略研究计划项目"借重首都科技资源、深化京津冀协同创新研究"
（14ZLZLZF00112）的阶段性研究成果。
** 张贵，河北工业大学教授、博士生导师，京津冀发展研究中心常务副主任；齐晓梦，河北工
业大学经济管理学院硕士研究生；原慧华，河北工业大学经济管理学院硕士研究生。

日益严峻，尤其体现在水资源和大气污染等方面。近年来，京津冀区域的生态建设与协作取得一定进展，三地进行了大气污染防治、环境监测和环境执法等方面的合作与交流，但加强京津冀区域生态协作机制建设，不仅需要制定生态环境保护政策，还应当通过区域生态补偿来缩小区域间的经济与环境差距，实现经济、社会和环境协调发展，以及经济社会转型升级和可持续发展。

一　京津冀生态共建共享的背景与实践

京津冀地区环境承载力严重超限，大气污染呈面域扩张态势，2014 年 PM2.5 年均浓度为 93 微克/立方米，超标 1.6 倍以上，在全国城市空气质量排名中，京津冀地区有 8 个城市入选全国空气质量最差十名；水资源环境严重超载，地下水超采严重，地下水位持续下降，地表河流干涸、断流，地表湖泊不断退化萎缩，人均水资源仅 286m^3，为全国人均水平的 1/8，世界人均水平的 1/32，远低于国际公认的人均 500m^3 的"极度缺水"标准，且水资源污染严重，地表水 V 类及劣 V 类占比达到 43%，I 类地下水仅占 22.2%；同时，由此造成水系对区域生态的调解能力大为下降，土地沙化现象、城市热岛效应和雨岛效应频发，河流、湿地等生态空间持续减少，生态空间碎片化形势严峻，京津冀地区环境改善刻不容缓。

十八大以来，国家就生态治理出台了诸多政策，为京津冀生态共建共享提供了理论基础。2015 年 4 月 30 日，《京津冀协同发展规划纲要》发布，京津冀区域的定位之一为"生态修复环境改善示范区"；10 月 29 日，十八届五中全会针对生态和环保提出：加大环境治理力度，以提高环境质量为核心，实行最严格环境保护制度，建立健全用水权、排污权等生态产权初始分配制度；10 月 28 日，环保部启动京津冀等三大地区环评；生态文明建设首入五年规划，预计"十三五"期间环保投入将增加到每年 2 万亿元左右。

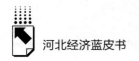
二 生态共建共享模式

（一）国外生态共建共享模式

目前，世界各国纷纷开展了生态共建共享的实践和探索，涌现出许多典型的生态共建共享模式，主要可以分为两种类型：政府主导模式、市场主导模式。

一是政府主导的生态共建共享模式。政府主导的生态共建共享模式主要涉及资金来源、资金支付和资金用途监管与绩效评估三方面的内容。财政资金主要通过设立财政专项资金、生态补偿基金，征收环境与资源税费等多种渠道获得，例如，哥斯达黎加通过设立国家林业基金对植树造林、保护水体的土地私有者进行生态共建共享，其1996年修订的《森林法》对国家森林基金规定了多样化的资金来源；也有政府直接将财政资金拨付给实施生态保护的主体，如美国政府实施全国性的"土地修耕保护计划"，农民自愿进行退耕还草还林等植被恢复保护活动，产生的费用由政府直接补贴。有了财政资金来源和财政资金的支付，还需监管生态补偿资金的用途，并对共建共享结果进行绩效评估。对于用于生态共建共享的财政资金，应有严格的审核制度，以防作假或资金挪用；为检验生态共建共享资金的投入是否真正减少了生态"净损失"，需要进行绩效评估，如英国的莫尔斯计划经评估非常成功，但西班牙针对生态共建共享的环境影响评价（EIA）研究结果表明，该制度并不能有效地防止生态的"净损失"，偏离了可持续发展目标。

二是市场主导的生态共建共享模式。市场主导的生态共建共享模式是对生态保护制度的创新，即在"生态市场"的全新理念之下，通过市场机制对产权关系较为明确的生态共建共享类型提供补偿。例如，1999年澳大利亚新南威尔士林业部门与马奎瑞河食品和纤维协会签订引水控盐贸易协定，规定灌溉者向林业部门支付费用以供流域上游更新造林，运用市场手段解决了田地盐化问题。生态环境消费者还可以选择购买独立第三方根据生态环保标准认证的产品，通过为提供生态友好型产品的企业进行补偿的方式实现生态共建共享，它实际是对生态环境服务的间接支付。欧盟生态标签制度就属这类生态共建共享。

（二）国内生态共建共享现状

目前，我国生态共建共享实践是以"政府主导"为主的。1990 年，国务院发布《关于进一步加强环境保护工作的规定》，其中提出"谁开发谁保护，谁破坏谁恢复，谁利用谁补偿"，第一次确立了生态共建共享的政策。1992 年，原林业部提出建立中国森林生态补偿机制和"直接受益者付费"的方案。1999 年下半年，我国率先在甘肃、陕西、四川西部三地开始退耕还林的试点工作，到 2003 年，这一工作扩展至 30 个设区市，据统计，2000～2004 年完成的退耕总效益高达 8408.2 元/年，水土流失得到控制。2006 年，"十一五"规划提出按照"谁开发谁保护、谁受益谁补偿"的原则，建立生态共建共享机制。2007 年，我国提出在"自然保护区、重要生态功能区、矿产资源开发、流域水环境保护"4 个领域开展生态共建共享试点，推动了生态共建共享实践发展。2008 年，修订《水污染防治法》，首次以法律的形式明确规定水环境生态补偿。2009 年，中央一号文件提出要提高森林生态效益补偿标准，并启动草原、湿地、水土保持等领域的共建共享试点工作。2010 年 4 月，生态共建共享条例正式启动，这意味着我国的生态共建共享制度进入了新的立法准备阶段。2015 年 4 月，《京津冀协同发展规划纲要》获批，实行"谁受益、谁补偿、生态共建、资源共享"的原则。

我国同时借助市场力量实现温室气体减排，2008 年 7 月 16 日，国家发改委决定成立碳交易所；2012 年，国家发改委将北京、重庆、上海、天津、湖北、广东和深圳列为碳交易试点区，计划在试点基础上将碳交易逐步扩大到全国范围。

三 京津冀生态共建共享现状及问题

生态环境具有整体性的特点，牵一发而动全身。长久以来，为保证京津

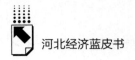

冀地区经济发展，保护京津两地的生态环境和水源地，河北投入了大量的财力、物力、人力，做出了巨大的让步与牺牲。当前，河北经济发展与绿色生态的矛盾日益突出，要解决京津冀区域生态环境问题，就必须使河北的经济发展与生态补偿相结合，进行京津冀的生态共建共享。只有这样，才能较少占用河北的经济发展资金，使河北对环境治理有更大的积极性，进而从根本上强化与巩固生态环境共建与治理的成果，实现京津冀经济与生态环境治理的可持续发展。

目前，京津冀就生态共建共享做出了诸多实践和探索，且有了一定的突破。2014 年，津冀两地共筹水环境保护资金，累计投入 1.213 亿元共建引滦跨省市水环境补偿机制，共同承担引滦水环境保护责任。同年年底，北京市发改委与承德碳排放交易试点正式启动，承德市丰宁千松坝林场碳汇造林一期项目在环交所上线，预签发量为 96342 吨 CO_2 当量。2015 年，北京开始试行《北京市水环境区域补偿办法》，上游将给下游区县政府治污补偿，据测算，一季度各区县共需缴纳补偿金 3.3 亿元。

尽管如此，三地的生态共建共享在补偿标准、建设机制等方面仍存在比较突出的问题。一是生态补偿标准落差大，生态建设资金短缺。以工程造林为例，河北实行国家统一补偿标准 200 元/亩，但河北人工造林成本每亩达 500 元以上，条件较差的山区甚至每亩达 2000 元以上。北京人工造林每亩补偿最高达 2 万元，是河北的 100 倍；天津人工造林每亩补偿在 2000 元以上，是河北的 10 倍以上。二是生态共建共享多在小范围内展开，且多在水资源流域，较少涉及大气领域。目前，三地还仅限于水源保护、森林碳汇交易等小规模、小范围的局部合作，尚未根据实际形成全方位、高层次的生态补偿合作机制。且大气污染治理起步晚、发展慢，区域间碳权交易始于 2014 年年底，即上文所述的北京市发改委与承德碳排放交易试点。三是市场机制不健全，制约因素明显。近年来，从政府层面看，启动了涉及气、水、土的"京津冀环境综合治理科技重大工程"，出台了"水十条"、大气污染"国十条"、《京津冀及周边地区落实大气污染防治行动计划实施细则》等。但从市场层面看，京津冀地区生态共建共享存在如下问题：一是没有确定的价格补偿机制；二是没有完善的环境污染责任保险机制，导致企业污染治理风险加大，积极性不高；三是企业与社会参与有限，环保观念和自觉性缺失，造成补偿资金来源单一，生态补偿碳交易市场不活跃。

目前，关于"谁受益、谁补偿、生态共建、资源共享"已达成共识。从这个层面来讲，谁受益得多谁就应承担较多的补偿份额，谁保护得多谁就应得到较多的补偿份额，在京津冀地区北京、天津受益最多，河北的污染份额最大，河北应得到北京、天津的补偿。不过，"如何补偿，补偿多少"还没有形成共识，究其原因，主要是因为生态补偿标准难以确立。现有机制难以解决京津冀生态共建共享问题，需要在体制机制和补偿标准等方面做重大创新，尝试生态测度核算是确定生态共建共享补偿标准的前提。

四　测算与结论

综合分析，京津冀生态环境的破坏可主要归结为流域和大气两个方面，因此本小节从补偿核算的角度就这两个方面进行量化分析。

流域生态补偿核算主要包括保护流域的直接成本和为保护流域而限制发展的成本两个部分，由此采用成本分析法（包括机会成本法和直接成本法）对流域生态补偿进行核算。大气污染补偿核算的关键在于对废弃物排放量和吸收量进行测算，故引入能源生态足迹和生态承载力概念，采用基于生态足迹的生态系统服务价值法对大气生态补偿进行核算。

（一）基于流域的生态补偿核算

流域生态补偿机制是对保护者因保护活动而丧失经济利益的补助，而生态补偿标准的量化，是流域生态补偿机制确定的重中之重。本报告对流域生态补偿的量化主要集中在流域总体生态环境的恢复和改善上。

1.补偿标准的确定

流域生态补偿量化的重点和难点在于对流域保护区水资源的恢复和改善

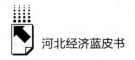

所花费成本进行量化。这个成本既包括为保护水资源水质、水量而投入的直接成本，即退耕还林、封山育林等林业投资成本、水土流失治理成本、为改善水质而建设城市污水厂的投入成本，也包括退耕地损失和限制工业发展损失的间接成本。

即：

$$TC = DC + IC = \sum_{i=1}^{3} dc_i + ICGDP$$

其中，TC 为总成本，DC 为直接成本，dc_i 分别代表林业投资成本（包括退耕还林、封山育林和新造林）、水土流失治理成本和污水处理厂建设成本；IC 为间接成本，即退耕地损失的机会成本和限制工业发展损失的成本。

河北省为保护水资源限制了许多污染大、耗水量大的工业企业发展，减少了整体的耕地面积，从而在一定程度上导致河北省经济发展水平落后，人均 GDP 低于全国平均水平。各种工业限制及退耕地导致的经济损失很难直接计算，这里参照郑海霞等（2006）计算经济发展损失的方法，把河北省的经济发展状况与京津冀地区及全国平均发展水平进行比较后得出限制经济发展的损失 IC。其计算公式为：

$$IC = \frac{IC_{jjj} + IC_h}{2} \cdot r$$
$$IC_{jjj} = （UPCDI_{jjj} - UPCDI_h）\times UP_h + （RPCNI_{jjj} - RPCNI_h）\times RP_h$$
$$IC_h = （UPCDI_c - UPCDI_h）\times UP_h + （RPCNI_c - RPCNI_h）\times RP_h$$

其中，$UPCDI_{jjj}$、$UPCDI_h$ 和 $UPCDI_c$ 分别代表京津冀、河北和全国的城镇人均可支配收入，$RPCNI_{jjj}$、$RPCNI_h$ 和 $RPCNI_c$ 分别代表京津冀、河北和全国的农村人均纯收入，UP_h 代表河北城镇总人口，RP_h 代表河北农村总人口。由于并非整个河北省的产业发展都受到保护流域的影响，综合考虑各方面因素，取均衡因子 r 为 0.01。

2011～2013 年河北省为各流域水质的改善和恢复所支付的成本见表 1。

表1 河北省2011～2013年改善和恢复各流域水质投入成本

单位：亿元

成本		金额		
		2011年	2012年	2013年
直接成本	林业投资成本(包括退更换林、封山育林和新造林)	7.75	13.04	13.3
	水土流失治理成本	3.01	8.2	7.00
	污水处理厂建设成本	9.71	6.08	3.85
间接成本	限制工业发展损失的成本、退耕地损失的机会成本	33.6	30.02	26.73
总成本		54.06	57.34	50.88

注：由于本报告的关注重点在于京津冀三地间的生态补偿标准，直接成本只列示了省投资金额，数据来源于历年《河北统计年鉴》和国家统计局统计数据；限制工业发展损失的成本和退耕地损失的机会成本数据由计算得出。

2.补偿分摊系数的确定

河北省为保护水资源而投入的成本，应在受益区即京津冀之间进行合理的分摊。三省市按照各自的用水量和支付水平对水资源保护成本进行分摊。

（1）用水量

根据京津冀流域的实际情况及数据的可获得性，主要从以下几个方面计算用水量：①农业用水量，主要包括农田灌溉用水、林果地灌溉用水、草地灌溉用水、鱼塘补水和畜禽用水；②生活用水量，主要指居民日常生活用水量；③工业用水量，主要包括建筑业、工业和服务业等的用水量；④生态用水量，主要指维持各类生态系统正常发育与相对稳定所必需消耗的水资源。

（2）支付水平

根据恩格尔系数和生长曲线计算经济发展水平分摊系数 R_i 为：

$$R_i = \frac{L_i}{(1 + ae^{-bt_i})}$$

其中，L_i 为补偿能力，

$$L_i = \frac{\dfrac{GDP_i}{N_i}}{\sum\limits_{i=1}^{3} \dfrac{GDP_i}{N_i}}, \quad i = 1,2,3$$

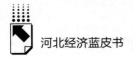

将 a、b 都取值为 1，t_i 为恩格尔系数的倒数，可得：

$$R_i = \frac{e^{t_i}}{(e^{t_i} + 1)} \times L_i$$

随后对经济发展水平分摊系数进行归一化处理，得分摊系数如表 2 所示。

表 2　京津冀三省市用水量和经济发展水平分摊系数

年份	省份	总用水量（亿立方米）	占比 Q_i（%）	R_i（%）	归一化后的 R_i（%）
2011	北京	35.96	14.11	40.32	42.84
	天津	23.09	9.06	38.58	41.00
	河北	195.84	76.83	15.22	16.17
2012	北京	35.88	14.11	39.36	41.45
	天津	23.13	9.09	39.43	41.52
	河北	195.32	76.80	16.17	17.03
2013	北京	36.38	14.47	38.42	40.40
	天津	23.76	9.45	40.41	42.49
	河北	191.29	76.08	16.27	17.11

注：数据来源于国家统计局。

综合考虑 R_i、Q_i，利用公式 $y_i = \dfrac{x_i}{\sum\limits_{i=1}^{n} x_i}$ 进行归一化处理，得出分摊系数，进而得到北京和天津应补偿河北的金额如表 3 所示。

表 3　北京、天津补偿比例和金额

单位：亿元

年份	省份	保护流域成本	分摊系数（%）	补偿金额	总计
2011	北京	54.06	28.48	15.40	28.93
	天津		25.03	13.53	
2012	北京	57.34	27.78	15.93	30.44
	天津		25.31	14.51	
2013	北京	50.88	27.44	13.96	27.17
	天津		25.97	13.21	

由表 3 可知，在流域治理方面，2011 ~ 2013 年京津合计应补偿河北28.93 亿元、30.44 亿元、27.17 亿元。

（二）基于能源的生态补偿核算

大气污染主要是由化石能源消费所产生的 CO_2 等废弃物造成的，为测度京津冀三省市 CO_2 等废弃物吸收量和排放量的情况，引入能源生态足迹和能源生态承载力的概念。

能源生态足迹是指用于吸收化石能源燃烧排放 CO_2 的土地面积。从陆地生态系统碳循环可知，森林碳蓄积量约占全球陆地表层植被总蓄积量的77%，草地碳蓄积量约占全球陆地表层植被总蓄积量的16%，二者合计约占到93%。因此，本报告把化石能源地界定为森林和草地。能源生态承载力即化石能源生态系统总面积。

能源生态足迹的计算方法为：

$$A_{ce} = \sum_{i=1}^{9} A_{cei}$$

$$A_{cei} = A_{cefi} + A_{cegi} = \frac{C_{cei} \times Cd_{cei} \times Per_f}{EP_f} + \frac{C_{cei} \times Cd_{cei} \times Per_g}{EP_g}$$

其中，$i = 1,2,\dots,9$ 分别代表煤炭、焦炭、原油、汽油、煤油、柴油、燃料油、天然气和电力。

A_{ce} 代表总的化石能源生态足迹，A_{cei} 代表某一化石能源的生态足迹，A_{cefi} 代表某一化石能源归于森林的生态足迹，A_{cegi} 代表某一化石能源归于草地的生态足迹，以上变量的单位均为公顷（hm^2）；C_{cei} 代表某一化石能源的消费量，天然气消费的单位为 $10^8 m^3$，电力消费的单位为 $10^8 kW \cdot h$，其余化石能源消费量的单位为 $10^3 kg$；Cd_{cei} 代表某一化石能源的 CO_2 排放系数，天然气的 CO_2 排放系数单位为 $kgCO_2/m^3$，电力的 CO_2 排放系数为 $kgCO_2/kW \cdot h$，其余化石能源的 CO_2 排放系数为 $kgCO_2/kg$，其数值采用中国合同能源网及 IPCC2006 年数据；Per_f 代表归一化处理后的森林吸收 CO_2 份额，此处为82.72%；Per_g 代表归一化处理后的草地吸收 CO_2 份额，此处为 17.28%；

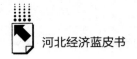

EP_f 为全球森林平均 CO_2 吸收能力，这里为 $3.8096tCO_2/hm^2$；EP_g 为全球草地平均 CO_2 吸收能力，这里为 $0.9482tCO_2/hm^2$。

由于不同类型的生物生产性土地单位面积生产力差别较大，在能源生态承载力计算公式中引入均衡因子，以使计算结果便于进行省际比较。某类型的生物生产性土地的均衡因子等于全国该类生物生产性土地的平均生态生产力除以全球所有类型生物生产性土地面积的平均生态生产力。

公式如下：

$$\gamma_i = \frac{p_i}{p}$$

式中，γ_i 为对应 p 的均衡因子，p_i 为某一类生物生产性土地的平均生态生产力，p 为全国所有类型生物生产性土地的平均生态生产力。

这里采用刘某承等（2010）的基于净初级生产力测算出的全国和不同省份各种土地类型的产量因子中京津冀三省市的林地和草地产量因子数值进行相关能源生态承载力的计算。

由于区域的差异，即使是同一类型的生物生产性土地在不同的区域也具有不同的生产力，由此引入产量因子。通过核算区域内某类型生物生产性土地平均生产能力与全国该生物生产性土地平均生产能力的比值，可得出区域内该生物生产性土地产量因子，产量因子的具体公式如下：

$$r_j = \frac{v_j}{v}$$

式中，r_j 为核算区域的产量因子，v_j 为核算区域某类型生物生产性土地的单位面积生产能力；v 为全球该生物生产性土地的单位面积生产能力。这里采用世界自然基金会（WWF）2006 年统计的均衡因子作为均衡因子，具体取值如表 4 所示。

另外，根据世界环境与发展委员会（WCED）相关研究结果，考虑到生物多样性保护的重要性和特殊性，至少有 12% 的生态容量须被保存。因此，在进行林地生态承载力计算时扣除 12% 的生物多样性保护面积，用于维持生态环境。

表4　京津冀三省市产量因子和均衡因子

土地类型	省份	产量因子	均衡因子
林地	北京	0.59	1.41
	天津	0.71	
	河北	0.69	
草地	北京	1.94	0.51
	天津	1.65	
	河北	1.55	

综上，能源生态承载力公式可表示为：

$$EC = EC_f + EC_g$$
$$EC_f = Q_f \cdot \gamma_f \cdot r_f \cdot 88\%$$
$$EC_g = Q_g \cdot \gamma_g \cdot r_g$$

式中，EC、EC_f、EC_g 分别表示总生态承载力、林地生态承载力和草地生态承载力，单位为公顷（hm^2）；Q_f、Q_g 分别表示林地面积和草地面积，单位为公顷（hm^2）；γ_f、γ_g 分别表示林地和草地的均衡因子；r_f、r_g 分别表示林地和草地的产量因子。

京津冀三省市 2010 ~ 2013 年的能源生态足迹和能源生态承载力计算结果见表5。

表5　京津冀三省市 2010 ~ 2013 年的能源生态足迹和能源生态承载力

单位：hm^2

年份	省份	能源生态足迹	人均能源生态足迹	能源生态承载力	人均能源生态承载力
2011	北京	12302913.69	0.9273	821166.5	0.0407
	天津	13363506.67	1.5010	226745.3	0.0167
	河北	51879079.96	1.0972	7878403.2	0.1095
2012	北京	12623527.40	0.9282	821166.5	0.0397
	天津	14435548.88	1.5542	226745.3	0.0160
	河北	53205010.24	1.1108	7878403.2	0.1081
2013	北京	12933940.57	0.9305	821166.5	0.0388
	天津	15517492.65	1.6037	226745.3	0.0154
	河北	54819844.60	1.1375	7878403.2	0.1074

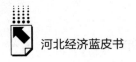

通过下式计算理论的人均生态盈余：

$$ec = \frac{(A_{ce} - AC) \times ES}{N}$$

式中，ec 代表人均生态盈余；A_{ce}、AC 分别代表能源消费足迹、能源生态承载力；ES 代表单位能源生态系统效益；N 代表人口数。京津冀三省市生态盈余计算结果见表6。

表6 京津冀三省市生态盈余

年份	省份	人均生态盈余 （公顷）	单位能源生态系统效益 （元/公顷）	人均理论生态盈余 （元）
2011	北京	−0.89	697.81	−618.69
	天津	−1.48	467.79	−694.32
	河北	−0.99	420.36	−415.18
2012	北京	−0.89	697.81	−619.98
	天津	−1.54	467.79	−719.53
	河北	−1.00	420.36	−421.49
2013	北京	−0.89	697.81	−622.23
	天津	−1.59	467.79	−742.98
	河北	−1.03	420.36	−432.98

注：①盈余为负数代表该地区应该接受补偿的金额；
②单位能源生态系统效益结合陈仲新、张新时《中国生态系统的效益价值》（载《科学通报》2000年第1期）一文计算得出。

但是这个结果在一定程度上是不合理的。一方面，由于虹吸效应，北京、天津吸收了许多河北的优质资源，致使河北经济发展速度缓慢，第三产业难以快速发展，从而形成了长期以第二产业为主的局面，大气污染严重；另一方面，为服务京津两地，河北的许多产业被限制发展，而且许多的高耗能、高污染企业从京津两地迁至河北，进一步加剧了河北大气污染程度。

现如今，京津冀一体化协同发展上升为国家级重大战略，从京津冀全局考虑能源生态补偿更为合理。因此，我们采用基于京津冀三地的人均GDP的经济发展水平分摊系数合理分配三地的生态盈余/赤字。这里的经济发展水平分摊系数与上文基于流域的生态补偿核算中的分摊系数一致，不再赘述。

由表7可见，2011～2013年，北京、天津的实际补偿金额均高于理论补偿金额，而河北的实际补偿金额均低于理论补偿金额，且北京、天津补偿金额高出的部分即为河北补偿金额少出的部分。也就是说，北京、天津的实际补偿金额高于理论补偿金额的部分应该为补偿给河北的金额。

表7　京津冀三地生态盈余

年份	省份	人均理论生态盈余（元）	总补偿金额（亿元）	三地人均总和（元）	分摊系数	人均实际生态盈余（元）
2011	北京	−618.69	124.89		0.43	−743.12
	天津	−694.32	94.05	−1728.19	0.41	−708.56
	河北	−415.18	298.68		0.16	−276.51
2012	北京	−619.98	128.29		0.41	−722.01
	天津	−719.53	101.68	−1761.00	0.42	−739.62
	河北	−421.49	307.16		0.17	−299.37
2013	北京	−622.23	131.59		0.40	−719.27
	天津	−742.98	109.38	−1798.19	0.42	−755.24
	河北	−432.98	317.49		0.17	−305.69

注：盈余为负数代表该地区应该接受补偿的金额。

计算公式可表示为：

$$V_c = (ec_{ab} - ec_{tb}) \cdot N_b + (ec_{at} - ec_{tt}) \cdot N_t$$

式中，V_c 为北京、天津补偿河北的金额；ec_{ab}、ec_{at} 分别代表北京、天津的人均实际补偿金额；ec_{tb}、ec_{tt} 分别代表北京、天津的人均理论补偿金额；N_b、N_t 分别代表北京、天津的总人口。

表8　北京、天津2011～2013补偿金额

年份	省份	人均理论生态盈余 ec_t（元）	人均实际生态盈余 ec_a（元）	人均差额（元）	补偿总金额（亿元）	合计（亿元）
2011	北京	−618.69	−743.12	124.43	25.12	
	天津	−694.32	−708.56	14.24	1.93	27.05
2012	北京	−619.98	−722.01	102.03	21.11	
	天津	−719.53	−739.62	20.09	2.84	23.95
2013	北京	−622.23	−719.27	97.04	20.52	
	天津	−742.98	−755.24	12.26	1.80	22.33

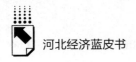

综上所述，为共同治理京津冀大气污染，2011～2013年京津冀三地应付出金额人均分别为1728.19元、1761.00元、1798.19元。另外，2011～2013年北京、天津还需合计补偿河北27.05亿元、23.95亿元、22.33亿元。

（三）结论

综上所述，由图1可以看出，一方面，京津两地对河北的补偿金额总体呈下降趋势，说明三地生态环境总体呈好转趋势，共建共享初有成效。另一方面，在生态共建共享过程中，京津两地每年仍应补偿河北50亿元左右来治理生态环境。然而就现实情况来说，京津两地还没有提供给河北相应金额的补偿，三地政府也没有达成相关协议。因此，单靠政府的"有形之手"难以实现京津冀三地的生态共建共享，应引入相关市场机制，利用市场的"无形之手"实现三地的生态共建共享，进而实现三地生态和经济的和谐发展。

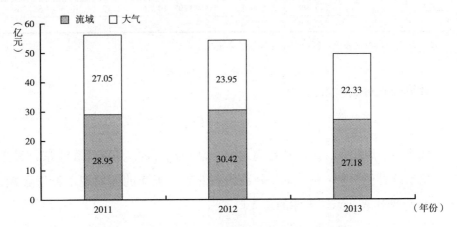

图1 2011～2013年京津补偿金额及变化趋势

五 生态共建共享市场机制的政策建议

（一）平等协商，建立区域污染防治和生态保护联动机制

建立平等协商的区域治理机制是推进生态共建共享及其新机制的根本制

度保障。生态补偿涉及利益主体众多，需要各方协调，让要素和资源在区域间有效配置，以全社会主体共同参与京津冀治理为目标，通过建立市场机制、政府机制和社会机制三位一体的区域治理机制，逐步破解困扰生态共建共享的顶层设计"顽疾"。按照"谁受益、谁补偿、生态共建、资源共享"的原则，加快推动京津两地与河北之间建立横向生态补偿机制；设立生态环境保护基金，重点支持生态建设和环境保护等重大生态环保工程建设；推动建立环境容量分担机制，对于河北承接的京津两地产业转移项目或公共事业项目，按项目投资或利税分成比例分担能耗、煤耗和排污指标；完善联合执法机制，统一执法尺度，提高对区域内污染违法行为的查处效率；积极共建信息监测系统，共同设立生态环境信息统一发布平台，推行生态环境信息数据共享机制；建立跨界跨区域大气、地表水、地下水和海域环境监测体系和协调联动机制，强化和完善跨区域森林火灾、流域和区域污染、危化品溢漏等突发生态环境事件的预警及应急响应机制。

（二）统一规划，树立底线思维

京津冀生态环境共建共享需统一规划，建设区域生态体系，划定资源限线、环境底线和生态红线，在水资源、碳交易、大气污染和林业建设方面治、补、养同时进行。在水资源保护共建共享方面，守好"水资源开发利用红线""水功能区限制纳污红线""用水效率控制红线"三条红线，在明晰水权的基础上实施水资源总量控制，科学制定水污染治理规划，明确责任制以促进水资源规划实施。在大气污染联防联治方面，明确大气承载红线，实施大气污染物特别排放限值制度，设定高排污项目准入门槛，从污染成因、规律和预警着手，动态监测环境质量，以科技手段进行高效的多种污染物协同控制的末端治理，并借助市场进行排放权交易合作。

（三）加快合作，引入排放权交易的市场机制

一方面，建立生态产权制度，推进水权交易、碳汇交易、排污权交易

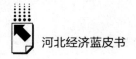
等制度建设，明确产权的边界、类型及归属问题。通过提供清洁水资源、涵养水源地、植树造林、风沙整治、湿地保护等服务得到碳汇和生态的价值补偿，进而实现生态保护、地方发展和居民收入提高等"多赢"目标。目前来看，京津冀整体开展碳交易优势明显，时机成熟，要结合京津冀地区污染重、碳排放量高的特点，引入和强化市场机制，推广环境污染第三方治理，构建碳交易机制框架，建立三地统一的碳交易市场，发挥其减排固碳的环境改善作用。针对京津冀三地经济发展水平的差异，参考联合国气候变化大会的"共同但有区别原则"，制定河北与北京、天津不同的排放标准；在标准、配额和核算方法等方面实现协调，确定京津冀碳排放控制总量，这是碳交易市场建设的关键；通过森林碳汇的发展模式来固化大气中已经被排放的碳，由原来"输血式"的生态补偿转化为"造血式"的生态共建共享机制。利用市场的趋利规律解决环境治理中存在的公地悲剧问题。

另一方面，完善生态绿色产品认证制度。京津冀三地对提供绿色产品的企业品牌统一进行生态标签认证，企业保证产品从设计、生产到销售、回收处理的每一个环节都对生态环境无公害，生态标签认证产品成本较高，价格也较高，其实质是由消费者付费的一种生态服务付费制度，同时，政府对在区域内生产的生态标签认证产品予以一定的市场保护。

（四）科学核算，制定合理的补偿标准

提高生态补偿核算的科学性，让生态财富创造者成为受益者。首先，确定补偿标准。生态补偿量化的重点和难点在于对生态建设区的恢复和改善所花费成本的量化。要综合考虑生态补偿量化标准的科学性和可行性，以保护生态环境所付出的成本和由此产生的经济发展的机会成本为基础，协调各方利益，确定一个科学合理的各方都能够接受的补偿标准。同时，加强对效益补偿标准的研究力度，逐步向根据生态服务订立补偿标准的方向过渡。其次，确定补偿分摊系数。河北省为保护生态资源而投入的成本，应在受益区即京津冀之间进行合理分摊。三省市按照各自

获得生态效益的大小、支付意愿和支付能力等因素对资源保护成本进行分摊。

（五）改进补偿方式，引导社会公众参与

一是确定多样化补偿形式。传统的生态补偿多以经济补偿为主，而单纯的经济补偿难以弥补为京津生态建设和环境保护做出突出贡献的河北，因此应当建立起多层次、多方位公平合理的补偿机制。二是发挥政府和市场的互补作用，形成政府主导，注重运用市场手段和经济激励政策的生态补偿机制，逐步完善税收制度、生态环境价格机制、交易机制，建立公平、公开、公正的生态利益共享及相关责任分担机制。三是创建生态补偿绩效评价体制。借鉴欧盟检测评估经验，建立社会化的生态补偿政策监管和评估队伍，由第三方独立的监管机构来进行生态补偿项目的验收、日常维护等。

生态补偿方式最终要通过体制机制创新，在地方政府间形成利益共同体；通过激活市场主体、有效调动其积极参与到生态共建共享中，实现合作共赢，形成经济共同体；让社会民众参与到生态建设中，实现文化认同、文化自觉，形成命运共同体。

参考文献

[1] 蔡银莺、余亮亮：《重点开发区域农田生态补偿的农户受偿意愿分析——武汉市的例证》，《资源科学》2014年第8期。

[2] 陈仲新、张新时：《中国生态系统效益的价值》，《科学通报》2000年第1期。

[3] 葛颜祥、梁丽娟、王蓓蓓、吴菲菲：《黄河流域居民生态补偿意愿及支付水平分析——以山东省为例》，《中国农村经济》2009年第10期。

[4] 代明、刘燕妮、江思莹：《主体功能区划下的生态补偿标准——基于机会成本和佛冈样域的研究》，《中国人口·资源与环境》2013年第2期。

[5] 钱水苗、王怀章：《论流域生态补偿的制度构建——从社会公正的视角》，《中国地质大学学报》（社会科学版）2005年第5期。

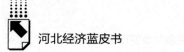

［6］毛占锋、王亚平：《跨流域调水水源地生态补偿定量标准研究》，《湖南工程学院学报》2008 年第 18 期。

［7］杨开忠、杨咏、陈洁：《生态足迹分析理论与方法》，《地球科学进展》2000 年第 6 期。

［8］郑海霞、张陆彪：《流域生态服务补偿定量标准研究》，《环境保护》2006 年第 1 期。

［9］刘某承、李文华、谢高地：《基于净初级生产力的中国生态足迹产量因子测算》，《生态学杂志》2010 年第 3 期。

B.6
依法治国背景下的京津冀
协同发展之破题[*]

田文利 张筱薏 马立民 孙晓楠 刘申[**]

摘　要： 本报告在依法治国的背景下探寻京津冀发展的新格局，揭示了当前京津冀发展模式的种种障碍，提出了新的一体化发展思路，即从法律的角度提出，以《京津冀区域一体化建设法》为解决京津冀区域一体化问题的总体制度框架。该法将为京津冀区域一体化的实现建构一个组织，并为这个组织配备一套权力体系，以及一套工作推进机制、项目运行机制和矛盾解决机制，为实现京津冀一体化搭建一个制度化平台。

关键词： 区域一体化　法律制度　运行机制

在党的十八大之后，依法治国成为国家发展的重大战略。中共中央、国务院印发了《法治政府建设实施纲要（2015～2020年）》，其中提出："围绕建设中国特色社会主义法治体系、建设社会主义法治国家的全面推进依法

＊ 基金项目：河北省社科基金课题"政府责任的道德基础与实践模式及其与政府稳定性的关联研究"（HB12FX 026）。天津高校人文社科研究思政专项"通识教育理念下的思想政治课教育——以思想道德修养与法律基础课教学为例"（2011sxk13）。

＊＊ 田文利，女，法学博士，河北工业大学副教授，中国人民大学哲学院博士后，研究方向为宪法学与行政法学及伦理学。张筱薏，女，哲学博士，天津财经大学副教授，研究方向为马克思主义哲学、社会学。马立民，男，法学博士，河北工业大学副教授，研究方向为经济法学。孙晓楠，女，河北工业大学马克思主义理论方向研究生。刘申，女，河北工业大学马克思主义理论方向研究生。

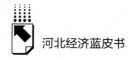
治国总目标，坚持依法治国、依法执政、依法行政共同推进，坚持法治国家、法治政府、法治社会一体建设"。在依法治国的宏大背景下，京津冀地区的协同发展也成为国家发展战略中的重要一环。这一区域的发展被称为我国改革开放之后继珠三角、长三角之后的第三波发展高潮。本报告的目的在于以法律为制度建构手段提出京津冀协同发展模式，将三地发展纳入一个共同的制度蓝图中，使京津冀协同发展在法制的轨道上稳步有序地推进。

一 背景：依法治国背景下探寻京津冀发展格局

早在1986年，国家领导人就提出过环渤海区域合作问题，京津冀区域经济概念也随之出现。但由于当时我国正处于改革开放的初期阶段，京津冀三地缺乏合作的共识和基础。从2004年开始，经过近十年的时间，京津冀协同发展作为区域经济合作才被提升到一定的高度。这一期间，京津冀三地仍然属于我国行政体制下不同性质的模块，具有得天独厚优势的首都、改革开放前沿城市天津与传统而贫困的河北之间依然没有共识，虽然经济上有交集但地位有落差、政策相距甚远。2011年，国家"十二五"规划提出"推进京津冀区域经济一体化发展，打造首都经济圈，推进河北沿海地区发展"，至此，"推进京津冀区域经济一体化发展"的理念被正式写入国家级规划。2014年2月26日，中共中央总书记习近平在听取京津冀协同发展专题汇报时，将京津冀协同发展上升为国家战略，并对三地协作提出七项具体要求。至此，京津冀协同发展取得国家发展战略的定位。同年7月31日，北京市与河北省在京举行工作交流座谈会，共商推进京津冀协同发展。会后，两地签署了七大合作协议，涉及共同打造曹妃甸协同发展示范区、共建北京新机场临空经济合作区、共建河北中关村科技园区、共同加快张承地区生态环境建设与交通一体化合作、共同加快推进市场一体化进程、共同推进物流业协同发展等七个方面。这七项协议将京津冀协同发展推向不同的领域，使其走上实体化的道路。同年8月7日，天津市与北京市联手宣布新举措——京津冀一体化：京津在30个重点领域深化合作，共同签署了《贯彻落实京津冀协同发展重大国家战略推进实施重点工作协议》《交通一体化合作备忘录》《进一步加强环境保护合作框架协议》《共同推进天津未来科技城合作示范区建设框架协议》《共建滨海—中关村科技园合作框架协议》《加快推进市场一体化进程合作框架协议》。北京与河北、北京与天津以及天津与河北两两合作的趋势日渐向好。2015 年 4 月 30 日，中央政治局会议审议通过《京津冀协同发展规划纲要》，其中指出，推动京津冀协同发展是一个重大国家战略，战略的核心是有序疏解北京非首都功能，调整经济结构和空间结构，促进区域协调发展，形成新增长极。终于，京津冀协同发展的顶层设计在党中央的亲自主持下完成。2015 年 12 月 8 日，根据国家发改委、交通运输部联合印发的《京津冀协同发展交通一体化规划》，京津冀协同发展交通一体化将按照网络化布局、智能化管理和一体化服务的思路展开。至此，京津冀协同发展从交通领域破冰，迈出里程碑式的、具有实质内容的一步。

我国自改革开放以来，环首都经济圈、环渤海经济圈及振兴河北等不同思路纷至沓来，异彩纷呈。然而，由于种种原因，各种规划多受行政区划之局限，很少有完整面貌，更难全面覆盖京津冀三地。究其原因，笔者认为上述种种发展思路都是"各家自扫门前雪"的发展模式，三个省市既然"各怀心腹事"自然也就"自行其是"。因此，在没有顶层设计的前提下，三个地区出现了诸多的"非一体化"现象：承担水源、蔬菜、粮食供应的河北省成了一个经济发展落后的省份，与富足的京津两地形成鲜明的对比；① 北京的经济发展模式使首都功能难以维系，在将大型企业向河北转移的过程中也将污染转移给河北；天津的港口服务对河北企业"不买账"，河北又迫不得已另建唐山和黄骅两个港口，结果使天津港口的战略地位受到挑战；天津的机场与北京的机场相距咫尺但飞机起落总量却"一冷一热"；等等。可见，对于京津冀一体化这一时代命题而言，毋庸置疑，找出协同的障碍之所在，采用新的思维去破解难题是唯一的出路。

---

① 刘玉海：《离首都 100 多公里贫困县竟然连成片》，《中国国家地理》2015 年第 1 期。

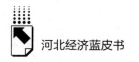

二 审题：京津冀协同发展的法治障碍之所在

京津冀协同发展是我国改革开放的重大发展战略，如何以法治理念破解这一理论课题和实践课题，是摆在中央政府和京津冀地方政府面前的一个时代课题。对于河北省来说，要深刻理解京津冀协同发展的内在含义，抓住机会发展河北：找准目标定位、进行顶层设计，以协同为基础，进一步与北京、天津成为一个区域整体，在这个区域整体一体化的平台上，调整好产业规划，安排好区域发展模式，壮大河北，服务京津，以法律制度为实施和推进机制，全面落实京津冀协同发展的目标。

通过调查研究我们发现，目前，京津冀三地都有自己的地方法律体系，体系之间是独立且封闭的，立法的内容、类型、水平都有相当大的差异。三地的政府在各自的管辖范围内，依据各自的地方法规执行法律，执法的效果也优劣不一。三地法律协作的经历并不多见，司法体系和各类案件类型也有较大差异。

目前京津冀三地虽然都想在协同发展的大背景下共同发展，但尚有许多限制需要克服。

首先，经济利益的局限。京津冀三地都在计算自己的利益得失，如北京的非首都功能外迁，迁到天津的哪里？迁到河北的哪里？河北想融入这个大舞台，但河北省内部也是县、市、省管县的分管格局，各地市县之间怎么统一步调才能跟北京、天津协同？跟天津协同还是跟北京协同？还是把北京迁出来的项目"同"到自己的管辖中来？迁过来的企业项目愿不愿意放下北京的身份而被河北、天津"同"化，还是仅仅是带着北京的身份暂时到河北和天津"外放"？

其次，法律制度的局限。京津冀协同发展是中央的新政策，而任何政策要想真正发挥现实作用，都必须通过制度转化过程即法治化过程来落实。这个过程只能通过立法完成。目前的模式是三地有各自的立法权，在这样的格局下，三个地方是各自立法还是参照一个模板分别立

法？如果是各自立法就谈不上协同，而如果要共同参照一个模板，那由
谁来提出这个模板，如果有一个地方不同意这个模板又该如何？可见，
我国目前法律体系本身的内在衔接和关联机制使京津冀协同发展受到
阻碍。

最后，协同领域的限制。京津冀协同发展是一个包罗万象的时代工程，
涉及诸多的产业、政府权力机关，又跨越诸多的地域和领域。即使国家下定
决心制定一部法律来协同发展，也需要考虑当前所面临的困难：一则我们国
家没有制定过一部宏观规划法，二则众多的行政行为、经济行为、民事行为
也不可能被纳入一部法律来进行调整。

目前，京津冀协同发展在两个层面上进展：在中央层面上，已经提出了
总体战略构想、制定了规划纲要，大力号召、推动京津冀协同发展。在地方
层面上，三地政府分别在落实政策、规划纲要上行动起来了。但总体来看，
这样的进展与依法治国、依法协同发展的目标还差一个重要的转换机制，即
协同发展的立法机制，因为只有通过立法这个转换机制，中央的政策才能转
化为制度模式，政府才能执行法律，这个战略最终才能真正成为改革现实的
力量。反之，越过法律这个转换层次而直接进入执行操作层面，难免会发生
与现实法律规范相冲突的问题。

可见，在中央重大战略调整、稳步推进京津冀协同发展的背景下，迫切
需要体制、机制创新，需要新的法律来规范协同发展步伐，但新的法律的制
定又面临诸多现有制度的障碍。在这样种种困难条件下，如果不能使中央的
政策制度化，协同发展很可能被虚置于政策层面而不能进入国家法律体系转
变为现实制度。

三　破题：京津冀协同发展的新思路

为解决这一制度难题，我们对京津冀协同发展的课题进行了广泛而深入
的思考和研究，提出如下建设性建议。

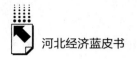

（一）寻求新的一体化建设思路

协同发展模式要求在多个主体存在的前提下，为共同的目标、共同的利益互相合作。对于京津冀来说，尤其是在当下三地"分灶吃饭"、政府能力不等、发展贫富不均、资源构成各异、环境污染日益严重的前提下，协同起来不但缺乏真正的共同利益基础，而且协商起来没有标准，最为头痛的是三地政府之间的沟通缺乏常设的制度化平台，谁跟谁对话，谁跟谁协同，协同后怎么行动，与现行地方法规如何协调一致，等等，这些问题都很现实地摆在面前。一体化的思路指的是使三个地方成为一个整体，这也意味着各地需放弃自己的利益打算，从整体功能的角度设计自己的定位，就如同一个人，眼有眼的功能，嘴有嘴的功能，彼此之间不再分高低上下，以柔性一体化的思路克服京津冀三个主体的利益纷争与差异，凝聚力量，以重大的、共同的问题为着力点，打破地域限制、制度限制，构建整体格局，以一体化思路促进协同发展。

（二）制定新的法律规范体系

先构建框架式法律，然后逐一扩展到一体化领域。我们提出与一体化思路相配套的《京津冀区域一体化建设法》草案。该草案有以下几个特征。第一，该草案是一部高位阶的法律或者行政法规，其效力高于京津冀三地的地方性法规，这样就可以克服三地协同立法中的利益矛盾与纠结。第二，该草案设计了一个一体化的"头"，即京津冀发展协调委员会，由京津冀三地政府和国家发改委共同派员组成，其组织机构列于国务院的特别委员会。其优点是可以克服现在的"三头""三体""三心"的缺陷，形成统一的意志。法案将赋予京津冀发展协调委员会具体实施一体化发展的诸种权力，目的在于使其实权化、高效化。第三，该草案是一个框架式结构，任何跨区域、跨领域、跨行业的事项都可以被纳入这一框架。第四，由京津冀发展协调委员会选择确定一体化领域布局，渐次推行一体化方案。哪个领域需要一体化，则在哪个领域进行一体化；不需要一体化的领域，则保留现有制度和机制。第五，由京津冀发展协调委员会实行项目运行机制，设立多样、灵活、合作式的项目，可同时开展多个项目，每个项目独立运行、独立结算，互不影响。第六，京津冀发展协调委员会具有调节三地矛盾的司法功能，三地政府可以就公法争议提交该委员会，由其进行权衡、协调、斡旋及补偿。第七，该法案是一个程序性的法案，具有实体开放性。这一特点使得该法案可以容纳诸多的实体法，从教育、交通、环境，到城乡建设、农业、农村和农民及扶贫建设，任何一个具体事项的提出、听证、论证，一直到执行、发标、结算、监督等，都可以运用该法规定的公开和民主程序。因此，这个程序可以将任何实体事务、具体问题都纳入进来，其框架十分自由、民主而宽泛。

（三）规划新的发展策略

按照《京津冀区域一体化建设法》所提供的制度框架，我们可以在如下多个领域里同时提出一体化方案，由京津冀发展协调委员会来统一论证、决策并组织实施。表 1 仅简单列举了不同发展领域的发展策略与法治方向。

表 1　不同发展领域的发展策略与法治方向

发展领域	发展策略要点概述	需要制定的法规名录（构想）
法律领域	制定京津冀一体化建设的系列立法，为京津冀一体化发展提供制度平台	京津冀区域一体化建设法
教育领域	1. 实行教育产业化，开放教育市场，提倡自主教育、终身教育、远程教育，使京津冀三地居民平等享受教育资源 2. 各大学开放网络教育资源，自行招生。凡三地居民均有权通过在校或者网络学习到任何一所大学的课程 3. 建立灵活多样的学制模式，在校学习可以因创业而暂缓、接续。开创单科结业的实用教育体系	京津冀一体化教育法

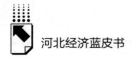
续表

发展领域	发展策略要点概述	需要制定的法规名录（构想）
农村领域	1. 推进家庭经营、集体经营、合作经营、企业经营等共同发展的农业经营方式创新。坚持农村土地集体所有权，依法维护农民土地承包经营权，发展壮大集体经济。稳定农村土地承包关系并保持长久不变，在坚持和完善最严格的耕地保护制度的前提下，赋予农民对承包地占有、使用、收益、流转及承包经营权抵押、担保的权能，允许农民以承包经营权入股进行农业产业化经营 2. 赋予农民更多财产权利。保障农民集体经济组织成员权利，积极发展农民股份合作，赋予农民对集体资产股份占有、收益、有偿退出及抵押、担保、继承权。鼓励承包经营权在公开市场上向专业大户、家庭农场、农民合作社、农业企业流转，发展多种形式的规模经营 3. 鼓励社会资本投向农村建设，允许企业和社会组织在农村兴办各类事业。统筹城乡基础设施建设和社区建设，推进城乡基本公共服务均等化	京津冀一体化农村建设法
户口领域	1. 实行京津冀区域户口一体化，三地户口均为京津冀户口，享受同等工作、就业、医疗、教育、保障优惠 2. 户口可根据工作生活地点、生活方式自由流动。不再区分农村户口和城市户口	京津冀一体化户籍管理法
交通领域	1. 统筹使用交通建设经费，将京津冀的交通设施建设费用按照一体化的原则共同使用 2. 促进京津冀三地交通一体化设施建设，实现海陆、江河、公路、铁路、航空、港口的合理布局 3. 明确天津港、秦皇岛港、黄骅港、曹妃甸港几大港口的建设方向	京津冀一体化交通建设法
环境领域	克服当前分散治理的混乱模式，实行空气、水源、土地、噪音、垃圾污染物的综合治理，全民参与国家山河整治活动，从污染的产生到排污控制及污染治理实行综合治理	京津冀一体化环境治理法
文化体育领域	1. 京津冀三地的高校和研究机构占全国的70%。利用京津冀的教育与科技资源优势，大量吸引民间投资在世界各地兴建中国学院，全面系统地向世界介绍汉语知识、中国文化、中国的科技知识及中国的法律制度 2. 开创新的中国文化节、博览会、世界体育项目，举办各种类型的研讨会、比赛、论坛，全面提高京津冀作为一个区域的知名度	京津冀一体化文化体育事业促进法
矿产资源领域	1. 明确矿产资源的权属，保障矿产资源的有序开发和利用。禁止乱采滥伐 2. 界定矿产资源开发用地与城市用地及农村农用地的界限，不得突破界限 3. 鼓励企业向国外发展，到国外寻找采矿资源，减少国内矿产资源的消耗	京津冀一体化矿产资源开采法

续表

发展领域	发展策略要点概述	需要制定的法规名录（构想）
旅游领域	1. 设计新型文化旅游项目，如商务套餐旅游、婚姻塑造旅游、家庭套餐旅游、专题旅游、研讨旅游 2. 使京津冀三地与全世界各地结成多种形式的姊妹城市，一方面将中国的旅游资源向世界开放，另一方面让中国人带着中国的文化、中国的产品走向全世界	京津冀一体化法
养老休闲领域	在河北山清水秀的地方建立高档的老年公寓，建设配套基础设施，将北京、天津的老年人置换出来，让他们在绿色生态环境中颐养天年，同时，将城市空间租给年轻人去开创事业。老年人则用租金保障晚年生活	京津冀区域一体化建设法
高新区、开发区	1. 综合高新区和开发区的优惠政策，引导开发区、高新区向不同类型发展 2. 对开发区和高新技术企业实行统一的优惠待遇，阻止开发区之间的恶性竞争 3. 以行政奖励、行政资助、创客空间促进企业的发展	京津冀一体化高新技术企业优惠待遇法

四　解题：制定并实施《京津冀区域一体化建设法》

为寻求新的京津冀一体化的建设思路，落实新的发展策略，笔者以为必须以新的制度构建为破题所向，即由全国人民代表大会常务委员会制定新的法律制度，将京津冀的发展纳入一个规范体系，使三地发展成为一体化、有序化、法治化的过程。下面的《京津冀区域一体化建设法》即是一个初步的总体发展框架，这个框架的主导机构就是由中央和地方四个方面组成的京津冀发展协调委员会，这个委员会可以统一规划、组织协调、筹集资金、监督实施各个领域的项目。这个框架可以容纳京津冀一体化任何方面的问题，如环境、交通、教育等不同的领域，都可以在框架中按照不同领域的特点进行整体安排。

（一）《京津冀区域一体化建设法》法案说明

1. 立法目的及解决问题

本法的目的是用立法的方法解决京津冀一体化建设的问题。在京津冀一

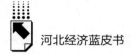

体化建设这样宏大的背景下，谁来组织实施、如何组织实施、一体化进程与各自发展模式的关系如何协调以及与原个体行政区之间的关系如何协调等，就成为操作层面必须解决的问题。本法的目的在于运用行政法的模式框架在北京、天津、河北这三个行政区域内逐渐实现经济和社会发展的一体化安排。

本法所要解决的问题在于用立法的形式为实现京津冀一体化提出一个清晰的路线图：第一，用行政组织法设定实施主体，成立京津冀发展协调委员会，赋予其全面的一体化设计实施权力。第二，用合一动态的方式进行整体协调，以行政程序、项目运作机制组织具体实施。第三，用调处手段进行矛盾协调，用协商、斡旋等方式对利益进行多方位协调，保证一体化进程的顺利推进。

2. 立法思路和结构

京津冀要实现一体化，首先要有一个一体化的思路。京津冀三个地方应当被看作是"一个""合而为一"的一体化区域。如果从这个最基本的"合一"理念来看待京津冀一体化，那么京津冀的一体化就不是"北京与天津"、"北京与河北"或者"天津与河北"，而是京津冀三者共同构成一个完整的、独立的新的区域。

在一体化的总体思路下，本法将三地视为一体化的不同组成部分，三地共同运转一套方案，实现一个目标。具体到篇章结构上，本法按照实施主体、主体架构与内部组织、会议程序与制度、建设领域设计、项目运行机制、矛盾协调机制的思路来安排：第一章，京津冀发展协调委员会的管辖区域范围；第二章，京津冀发展协调委员会的架构与内部组织；第三章，京津冀发展协调委员会的会议程序与制度；第四章，京津冀一体化的建设领域；第五章，京津冀一体化建设的项目运行机制；第六章，京津冀一体化建设的矛盾协调机制。

3. 法案主要内容

本法为京津冀一体化的实现构建了一个组织，并为这个组织配备了一套权力体系，以及一套工作推进机制、项目运行机制和矛盾调处机制，为实现京津冀一体化搭建了一个制度平台。

所谓一个组织，即京津冀发展协调委员会。京津冀发展协调委员会应设计为国务院独立的、特别的行政部门。这个组织是实现京津冀一体化调度的最高机构，由四个"极"的政府人员组成，即北京、天津、河北三个"地方极"政府，以及一个"中央极"政府。京津冀发展协调委员会设在国务院，委员由国家发展与改革委员会、北京市、天津市、河北省四个方面的政府工作人员按照3：3：3：4的比例组成，每位委员的任期为五年。具体人员由各政府自行决定委派。该委员会实行主任稳定、副主任轮勤制度，京津冀发展协调委员会的主任由国家发展与改革委员会方面的人员担任，常任副主任由三个地方的人员轮流担任，主任不轮换，副主任每年轮换一次。

所谓一套权力体系，即京津冀发展协调委员会具有跨区域的发展规划制定权、组织实施权、冲突协调权和项目研究权。京津冀发展协调委员会专门负责落实国家整体发展规划，协调京津冀三地关系及中央政府与三地之间的关系。在这些权力当中，既有软权力也有硬权力，软权力可以在硬权力运用之前使用。

所谓一套工作推进机制，即会议制度。由于京津冀三地在发展模式上的差异及利益分配的不均衡，一体化进程中急需一个民主的沟通、协调、决策机制。为此，具有普遍性、灵活性和包容性的会议工作制度就是必不可少的。京津冀发展协调委员会主要的工作方式是召开各种类型和具有不同功能的会议，通过会议突出主题、凝聚民智、创新制度、谋求发展。京津冀协调委员会有权视区域发展情形，召开调查会、研讨会、论证会、听证会、学术论坛、发展论坛、高峰论坛等形式的会议。

所谓一套项目运行机制，包括两个层面，一是领域选择机制，二是项目实施机制。第一，选择一体化领域。京津冀发展协调委员会的性质是致力于一体化建设的实务机关，首先面临的就是一个领域选择的问题，需要判断哪些领域适合一体化，哪些领域不适合。只有将这个问题摆在桌面上，放在体制里，才能有计划、有步骤地予以解决。京津冀发展协调委员会可以在经济、社会和文化领域里进行一体化领域选择，在选定后的领域里具体开展工

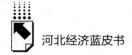

作。第二，以项目制度推进一体化进程。在京津冀一体化过程中，将工程划分成一个个可以衔接的单元项目，作为政府采购项目进行招投标，及宏观的项目布局，卡住项目设计、项目招标、项目监督三大重点环节，这样做不但可以吸收各方面的资金，而且可以实现多个项目同时建设，加快一体化的总体进程。

所谓一套矛盾调处机制，指的是在中央和地方之间以及京津冀三地之间发生矛盾纠纷时，专门进行利益调整、纠纷解决的机制。在京津冀一体化的过程中，由于三地的发展不均衡，矛盾与冲突是必定存在的，可以说能否协调好矛盾是京津冀能否实现一体化的关键。京津冀发展协调委员会内设协调司，是专门处理京津冀发展矛盾与冲突的机关，具有矛盾调处的权力。协调司有权主动就发现的各种矛盾和争议事项进行协调处理。京津冀协调发展委员会有权运用协商、斡旋、补偿等行政手段解决，也有权采用司法方式，通过调查、听证、裁决等方式进行审理。京津冀协调发展委员会所作出的建议书、实施方案、裁决书具有法律效力，各当事方有义务执行。

综上，由一个组织、一套权力体系，以及一套工作推进机制、项目运行机制和矛盾调处机制，构成了推动京津冀一体化发展的制度平台。笔者相信，通过这样一个完整的制度平台，当前京津冀发展中的种种问题不但可以呈现出来，而且还能顺利得到解决。这样一来，就用一体化的思路破解了三地发展不均衡的难题，进而构建出一个具有整体性、和谐性、智慧性的美丽区域。

（二）《京津冀区域一体化建设法》立法亮点

1. 以立法引领经济的创新模式

这是一部区域建设法，采用的是用立法引导现实的思路。用立法引领经济发展的模式具有三个特点。首先，该法是一个跨行政区域的立法，横跨京、津、冀三个行政区域。该法不以地理区域划分基本建设单元，而是在北京、天津、河北三个区域内统一按照整体规划进行建设。其次，这一立法没有采用传统的方式——先从政策上进行试验再进行立法，而是先立法再在法律的框架内进行某个领域的区域一体化合作。最后，最为重要的是，该法具有开放的领域架构，在经济、文化、科技、教育、资源开发等各个不同领域都可以设立一体化合作项目。这一部法之所以命名"建设法"是因为一体化建设必须在一个统一的、更高的层面上展开。

2. 架构思路上的创新

京津冀一体化的建设首先要解决一个难点，即在一体化建设中京、津、冀之间的关系是怎么样的，是合作还是成为一体？合作的模式在实践中已经出现了多重矛盾，而一体化又面临行政机构合并的困境。两个方案在操作上都有很大难度。本法采取的是一个灵活而折中的思路：即一方面肯定一体合作的方向，给出了一体化的措施和步骤，另一方面保留了原来的行政区划和地方组织。根本的解决办法是划定京津冀发展协调委员会与京津冀三地之间的权力界限：在一体化的领域里，用一体化的项目模式来推进一体化的进程，在一体化还没有涉及的领域里，保持原来的管理模式不变。该法规定："京津冀发展协调委员会有权在政治、经济、文化、社会等领域中选择特定产业、特定区域制定发展规划，根据京津冀整体发展规划组织辖区内政府、企业、组织进行合作和建设。"这样的规定使京津冀一体化成为一个可以由京津冀发展委员会掌控的进程，由于本法还确定了京津冀发展协调委员会所作决定的效力等级，委员会的领域选择、规划执行都具有更高一级的法律效力。这样就可以在一体化的进程下，同时推进地方非一体化的建设。

3. 组织法上的创新

该法成立了一个独立的组织机构，在京津冀公共事项协调方面具有独立的行政权力，可以做出行政规划、行政决策、行政调解。该法用三个条文明确了管辖地域、机构性质和权力范围，该法规定："本法所称京津冀指北京、天津、河北两市一省所有的行政区市县所管辖的地理范围。京津冀发展协调委员会是国务院独立的、特别的行政部门。国家设立京津冀发展协调委员会，负责落实国家整体发展规划，协调京津冀三地的关系。"这些具体的行政权力只有在独立的行政机构存在的前提下才能具备。而强有力组织行为能力又是这一组织权力配置的直接结果。这一部建设法在我国宪政框架体系

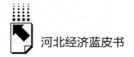

内，成立京津冀发展协调委员会使中央和北京、天津、河北各自作为一极的结构得以形成。

4. 领域选择机制的创新

这是一部可以灵活确定一体化领域的运作机制，不以地理区域为基本建设单元，而是运用规划在城市建设、乡村建设，以及经济、文化、科技、教育、资源开发等各个不同领域内有选择地进行一体化。该法规定："京津冀发展协调委员会有权根据社会总体发展需要，选择确定一体化的具体领域。"具体领域可以根据建设规划分步设定，如可以先在大气资源、水资源、土地资源等资源紧缺的领域设定，然后再在交通、矿产、市场、投资等管理领域设定，最后再在文化、教育、养老、农业等更为深远复杂的领域设定，且完全可以根据一体化的进行程度来掌握，具有很大的弹性。

本法根据一体化建设的特别需要，抛开地域上的限制，跳出行政区划的阻碍，在不同的领域内，采用个体项目机制运作。这种灵活的运作机制既保障了一体化的广度，又保障了一体化的深度。

5. 项目机制的创新

京津冀发展协调委员会的项目运行机制是一项特别的制度设计。在京津冀一体化的进程中可以根据情况设定不同的项目。该法规定："项目运行包括项目立项与预算机制、项目人员组织与筹款机制、项目招标机制、项目拨款执行机制、项目结算结项机制。京津冀发展协调委员会可以设计各类项目，作为京津冀一体化的推动方式。京津冀发展协调委员会有权向京津冀三方财政倡议筹集相关项目所需款项。项目所需款项由三地政府在本地财政预算内解决。京津冀发展协调委员会有权根据公平原则对三地政府进行捐款指派。项目款项来源是京津冀三地的地方财政。"这里赋予了京津冀发展协调委员会一项权力，即当三个地方都考虑自己的利益而不肯配合的时候，京津冀发展协调委员会有权强制性指派款项。这等于给了一个强大的项目实施权力，极大地保障了行政的效率。

6. 矛盾调处机制的创新

该法规定："京津冀发展协调委员会有权采用行政协调、斡旋、调解、补偿等方式进行处理。京津冀发展协调委员会也有权采用司法方式进行公开审理，通过调查、听证、裁决等方式进行审理。京津冀发展协调委员会所做出的建议书、实施方案、裁决书具有法律效力，各当事方有义务执行。"从如上条文可以看出京津冀发展协调委员会有两种机制来应对三方的矛盾，一是行政机制，二是司法机制，前者简单直接、灵活多变，后者程序严谨、民主公平。这两种方式可以相互结合使用。赋予京津冀发展协调委员会所作出的建议、方案、裁决以法律效力，由当事方执行。这样的规定有助于解决京津冀三地长期存在的发展不平衡、不协调的问题。

（三）《京津冀区域一体化建设法》草案设计

《京津冀区域一体化建设法》（草案）

目 次

总则

第一章 京津冀发展协调委员会的管辖区域范围

第二章 京津冀发展协调委员会的架构与内部组织

第三章 京津冀发展协调委员会的会议程序与制度

第四章 京津冀一体化的建设领域

第五章 京津冀一体化建设的项目运行机制

第六章 京津冀一体化建设的矛盾协调机制

附则

总 则

第一条 立法目的

根据国家整体发展战略，为促进京津冀区域一体化发展进程，特制定本法。

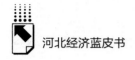

第二条　制定依据

本法依据《中华人民共和国宪法》《中华人民共和国中央人民政府组织法》《中华人民共和国地方各级人民代表大会和地方各级人民政府组织法》《中华人民共和国立法法》之规定由全国人民代表大会常务委员会制定。

论证及理由：

1. 法律依据是确立本法的法律根源与依据。

2. 法律依据也有层次的区别，最高一级的法律依据是《中华人民共和国宪法》，而低一级的法律则是《中华人民共和国中央人民政府组织法》《中华人民共和国地方各级人民代表大会和地方各级人民政府组织法》和《中华人民共和国立法法》。

第三条　基本原则

京津冀三地以真诚合作、协调共济、共同发展为基本原则。

京津冀区域要建设成为一个自然环境优美清洁、经济社会和谐文明、科技教育高度发达、家庭职场稳固温馨的美丽区域。

在这一区域内，国家倡导区域整体规划、一体化、动态化的发展策略，实现北京、天津、河北的协调发展和共同繁荣。

论证及理由：

1. 基本原则是一部法律中贯穿于所有章节的总体精神。

2. 本部法律是一部建设法，是要建设一个全新的综合发展的区域，因此建设目标必须全面、明确，自然环境、经济社会、科技教育、家庭职场等方方面面都要凝聚到实现一体化的目标上来。

3. 发展模式和发展策略由政府主导，采取整体规划、一体化发展的策略。整体规划是对区域个体规划的克服与超越，一体化是对单独化的克服与超越，动态化是对静止化、绝对化的克服与超越。京津冀地区不再是三个区域、三个目标、三套规划，而是一个区域、一个目标、一套规划。

第四条　适用范围

本法适用于北京、天津、河北所有的管辖区域范围，凡与本法冲突的地方法规、政府规章自然无效。

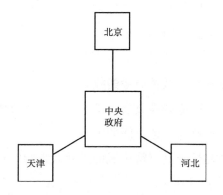

美丽四极的主体结构示意图

论证及理由：

1. 明确本法在地理区域上的适用范围，将京、津、冀三个相连的区域变成一个整体发展区域。

2. 这一条规定是为解决法律适用冲突提出的，依据特别法优于普通法的原则，本法的适用次序优先于地方行政法规和地方政府规章。优先适用本法可以克服京、津、冀三地依靠地方立法各自为政的弊端。

第一章　京津冀发展协调委员会的管辖区域范围

第五条　地理管辖区域

本法所提京津冀指北京、天津、河北两市一省所有的行政区市县所管辖的地理范围。

第六条　京津冀发展协调委员会的性质

京津冀发展协调委员会是国务院独立的、特别的行政部门。

论证及理由：

1. 这一条解决的是京津冀发展协调委员会的性质和权力。

2. 京津冀发展协调委员会是国务院特别设立的区域发展机构，归为国务院特设机构或者国务院办事机构，与国有资产监督管理委员会或者港澳事务办公室相类似。

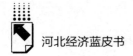

3. 京津冀发展协调委员会必须是独立的行政部门，因为没有独立的地位，就没有独立的机构，也不可能有独立的人员，更不可能有独立的权力。

第七条　京津冀发展协调委员会的权力构成

国家设立京津冀发展协调委员会，负责落实国家整体发展规划，协调京津冀三地关系及中央政府与三地之间的关系。

京津冀发展协调委员会具有跨区域的发展规划制定权、组织实施权、冲突协调权和项目研究权。

论证及理由：

1. 政府有所作为的前提条件就是要有合适的权力配置，因此，权力的配置一定要完整、有力，而且与京津冀发展协调委员会的性质相匹配。

2. 京津冀发展协调委员会具有的权力要与其性质相配，因为这一委员会是一个负责区域发展的委员会，其权力属性不能是纵向的条条型权力，也不能是横向的块块型权力，而应是一个全面的权力体系。并且京津冀发展协调委员会的权力也不应是直接命令、处罚型的硬权力，而应是研究、倡导、协调、促进型的软权力。

3. 这样的权力体系的优点是具有综合性、现实性、可操作性、高效性。

第二章　京津冀发展协调委员会的架构与内部组织

第八条　京津冀发展协调委员会的设立

京津冀发展协调委员会设在国务院，委员由国家发展与改革委员会、北京市、天津市、河北省四个方面的人员按照 3∶3∶3∶4 的比例组成，每位委员的任期为五年。

具体人员由各政府自行决定委派。

第九条　京津冀发展协调委员会的主任与副主任的轮勤制

京津冀发展协调委员会的主任由国家发展与改革委员会方面的人员担任，常任副主任由三个地方层面的人员轮流担任，主任不轮换，副主任每年轮换一次。

论证及理由：

1. 京津冀发展协调委员的目的在于平衡中央与地方，京、津与河北四个方面的利益，因此由四个方面的人员组成，一方面可以充分反映四个方面的利益诉求，另一方面便于协调四个方面的协作关系。考虑到河北省人口总数及其相对弱势，在委员的人数上做相应的调整与安排。

2. 京津冀发展协调委员会的主任制度采用"1＋1"的模式，国家发展与改革委员会的代表担任常任主任，可以保障国家整体利益，而京津冀三地的代表则可按照次序轮流担任常务副主任，这样的制度设计既有利于突出国家整体利益和区域整体利益，又有利于平衡地方利益。

第十条　京津冀发展协调委员会的架构与内部组织

京津冀发展协调委员会下设规划司、实施司、协调司、研究司等内部机构。

论证及理由：

1. 京津冀发展协调委员会的内部机构设计与其权力配置相一致。这种设计的依据是法治过程原理①。

2. 规划司类似于立法机关，负责制定整体规划；实施司类似于执法机关，负责规划政策的实施和执行；协调司类似于司法机关，负责四方面利益的协调；研究司类似于智囊顾问机构，专门负责理论研究和问题

① 法是存在于价值、规范和事实三个不同界域中的统一体。在这三种界域当中，法律分别以价值形态、规范形态和事实形态存在。法的这三种形态既有明显区别、彼此独立，又互相连接并互相转化。价值的本质是一种主观追求，是应然的彼岸，是人们对于未来生活状态的一种期待。因此，价值形态的法一般以理念的形式存在于人们的意识当中。规范的本质是对应然的宣示和对实然的调整，是一套指令系统；规范形态的法常以文字和文本的方式存在于现实当中。而事实则是与应然相对应的实然状态，是人们基于规范的约束而形成的与理想有所关联的事实，以人们的各种行为方式体现出来的事实实际上是法律所调整的事实。价值、规范、事实，这三者统一构成了法的动态的生命。从这一基本原理出发，可以揭示法治的新结构与新内涵，即法治是一个包括立法、守法、执法和司法及其后的反思评价不同阶段及不同内容的完整统一体。参见：田文利、张筱意《法治实践中价值、规范与事实关系初探》，《法学论坛》2007 年第 5 期。

论证。

第十一条 京津冀发展协调委员会的权力配置

京津冀发展协调委员会具有规划制定权，规划司负责制定京津冀的整体规划事项。

京津冀发展协调委员会具有规划实施权，实施司负责实施京津冀的具体规划事项。

京津冀发展协调委员会具有斡旋、调解、裁判、协调权，协调司负责协调京津冀发展矛盾、冲突。

京津冀发展协调委员会具有研究、建议权，研究司负责京津冀的发展规划、策略、模式、产业、行业、区域等专项问题的研究。

论证及理由：

1. 政府有所作为的前提条件就是要有合适的权力配置，因此，权力的配置一定要完整、有力。规划制定权、实施权、冲突协调权和研究权，是一个完整的权力体系，以不同的模式实施权力符合分权与效率原则，也与行政主体的组织形式有严谨的对应关系。

2. 京津冀发展协调委员会具有协调的权力。这种权力非常重要，是解决四方利益不均衡的根本出路。

3. 这种权力为京津冀三方的利益冲突设计了一个特别的协调机制，是一种特别类型的公法人之间的矛盾协调和解决机制，是现在我国制度体系中所不曾有的。

第十二条 京津冀发展协调委员会的权力与地方权力的关系

京津冀发展协调委员会隶属于国务院，级别高于北京、天津、河北，其所做出的行政规划、行政行为、协调意见对各方具有法律约束效力。

京津冀发展协调委员会有权制定、发布区域内所需要的规章。北京、天津、河北分别在自己的辖区内组织实施。

论证及理由：

1. 确定京津冀发展协调委员会的行政级别，在所面临的地方利益协调事务方面，确定规划、协调、研究的法律效力级别。其法律效力高于地方法规和规章。显然，这样的制度设计是为排除地方权力干扰而设计的。

2. 确定京津冀发展协调委员会所制定的规章与地方规章的衔接与协调方式。

第三章 京津冀发展协调委员会的会议程序及制度

第十三条 京津冀发展协调委员会的会议类型

京津冀发展协调委员会有权根据区域发展状况，召开如下专项会议以推动区域发展：

1. 调查会；

2. 研讨会；

3. 论证会；

4. 听证会；

5. 学术论坛；

6. 发展论坛；

7. 高峰论坛；

8. 其他会议。

论证及理由：

1. 协调利益的重要内容就是听取利益的表达和进行利益判断。巧妙地利用论证会、调查会、听证会等不同形式的会议，征集建议，听取意见，是民主、高效的行政行为方式。

2. 京津冀发展协调委员会主要的工作方式是召开各种类型和具有不同功能的会议，通过会议突出主题、凝聚民智、创新制度、谋求发展。

第十四条 京津冀发展协调委员会的会议程序及制度

京津冀发展协调委员会有权通过各种会议推动京津冀一体化进程，采用如下程序召开各类会议：

1. 京津冀发展协调委员会有权设定会议主题和会议形式；

2. 京津冀发展协调委员会有权通知和邀请相关人员参与会议；

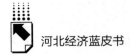
3. 京津冀发展协调委员会有权进行观点总结、通报、发布；

4. 京津冀发展协调委员会有权采纳相关会议意见；

5. 京津冀发展协调委员会有权将会议结果形成专项报告并向国务院汇报；

6. 京津冀发展协调委员会有权将会议事项通知京、津、冀地方各级政府。

论证及理由：

1. 会议制度是将京津冀三地进行一体化的关键制度形式，没有这种形式，京津冀是各自独立的，无法真正协同；而借助这一形式，三地才可能在具体领域和区域合作等问题上实现协同。

2. 京津冀发展协调委员会通过会议的形式达到与公众、政府和上级机关沟通的目的，并通过召开不同类型的会议进行区域利益的综合调度与整体协调。

3. 京津冀发展协调委员会特别重视会议结果的整理和通报，因为这些意见将是启动规划、执行和协调的基础。

第四章　京津冀一体化的建设领域

第十五条　京津冀一体化建设的领域选择

京津冀发展协调委员会有权在政治领域、经济领域、文化领域、社会等领域中选择特定产业、特定区域制定各类发展规划，根据京津冀整体发展规划组织辖区内政府、企业、组织进行合作和建设。

论证及理由：

1. 京津冀发展协调委员会可以在各种领域里开展工作，自由设计领域等于给京津冀发展协调委员会列出了一个开放式的工作菜单。

2. 自由设计的好处是一方面可以让京津冀发展协调委员会有灵活的权力空间，另一方面也给各地方保留了一定的地方领域权力空间。

3. 京津冀发展协调委员会的性质是一个致力于一体化建设的实务机关，首先面临的是一个领域选择的问题，判断哪些领域适合一体化，哪些领域不适合。只有将这个问题摆在桌面上，放在体制里，才能有计划、有步骤地予以解决。

4. 这一章的作用是承上启下，先将京津冀发展协调委员会的权力具体化，然后为项目形式奠定组织法的基础。

第十六条　区域一体化领域之设定

京津冀发展协调委员会有权根据社会总体发展需要，选择确定实行一体化的具体领域。

论证及理由：

1. 京津冀发展协调委员会可以根据区域发展规划的需要，灵活选定一体化的发展领域，领域可大可小。

2. 在机制早期不成熟的时候可以选择难度小的领域，待机制成熟以后，再攻克一体化进程中的难点领域。

第十七条　京津冀一体化的项目承办渠道

京津冀发展协调委员会有权召集各级政府和民间组织及国外企业进行项目投资及建设。

论证及理由：

1. 京津冀发展协调委员会有权在项目的基础上，通过政府和民间、国内和国外不同的渠道进行项目建设，这种宽泛的投资方式对于区域一体化的建设十分有利。

2. 在一些公路、航空、通信等领域，采用国际上先进的项目管理方法是十分必要的。

第十八条　区域一体化领域之具体规划

京津冀发展协调委员会有权根据总体规划，选择需要一体化的某些领域，做出具体规划、制定发展策略和发布行政命令。

论证及理由：

1. 京津冀发展协调委员会有权根据京、津、冀三个区域的具体情况，进行一体化领域的选择，从一个领域开始逐渐扩展到多个领域。

2. 在交通、环境、人口、社会、文化、教育、卫生等不同的领域，京津冀发展协调委员会都有权力超越个体区域进行整体规划和一体化

建设。

第十九条 区域一体化领域之执行

京津冀发展协调委员会有权组织实施规划、政策、命令。

京津冀发展协调委员会制定出规划之后由实施司负责具体实施。

京津冀三地政府有义务配合京津冀发展协调委员会的规划、政策、命令的发布与实施。

论证及理由：

1. 京津冀发展协调委员会有权在规划之后组织具体的实施。

2. 实施过程中涉及中央和地方关系、京津冀三个行政区政府关系的，由京津冀发展协调委员会进行协调。

第二十条 区域一体化领域之监督

京津冀发展协调委员会有权对规划实施进行监督，发现问题并进行调查及调整。

京津冀发展协调委员会接受京津冀三地政府及相关人员的举报，由协调司在一定期限内负责调查，并在一定期限内负责回复举报人。

论证及理由：

1. 京津冀发展协调委员会在项目运作过程必须接受各方面的监督。

2. 这是一个动态的、内部的监督机制，其目的是保证项目的开放性、公平性和效率性。

3. 对于项目的举报人不做严格限制，可以扩大监督信息的来源，加大监督力度。

4. 及时调查和及时回复的制度设计可以提高京津冀发展协调委员会的公信力。

第二十一条 区域一体化领域之评估与调整

京津冀发展协调委员会有权对相关领域的发展进行评估与调整。

论证及理由：

1. 评估和调整机制是京津冀发展协调委员会为评定项目的执行情况而设定的制度。

2. 这一制度可以保障项目的科学性和有效性，为吸取经验、纠正错误做制度上的铺垫。

第五章　京津冀一体化建设的项目运行机制

第二十二条　京津冀一体化建设的项目形式

京津冀发展协调委员会有权召集国务院各部委以及各省、市、区、县政府就相关建设领域与项目设定进行多方协商和洽谈。

京津冀发展协调委员会有权选定不同的领域，采用不同类型项目的形式推动工作开展。

京津冀发展协调委员会有权在各个一体化领域内设立各类发展项目。每个项目独立运行。

论证及理由：

1. 京津冀发展协调委员会在一定领域内采用独立项目的形式有利于资金的集中使用、合理开发。

2. 项目运行机制是一种开放的、灵活的、高效的运行机制。项目形式的好处是有项目则实施项目，完成项目就验收结束，没有项目则撤销项目组织，简言之，就是一种"招之即来、挥之即去"的高效形式，可以大量节省社会成本。

第二十三条　区域一体化领域之财政运行机制：项目运行机制

项目运行包括项目立项与预算机制、项目人员组织与筹款机制、项目招标机制、项目拨款执行机制、项目结算结项机制。

论证及理由：

项目运行机制包括若干个步骤。这个过程将办一件事的所有过程都放在一个统一的框架之下，不但有利于项目实施，而且有利于提高效率。

第二十四条　项目立项机制

京津冀发展协调委员会根据国务院、北京、天津、河北的建议有权确立各类一体化发展项目。

京津冀发展协调委员会有权制定立项细则。

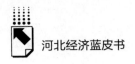

论证及理由：

京津冀发展协调委员会可以设计养老、旅游、养殖、教育等各类项目，并将其作为京津冀一体化的推动方式。

第二十五条　项目财务预算机制

京津冀发展协调委员会有权根据项目实施需要进行财务预算。

论证及理由：

项目预算是推动项目运行的一个关键环节。预算与项目内容和结果相互对应。

第二十六条　项目筹款机制

京津冀发展协调委员会有权向京津冀三方提出财政倡议，筹集相关项目所需款项。

三地政府在本地财政预算内解决。

京津冀发展协调委员会有权根据公平原则对三地政府进行捐款指派。

项目款项来源是京津冀三地的地方财政。

论证及理由：

1. 目前京津冀三地的问题是各自按照各自的发展规划、使用自己的财政系统，本条目的在于建立一个共同的"钱袋"，以共同建设共同的目标。

2. 京津冀三地要配合京津冀发展协调委员会的筹款工作。

3. 这里赋予了京津冀发展协调委员会一项权力，即当三个地方都考虑自己的利益而不肯配合的时候，京津冀发展协调委员会有权强制性指派款项。

第二十七条　项目招标机制

京津冀发展协调委员会有权就相关项目在一定范围内进行招投标，以最优的价格保障项目的实施。

论证及理由：

1. 项目招标可以参照《政府采购法》的规定进行。

2. 值得注意的是，采用招标制度也一并解决了项目招标组织主体的问题。

第二十八条　项目拨款机制

京津冀发展协调委员会有权根据项目进度进行拨款。

论证及理由：

京津冀发展协调委员会负责把项目所需的款项按照项目进度拨给项目实施单位，由相关单位执行。

第二十九条 项目结项、结算机制

项目执行单位必须按照项目预定的时间结项，由京津冀发展协调委员会组织结项验收并给予等级评价。京津冀发展协调委员会有权在项目结项后进行结算，将项目款项按照预算结清。

论证及理由：

1. 结项是一项重要的制度设计，结项验收要设定不同的等级鉴定标准。

2. 在结算之前，先要进行结项验收，不经结项，不能进行结算。

第六章 京津冀一体化建设的矛盾协调机制

第三十条 京津冀发展协调委员会的协调权

京津冀发展协调委员会具有斡旋、调解、裁判、协调权，是专门处理京津冀发展矛盾与冲突的机关。协调司负责协调京津冀发展中的矛盾与冲突。

论证及理由：

1. 为京津冀发展协调委员会特别配备了矛盾调处的权力。以前这种权力一直在实践被不自觉地运用，但这一法律将这种权力明确地赋予了京津冀发展协调委员会，使其成为一项真正能够发挥效力的权力。

2. 在京津冀一体化的过程中，由于三地的发展不均衡，矛盾与冲突是必定存在的，可以说，能否协调好矛盾是京津冀能否实现一体化的关键。这是京津冀发展协调委员会协调权存在的理由。这项权力由于是一项弹性很大的权力，发挥作用的地方非常多。

第三十一条 京津冀一体化建设中矛盾和争议事项的受理

协调司有权主动就发现的各种矛盾和争议事项进行协调处理。

京津冀发展协调委员会有权受理京津冀三地政府提出的争议事项。

论证及理由：

1. 京津冀发展协调委员会有两种方式用来解决矛盾，一是主动发现、

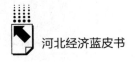

主动解决的方式，二是提交受理的方式。京津冀发展协调委员会具有主动和被动两种运用权力的方式。

2. 一些争议和矛盾在以前京津冀一体化的发展史上是不可调和的，如港口的建设、机场的建设及水资源的使用等，而这里提出的矛盾协调机制为解决上述问题提供了一个有效的平台。

第三十二条　京津冀一体化建设矛盾协调的方法

京津冀发展协调委员会有权采用行政协调、斡旋、调解、补偿等方式进行处理。

京津冀发展协调委员会也有权采用司法方式进行公开审理，通过调查、听证、裁决等方式进行审理。

论证及理由：

1. 我国区域发展不平衡的矛盾在目前的体制下难以得到很好的解决。本条的目的在于建立一个矛盾协调机制，让区域发展不平衡的问题有一个共同的协商平台。

2. 京津冀协调发展委员会有两种机制来应对三方的矛盾，一是行政手段，二是司法手段，前者简单直接、灵活多变，后者程序严谨、民主公平。两种手段可以结合使用。

第三十三条　京津冀一体化建设矛盾协调机制的约束效力

京津冀发展协调委员会所做出的建议书、实施方案、裁决书具有法律效力，各当事方有义务执行。

附　　则

第三十四条　本法的解释授权

本法授权京津冀发展协调委员会制定实施细则。

第三十五条　本法的生效条款

本法将于×年×月×日颁布实施。

B.7
科技创新中心与北京新定位[*]

齐晓丽　冯丽景　郭帅^{**}

摘　要： 创新驱动发展战略是中国各区域和各地区突破现有发展瓶颈，释放发展潜能，实现经济可持续发展的根本引擎。北京作为我国科技资源分布最密集的地区，在我国实现创新驱动发展战略的过程中具有重要的引领作用。在中国经济发展新常态的背景下，北京地区建设科技创新中心的必要性以及在建设科技创新中心的过程中应如何进行新的定位是本报告探讨的主要问题。本报告从国家对北京城市发展和功能要求的历史演变、以北京为科技创新中心战略定位的必要性、北京建设全国科技创新中心的基础条件、北京科技创新竞争力的综合评价、北京科技创新辐射引领能力的综合评价、将北京建设成为科技创新中心的发展定位六个方面分析了北京地区相对于其他地区在经济结构、创新资源、创新绩效、创新环境、创新服务等方面具有的优势和劣势，并对北京科技创新的竞争力和科技创新的辐射引领能力做出了综合评价。在北京已具备的建设全国科技创新中心的条件基础上，从实现高精尖结构的升级、科技创新资源的优化配置、科技创新成果的转换、科技创新的辐射和引领几个方面提出了将北京建设成为

---

* 基金项目：河北省科技计划项目"京津冀协同发展的创新要素优化配置研究"（项目编号：15457622D）；河北省科技计划项目"京津冀协同发展的内生动力与区域治理对策研究"（项目编号：144576137D）。

** 齐晓丽，河北工业大学经济管理学院副教授、硕士生导师，研究方向为区域经济；冯丽景，河北工业大学经济管理学院硕士研究生；郭帅，河北工业大学经济管理学院硕士研究生。

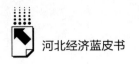
科技创新中心过程中的发展定位。

关键词： 科技创新中心 创新竞争力 辐射引领能力 发展定位

根据迈克尔·波特对经济发展阶段的划分方法，全球发达国家地区已经进入创新驱动发展阶段，而中国大部分地区还处于投资驱动阶段，如何引领中国各区域和各地区突破现有发展瓶颈，实现经济的可持续发展，迈入创新驱动发展阶段是当前中国经济发展过程中面临的重要问题。为了实现这一目标，在中国经济发展新常态的背景下，国家提出了创新驱动的发展战略。围绕国家的创新驱动发展战略，中国各区域和各地区如何实现创新驱动发展战略成为经济发展过程中的重要内容，尤其是作为首都的北京市，不仅面临着日趋严重的外部市场空间压缩和生态环境承载能力下降等一系列的结构性问题，还肩负着引领作为中国经济增长第三极的京津冀区域发展成为世界级城市群的重要任务。在中国经济发展新常态的背景下，在先进地区的引领带动作用下的协同创新成为突破区域发展瓶颈、释放发展潜能的根本引擎。

从国际发展经验来看，创新已经成为经济发展和一国竞争力的关键因素，而当前的创新范式又已经从原来的单体式创新经过链条式创新演变为以生态网络式创新为主的协同创新形式，即创新共同体的建设已经成为全球突破经济发展和产业发展瓶颈的重要途径。全球金融危机以后，美国为了应对国际金融危机提出了创新共同体的概念，美国在创新共同体的建设过程中，注重空间创新体系的建设，诸如在 2008 年以后，美国大学科技园区协会等组织发布了《空间力量：建设美国创新共同体体系的国家战略》和《空间力量 2.0：创新力量》等报告，旨在通过空间创新共同体的建设实现各创新主体间的协同创新。同样，德国的"工业 4.0"也是通过物联网等协同创新共同体的建设，推动制造业的发展。

此外，从北京市的发展实际来看，北京市是全国科技资源分布最密集的地区，北京市研发主体的数量、研发人员的投入数量、研发经费的投入数量以及创新成果的数量都遥遥领先于全国其他城市，甚至高于某些发达国家的创新要素投入和创新成果产出水平。从人均生产总值来看，北京作为创新的领军地区已经率先进入了由投资驱动向创新驱动过渡的发展阶段[1]。同时，北京拥有全国数量最多、水平最高的各类高等院校和科研院所，由于北京近年来在创新环境建设方面不断完善，吸引了越来越多的创新人才，形成了梯次储备不断完善的创新人才体系，集聚了大量的重大科技技术成果，在科技创新方面具备了很强的实力，基本具备了引领新常态、促进区域经济社会持续健康发展的各种条件和能力。

2014年2月，在京津冀协同发展战略中，提出了把北京建设成为国际一流的和谐宜居之都的发展目标，北京市的城市战略定位为全国政治中心、文化中心、国际交往中心、科技创新中心。通过北京科技创新中心的定位带领京津冀区域和全国实现协同创新能力的提高。但北京作为科技创新中心，在带动京津冀区域协同创新发展过程中也面临着诸多的问题和障碍，如在建设区域创新体系、完善创新机制、提高辐射引领能力等方面都面临着艰巨的任务。

一　国家对北京城市发展和功能要求的历史演变

自新中国成立以来，北京的城市战略定位大致经历了七次调整和转变，每次调整和转变都与国家对北京城市的发展和功能要求密切相关。最早的北京城市定位是在1953年的《改建与扩建北京市规划草案的要点》（第一版规划）中提到的，其将北京定位为全国政治中心、经济中心以及文化中心，但主要是把北京建设成为中国强大的工业基地和科学技术中心。后来在1957年的《北京城市建设总体规划初步方案》中对1953年的规划草案进行了调整，把北京定位为全国的文化教育中心、科学技术中心与现代化工业基

---

① 首都科技发展战略研究院：《首都科技创新发展报告（2014）》，科学出版社，2015。

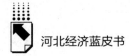

地，特别突出了现代化工业基地与科学技术中心的发展目标。在这一时期，出现了工业畸形发展和人口激增等问题。1962 年，国家对经济工作进行了调整和整顿，撰写了《北京城市建设总结草稿》，提出北京的战略定位为政治、文化和经济管理中心以及旅游娱乐型的综合性城市，弱化了北京作为现代化工业基地的发展定位。但 1973 年的第四版规划由于受到特殊历史时期的影响，又把北京定位为"大而全"的全国政治中心、经济中心和文化中心。

1982 年，北京市城市规划委员会编制了《北京城市建设总体规划方案（草案）》，提出了北京作为全国政治中心、文化中心、国际交往中心的定位。北京开始逐步调整产业结构，控制重工业新建项目。1992 年，《北京城市总体规划（1991～2010 年）》对北京的城市定位做了调整，定位北京的城市性质为伟大社会主义中国的首都，是全国的政治中心和文化中心，是世界著名的古都和现代国际城市，推动由工业主导型向服务业主导型产业结构发展。2004 年，第七版规划《北京城市总体规划（2004～2020 年）》把北京定位为全国的政治中心、文化中心，世界著名古都和现代国际城市，旨在把北京建设成为国际城市、文化名城和宜居城市。国家对北京的定位根据实际发展不断调整，2014 年 2 月，国家提出把北京定位为全国政治中心、文化中心、国际交往中心、科技创新中心，并疏解非核心功能。

二 以北京为科技创新中心战略定位的必要性

中国经过几十年的经济快速增长，一系列结构问题日益凸显，面临日趋严重的外部市场空间压缩和生态环境承载能力下降等问题。经济由高速增长转为中高速增长的新常态，创新驱动是中国实现由制造大国向创新强国转变，避免陷入中等收入陷阱的根本途径，但中国还面临着科技进步贡献率较低、大部分地区还处于投资驱动阶段的问题，在实现创新驱动发展战略中还面临着艰巨的任务。

1. 提高中国科技进步贡献率的要求

科技进步贡献率也被称为全要素生产率对经济增长的贡献率。这一指标反映广义的技术进步，不仅包括技术进步的贡献，还包括组织创新、管理创新、制度创新等。图 1 显示了《中国科技统计年鉴》中对科技进步贡献率的统计数据的变化趋势。

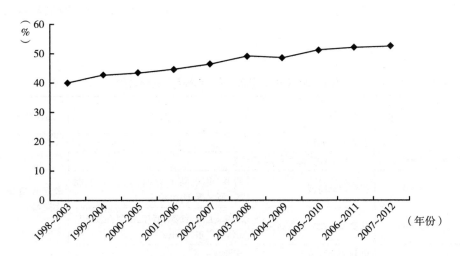

图 1　中国科技进步贡献率

资料来源：2013 年《中国科技统计年鉴》。

从图 1 中可以看出，从 1998 年以来，中国每 5 年的科技进步贡献率呈稳步上升的趋势，除了 2004～2009 年的科技进步贡献率比前一时期略有下降外，其他都表现为科技进步贡献率的提高。但是也可以看到近十年间科技进步贡献率一直维持在 40% 左右，未有明显的提高，与目前美国等发达国家的科技进步贡献率已达到 80% 的情况相比，中国在科技进步贡献率提高方面还面临着艰巨的任务。

2. 推动中国经济发展阶段转变的要求

从世界各国的发展经验来看，全球经济发展的进程有着显著的演变轨迹特征，而世界银行和美国哈佛大学发展经济学教授钱纳里等对发达国家的经验和国际经济发展轨迹进行研究后发现，一国或一个地区的经济发展进程和人均地区生产总值有着很强的关联性，当人均地区生产总值达到某个水平后，经济发展有着许多显著的共性特征。20世纪后半叶以来经济学家利用人均地区生产总值研究经济发展进程的结果表明，人均地区生产总值达到2000美元、3000美元、6000美元、10000美元时，经济体在发展过程中会处于相应的重要转折时期。参照《首都科技创新发展报告（2014）》中对经济发展阶段的划分标准，中国各地区（除港、澳、台，余同）所处经济发展阶段见表1。

表1　2014年中国各地区所处经济发展阶段

人均地区生产总值（美元）	经济发展阶段	地区	总体情况
<2000	要素驱动阶段1	无	处于投资驱动阶段2
2000~2999	从阶段1向阶段2过渡	无	
3000~8999	投资驱动阶段2	吉林、重庆、湖北、陕西、宁夏、新疆、湖南、河北等21个地区	
9000~17000	从阶段2向阶段3过渡	北京、上海、江苏、浙江、内蒙古、辽宁、福建、广东、山东	
>17000	创新驱动阶段3	天津	

从表1的结果来看，中国大部分地区还处于投资驱动阶段，而且很多地区还处于投资驱动阶段的发展初期。离实现创新驱动发展还有很艰巨的任务要完成，尤其是京津冀区域内部，河北省和北京市、天津市有着很大的差距。

从中国科技进步贡献率的分析以及中国各地区所处经济发展阶段来看，要实现创新驱动经济发展战略，需要依靠创新力量比较强的地区带领，通过这些地区的辐射带动作用逐步突破经济发展和创新活动中的瓶颈，实现各地区的协同创新发展。尤其是对于京津冀区域来说，京津冀区域各地区不仅创新能力存在着较大的差距，而且经济发展水平的差距也较大，北京作为京津冀区域的核心城市，在科技创新资源方面占有绝对的优势，需要在现有的科技创新资源优势并逐步提高科技创新能力的条件下，带动和引领京津冀区域和全国的创新能力提高，实现从投资驱动发展阶段向创新驱动发展阶段的转变。

三 北京建设全国科技创新中心的基础条件

北京在建设全国科技创新中心的过程中，已具备的科技创新实力是重要的基础，而一个地区的科技创新实力主要表现在其经济结构的优化程度、对国家科技创新的贡献、科技对该地区经济增长的贡献、企业的科技创新能力等方面。为了全面考察北京的科技创新实力，利用人均地区生产总值、各产业劳动生产率、高新技术企业所占比重、各创新主体的研究与试验发展人员数、研究与试验发展经费数、地方财政科技投入、SCI/EI/CPCI 论文产出数、专利申请和授权数、技术成交合同数、智库数量等指标对北京市的科技创新现状进行分析。

1. 北京经济结构发展的基础

一个地区的经济结构能够反映该地区的经济实力、经济发展的潜力以及产业结构的状况。通过对北京的经济结构的现状进行分析，揭示北京是否具备了高精尖的经济结构以支撑科技创新能力的进一步提高，并辐射带动京津冀区域协同创新发展。选用的指标主要有人均地区生产总值，三次产业劳动生产率、现代服务业等占地区生产总值的比重以及高新技术产业产品出口占地区出口额的比重等指标。

图 2 和图 3 显示，2005 年以来，北京市的人均地区生产总值逐年上升，到 2014 年，北京市的人均地区生产总值达到 99995 元/人，居于全国各地区人均地区生产总值的第二位。但近十年北京市的地区生产总值增长率波动幅度较大，2007 年其地区生产总值增长率最高，达到 21.3%，经过金融危机之后增长率下降，2010 年其地区生产总值增长率恢复到 17% 的水平，但2010 年后其地区生产总值增长率逐年下降，到 2014 年，北京市的地区生产总值增长率为 7.72%，处于全国中等水平，体现了经济发展的新常态特征。从整个京津冀区域的人均地区生产总值来看，天津市的人均地区生产总值为

105202 元/人，在全国各地区中居于第一位。而河北省的人均地区生产总值为 39984 元/人，处于中段靠后的水平。从中可以看出，北京在经济实力上已经具备了充分的优势基础，但是在经济发展新常态的背景下，引领京津冀地区协同创新发展还面临着艰巨的任务和挑战。

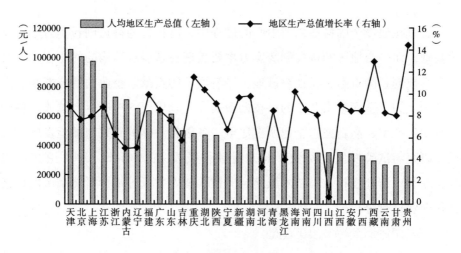

图2　2014年全国各地区生产总值情况

资料来源：由《中国统计年鉴》数据整理所得。

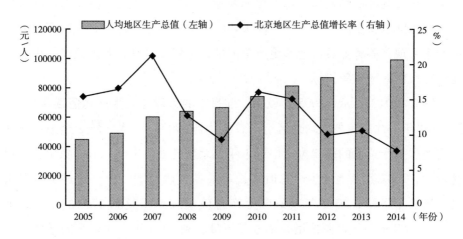

图3　2005～2014年北京市地区生产总值情况

资料来源：由《中国统计年鉴》数据整理所得。

图 4 和图 5 显示了 2013 年全国各地区第二产业和第三产业的劳动生产率情况、第三产业增加值占地区生产总值的比重以及近十年北京市第三产业增加值占地区生产总值比重的变化情况。从中可以看出，北京市的第三产业增加值占地区生产总值的比重近十年来逐年快速增长，到 2014 年，北京市第三产业增加值占地区生产总值的比重为全国最高，达到 77.95%，其次为上海，其第三产业增加值比重为 64.8%，两个地区的第三产业增加值占地区生产总值的比重远远高于全国其他地区。但从第二产业和第三产业的劳动生产率来看，北京市的第二产业劳动生产率为 206367.9 元/人，在全国各地区中排名第六，第三产业劳动生产率仅次于上海，为 171333 元/人，上海为 208483 元/人，北京市的劳动生产率虽位于全国领先水平，但仍有提高的空间。

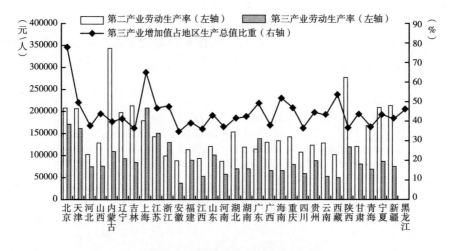

图 4　2013 年各地区第二、第三产业情况

资料来源：由《中国统计年鉴》及各省市统计年鉴数据整理所得。

图 6 显示了北京市 2005～2012 年部分新兴产业增加值占地区生产总值比重的情况，从中可以看出，北京市各新兴产业增加值占地区生产总值比重在这 8 年间基本保持稳定。其中，现代服务业增加值占地区生产总值的比重最高，保持在 50% 左右，信息产业增加值占地区生产总值的比重约为 15%，信息服务业增加值占地区生产总值的比重约为 10%，现代制造业增加值占

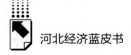

河北经济蓝皮书

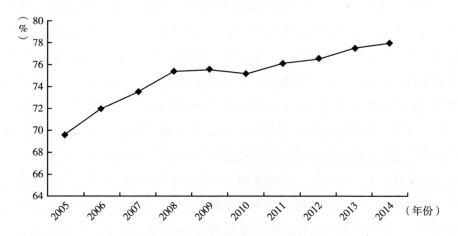

图5　2005～2014年北京市第三产业增加值占地区生产总值的比重

资料来源：由《北京统计年鉴》数据整理所得。

地区生产总值的比重稳定在8%左右，高技术产业增加值占地区生产总值的
比重保持在7%左右。

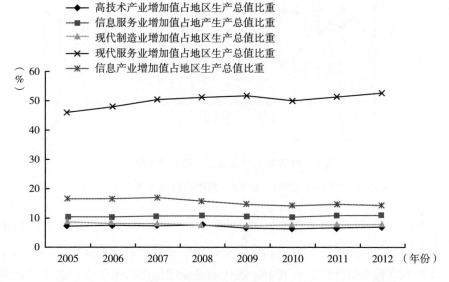

图6　2005～2012年北京市新兴产业增加值占地区生产总值比重

资料来源：由《北京统计年鉴》数据整理所得。

图7和图8分别显示了北京市2005～2012年高技术制造业增加值占工业总产值的比重和现代服务业增加值占第三产业增加值的比重。高技术制造业增加值占工业总产值的比重由2005年的20.95%提高到2012年的40.91%；现代服务业增加值占第三产业增加值的比重从2005年的66.06%提高到2012年的69.02%，虽然在这8年间比重有一定幅度的波动，但总体保持着提高的趋势。结合图6可以看出，北京市的产业结构逐渐往以现代科学技术特别是信息网络技术为主要支撑的行业调整。

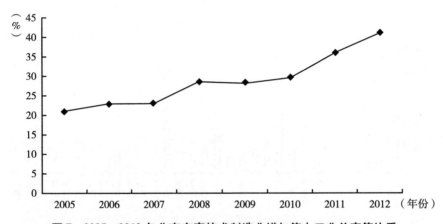

图7　2005～2012年北京市高技术制造业增加值占工业总产值比重

资料来源：由《北京统计年鉴》数据整理所得。

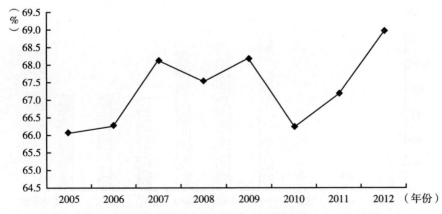

图8　2005～2012年北京市现代服务业增加值占第三产业增加值比重

资料来源：由《北京统计年鉴》数据整理所得。

图 9 和图 10 显示了全国各地区和北京市高技术产业企业的个数情况。从图中可以看出，北京市的高技术产业企业数在 2008 年有一个跨越式的增加，但从 2011 年开始，北京市的高技术产业企业数有所减少。从与全国其他地区的比较来看，北京市的高技术产业企业数相对较少，2013 年北京市高技术产业企业数为 782 个，在全国排名第十一位，广东省高技术产业企业数最多，为 5802 个，是北京高技术产业企业数的 7 倍之多。

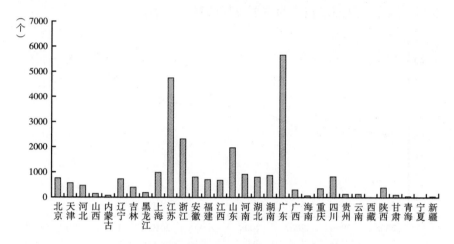

图 9　2013 年全国各地区高技术产业企业数

资料来源：由《中国科技统计年鉴》数据整理所得。

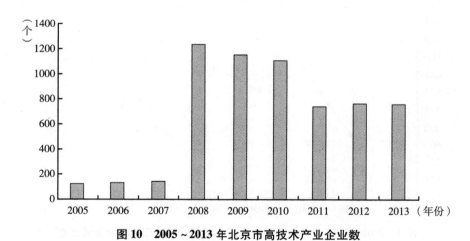

图 10　2005～2013 年北京市高技术产业企业数

资料来源：由《中国科技统计年鉴》数据整理所得。

图 11 显示了 2013 年全国各地区高技术产品出口占主营业务收入比重及占地区出口额比重的情况。2013 年，北京市高新技术产品出口交货值为1118.78 亿元，占主营业务收入比重为 29.24%，占地区出口额的比重是32.26%，虽均高于全国平均水平，但并未处于领先水平，与领先地区还有一定的差距，这说明北京市的高技术产品的国际竞争力还有待进一步提高。

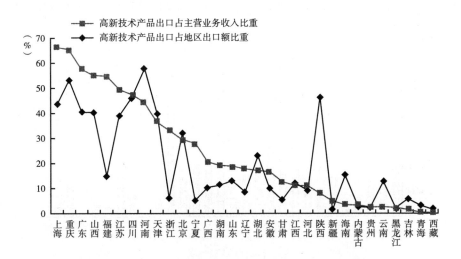

**图 11　2013 年各地区高新技术产品出口占主营业务
收入比重和占地区出口额比重**

资料来源：《中国科技统计年鉴》。

2. 北京对国家科技创新贡献的基础

北京作为科技创新中心，需要在强大的经济实力和经济发展潜力的基础上，具备领先的科技创新能力。我们通过比较全国各地区在创新人才、创新经费和科技成果等方面的表现来分析北京在国家科技创新能力中所占有的位置及所做的贡献。创新人才和创新经费主要体现在投入数量以及投入强度两个方面。科技成果主要体现在专利、科技论文及技术交易情况三个方面。所采用的指标主要有研究与试验发展人员的投入、研究与试验发展经费的投入、研发成果产出和技术成交情况。

图 12 和图 13 显示了 2013 年全国各地区研究与试验发展人员的投入情况。

各地区在研究与试验发展人员数和研究与试验发展人员全时当量投入方面的特点一致。广东、江苏、浙江、山东位于前列，广东、江苏的研究与试验发展人员数在 60 万人以上，研究与试验发展人员全时当量分别为 501717.7 人年、466158.5 人年；浙江、山东的研究与试验发展人员数在 40 万人左右，研究与试验发展人员全时当量分别为 311041.7 人年、279331.2 人年。而北京的研究与试验发展人员数为 33.42 万人，研究与试验发展人员全时当量为 24.2 万人年。

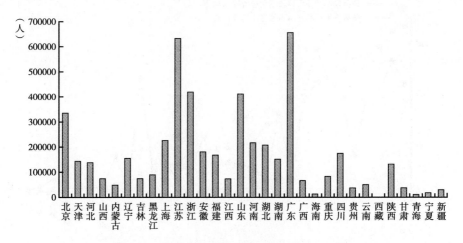

图 12　2013 年各地区研究与试验发展人员数

资料来源：由《中国科技统计年鉴》数据整理所得。

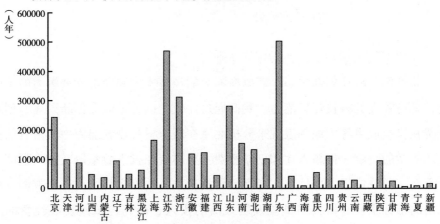

图 13　2013 年研究与试验发展人员全时当量

资料来源：由《中国科技统计年鉴》数据整理所得。

北京虽然在研究与试验发展人员数和研究与试验发展人员全时当量投入方面未占有绝对优势，但是从图14和图15中可以看出，北京每万名从业人员中研究与试验发展人员数逐年上升，由2009年的408人增加到2013年的450人。2013年，北京的每万名从业人员中研究与试验发展人员数仅次于天津的475人，处于领先水平。这说明大量的科技人才聚集到了北京。

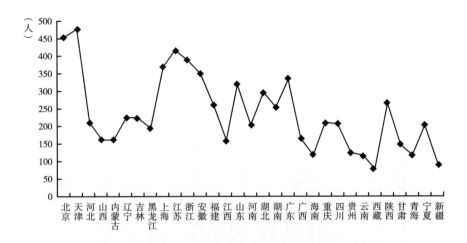

图14　2013年各地区每万名从业人员中研发人员数

资料来源：由《中国科技统计年鉴》数据整理所得。

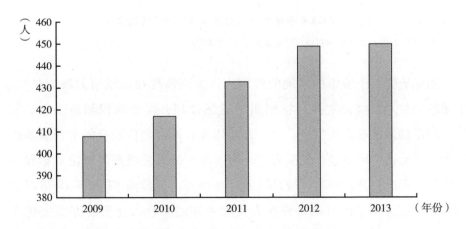

图15　2009~2013年北京市每万名从业人员中研发人员数

资料来源：由《北京统计年鉴》数据整理所得。

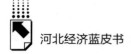

图 16 为 2013 年全国各地区研究与试验发展经费的内部支出和外部支出情况。从图中可以看出，北京市研究与试验发展经费内部支出和外部支出绝对数均位于全国前列。2013 年，北京市研究与试验发展经费内部支出为 1185 亿元，外部支出为 97.3 亿元。北京市在研究与试验发展经费支出方面的显著特点一是研究与试验发展经费的内部支出不如江苏和广东地区，二是北京市的研究与试验发展经费的外部支出在全国范围内远远高于其他地区，说明北京市各创新主体之间的合作关系明显好于其他地区。

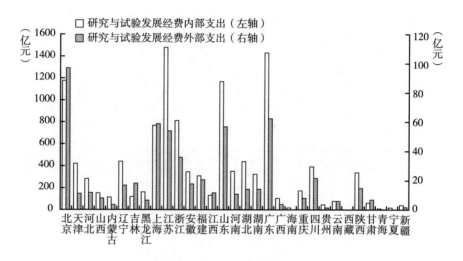

图 16　2013 年各地区研究与试验发展经费支出情况

资料来源：由《中国科技统计年鉴》数据整理所得。

基础研究对于城市的发展的作用，一方面体现在以原始创新为源头，带动新兴技术发展，发挥科技创新的枢纽作用，促进知识创新、技术创新、产品创新的联合与贯通；另一方面体现在围绕经济社会需求开展基础研究，主动适应城市进步发展需要，为区域可持续发展提供理论依据和科学基础，形成科技创新与区域发展的良性循环。通过图 17 和图 18 可以看出，北京市近年来的基础研究在人员投入和经费投入比重的方面变化不大。2013 年，北京基础研究人员全时当量为 35933 人年，占研究与试验发展人员全时当量的比重为 14.8%，基础研究内部支出的绝对值为 137.23

亿元，占研究与试验发展经费内部支出的比重为 11.6%，在全国处于中上水平。

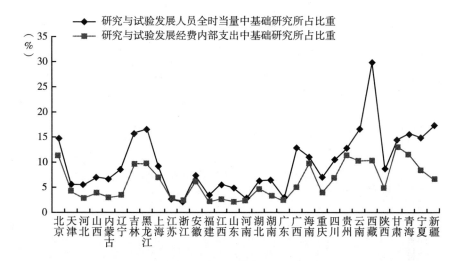

图 17　2013 年各地区基础研究所占比重情况

资料来源：由《中国科技统计年鉴》数据整理所得。

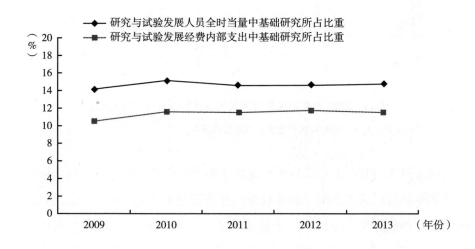

图 18　2009～2013 年北京市基础研究所占比重情况

资料来源：由《北京统计年鉴》数据整理所得。

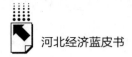

图 19 反映了 2012 年各地区每万人口的论文产出情况，从图中可以明显地看出，北京市的每万人口 SCI 论文产出数远远高于其他各省份，为每万人口 14.24 篇，约是排名第二位上海每万人口 SCI 论文产出数的 2 倍；北京市的每万人口 CPCI‒S 论文产出数为 4.25 篇，同样位列全国第一；每万人口 EI 论文产出数也是名列前茅。从某种程度上说，科技论文的发表情况代表了一个地区的基础研究能力，结合图 17 和图 18 来看，北京市虽然在基础研究的人员投入比重和经费投入比重上不占有绝对优势，但基础研究的产出成果实力雄厚。

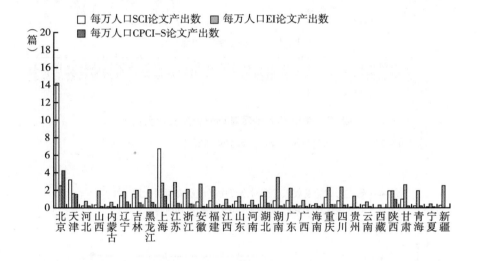

图 19　2012 年各地区每万人口 SCI/EI/CPCI 论文产出数

资料来源：由《中国科技统计年鉴》数据整理所得。

通过图 20 和图 21 可以看出，北京市的专利申请量占全国专利申请量的比重和专利授权量占全国专利授权量的比重都在 5.5% 左右。与全国其他地区相比，和江苏和广东地区有着较大的差距。2013 年，北京市专利申请量为 123336 件，全国为 2209600 件，所占比重为 5.58%，江苏占全国的比重最高，达 22.8%，是北京的 4 倍多；北京市专利授权量为 62671 件，全国为 1210200 件，所占比重为 5.18%。

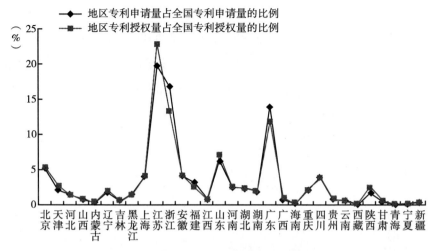

图 20 2013 年各地区专利申请授权情况

资料来源：由《中国科技统计年鉴》数据整理所得。

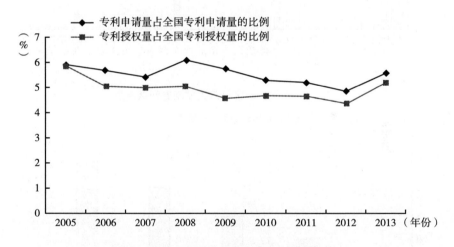

图 21 2005～2013 年北京市专利申请授权情况

资料来源：由《中国科技统计年鉴》数据整理所得。

图 22 和图 23 显示了北京市每万人发明专利拥有量的情况。从图中可以看出，2009～2013 年，北京市每万人发明专利拥有量保持匀速增长的趋势，2013 年北京市每万人发明专利拥有量达 40.39 项。从与全国其他地区的对比情况来看，北京市的每万人发明专利拥有量明显高于其他地区，居于全国

首位，其次为上海（20项）。另外，据相关数据统计，北京市发明专利数增长迅速，2013年其发明专利数为85434项，是2009年两倍之多。结合图20和图21来看，北京市的专利成果逐年增加，每万人拥有的发明专利数量也远远高于其他地区，但是北京市的专利申请量和专利授权量在全国所占比重偏低，仅为5.5%左右。

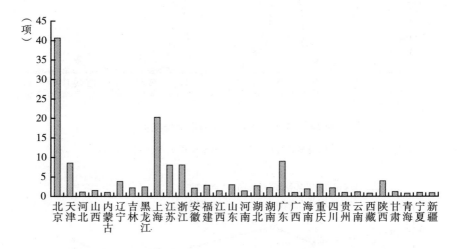

图22　2013年各地区每万人发明专利拥有量

资料来源：由《中国科技统计年鉴》数据整理所得。

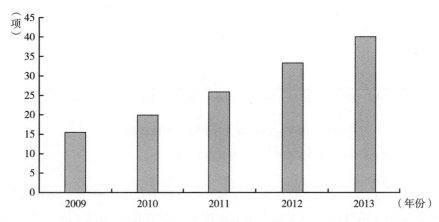

图23　2009～2013年北京市每万人发明专利拥有量

资料来源：由《中国科技统计年鉴》数据整理所得。

图 24 和图 25 显示了全国各地区和北京市亿元研究与试验发展经费的专利申请数和专利授权数的情况。从中可以看出，北京市的亿元研究与试验发展经费的专利申请数和专利授权数在 2009～2013 年呈增加趋势。2013 年，北京市亿元研究与试验发展经费专利申请数为 104 项、亿元研究与试验发展

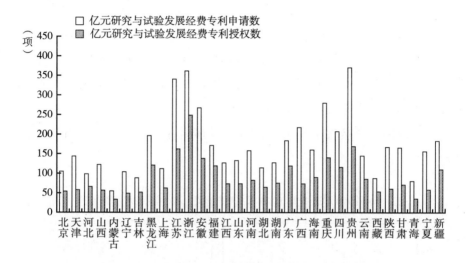

图 24　2013 年各地区亿元研发经费专利申请授权数

资料来源：由《中国科技统计年鉴》数据整理所得。

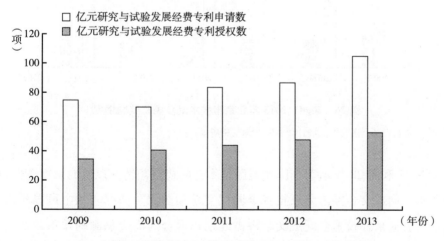

图 25　2009～2013 年北京市亿元研发经费专利申请授权数

资料来源：由《中国科技统计年鉴》数据整理所得。

经费专利授权数为 53 项。但是和其他地区相比，北京市的亿元研究与试验发展经费的专利申请数和专利授权数都明显低于江苏、浙江、贵州、重庆等地区，尤其是亿元研究与试验发展经费的专利申请数差距更大。同时，北京市亿元研究与试验发展经费的专利申请数对应的专利授权数也较低。

图 26 显示了 2008～2013 年北京市国家科学技术进步奖、国家自然科学奖和国家技术发明奖的获奖情况。从中可以看出，2008～2013 年，北京市每年的获奖情况并不稳定。2013 年，北京市共有 75 个项目获得科学技术方面的国家奖励，占全国获奖总数的 23.07%。其中，获国家自然科学奖 18 项，占全部国家自然科学奖项的 33%。从所占比例来看，北京市具有相对优势。

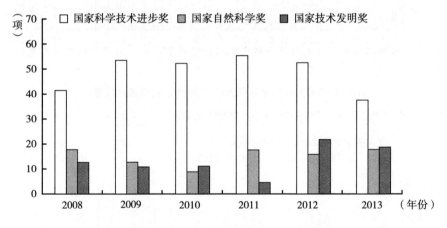

图 26　2008～2013 年北京市技术进步国家奖励情况

资料来源：由《北京统计年鉴》数据整理所得。

图 27 和图 28 显示了全国各地区技术合同成交额情况以及北京市流向京外技术合同成交金额占北京技术合同成交总额的比重情况。从中可以看出，北京市流向京外技术合同成交金额占北京技术合同成交总额的比重较稳定，并有小幅上升趋势，在 2013 年达到了 79.60%，而且从与其他地区的对比来看，北京市的技术合同成交额远高于其他地区。2013 年，北京市技术合

同成交额为 2581.7 亿元，占全国技术合同成交总额的 40%，说明从技术成交情况来看，北京市对其他地区有良好的辐射带动作用。

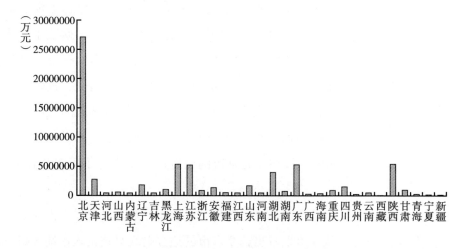

图 27　2013 年各地区技术合同成交额

资料来源：由《中国科技统计年鉴》数据整理所得。

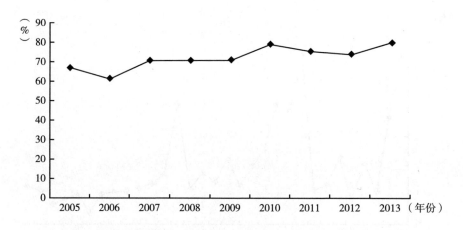

图 28　2005～2013 年北京市流向京外技术合同成交金额所占比重

资料来源：由《北京统计年鉴》数据整理所得。

3. 科技对北京经济增长贡献的基础

科技部公开发布的数据显示，全国科技进步贡献率每年约提升 1 个百分

点。据《中国科技统计年鉴》的数据，2009～2013年5年间全国科技进步
贡献率达到53.11%的水平，而据《首都科技创新发展报告（2014）》测
算，北京市2009～2013年的科技进步贡献率为60.11%，超越上海，居
全国第一位。从北京市近几年的实际发展来看，其经济增长已摆脱主要依
靠投资单纯追求地区生产总值增速的发展理念，逐渐向依靠科技进步和创
新实现经济增长质量提升的方向转型，形成了重创新、调结构、提效率的
发展特点。"十二五"以来，北京市经济社会发展取得了显著的成绩，是
全国经济总量增长较快的地区之一，2014年人均地区生产总值达99995
元/人，仅次于天津地区。科技在北京市的经济增长中发挥了重要的作用。

图29和图30显示了全国各地区以及北京市地方财政科技投入占地方财
政支出比重的情况。从中可以看出，北京市的地方财政科技投入占地方财政
支出比重比较稳定，2007～2013年维持在6%左右，但与全国其他地区相比
来看，北京市的地方财政科技投入占地方财政支出的比重明显高于其他大部
分地区。

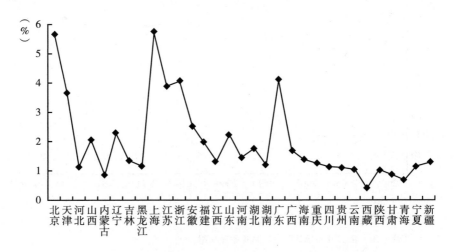

图29　2013年各地区地方财政科技投入所占比重

资料来源：由《中国统计年鉴》数据整理所得。

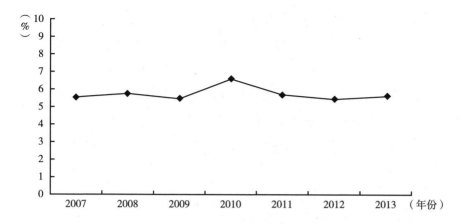

图30　2007～2013年北京市地方财政科技投入所占比重

资料来源：由《中国统计年鉴》数据整理所得。

科技服务业是运用现代科技知识、现代技术和分析研究方法、经验、信息等要素向社会各行业提供智力服务的新兴产业，主要包括科学研究、专业技术服务、技术推广、科技信息交流、科技培训、技术咨询、技术孵化、技术市场、知识产权服务、科技评估和科技鉴证等活动。图31显示了北京市2005～2012年科技服务业增加值的情况。从中可以看出，北京市科技服务业在2005～2012年发展迅速，其增加值由2005年的347.4亿元增加到2012

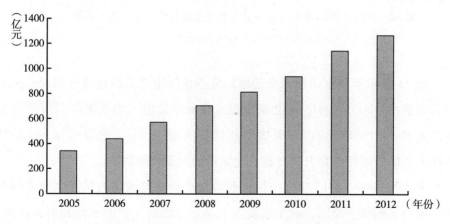

图31　2005～2012年北京市科技服务业增加值

资料来源：由《北京统计年鉴》数据整理所得。

年的 1268.4 亿元。这说明科技在北京市经济增长中具有越来越重要的作用。

　　规模以上工业企业在一个地区的经济增长过程中起着至关重要的作用，而规模以上工业企业的新产品销售收入代表了规模以上工业企业的科技研发能力。从图 32 中可以看出，各地区规模以上工业企业新产品销售收入占规模以上工业企业主营业务收入比重差异较大。其中，北京 2013 年的这一比重为 19.65%，浙江的这一比重最大，为 24.3%，其后依次为上海和天津，北京排名第四。

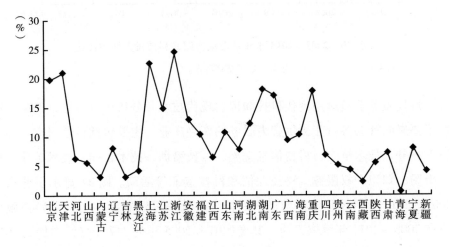

图 32　各地区 2013 年规上工业企业新产品销售收入占主营业务收入比重

资料来源：由《中国科技统计年鉴》数据整理所得。

　　图 33 显示了北京市技术交易增加值占地区生产总值比重的情况。从图中可以看出，2005～2013 年北京市技术交易增加值占地区生产总值比重呈上升趋势，由 2005 年的 5.2% 提高到 2013 年的 9.4%。这说明技术交易对经济发展的贡献稳步提升，支撑了北京市的产业结构调整。

　　表 2 为 2008～2013 年中关村企业科技活动获奖成果的情况。中关村作为国家自主创新示范区，近年来发挥了良好的创新平台的示范和引领作用，出台了大量引领跨层级、跨部门进行协同创新的试点政策。中关村在企业收入、技术合同成交额、科技型企业的创办、科技产出成果等方面起到了良好

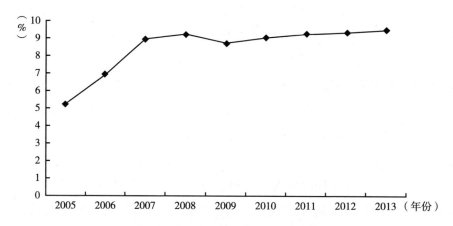

图33　2005～2013年北京市技术交易增加值占地区生产总值比重

资料来源：由《北京统计年鉴》数据整理所得。

的示范和引领作用。从表2数据可以看出，中关村在2008～2013年期间企业科技活动获奖数量逐年快速增长，从某种程度上显示了中关村对北京经济增长所做出的贡献。

表2　北京中关村企业科技活动获奖成果情况

单位：个

年份	获奖个数	国家级	省部级
2008	1448	282	641
2009	1909	276	1044
2010	1811	256	1015
2011	2329	323	1351
2012	2509	377	1318
2013	2852	450	1652

资料来源：由《北京统计年鉴》数据整理所得。

4. 北京的企业科技创新能力基础

企业的创新能力是一个地区的主导创新能力，如果一个地区的企业创新能力不强，整个区域很难形成良好的创新发展态势。通常，在一个地区中具有创新能力的创新主体主要有三个：企业、高等学校、科研机构。通过比较

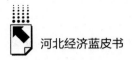

三个创新主体的创新人员投入和创新经费投入情况，以及企业的科技创新活动，可以反映北京企业的科技创新能力。

图 34 显示了 2009～2013 年北京市的企业、科研机构以及高等学校三个创新主体的研究与试验发展人员占从业人员比重的情况。其中，企业研究与试验发展人员占从业人员比重最高，约占 1.2%，科研机构其次，比重为 0.9% 左右，而高等学校研究与试验发展人员占从业人员比重约为 0.6%。从中可以看出，企业的研究与试验发展人员占从业人员的比重要高于高等学校和科研机构的这一比重。据《中国科技统计年鉴》的统计，2013 年北京市的企业研究与试验发展人员数为 14.3 万人，科研机构研究与试验发展人员数为 10.8 万人，高等学校研究与试验发展人员数为 7.3 万人。

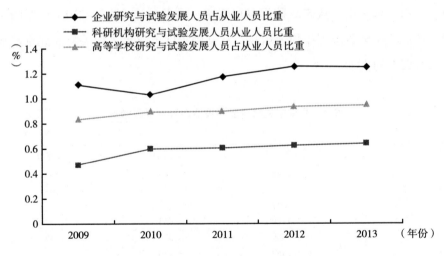

**图 34　2009～2013 年北京市各创新主体的研究与试验
发展人员占从业人员比重情况**

资料来源：由《北京统计年鉴》数据整理所得。

图 35 显示了北京市 2009～2013 年不同创新主体的研究与试验发展人员全时当量的情况。从图中可以看出，企业、科研机构和高等学校的研究与试验发展人员全时当量近几年均有上升，并且企业的研究与试验发展人员全时

当量最高，科研机构次之，均高于高等学校研究与试验发展人员全时当量。
据《中国科技统计年鉴》统计，2013 年北京市的研究与试验发展人员全时
当量为 24.2 万人年，其中，企业研究与试验发展人员全时当量为 10.7 万人
年，科研机构研究与试验发展人员全时当量为 9.6 万人年，高等学校研究与
试验发展人员全时当量为 3.2 万人年。

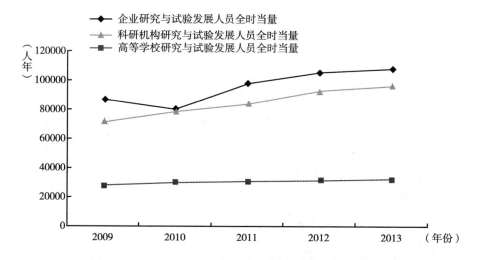

图 35 2009～2013 年北京市各创新主体的研究与试验发展人员全时当量

资料来源：由《北京统计年鉴》数据整理所得。

图 36 显示了北京市 2009～2013 年各创新主体的研究与试验发展经
费的内部支出情况。从图中可以看出，企业、科研机构和高等学校中，
科研机构的研究与试验发展经费内部支出最多，其次为企业，高等学校
最少。

图 37 为 2013 年全国各地区企业中有科技活动企业所占比重的情况。从
图中可以看出，全国各地区的企业中有科技活动企业所占比重差别较大。其
中，北京市的企业中有科技活动企业所占比重为 29.09%，天津为 31.5%，
浙江为 27.4%，江苏为 25.2%，上海为 17.0%，其他地区的企业中有科技
活动企业所占比重较低。

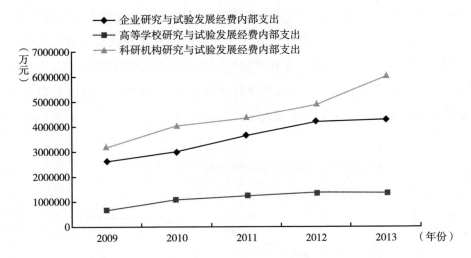

图 36　2009～2013 年北京市各创新主体的研究与试验发展经费内部支出

资料来源：由《北京统计年鉴》数据整理所得。

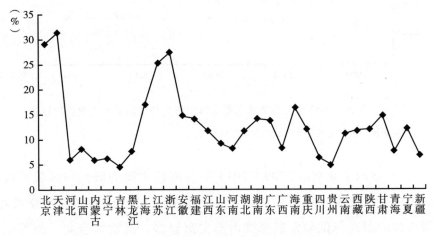

图 37　2013 年各地区企业中有科技活动企业所占比重

资料来源：由《中国科技统计年鉴》数据整理所得。

5. 北京创新创业生态系统建设的基础

北京市的创新创业生态系统建设主要体现在创新环境和创新服务的建设方面。创新环境包括创新活动所依赖的外部软件环境和硬件环境，其为科技进步与创新提供保障，可以从人文环境、生活环境和国际交流三个方面来考察。北京市创新服务建设主要体现在科技条件和创业孵化两个方面，科技条件主要是指一个区域支撑科技创新的重要物质载体或资源，可以通过人均科普专项经费和人均公共财政教育支出等指标来体现；创业孵化反映一个地区为创新成果商业化提供服务的情况，可以通过每万名科技活动人员占有的市级以上科技创新平台数、孵化器数量和在孵企业个数来体现。

图 38 和图 39 显示了北京市 2005～2013 年人均科普专项经费和人均公共财政教育支出的情况。从中可以看出，北京市人均科普专项经费支出和人均公共财政教育支出都保持较高水平的增长，尤其是人均公共财政教育支出从 2005 的 0.1 万元增长到 2013 年的 0.33 万元，增长了 2 倍多。这说明北京市正在通过财政资金的引导，吸引企业、学校、科研院所、图书馆、公开科普基地等多主体积极参与科普活动。

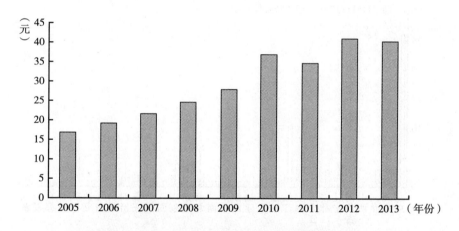

图 38 2005～2013 年北京市人均科普专项经费支出

资料来源：北京市科学技术委员会。

图 40 显示了全国各地区 211 及 985 院校分布情况。从中可以看出，北京在院校数量方面占据绝对优势地位，拥有 211 院校 26 所，985 院校 8 所。图 41 显示了北京市每百名学生拥有专任教师数的情况。数据显示，北京市每百名学生拥有专任教师数近年略有下降，但总体来说，北京市每百名学生拥有的专任教师数仍保持在 6 人左右，教育环境良好。

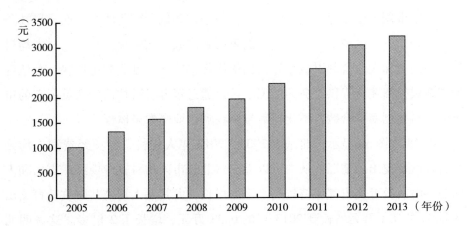

图39　2005~2013年北京市人均公共财政教育支出

资料来源：由《北京统计年鉴》数据整理所得。

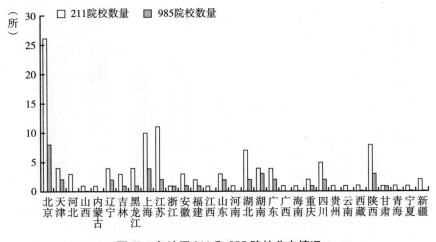

图40　各地区211和985院校分布情况

资料来源：由《中国科技统计年鉴》数据整理所得。

图42和图43分别显示了北京市人均公共图书馆藏书拥有量和地均城市轨道交通里程数。从图中可以看出，2005~2013年北京市的地均城市轨道交通里程数快速增长，2013年北京市有4条地铁新线投入运营，通车里程达到465千米，在建里程208千米，地铁运输占北京公交运输总量的比重进一步上升，地均城市轨道交通里程数由2005年的0.007千米/平方千米增加

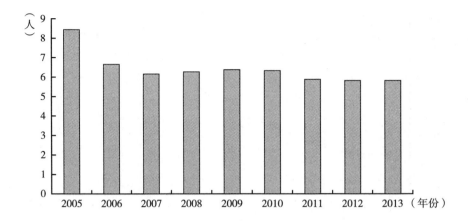

图 41　2005～2013 年北京市每百名学生拥有专任教师数

资料来源：由《北京统计年鉴》数据整理所得。

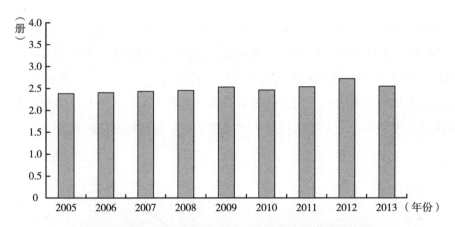

图 42　2005～2013 年北京市人均公共图书馆藏书拥有量

资料来源：由《北京统计年鉴》数据整理所得。

到 2013 年的 0.028 千米/平方千米。但北京市人均公共图书馆藏书拥有量没有太大变化，2005～2013 年北京市各年人均公共图书馆藏书拥有量保持稳定，人均拥有 2.5 册左右，为科技创新活动的开展奠定了良好的基础。同时，也能看出，北京近年来更注重交通设施对创新活动的支持作用。

　　图 44 显示了北京市高等学校参与国际交流合作人次占高等学校教学科研人员数比重的情况。北京市高校近年来参与国际交流合作人次稳步上升，

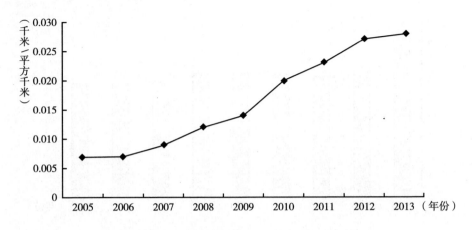

图43　2005～2013年北京市地均城市轨道交通里程数

资料来源：由《北京统计年鉴》数据整理所得。

其占高等学校教学科研人员数的比重由2005年的23.17%提高到2013年的57.89%。图45显示了外国专家来京人次增长率情况。从中可以看出，2006～2013年外国专家来京人次增长率维持在1%～1.1%。从北京市高等学校参与国际交流合作人次占高等学校教学科研人员数比重和外国专家来京人次增长率来看，北京市为科技人才提供了良好的国际交流的机会。

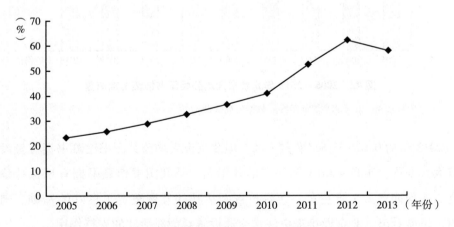

图44　2005～2013年北京市高等学校参与国际交流合作人次占比

资料来源：由《中国科技统计年鉴》数据整理所得。

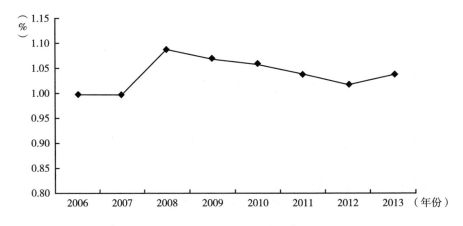

图45 2006～2013年外国专家来京人次增长率

资料来源：北京市科学技术委员会。

科技创新平台主要包括重点实验室、工程技术中心、生产力促进中心等，通过科技创新平台的科技基础设施建设，可以实现在科技创新过程中的技术转移、技术研发、资源共享、企业孵化等功能，科技创新平台对于高新技术产业的培育和发展尤其重要。科技创新平台作为科技创新体系的重要支撑，是促进科技进步、社会发展、经济增长的加速器。图46显示了北京市每万名科技活动人员占有的市级及以上科技创新平台数。从图中可以看出，2005～2013年北京市每万名科技活动人员占有的市级及以上科技创新平台数大幅增长，由2005年的4.88个增加到2013年的23.57个。这说明北京市非常重视科技基础设施的建设，并取得了良好的成绩。

图47显示了2013年全国31个省份在孵企业和孵化器数量的情况。从图中可以看出，2013年江苏的科技企业孵化器数量和在孵企业最多，拥有在孵企业20594个、孵化器444个，远远高于其他地区。北京市相对于除江苏以外的地区来说，科技企业孵化器和在孵企业数量也较多，拥有在孵企业5062个、孵化器92个。从与江苏的对比来看，北京市在培育科技企业的服务方面还需进一步加强。

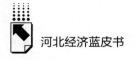
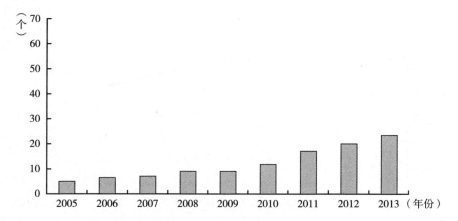

图46　2005～2013年北京市每万名科技活动人员占有的市级及以上科技创新平台数

资料来源：北京市科学技术委员会及相关委办局。

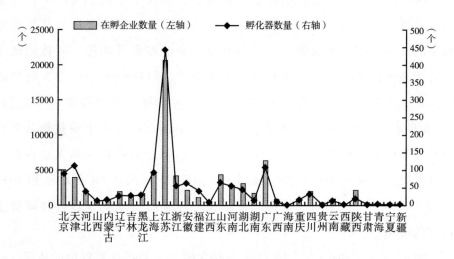

图47　2013年各地区科技企业在孵企业和孵化器情况

资料来源：由《中国火炬统计年鉴》数据整理所得。

近年来，北京不仅在科技企业孵化器及在孵企业数量方面取得了长足的进步，而且涌现了很多新型孵化器以及孵化服务模式，使得北京成为进行创新创业的重要载体。北京中关村是全国创新创业最为活跃的地区，聚集了大量新型的孵化器，且自 2009 年以来涌现出诸如创新工场、车库咖啡、创客空间等的新型孵化服务模式。这些新型的创业服务组织不仅在运作模式上体现了新的特点，还具有创新能力强、专业水平高的特点，为各种创新创业活动搭建了良好的服务平台，并在推动各种创新要素的快速融合以及创业高端要素集聚方面做出了突出的贡献，为北京市的各种创新创业活动营造了良好的创新创业氛围。目前，北京中关村的创新型孵化器模式大致可分为投资促进型、培训辅导型、媒体延伸型和专业服务型，具备专业化、集成化、高端化和市场化的特点。

图 48 显示了截止到 2015 年 2 月 5 日全国各地区新三板挂牌公司数量的情况。自 2014 年股转系统面向全国运行之后，挂牌公司数量快速增长，覆盖面不断扩大。截止到 2015 年 2 月 5 日，全国新三板挂牌公司总量达到 1811 家，从地区分布来看，北京、江苏、上海、广东、山东和湖北都超过了 100 家，其中，北京市新三板挂牌公司数量为 393 家，为全国最多。

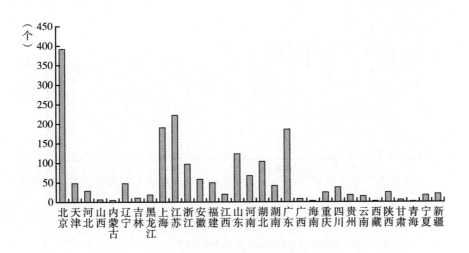

图 48　截止到 2015 年 2 月各地区新三板挂牌公司数量

资料来源：全国中小企业股份转让系统。

另外，图 49 显示了全国各地区信息化发展指数的情况。信息化发展指数从信息化基础设施建设、信息化应用水平和制约环境，以及居民信息消费等方面综合性地测量和反映一个国家或地区信息化发展总体水平①。各地区信息化发展指数通过中国信息化发展水平评估报告予以发布。2015 年 1 月 12 日，中国信息化发展十大趋势发布会上发布的《2014 年中国信息化发展水平评估报告》显示，2014 年全国的信息化发展指数快速增长，比 2013 年增加了 5.86，达到了 66.56。《2014 年中国信息化发展水平评估报告》还通过网络就绪度、信息通信技术应用指数、应用效益指数分析了各地区的信息化发展水平。2014 年全国的网络就绪度、信息通信技术应用指数、应用效益指数分别为 60.94、69.38、72.19，相比 2013 年的增加值分别为 10.05、3.05、3.11。从各地区的信息化发展水平来看，上海的信息化发展指数最高，为 94.94，北京次之，为 91.54。此外，贵州、重庆、湖南、浙江、北京、安徽、辽宁、宁夏、四川、江西十省份的信息化发展指数增长较快。

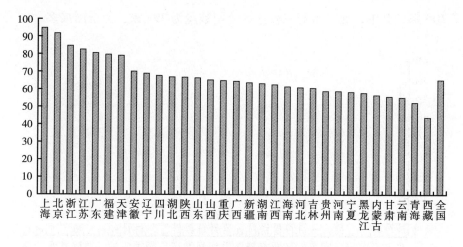

图 49　2014 年各地区信息化发展指数

资料来源：《2014 年中国信息化发展水平评估报告》。

图 50 显示了 2013 年智库在全国的分布情况。其中，北京市高端智库发展活跃，截至 2013 年底，我国 212 家活跃智库中，北京占有 70 家，数量位

_____

① 工业和信息化部：《2014 年中国信息化发展水平评估报告》，2015。

列各省份第一，占全国的三成以上。这些智库已经成为科学决策制度的有机
组成部分。

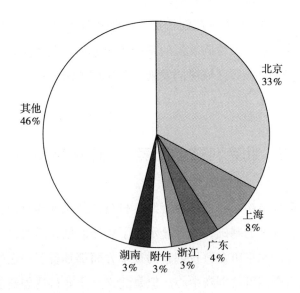

图50　2013年全国智库数量分布情况

资料来源：《2013年中国智库报告》。

从以上内容来看，北京市的科技创新能力建设有以下几个方面的
特点。

北京市大多数的科技创新优势仍集中于科教资源优势方面。具体来看，
其优势主要体现为研究与试验发展经费的投入强度、科技成果、技术产出远
高于其他省份，但是在研究与试验发展人员的规模和专利授权方面还要比广
东和江苏差一些。此外，北京创新人才的增速比较快，说明近年来北京比较
重视人才工作，创新投入从单纯资金投入向围绕人才搭建平台部署项目和资
金相结合转变。

北京市在已具备突出的科技成果产出的基础上，展现出了较强的创新活
力。知识创造的活力和创新环境建设活力是北京市创新活力的一个方面。北
京市的知识创造能力在全国一直保持领先水平，国际期刊科技论文数量居全

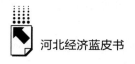

国首位等。同时，全国新三板挂牌企业中，北京占据绝对的数量优势，而且北京的科技孵化网络不断完善，孵化器和在孵企业数量增长迅速，逐步完善了科技发展的基础设施条件和科研环境。

但是通过全国31个省份在创新投入、创新环境、创新服务和创新绩效方面的比较来看，京津冀协同发展的基础还很薄弱，北京作为京津冀区域的核心地区，在带动京津冀区域协同发展以及协同创新发展方面的能力还需进一步加强。

四　北京科技创新竞争力的综合评价

北京市在经济结构、科技智力资源、科技创新投入和科技创新系统的建设方面都具备了较好的基础，并且显示出了较强的创新活力，从与其他地区对比的情况来看，北京市在科技创新的很多方面都具备了一定的优势，有基础、有条件成为全国科技创新中心。但是北京在企业科技创新能力和区域创新服务等方面相对于江苏、广东、浙江等地区还存在一定的差距。为进一步说明北京科技创新的综合水平，本报告从创新保障、创新资源、创新环境、创新绩效四个方面对北京市的科技创新竞争力在我国31个省份中所处水平进行综合评价。我们围绕四个方面共选取了17个二级指标进行评价，具体指标体系见表3。

表3　北京科技创新竞争力评价指标体系

一级指标	二级指标
创新保障	$X1$:人均地区生产总值(元/人)
	$X2$:地区生产总值增长率(%)
	$X3$:第二产业劳动生产率(元/人)
	$X4$:第三产业劳动生产率(元/人)
	$X5$:第三产业增加值占地区生产总值比重(%)

一级指标	二级指标
创新资源	X6:研究与试验发展人员(人)
	X7:每万名高校研究与试验发展人员使用企业科技资金额(万元)
	X8:每万名研究与开发机构研究与试验发展人员使用企业科技资金额(万元)
	X9:企业研究与试验发展经费占企业主营业务收入比重(%)
	X10:有科技活动的企业所占比重(%)
创新环境	X11:生活垃圾无害化处理率(%)
	X12:一般工业固体废物处置量(万吨)
	X13:工业污染治理完成投资(万元)
创新绩效	X14:每亿元研究与试验发展经费发明专利授权量(件)
	X15:规上工业企业新产品销售收入占规上工业企业主营业务收入比重(%)
	X16:高新技术产品出口占主营业务收入比重(%)
	X17:高新技术产品出口占地区出口的比重(%)

由于黑龙江、西藏部分数据缺失,将其剔除,只对剩余29省份2013年数据进行因子分析。其KMO检验值为0.715,说明指标间包含了大量重复信息,所选指标体系适宜做因子分析。基于特征值大于1准则,共提取出四个公因子,累积贡献率达71.027%,包含原始数据大部分信息。

其中,公因子1主要包含企业研究与试验发展经费占企业主营业务收入比重、人均地区生产总值、第三产业劳动生产率、规上工业企业新产品销售收入占规上工业企业主营业务收入比重、有科技活动的企业所占比重、每万名高校研究与试验发展人员使用企业科技资金额、第三产业增加值占地区生产总值比重的信息,而且都为正向关系,可以解释公因子1为科技创新活动的经济基础因子。公因子2主要包含每亿元研究与试验发展经费发明专利授权量、工业污染治理完成投资、地区生产总值增长率和一般工业固体废物处置量的信息,但是公因子2和其中的工业污染治理完成投资及一般工业固体废物处置量之间的关系为负向关系,所以解释公因子2为科技创新成果转化绩效因子。公因子3包含第二产业劳动生产率的信息,公因子3和第二产业劳动生产率为正向关系,可以解释公因子3为第二产业发展水平因子。公因子4主要包含高新技术产品出口占地区出口的比重、高新技术产品出口占主营业务收入比重的信息，而且都为正向关系，可以解释公因子4为高新技术产业竞争力因子。根据各因子的情况，对去除黑龙江和西藏两个地区之后的29个省份进行因子分析，因子分析结果中每个地区在各因子上的得分以及在综合因子上的得分情况见表4。

表4　各省份因子得分及排名

地区	公因子1得分	公因子2得分	公因子3得分	公因子4得分	综合因子得分	综合排名
北　京	2.13504	1.42402	−1.16547	0.17465	1.24	1
天　津	1.80888	0.35447	−1.22885	0.89368	0.94	3
河　北	−0.94012	−2.07613	−0.01188	0.17298	−0.89	28
山　西	−0.52082	−1.54339	0.26839	1.61555	−0.33	21
内蒙古	0.07295	−2.16463	−2.21006	−1.16257	−0.9	29
辽　宁	0.3601	−1.17732	−0.57471	−1.20694	−0.3	18
吉　林	−0.94507	0.16867	−1.68528	−0.04619	−0.71	27
上　海	1.97591	0.42413	−0.90946	1.03599	1.1	2
江　苏	1.63765	−0.68764	1.00966	−0.30922	0.81	4
浙　江	1.62949	−0.25991	1.34813	−1.33488	0.8	5
安　徽	−0.41218	0.10501	1.47072	−0.62284	−0.05	13
福　建	0.0922	−0.21	0.75878	0.13863	0.13	10
江　西	−1.04028	0.26089	0.29132	0.34526	−0.39	23
山　东	0.37984	−1.19393	1.02702	−0.86971	−0.02	12
河　南	−0.87123	−0.66947	1.02087	1.91581	−0.18	16
湖　北	0.02885	−0.02323	0.19512	−0.18118	0.01	11
湖　南	0.33377	0.13926	1.16145	−1.5483	0.17	9
广　东	1.04775	−0.14073	1.12611	0.51553	0.74	6
广　西	−0.88606	0.39093	0.24338	0.23892	−0.31	20
海　南	−0.59732	2.35315	0.08989	0.2596	0.23	8
重　庆	0.08307	0.8575	0.59889	1.86167	0.56	7
四　川	−0.64579	−0.20831	0.77918	1.48329	−0.06	14
贵　州	−0.74555	1.50471	0.43141	−1.49493	−0.21	17
云　南	−0.7862	0.87579	0.47448	−1.07604	−0.3	19
陕　西	−0.01326	−0.15297	−1.11654	0.70703	−0.11	15
甘　肃	−0.71248	0.6296	−0.49377	−0.70864	−0.4	24
青　海	−0.96471	0.31007	−0.84191	−0.74821	−0.65	26
宁　夏	−0.57746	0.23324	−0.97447	0.40832	−0.34	22
新　疆	−0.92698	0.47623	−1.08242	−0.45726	−0.6	25

从因子分析的评价结果来看，北京综合因子得分为 1.24，在 29 个省份中排名第一，科技创新的综合竞争力最高，上海和天津分列第二和第三位。但是从综合评价的结果来看，北京的综合竞争力水平和上海、天津相差并不大，说明从现有的基础和条件来看，北京具备了建设全国科技创新中心的能力，但是还需继续巩固和完善科技创新竞争力优势。另外，从每个具体的公因子来看，北京在公因子 1，即科技创新活动的经济基础因子方面具有较强的竞争力，其次在公因子 2，即科技创新成果转化绩效因子方面的竞争力也较强，但位于海南和贵州两个地区之后。北京在公因子 3 即第二产业发展水平因子和公因子 4 即高新技术产业竞争力因子方面的竞争力较弱，尤其是第二产业发展水平因子，这主要是由于北京当前主要发展的产业为第三产业，第二产业只占很小的比重，而且已逐渐完成相关产业的转移。在高新技术产业的竞争力方面，北京还未占有相对优势，但是北京的创新服务环境逐步完善，孵化器和在孵企业个数逐渐增加，具有发展潜力。

总体来看，北京已具备了建立科技创新中心的经济基础和科技资源，也具备了一定的科技成果转化能力。北京已具备的强大的经济实力基础以及丰富的科技资源为北京科技创新能力的提高奠定了良好的基础，也显示了北京在科技创新能力方面的发展潜力，但是北京在企业的科技创新能力方面还需进一步加强。

五 北京科技创新辐射引领能力的综合评价

北京在建设全国科技创新中心的过程中，除了要具备领先发展的科技创新实力以外，还需要具备较强的科技创新辐射带动能力。北京科技创新活动的辐射带动能力可以通过作为国家自主创新示范区的中关村对全国的辐射带动能力来显示。中关村示范区作为我国的高科技产业中心，聚集了上万家高科技企业，涌现了大量的创新创业精英人才，在落实首都城市战略定位、推动首都构建"高精尖"经济结构方面发挥着重要作用。

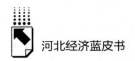

《中关村指数2015》① 报告显示，2014年中关村示范区在新兴产业发展以及科技进步方面都对北京市的科技创新做出了重要的贡献。在新兴产业发展方面，中关村的现代服务业在2014年实现了2.3万亿元的收入水平，现代服务业的收入额占中关村总收入的63.5%，已发展成为中关村示范区的重要产业。另外，从2015年上半年中关村对北京新兴产业发展的贡献来看，中关村企业的收入占北京市战略性新兴产业收入的77.9%。在中关村示范区各产业发展的基础上，中关村对北京市经济增长的贡献越来越大，据测算，2014年中关村企业对北京市经济增长的贡献率超过40%，但万元增加值能耗仅为北京市水平的1/5。从以上数据可以看出，中关村示范区已发展成为北京市科技创新发展过程中的重要力量，已成为辐射和引领北京市及周围地区科技创新乃至全国地区科技创新的重要载体。

1. 北京中关村示范区的辐射引领作用

北京中关村示范区在科技创新方面的辐射引领作用可以通过其技术辐射和产业辐射的情况来说明。从技术辐射的情况来看，《中关村指数2015》报告统计数据显示，2014年中关村企业向外省份输出技术合同成交额为1342.1亿元，接近中关村输出技术合同成交总额的60%，而且基于京津冀协同发展的需要，2014年中关村企业向河北省输出的技术合同成交额迅速增加，达到40.4亿元，较2013年增长44.1%。从产业辐射的情况来看，中关村企业纷纷在北京以外地区设立分支机构，2014年中关村在京外设立分支机构9624家，较2013年增加433家，其分支机构遍布全国各行政区划单位。另外，中关村企业对外辐射收入的规模也不断扩大，2014年中关村上市公司对外辐射收入超过1.3万亿元，占上市公司合并报表总收入的近75%。

除了通过技术输出以及企业在京外设立分支机构等方式带动其他地区的科技创新发展之外，跨区域共建园区也是中关村推进异地合作的首选模式，而且参与跨区域共建的主体更加多元。截至2014年底，中关村已与

---

① 《中关村指数2015》，http://www.zgc.gov.cn/fzbg/sjbg/。

全国59个地区（单位）建立战略合作关系，覆盖京津冀、长三角、珠三角、东北老工业基地、中西部及重点援建区域。其中，中关村与津冀地区创新合作取得新突破，如与天津共建天津滨海—中关村科技园、京津中关村科技新城，与保定共建保定中关村创新中心、与廊坊共建固安中关村高新技术产业基地，与石家庄共建集成电路封装测试产业基地等。为了反映北京中关村示范区对全国的辐射带动作用，北京市社会科学院、中关村创新发展研究院、北京方迪经济发展研究院共同编制完成了《中关村指数分析报告》。中关村辐射带动指数情况见图51。

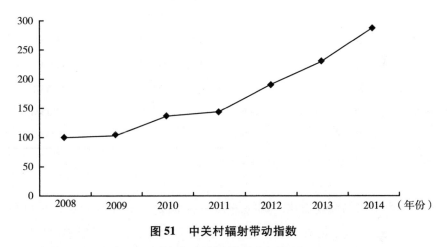

图51　中关村辐射带动指数

资料来源：北京市社会科学院等《中关村指数分析报告》，http：//www.zgc.gov.cn/fzbg/sjbg/96920.html。

从图51可以看出，2008～2014年，中关村示范区的辐射带动指数逐年上升，尤其是在2011年之后，中关村示范区的辐射带动指数快速增加，从2011年的143.7上升到2014年的290.1，增长了1倍多。2014年，中关村辐射带动指数为290.1，较上一年增加60.3，其中技术辐射指数为328.3，产业辐射指数为251.8，分别较上一年提高75.5和45.1。北京中关村对外辐射能力持续增强，尤其是京津冀区域的创新合作步伐加快。

2. 北京科技创新辐射引领作用

除了中关村示范区之外，北京市还有北京经济技术开发区等以疏解北京中心城区功能、聚集新的产业、带动区域发展为宗旨的高新技术产业和先进制造业基地，在北京经济技术开发区内也发展了一批高端、高效、高辐射的国际化产业。北京经济技术开发区的进出口、招商项目、外商实际投资、固定资产投资方面的情况见表5。

表5 北京经济技术开发区发展情况

年份	进出口总值（亿美元）	招商项目企业个数（个）	外商实际投资（万美元）	固定资产投资（万元）
2008	244.3	2559	389716	1019614
2009	222.6	3276	396577	1572113
2010	260.5	3870	428358	2365623
2011	252.5	4672	492827	3202423
2012	213.4	5684	559746	3399375
2013	211.8	6669	611181	3751544
2014	190.0	9350	674801	3910369

资料来源：由《北京统计年鉴》数据整理所得。

从表5中数据可以看出，2008～2014年北京经济技术开发区在招商项目企业个数、外商实际投入和固定资产投资方面增长迅速，但进出口总值近几年有所波动，总体呈下降趋势。这说明近年来北京比较重视吸引国内外企业或资金建设经济技术开发区，但是在国际市场上的竞争力在遭遇国际金融危机冲击、中国人口红利逐渐消失等背景下还需进一步提高。

为了测度北京科技创新辐射引领能力，在综合考虑已有研究成果对科技创新辐射引领能力的评价指标以及评价指标可获得性的基础上，选取流向京外技术合同成交金额占北京市技术合同成交总额比重、技术交易增加值占地区生产总值的比例、每亿元R&D经费发明专利授权量和全球500强企业在京总部数量增长率4个表征科技创新辐射引领能力的指标，利用北京2005～2013年的数据做因子分析，最后得到2005～2013年间北京科技创新辐射引领能力综合评价的结果（见表6）。

表 6　北京科技创新辐射引领能力的因子分析结果

年份	公因子 1	公因子 2	综合得分
2005	− 2. 37576	0. 52665	− 1. 37
2006	− 0. 54104	− 0. 60419	− 0. 56
2007	− 0. 18222	− 0. 34107	− 0. 24
2008	0. 21654	− 0. 09462	0. 11
2009	0. 25976	− 0. 72849	− 0. 08
2010	0. 29056	− 0. 56025	0
2011	0. 83758	− 1. 27983	0. 1
2012	0. 82675	1. 56381	1. 08
2013	0. 66783	1. 51798	0. 96

　　从表 6 的北京科技创新辐射引领能力的评价结果来看，2005～2013 年的 9 年间，北京的科技创新辐射引领能力呈上升趋势，尤其是 2011 年以来科技创新辐射引领能力明显提高。而且从公因子 1 和公因子 2 两方面来看也都表现为上升的趋势，其中，公因子 1 主要包含流向京外技术合同成交金额占北京技术合同成交总额比重的信息，解释的是北京科技创新的技术辐射引领能力。公因子 2 主要包含技术交易增加值占地区生产总值的比例、全球 500 强企业在京总部数量增长率和每亿元 R&D 经费发明专利授权量的信息，解释的是北京科技创新的产业辐射引领能力。从两个公因子得分的结果来看，北京科技创新在技术方面和产业方面的辐射引领作用都得到了明显的提高。

六　将北京建设成为科技创新中心的发展定位

　　北京作为中国的首都，是全国科技创新资源最丰富的地区，在创新已经成为全球突破经济发展瓶颈、释放发展潜能的根本引擎的背景下，把北京建设成为全国科技创新中心的主要目标包括两个方面，一是使科技创新成为支撑北京经济增长的重要推动力，通过科技创新实现经济和社会的可持续发展，二是把北京建设成为中国科技创新的"领头羊"，以及全球科技创新的

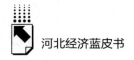

"领跑者"，促使其辐射和引领全国其他地区的科技创新能力提高，实现创新驱动发展战略。

把北京建设成为全国科技创新中心，不仅可以实现北京自身的创新驱动格局，而且对全国经济增长方式的转变和中国融入全球创新体系具有重要的影响作用。为了把北京建设成为科技创新中心，需要在北京经济结构升级、创新资源配置、创新成果转换、科技创新辐射和引领作用方面进行新的发展和定位。

1. 实现"高精尖"经济结构的全面升级

把北京建设成为全国科技创新中心，首先要注重完成科技创新与经济社会发展紧密结合的任务，使科技创新融入经济建设、文化建设、社会建设和生态文明建设当中，形成"高精尖"的经济结构，并提高民生科技创新力，破解交通拥堵、环境恶化等大城市病，提升城市发展品质，实现经济结构向"高精尖"的全面升级。

"高精尖"经济结构是经济结构发展的最优阶段，其最突出的特征是高端、高效、高辐射和低消耗，即能够在最少的土地资源投入、最少的人力资源投入、最少的水资源消耗和能源消耗的基础上，把污染排放降到最低，并实现最大的效益产出。在北京实现"高精尖"经济结构全面升级的过程中，不仅要求其在技术和产品的生产上具备高端、精密、尖端的优势，还要求其具备动态性、发展性和前瞻性的特点。北京应借助中关村示范区的力量，在其已具备的"高精尖"产业的基础上，通过不断扩大其空间范围和政策覆盖范围的方式，依托"北京技术创新行动计划"，大力发展新一代信息技术产业、生物医药产业、新材料新能源产业，并利用互联网产业与传统产业的融合，实现产业升级的乘数效应，培育支撑传统产业与互联网产业融合发展的生态环境，实现"高精尖"经济结构的全面升级。

2. 优化北京科技创新资源的配置

尽管北京是全国科技创新资源分布最丰富的地区，但在其科技创新资源的分布中存在着创新资源在各创新主体之间、不同的产业之间分布不均衡等问题，北京尚未实现创新资源的优化配置，再加上依旧存在市场法律法规不健全、创新创业环境亟待完善等问题，北京科技创新资源的配置效率受到影响。另外，北京产业科技园区在发展过程中，虽然集聚了大量科技创新资源，体现了日益显现的创新优势，但仍有部分产业科技园区单纯以税收为手段，利用招商引资来达到促进经济发展的目的，忽视了科技创新的真正内涵和动力，使得一些产业科技园区出现占地过多、产业偏低端等问题。而所有这些影响科技创新资源优化配置的问题都难以通过创新主体自身来解决，需要政府和市场共同作用，在创新环境的建设以及创新资源的流动方面以政策引导等方式逐渐提高科技创新资源的配置效率。

科技创新资源的优化配置主要是人才资源、金融资源和市场资源的优化配置。在人才资源配置方面，主要可以通过为创新创业人才创造良好条件以及建立创新人才资源优化配置有效机制的方式，吸引和引导国际创新人才在各创新主体以及不同产业间的优化配置。在金融资源配置方面，要重点解决中小微企业和个人创业融资难的问题。在已经具有的"天使基金"及创业板、新三板、新四板等活跃的金融渠道的基础上，不断开拓新的融资形式和渠道，如支持建立民营科技银行、科技担保和融资租赁等金融服务机构，并加快"科技创新券"等政策的推出和实施，为中小微企业和个人的创新创业铺路。在市场资源配置方面，主要存在产权评估、创业投资、法律咨询、金融服务等发展不足的问题，从而影响了市场在科技创新资源配置方面功能的发挥。为了解决市场资源配置方面的问题，需要不断完善科技成果交易平台和科技中介服务机构的建设，通过科技成果交易平台和科技中介服务机构实现市场在科技创新资源配置上的引导作用。在北京建设科技成果交易平台的过程中，不仅要增强其在国内科技成果示范应用及推广中的作用，更要注重科技成果市场的国际化，建立世界级的科技成果交易平台，积极参加国际科技竞争合作。在建立科技中介服务机构的过程中，要注重发挥其在各创新主体之间所能起到的良好的纽带和桥梁作用。

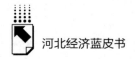

3. 促进北京科技创新成果的转化能力

近年来，科技进步对北京市经济增长的贡献率不断提高，尤其是中关村示范区在研究与试验发展的各种投入以及科技进步贡献率方面都处于全国领先水平。但按国际通用的衡量企业创新能力的标准来看，北京市的企业创新能力并不占有优势，而且高校、科研院所和企业的科技成果无法根据市场需求迅速进行产业化生产，导致整个市场的需求和供给不能很好地匹配，这在一定程度上造成了资源浪费。而造成科技成果产出和转化率不足的主要原因是高校、科研院所和企业在成果转化方面缺乏动力。因此，在目前北京建设科技创新中心的过程中，重点工作不是扩大现有科技产业的规模，而是提升其生产效率和加大研发投入，以增强科技对产业转型升级的内在支撑作用；注重企业创新主体的主导作用，鼓励企业创新主体率先升级，实现其带动整体结构创新升级的发展趋势。

促进北京提高科技创新成果的转化能力，可以通过建立新型政产学研机制来实现。培育科技成果转化中介组织，使中介组织在科技成果转化过程中起到创新参与主体之间的信息共享的作用。中介组织可以是由企业、高等学校、科研院所、政府共同出资成立的科技园或研发中心，要注重完善其相关法律、融资、注册等方面配套服务机构的建设，使交易双方在从科技成果孵化到科技成果转化的过程中通过技术交易的形式高效、有机地联系在一起。在交易双方签订合同时明确效益分配机制，可以保证交易双方共享科技成果转化效益中的经济收益和名誉收益。在科研项目中引入社会风险投资，通过投资方的市场前景分析以及全程监控提高科技成果的转化率。

4. 促进北京科技创新辐射和引领作用

北京拥有丰富的科技教育和专家智力资源，集聚了大量的技术、资本、人才、信息等科技资源与创新要素，并涌现了大量的创新主体和科技成果，是全国科技成果的重要供给地。但北京在建设科技创新中心的过程中，除了要服务国家、服务本地以外，更重要的是要发挥辐射和带动所在城市群、周边区域和其他地区的作用，尤其是要发挥对京津冀协同发展和科技创新发展的辐射和引领作用。

北京科技创新的辐射和引领作用应重点关注京津冀区域科技创新的辐射和引领、科技成果的辐射和引领、制度创新成果的辐射和引领、创新网络枢纽的辐射和引领几个方面。京津冀区域科技创新的辐射和引领主要体现在京津冀协同发展上，利用北京已具备的科技创新资源优势，通过创新体系和创新共同体的建设在京津冀之间形成合作双赢的网络化创新体系，尤其是在京津冀区域内形成不同创新主体之间的联合研发与成果转化模式。通过促进不同创新主体的协同，促进科技创新资源跨区域的流动、配置和组合，通过中关村国家自主创新示范区跨区域地和其他地区的高等学校、科研机构、企业合作，不断实现北京科技创新资源对京津冀区域的辐射和引领作用。科技成果的辐射和引领主要体现为充分利用已有的国家重点实验室、国家工程研究中心等国家级科技创新平台提升北京对国家科技进步的贡献，进而把科技成果辐射到全国其他地区。制度创新成果的辐射和引领主要体现为，率先建立以突破发展瓶颈为宗旨的创新政策体系，然后将其推广到全国。创新网络枢纽的辐射和引领主要体现为，北京应在现在所具备的创新环境下，鼓励有实力的企业通过多种形式建立海外研究机构，并支持其他国际学术组织、跨国公司和研发机构在北京建立总部或分支机构，从而逐渐建立起能够充分整合和利用全球科技创新资源优势的全球科技创新网络枢纽。

参考文献

［1］文魁、祝尔娟、叶堂林等：《京津冀发展报告（2015）——协同创新研究》，社会科学文献出版社，2015。

［2］首都科技发展战略研究院：《首都科技创新发展报告（2014）》，科学出版社，2015。

［3］申予荣：《〈1953年改建与扩建北京市规划草案要点〉编制始末》，《北京规划建设》2002年第3期。

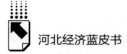

［4］李建盛：《新中国成立后北京城市性质定位对全国文化中心建设的影响》.
《北京联合大学学报》（人文社会科学版）2015 年第 3 期。

［5］苏峰：《北京城市定位的几次演变》，《北京党史》2014 年第 4 期。

［6］闫傲霜：《强化全国科技创新中心的核心功能》，《北京人大》2015 年第 7 期。

［7］樊会文主编、中国电子信息产业研究院编著《中国信息化发展水平评估蓝皮书
（2014 年）》，人民出版社，2015。

［8］上海社会科学院智库研究中心：《2013 年中国智库报告》，上海社会科学院出
版社，2014。

B.8
全国先进制造业基地与天津发展

王雅洁　马树强　李　睿*

摘　要： 本报告首先分析了京津冀制造业发展特征和京津冀制造业及其技术分布特征，结果表明北京以高端制造业为主，天津在传统制造业和高端制造业上具有一定实力，河北仍以传统制造业为主；接下来，着重分析了天津制造业整体状况及天津高技术产业发展现状，发现天津制造业一直保持高速增长，但增速近年来有所放缓，高技术产业发展迅速，在制造业中所占比重越来越大；最后，提出了天津先进制造业发展建议。

关键词： 制造业　高技术产业　创新

《京津冀协同发展规划纲要》明确了区域整体定位及三省市定位，京津冀整体定位是"以首都为核心的世界级城市群、区域整体协同发展改革引领区、全国创新驱动经济增长新引擎、生态修复环境改善示范区"。三省市定位分别是，北京市为"全国政治中心、文化中心、国际交往中心、科技创新中心"；天津市为"全国先进制造研发基地、北方国际航运核心区、金融创新运营示范区、改革开放先行区"；河北省为"全国现代商贸物流重要基地、产业转型升级试验区、新型城镇化与城乡统筹示范区、京津冀生态环境支撑区"。大力推进京津冀三地之间的产业协同发展

---

* 王雅洁，河北工业大学经济管理学院讲师，博士。马树强，河北工业大学教授，博士生导师。李睿，河北工业大学经济管理学院，博士研究生。

是推进京津冀一体化、贯彻京津冀协同发展这一战略的主要内容和战略支撑①。天津作为"全国先进制造研发基地",产业定位介于北京和河北之间,如何进一步发展以及助力京津冀协同发展?要回答这一问题,须先明确京津冀制造业发展特征、京津冀制造业及其技术分布特征,以及天津制造业整体状况和高技术产业发展现状。

一 京津冀制造业格局的发展现状与趋势

(一)京津冀产业结构发展特征

图1至图3反映了京津冀三地的产业结构变化。第一产业在河北省所占比重较大,最近几年维持在12%左右,在京津两地所占比重非常小,在天津的比重仅为1.3%左右,北京已经下降到1%以下。第二产业在北京所占比重较小,为20%左右,且呈下降趋势,天津、河北变化不大,仍以第二产业为主,第二产业比重均在50%左右。第三产业方面,京津冀三地的比

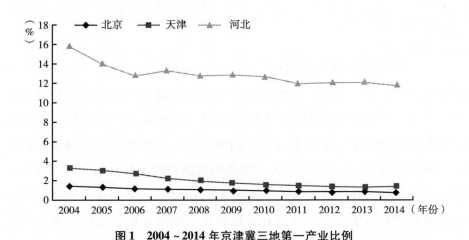

图1 2004~2014年京津冀三地第一产业比例

---

① 孙久文、张红梅:《京津冀一体化中的产业协同发展研究》,《河北工业大学学报》(社会科学版)2014年第3期。

重均有所上升，北京的第三产业比重已经达到 70% 以上，天津、河北与其相距甚大，天津已经接近 50%，河北的第三产业所占比重较低，尽管一直都在小幅度上升，但截至 2014 年底，也仅为 37.2%。

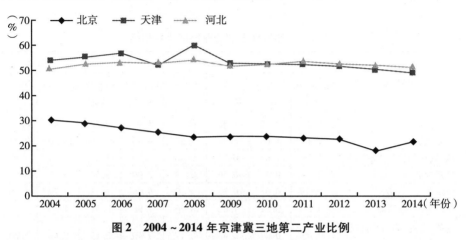

图 2　2004～2014 年京津冀三地第二产业比例

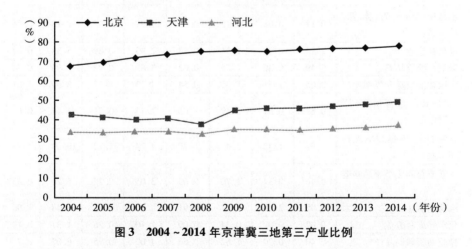

图 3　2004～2014 年京津冀三地第三产业比例

（二）京津冀制造业市场及技术分布特征

依据我国对制造业的分类，本报告选取 30 个制造业，分析京津冀三地制造业经济及技术水平特征。

首先，计算北京、天津、河北及京津冀整体的制造业在全国的市场份额和专业化指数，专业化指数是直接利用 Balassa 指数计算得到的区位熵，接近于 1 表明一个行业是均匀分散在各地区的，如果某行业在某地区的专业化指数很高，则说明该行业地方化程度高，或者说该地区专业化程度高。计算结果见表 1。

表 1　京津冀地区制造业经济水平指标

制造业	北京		天津		河北		京津冀	
	市场占有率（%）	专业化指数	市场占有率（%）	专业化指数	市场占有率（%）	专业化指数	市场占有率（%）	专业化指数
农副食品加工业	6.27	0.46	1.38	0.56	3.45	0.82	5.45	0.68
食品制造业	1.38	1.03	6.27	2.54	4.44	2.70	12.10	2.37
酒、饮料和精制茶制造业	1.38	1.02	0.98	0.40	2.95	3.22	5.31	1.98
烟草制品业	0.54	0.4	0.56	0.23	2.00	5.58	3.10	3.07
纺织业	0.096	0.07	0.25	0.10	4.44	1.37	4.79	0.76
纺织服装、服饰业	0.71	0.52	1.62	0.66	1.98	2.51	4.30	1.61
皮革、毛皮、羽毛及其制品和制鞋业	0.097	0.07	0.43	0.17	9.10	2.15	9.63	1.20
木材加工和木、竹、藤、棕、草制品业	0.11	0.08	0.13	0.052	1.89	0.45	2.13	0.26
家具制造业	1.14	0.84	1.31	0.53	2.93	0.69	5.38	0.67
造纸和纸质品业	0.49	0.36	1.55	0.63	3.89	0.92	5.93	0.74
印刷和记录媒介复制业	2.03	1.51	1.33	0.54	4.73	1.12	8.09	1.01
文教、工美、体育和娱乐用品制造业	0.69	0.51	2.59	1.05	2.14	0.51	5.41	0.67
石油加工、炼焦和核燃料加工业	1.91	1.42	3.43	1.39	4.74	1.12	10.09	1.25
化学原料和化学制品制造业	0.46	0.34	1.70	0.69	3.05	0.72	5.20	0.65
医药制造业	2.95	2.18	2.24	0.91	3.29	0.78	8.48	1.05
化学纤维制造业	0.028	0.02	0.24	0.097	1.10	0.26	1.37	0.17
橡胶和塑料制品业	0.40	0.30	1.62	0.66	4.00	0.95	6.02	0.75
非金属矿物制造业	0.94	0.69	0.61	0.25	3.63	0.86	5.19	0.64
黑色金属冶炼和压延加工业	0.21	0.15	5.46	2.21	16.33	3.87	22.00	2.73
有色金属冶炼和压延加工业	0.16	0.12	2.03	0.82	1.31	0.31	3.51	0.44
金属制品业	0.91	0.68	3.45	1.40	7.24	1.71	11.60	1.44
通用设备制造业	1.18	0.87	2.23	0.90	2.82	0.67	6.23	0.77

续表

制造业	北京		天津		河北		京津冀	
	市场占有率(%)	专业化指数	市场占有率(%)	专业化指数	市场占有率(%)	专业化指数	市场占有率(%)	专业化指数
专用设备制造业	1.85	1.37	3.29	1.33	3.90	0.92	9.04	1.12
汽车制造业	5.53	4.10	3.15	1.27	3.02	0.72	11.70	1.45
铁路、船舶、航空航天和其他运输设备制造业	1.51	1.12	4.53	1.83	2.60	0.62	8.64	1.07
电气机械和器材制造业	1.14	0.84	1.56	0.63	2.82	0.67	5.51	0.69
计算机、通信和其他电子设备制造业	2.78	2.06	3.31	1.56	1.38	0.12	7.12	0.89
仪器仪表制造业	0.32	0.24	0.074	0.030	0.11	0.026	0.51	0.063
其他制造业	2.76	2.05	3.31	1.34	1.38	0.33	7.45	0.93
废弃资源综合利用业	0.22	0.17	5.92	2.40	2.06	0.49	8.21	1.02
金属制品、机械和设备修理业	3.87	2.87	1.56	0.63	3.18	0.75	8.61	1.07

资料来源：由《中国工业统计年鉴（2014）》数据计算所得。

（1）就京津冀地区整体来看，产业发展具有优势的行业主要集中在食品制造、纺织服装、石油加工、医药制造、黑色金属冶炼、运输设备制造等行业；产业发展处于劣势的行业主要有农副食品加工、木材加工、化学原料、化学纤维制造、计算机、仪器仪表制造等行业①。总体上看，京津冀地区在纺织品、资源和能源加工、医药、装备制造方面具有优势，在轻工业、化学和高技术产业上具有劣势。

（2）就北京来看，产业发展具有优势的行业主要是石油加工、医药制造、运输设备制造、计算机等行业；产业发展处于劣势的行业主要是农副食品加工、纺织、木材加工、化学原料、化学纤维制造、金属冶炼等行业。总体上看，北京在石化、医药行业和高端制造业上具有优势，在传统制造业、资源和能源加工业上处于劣势。

（3）就天津来看，产业发展具有优势的行业主要有食品制造、文教制造、

---

① 为便于叙述，对各行业名称采用简称，余同。

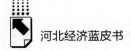

石油加工、黑色金属冶炼、运输设备制造、计算机等行业；产业发展处于劣势的行业主要有烟草制品、纺织服装、家具制造、化学原料、化学纤维制造、医药制造等行业。总体上看，天津在食品、石化、钢铁等传统行业以及高端制造业上有优势，在化工、医药行业及资源和能源加工业上处于劣势。

（4）就河北来看，产业发展具有优势的行业主要有食品制造、烟草制造、纺织服装、石油加工、黑色金属冶炼等行业；产业发展处于劣势的行业主要集中在医药制造、化学原料、化学纤维制造、装备制造业等行业。总体上看，河北在纺织、石化、钢铁等传统行业上具有优势，在化工、医药行业以及高端制造业上处于劣势。

总体来看，京津冀地区制造业空间分布特征与李国平等（2015）的研究结果类似，即劳动密集型制造业呈现出由中心区域及核心区县向河北全域欠发达地区扩散的特征，资本密集型行业呈现出向东部沿海及冀南区域扩散的特征，而技术密集型行业则呈现出向环京津及冀中南重要城市扩散的特征。

其次，分析北京、天津、河北及京津冀整体的产业技术分布特征（考察 R&D 经费支出占全国比重和专业化指数两个指标），计算结果如表 2 所示，可以发现以下几点。

表2　京津冀地区制造业技术水平指标

制造业	北京		天津		河北		京津冀	
	市场占有率（%）	专业化指数	市场占有率（%）	专业化指数	市场占有率（%）	专业化指数	市场占有率（%）	专业化指数
农副食品加工业	1.46	0.57	2.92	0.81	1.23	0.45	5.61	0.63
食品制造业	2.23	0.87	6.22	1.72	2.56	0.94	11.01	1.24
酒、饮料和精制茶制造业	2.07	0.81	0.96	0.26	4.01	1.48	7.04	0.79
烟草制品业								
纺织业	0.23	0.089	1.72	0.48	0.54	0.20	2.49	0.28
纺织服装、服饰业	1.16	0.45	7.03	1.94	2.02	0.74	10.21	1.15
皮革、毛皮、羽毛及其制品和制鞋业	—		2.45	0.68	1.64	0.60	4.09	0.46

续表

制造业	北京		天津		河北		京津冀	
	市场占有率(%)	专业化指数	市场占有率(%)	专业化指数	市场占有率(%)	专业化指数	市场占有率(%)	专业化指数
木材加工和木、竹、藤、棕、草制品业	0.19	0.076	1.51	0.42	4.02	1.48	5.73	0.64
家具制造业	0.99	0.39	4.50	1.24	0.31	0.11	5.80	0.65
造纸和纸质品业	0.080	0.031	4.36	1.21	0.32	0.12	4.77	0.54
印刷和记录媒介复制业	4.03	1.58	4.61	1.27	2.31	0.85	10.96	1.23
文教、工美、体育和娱乐用品制造业	0.34	0.13	9.24	2.55	0.29	0.11	9.86	1.11
石油加工、炼焦和核燃料加工业	0.30	0.12	7.71	2.13	3.28	1.21	11.29	1.27
化学原料和化学制品制造业	0.59	0.23	2.91	0.81	2.41	0.89	5.92	0.67
医药制造业	3.86	1.51	4.23	1.17	4.41	1.63	12.49	1.41
化学纤维制造业	0.13	0.049	0.26	0.070	0.71	0.27	1.10	0.12
橡胶和塑料制品业	0.64	0.25	5.06	1.40	1.70	0.63	7.40	0.83
非金属矿物制造业	2.70	1.05	1.96	0.54	3.02	1.11	7.68	0.86
黑色金属冶炼和压延加工业	0.064	0.025	10.90	3.01	11.43	4.22	22.40	2.52
有色金属冶炼和压延加工业	0.64	0.25	1.74	0.48	0.71	0.26	3.09	0.35
金属制品业	1.67	0.65	9.04	2.50	1.95	0.72	12.66	1.42
通用设备制造业	2.38	0.93	2.59	0.72	1.26	0.47	6.24	0.70
专用设备制造业	4.63	1.81	5.67	1.57	2.15	0.79	12.44	1.40
汽车制造业	3.17	1.24	2.23	0.62	4.56	1.68	9.97	1.12
铁路、船舶、航空航天和其他运输设备制造业	6.05	2.37	1.55	0.43	1.70	0.63	9.31	1.05
电气机械和器材制造业	1.99	0.78	1.56	0.43	2.18	0.81	5.74	0.65
计算机、通信和其他电子设备制造业	4.24	1.66	2.01	0.55	0.29	0.11	6.54	0.74
仪器仪表制造业	6.36	2.49	1.79	0.49	0.87	0.32	9.02	1.01
其他制造业	15.00	5.86	1.03	0.29	0.36	0.13	16.39	1.84
废弃资源综合利用业								
金属制品、机械和设备修理业	14.99	5.86	0.51	0.14	11.03	4.07	26.53	2.99

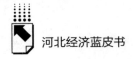
（1）就京津冀地区整体而言，产业技术水平高的行业主要是食品制造、纺织服装、石油加工、医药制造、黑色金属冶炼、运输设备制造等行业；产业技术水平低的行业主要是农副食品加工、纺织、化学原料、化学纤维制造、通用设备制造和计算机等行业。

（2）就北京而言，产业技术水平较高的行业主要是医药制造、运输设备制造、计算机等行业，以医药和高端制造业为主；产业技术水平低的行业主要是农副食品加工、纺织服装、家具制造、石油加工、化学原料、化学纤维制造、金属制品等行业，以轻工业、石化、资源密集型等传统行业为主。

（3）就天津而言，产业技术水平较高的行业主要是食品制造、纺织服装、家具制造、造纸、印刷、石油加工、医药制造、黑色金属冶炼，以食品、石化、医药、钢铁等传统行业为主；产业技术水平较低的行业主要是农副食品加工、木材加工、化学原料、化学纤维制造、计算机等行业。

（4）就河北而言，产业技术水平较高的行业主要是石油加工、医药制造、黑色金属冶炼、汽车制造等行业，以传统产业为主，其中，汽车制造业表现出良好的技术水平；产业技术水平较低的行业主要是农副食品加工、化学原料、化学纤维制造、橡胶和塑料制品、运输设备制造、计算机等行业，以轻工业和高端制造业为主。

总体上看，北京以高端制造业为主，而且技术水平也比较高；天津在传统制造业和高端制造业上具有一定实力，但是高端制造业技术水平不高；河北仍以传统制造业为主。即北京与河北差异较大、天津与河北差异相对较小，这也进一步验证了鲁金萍等（2015）的研究结果。

二 天津先进制造业现状分析

（一）天津制造业整体评价

天津制造业处于由工业化中期向后工业化转变的阶段①。从制造业的经

---

① 陈曦：《天津制造业发展特征分析及结构调整建议》，《求知》2014 年第 1 期。

济创造能力、科技投入和对环境影响三方面考察天津制造业的总体水平。用以反映制造业经济创造能力的指标包括制造业总产值、制造业增加值、从业人数、从业人口占就业总人口比重、增加值占 GDP 比重。制造业科技投入水平用 R&D 人员全时当量、R&D 经费支出总额、R&D 经费支出占 GDP 比重三个指标反映。制造业对环境影响则用单位工业增加值能耗、工业废水排放量、工业二氧化硫排放量表示。从 2008～2013 年的相关指标来看（见表3），天津的制造业一直保持高速增长，但增长速度近年来有所放缓。在科

表3　天津制造业发展指标（2008～2013）

指标＼年份	2008	2009	2010	2011	2012	2013
制造业总产值（亿元）	3418.87	3622.11	4410.85	5430.84	6123.06	6678.6
增加率（%）	28.44	5.94	21.78	23.12	12.75	9.07
制造业增加值（亿元）	757	203.24	788.74	1019.99	692.22	555.54
增加率（%）	—	-73.15	288.08	29.32	-32.13	19.75
从业人数（万人）	208.79	209.84	218.34	228.21	238.97	249.46
增加率（%）	—	0.50	4.05	4.52	4.72	4.40
从业人口占就业总人口比重	32.25	30.99	29.96	31.00	29.75	29.44
增幅（个百分点）	—	-1.26	-1.03	1.04	-1.246	-0.318
增加值占 GDP 比重	36.464	4.538	40.359	39.100	20.675	21.497
增幅（个百分点）	—	-31.926	35.821	-1.259	-18.425	0.822
R&D 人员全时当量（人年）		16524	28164	47828	60681	68175
增加率（%）	—	—	70.44	69.82	26.87	12.35
R&D 经费支出总额（亿元）	89.79	107.73	139.22	210.78	255.87	300.04
增加率（%）	—	19.98	29.23	51.40	21.39	17.26
R&D 经费支出占 GDP 比重（%）	1.34	1.43	1.51	1.86	1.98	2.09
增幅（个百分点）	—	6.72	5.59	23.18	6.45	5.56
单位工业增加值能耗（吨标准煤/万元）	1.16	1.06	1.08	1.03	0.95	—
增加率（%）	-09.375	-8.621	1.887	-4.630	-7.767	—
工业废水排放量（万吨）	20433	19441	19679	19795	19117	18692
增加率（%）	—	-4.85	1.22	0.589	-3.425	-2.223
工业二氧化硫排放量（吨）	209844	172980	217620	221897	215481	207793
增加率（%）	—	-17.57	25.81	1.965	-2.891	-3.568

注：数据来源于《天津统计年鉴》（2009～2014）；基于数据的可获得性，①制造业总产值和增加值分别用工业总产值和增加值表示；②R&D 人员全时当量、R&D 经费支出总额分别用规模以上工业企业 R&D 人员全时当量及 R&D 经费支出总额表示。

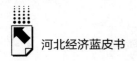

技投入方面，R&D 经费逐年增加，但增加幅度小于经济增长幅度，而且 R&D 经费支出占 GDP 比重仍然很小。这表明这些年天津制造业增长不是由科技推动的，仍主要依靠劳动和资源的投入。从天津制造业对环境影响来看，单位工业增加值能耗、工业废水排放量、工业二氧化硫排放量均有所下降，表明天津的制造业在发展过程中对环境保护越发重视，环境污染有所减轻。

（二）天津高技术产业发展现状分析

高技术产业指制造业中技术密集程度相对较高的行业集合，技术含量高、产品附加值大。本报告通过分析天津高技术产业发展现状了解天津先进制造业发展情况。按照国家统计局发布的《高技术产业统计分类目录》，高技术产业包括医药制造业、航天器及设备制造业、电子及通信设备制造业、计算机及办公设备制造业、医疗仪器设备及仪器仪表制造业。

（1）天津高技术产业的整体状况

近年来，天津高技术产业迅猛发展，产业规模不断扩大。2013 年，天津高技术产业主营业务收入是 2004 年的 2.82 倍，增加值为 2004 年的 1.60 倍。

从相关具体数据看，2013 年，天津高技术产业规模进一步扩大，主营业务收入达到 4243.5 亿元，比 2012 年增长了 20.32%，增长率比 2012 年下降 14.14 个百分点，尽管增速有所下降，但总体仍保持较高增长速度（见表 4）。

天津高技术产业占制造业总产值比重较大。从整个时间段来看，2004 ~ 2006 年，高技术产业占制造业比重不断上升，2006 年达到最高水平，其后该比重有所减少，2011 降至最低，仅为 49.67%，随后又有所上升，2012、2013 两年均保持上升趋势（见表 5）。

总体来看，天津高技术产业保持了较高的增长速度，在制造业总产值中所占比重较大，表明天津具有良好的高技术产业发展基础。

表4　2005～2014年天津高技术产业工业总产值与增加值

单位：亿元，%

指标＼年份	2004	2005	2006	2007	2008	2009	2010	2011	2012	2013
制造业总产值	1549.67	1957.95	2261.52	2661.87	3418.87	3622.11	4410.85	5430.84	6123.06	6678.6
增长率	27.24	26.35	15.50	17.70	28.44	5.94	21.78	23.12	12.75	9.07
高技术产业主营业务收入	1505.30	1909.0	2335.95	2147	1965.1	1918.3	2291.1	2697.4	3526.9	4243.5
增长率	42.43	26.82	22.37	−8.09	−8.47	−2.38	19.43	17.73	34.46	20.32
高技术产业增加值	448.43	403.7	426.95	−188.95	−181.9	−46.8	372.8	406.3	929.5	716.6
增长率	—	−9.97	5.76	−144.27	3.73	74.27	896.58	8.99	128.77	−22.9

表5　2005～2014年天津高技术产业总产值、增加值在制造业中所占比重

指标＼年份	2004	2005	2006	2007	2008	2009	2010	2011	2012	2013
占制造业总产值比重（%）	97.14	97.50	103.29	80.66	57.48	52.96	51.94	49.67	57.60	63.54
增幅（个百分点）	—	0.36	5.79	−22.63	−23.18	−4.52	−1.02	−2.27	7.93	5.94
占制造业增加值比重（%）	—	98.88	140.64	−47.20	−24.03	−23.03	47.27	39.83	134.28	128.99
增幅（个百分点）	—	—	41.76	−187.84	23.17	1.00	70.29	−7.43	94.44	−5.29

（2）高技术产业内不同行业间结构

从产值规模来看，天津高技术产业内部发展极不平衡。2004～2008年，五个行业占整个产业的比重从大到小依次为电子及通信设备制造业、医药制造业、计算机及办公设备制造业、医疗仪器设备及仪器仪表制造业、航天器及设备制造业。随后，航天器及设备制造业迅速发展，高技术产业格局有所变化，五个行业占整个产业的比重从大到小依次为电子及通信设备制造业、医药制造业、航天器及设备制造业、计算机及办公设备制造业、医疗仪器设备及仪器仪表制造业。其中，电子及通信设备制造业所占产值比重较大，约占75%。

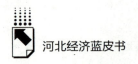
从具体数据来看，电子及通信设备制造业一直在高技术产业中占有较大比重，2006年所占比重最大，达到83.04%，所占比重最低时为2013年，但也接近70%。其次是医药制造业，2004～2013年发展比较稳定，约占高技术产业总产值的10%。航天器及设备制造业发展迅速，2004年其行业产值占高技术产业总产值的比重仅为0.11%，到2013年时已占到10.73%。计算机及办公设备制造业、医疗仪器设备及仪器仪表制造业在高技术产业中所占比重较低，10年来变化不大（见表6）。

表6　2004～2013年天津高技术产业各行业产值比重

单位：%

年份 行业	2004	2005	2006	2007	2008	2009	2010	2011	2012	2013
行业1	8.74	1.00	9.28	10.14	11.44	14.54	13.74	13.68	12.97	12.35
行业2	0.11	0.12	0.13	0.17	0.17	5.35	6.66	8.39	7.30	10.73
行业3	79.46	80.89	83.04	79.59	76.26	71.38	71.56	72.70	73.17	69.16
行业4	9.79	7.08	5.76	8.04	9.32	5.30	4.47	2.39	3.94	5.96
行业5	1.91	1.91	1.78	2.06	2.80	3.44	3.57	2.83	2.61	2.04

注：行业1表示医药制造业，行业2表示航天器及设备制造业，行业3表示电子及通信设备制造业，行业4表示计算机及办公设备制造业，行业5表示医疗仪器设备及仪器仪表制造业。

从各行业产值增长率来看，增长最快的是航天器及设备制造业，特别是2009年，增长率达到2915.88%，其后也保持着较强的增长势头；医药制造业则一直保持着良好的增长势头；电子及通信设备制造业增长势头有所减缓，大多数年份低于同期高技术产业增长率；计算机及办公设备制造业增长率波动较大，但近年来保持强劲增长势头；最近几年，医疗仪器设备及仪器仪表制造业的增长率波动较大，2013年，该行业由2012年20.71%的高速增长降至6.08%的负增长。2013年，上述五个行业产值分别达到2004年的284.5、3.98、2.45、1.72、3.00倍（见表7）。

从各行业增加值情况来看，2005～2013年，增加值平均值最高的是电子及通信设备制造业，其次依次为航天器及设备制造业、医药制造业、计算

表7 2004～2013年天津高技术产业各行业产值及增长率

单位：亿元，%

指标＼年份	2004	2005	2006	2007	2008	2009	2010	2011	2012	2013
行业1	1505.30	1909.0	2335.95	2147	1965.1	1918.3	2291.1	2697.4	3526.9	4243.5
增长率	42.43	26.82	22.37	-8.09	-8.47	-2.38	19.43	17.73	30.75	20.32
行业2	131.5	190.83	216.78	217.66	224.88	278.9	314.7	368.9	457.5	524
增长率	—	45.12	13.60	0.41	3.32	24.02	12.84	17.22	24.02	14.54
行业3	1.6	2.28	3.12	3.74	3.4	102.54	152.7	226.4	257.5	455.2
增长率	—	42.50	36.84	19.87	-9.09	2915.88	48.92	48.26	13.74	76.78
行业4	1196.1	1544.16	1939.82	1708.74	1498.67	1369.33	1639.5	1961.1	2580.8	2934.9
增长率	—	29.10	25.62	-11.91	-12.29	-8.63	19.73	19.61	31.60	13.72
行业5	147.4	135.19	134.55	172.63	183.09	101.63	102.3	64.6	139.1	252.8
增长率	—	-8.28	-0.47	28.30	6.06	-44.49	0.66	-36.85	115.33	81.74
行业6	28.8	36.52	41.68	44.19	55.1	65.91	81.9	76.3	92.1	86.5
增长率	—	26.81	14.13	6.02	24.69	19.62	24.26	-6.84	20.71	-6.08

注：行业1表示高技术产业，行业2表示医药制造业，行业3表示航天器及设备制造业，行业4表示电子及通信设备制造业，行业5表示计算机及办公设备制造业，行业6表示医疗仪器设备及仪器仪表制造业。

机及办公设备制造业、医疗仪器设备及仪器仪表制造业。从增长率变化情况来看，高技术产业各行业增加值增长率均波动较大（见表8）。

表8 2004～2013年天津高技术产业各行业增加值及增长率

单位：亿元，%

指标＼年份	2004	2005	2006	2007	2008	2009	2010	2011	2012	2013
行业1	448.43	403.7	426.95	-188.95	-181.9	-46.8	372.8	406.3	929.5	716.6
增长率	—	-9.97	5.76	-144.27	3.73	74.27	896.58	8.99	128.77	-22.9
行业2	—	59.33	25.95	0.88	7.22	54.02	35.8	54.2	88.6	66.5
增长率	—	—	-56.26	-96.61	720.45	648.20	-33.73	51.40	63.47	-24.94
行业3	—	0.68	0.84	0.62	-0.34	99.14	50.16	73.7	31.1	197.7
增长率	—	—	23.53	-26.19	-154.84	29258.82	-49.40	46.93	-57.80	535.69
行业4	—	348.06	395.66	-231.08	-210.07	-129.34	270.17	321.6	619.7	354.1
增长率	—	—	13.68	-158.40	9.09	38.43	308.88	19.04	92.69	-42.86
行业5	—	-12.21	-0.64	38.08	10.46	-81.46	0.67	-37.7	74.5	113.7
增长率	—	—	94.76	6050.00	-72.53	-878.78	100.82	-5726.87	297.61	52.62
行业6	—	7.72	5.16	2.51	10.91	10.81	15.99	-5.6	15.8	-5.6
增长率	—	—	-33.16	-51.36	334.66	-0.92	47.92	-135.02	382.14	-135.44

注：行业1表示高技术产业，行业2表示医药制造业，行业3表示航天器及设备制造业，行业4表示电子及通信设备制造业，行业5表示计算机及办公设备制造业，行业6表示医疗仪器设备及仪器仪表制造业。

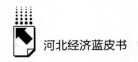

2004～2013年天津高技术产业各行业增加值占总体增加值的比重情况见表9。

表9 2004～2013年天津高技术产业各行业增加值比重

单位：%

指标＼年份	2004	2005	2006	2007	2008	2009	2010	2011	2012	2013
行业1	—	14.70	6.08	-0.46	-3.97	-115.43	9.60	13.34	9.53	9.28
行业2	—	0.17	1.97	-0.33	0.19	-211.84	13.45	18.14	3.35	27.59
行业3	—	86.22	92.67	122.30	115.49	276.37	72.47	79.15	66.67	49.41
行业4	—	-3.02	-0.15	-20.15	-5.75	174.06	0.18	-9.28	8.02	15.87
行业5	—	1.91	12.09	-1.33	-6.00	-23.10	4.29	-1.38	1.70	-7.81

注：行业1表示医药制造业，行业2表示航天器及设备制造业，行业3表示电子及通信设备制造业，行业4表示计算机及办公设备制造业，行业5表示医疗仪器设备及仪器仪表制造业。

总体来看，天津高技术产业规模增长较快，但产业内各行业发展很不平衡。电子及通信设备制造业规模最大；航天器及设备制造业增长最快，且在总产值中的比重不断提升；医药制造业发展较为稳定；计算机及办公设备制造业、医疗仪器设备及仪器仪表制造业则有下滑趋势。

（3）R&D人员全时当量

R&D人员全时当量是反映一个产业经济效益和发展质量的重要指标。2004～2013年，天津高技术产业R&D人员劳动生产率不断提高，2013年已达13242万元/人，是2004年的5.29倍。分行业来看，2013年，R&D人员劳动生产率的排序依次为：电子及通信设备制造业、医药制造业、计算机及办公设备制造业、医疗仪器设备及仪器仪表制造业、航天器及设备制造业。与2004年相比，增长幅度最大的为医疗仪器设备及仪器仪表制造业，增幅达28.68倍（见表10）。

从增长率来看，天津各高技术行业的R&D人员全时当量整体上保持增长趋势，但各行业情况差异较大。占高技术产业比重最大的电子及通信设备制造业R&D人员全时当量增长波动较大，2012年、2013年与2010年、2011年相比增速大幅下降；医药制造业R&D人员全时当量近两年稳定增长；计算机及办公设备制造业 R&D 人员全时当量增长率波动较大，增幅最大时达到 1802.86%，而最小时为 -93.38%；航天器及设备制造业起步较晚，其 R&D 人员全时当量增长率有下降趋势；医疗仪器设备及仪器仪表制造业的 R&D 人员全时当量增长波动也较大（见表 10）。

表 10　2004～2013 年天津高技术产业 R&D 人员全时当量

单位：人年，%

指标＼年份	2004	2005	2006	2007	2008	2009	2010	2011	2012	2013
行业 1	2504	3464	3124	4433	5676	6401	6750	10521	11622	13242
增长率	—	38.34	-9.82	41.90	28.04	12.77	5.45	55.87	10.46	13.94
行业 2	483	926	1296	1199	1497	2426	1802	3877	4369	5384
增长率		91.72	39.96	-7.48	24.85	62.06	-25.72	115.15	12.69	23.23
行业 3				—	187		171	221	127	142
增长率				—		—		29.24	-42.53	11.81
行业 4	1947	2249	1529	3010	3281	3065	3915	5240	5496	5845
增长率	—	15.51	-32.01	96.86	9.00	-6.58	27.73	33.84	4.89	6.35
行业 5	33	267	289	57	529	35	666	174	569	653
增长率	—	709.09	8.24	-80.28	828.07	-93.38	1802.86	-73.87	227.01	14.76
行业 6	41	23	11	168	182	875	197	1010	1060	1217
增长率		-43.90	-52.17	1427.27	8.33	380.77	-77.49	412.69	4.95	14.81

注：行业 1 表示高技术产业，行业 2 表示医药制造业，行业 3 表示航天器及设备制造业，行业 4 表示电子及通信设备制造业，行业 5 表示计算机及办公设备制造业，行业 6 表示医疗仪器设备及仪器仪表制造业。

（4）R&D 投入金额

高技术产业的重要特征是技术密集型，R&D 投入水平与高技术产业科技水平密切相关，其高低是该产业能否做大做强的重要决定因素。从 R&D 投入金额来看，2004～2013 年，除 2009 年外，高技术产业 R&D 投入金额均有所增加，但 2012、2013 年的增长幅度有所下降。分行业看，2013 年，R&D 投入金额最大的行业是电子及通信设备制造业，其余依次为医药制造业、医疗仪器设备及仪器仪表制造业、计算机及办公设备制造业、航天器及设备制造业。从 R&D 投入金额增长率变动趋势来看，电子及通信设备制造业增长率较为稳定；医药制造业近年来有所下降；医疗仪器设备及仪器仪表

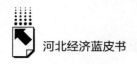
制造业增长波动较大；计算机及办公设备制造业在 2005～2007 年增长幅度较大，近年来增长幅度波动较大，总体来看有所下降；航天器及设备制造业近年来（除 2012 年）增长幅度较大（见表 11）。

表 11　2004～2013 年天津高技术产业 R&D 投入金额

单位：万元，%

指标 \ 年份	2004	2005	2006	2007	2008	2009	2010	2011	2012	2013
行业 1	82971	90124	132264	153556	227134	189530	220547	321478	392072	451315
增长率		8.62	46.76	16.10	47.92	-16.56	16.37	45.76	21.96	15.11
行业 2	14198	36318	44765	36956	31824	46408	48964	98636	143381	146588
增长率		155.80	23.26	-17.44	-13.89	45.83	5.51	101.45	45.36	2.24
行业 3	—	—	—	—		2125	1785	2658	1580	2088
增长率	—	—	—	—			16.00	48.91	-40.56	32.15
行业 4	68161	47846	72750	55134	132587	102569	135983	184922	208115	258759
增长率	—	-29.80	52.05	-24.21	140.48	-22.64	32.58	35.99	12.54	24.33
行业 5	251	5065	14688	54956	58835	24416	30459	4544	9782	12142
增长率	—	1917.93	189.99	274.16	7.06	-58.50	24.75	-85.08	115.27	24.13
行业 6	362	895	61	6510	1763	16136	3356	30717	29212	31740
增长率	—	147.24	-93.18	10572.13	-72.92	815.26	-79.20	815.29	-4.90	8.65

注：行业 1 表示高技术产业，行业 2 表示医药制造业，行业 3 表示航天器及设备制造业，行业 4 表示电子及通信设备制造业，行业 5 表示计算机及办公设备制造业，行业 6 表示医疗仪器设备及仪器仪表制造业。

从高技术产业内各行业 R&D 投入占生产总值的比重看，2004～2013 年电子及通信设备制造业一直以较高的数值居于首位，航天器及设备制造业则处于五个行业的末位。医药制造业的这一比重较为稳定，近几年在 30% 以上；计算机及办公设备制造业、医疗仪器设备及仪器仪表制造业的这一比例较低，2013 年，医疗仪器设备及仪器仪表制造业 R&D 金额比重超过了计算机及办公设备制造业（见表 12）。

（5）高技术产品的出口

产品的出口情况反映了一个产业对国际市场的占有情况，是衡量其国际竞争力的重要指标。受国际形势的影响，2008、2009 年天津高技术产业出口交货值有所下降，其后开始反弹并持续增长，只是在 2013 年略有下降。

表 12 2004～2013 年天津高技术产业各行业 R&D 投入占生产总值的比重

单位：%

行业\年份	2004	2005	2006	2007	2008	2009	2010	2011	2012	2013
行业 1	17.11	40.30	33.85	24.07	14.01	24.49	22.20	30.68	36.57	32.48
行业 2	—	—	—	—	—	1.12	0.81	0.83	0.40	0.46
行业 3	82.15	53.09	55.00	35.90	58.37	54.12	61.66	57.52	53.08	57.33
行业 4	0.30	5.62	11.11	35.79	25.90	12.88	13.81	1.41	2.49	2.69
行业 5	0.44	0.99	0.046	4.24	0.78	8.51	1.52	9.55	7.45	7.03

注：行业 1 表示医药制造业，行业 2 表示航天器及设备制造业，行业 3 表示电子及通信设备制造业，行业 4 表示计算机及办公设备制造业，行业 5 表示医疗仪器设备及仪器仪表制造业。

从各行业情况来看，2013 年出口交货值最高的是电子及通信设备制造业产品，达 1383.2 亿元，最低的是航天器及设备制造业产品，仅为 5 亿元，二者相差很大。从增长率来看，2012～2013 年，只有航天器及设备制造业、计算机及办公设备制造业出口交货值保持增长趋势，而其他行业则均有不同程度的减少（见表 13）。

表 13 2005～2014 年天津高技术产业出口交货值

单位：亿元，%

指标\年份	2004	2005	2006	2007	2008	2009	2010	2011	2012	2013
行业 1	852.9	1054.5	1168.81	1412.8	1094.8	879.2	1114.8	1185.3	1545.8	1537
增长率	—	23.64	10.84	20.88	-22.51	-19.69	26.80	6.32	30.41	-0.57
行业 2	12.5	17.88	20.91	19.6	18.76	—	27.1	27.5	40	33.3
增长率	—	43.04	16.95	-6.26	-4.29	—	—	1.48	45.45	-16.75
行业 3		1.36	2.14	2.5	2.08		5.4	3.5	4.1	5.0
增长率		—	57.35	16.82	-16.8		—	-35.19	17.14	21.95
行业 4	732.1	936.15	1065.34	1290.56	975.7		973.4	1077	1413	1383.2
增长率	—	27.87	13.80	21.14	-24.40		—	10.64	31.20	-2.11
行业 5	104	93.84	74.46	93.11	87.62		76.6	46.6	73.7	100.9
增长率	—	-9.77	-20.65	25.05	-5.90		—	-39.16	58.15	36.91
行业 6	4.2	5.29	5.97	6.99	10.66		32.3	30.8	14.9	14.7
增长率	—	25.95	12.85	17.09	52.50		—	-4.64	-51.62	-1.34

注：行业 1 表示高技术产业，行业 2 表示医药制造业，行业 3 表示航天器及设备制造业，行业 4 表示电子及通信设备制造业，行业 5 表示计算机及办公设备制造业，行业 6 表示医疗仪器设备及仪器仪表制造业。

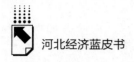

从高技术产业各行业出口交货值比重来看，所占比重最大的是电子及通信设备制造业，保持在 90% 左右，表明天津出口的高技术产品主要为电子及通信设备制造业产品，对推动整个高技术产业的出口起着非常重要的作用。航天器及设备制造业、医疗仪器设备及仪器仪表制造业的出口交货值所占比重较小，均不足 1%（见表 14）。

表14 2004～2013年天津高技术产业各行业占全产业出口交货值比重

单位：%

年份 行业	2004	2005	2006	2007	2008	2009	2010	2011	2012	2013
行业1	1.47	1.70	1.79	1.39	1.71	—	2.43	2.32	2.59	2.17
行业2	—	0.13	0.18	0.18	0.19	—	0.48	0.30	0.27	0.33
行业3	85.84	88.78	91.15	91.35	89.12	—	87.32	90.86	91.41	89.99
行业4	12.19	8.90	6.37	6.59	8.00	—	6.87	3.93	4.77	6.56
行业5	0.49	0.50	0.51	0.49	0.97	—	2.90	2.60	0.96	0.96

注：行业1表示医药制造业，行业2表示航天器及设备制造业，行业3表示电子及通信设备制造业，行业4表示计算机及办公设备制造业，行业5表示医疗仪器设备及仪器仪表制造业。

三 天津先进制造业发展建议

（一）构建创新体系，提升自主创新能力

（1）制定产业政策，促进先进制造业发展

为促进先进制造业发展，需要政府制定相应产业政策以支持先进制造业发展。如制定劳动密集型产业、知识密集型产业、高技术产业发展政策，以及传统制造业优化升级等产业政策。同时，出台相应的税收、财政、信贷优惠政策以鼓励先进制造业快速发展。

（2）支持企业创新发展

增强企业自主创新能力，促进企业从引进技术消化吸收向自主创新转变。鼓励企业开展自主创新项目，促进知识、技术、人才等创新要素向企业

流动，并给予一定的资金支持。充分利用国内外先进技术，依托重大工程项目，培育企业的自主创新能力，鼓励其开发具有自主知识产权的创新产品。同时，企业应加大研发经费投入，不断提高研发经费比例。

（3）优化人才发展环境

人才与产业结构关系的理论研究表明，人才是知识技能的载体，其集聚地比其他地区更容易实现创新，这不但能发展壮大该地区的技术、知识型产业，而且能促进产业结构优化，促使产生新的知识密集型产业[1]。因此，要为人才发展创造良好的环境，一方面，根据天津先进制造业的需要，调整人才培育体系，加大对高层次人才的引进力度；另一方面，以项目带动人才及智力引进，充分发挥高校和科研院所在人才引进方面的作用。同时，不断优化、完善人才发展所需的各种条件，加大创新成果的转化力度，促进产学研合作。

（4）鼓励产学研联盟

大力推进产、学、研、用密切结合，促使企业提高技术研发水平，及时将先进的技术知识转化为生产力。同时，政府要积极为企业和高校搭建合作平台，鼓励建立产学研联盟，加快高校科技成果转化。

（二）改造提升传统产业，发展新型产业

对于天津的传统制造业，要增上新设备，引进新技术，运用新工艺，开发新产品，加快传统产业改造升级。大力发展天津的高技术产业，使之成为天津的优势产业。特别是着力发展天津滨海新区先进制造业，天津滨海新区是国家综合配套改革试验区，发展好先进制造业不仅对于新区来说意义重大，而且具有全国范围内的示范带动作用[2]。

（三）构建综合交通体系，促进生产要素自由流动

交通运输体系是各地经济交流与合作的基础，更是促进区域协调发展的

---

① 孙健、尤雯：《人才集聚与产业集聚的互动关系》，《管理世界》2008 年第 3 期。
② 吴建新：《先进制造业在国家级区域规划中的定位及发展——以天津滨海新区为例》，《经济与管理》2011 年第 4 期。

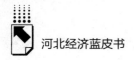

前提。交通网络的建立，有利于各种要素的区际自由流动，改善生产力格局，实现要素的最优配置，并最终实现区域协调发展。以铁路、公路建设为骨架，打造铁路、公路和航空相互衔接、四通八达的综合交通运输网络。铁路方面，继续加大铁路建设力度，推进城际铁路建设；公路方面，实现网络化、标准化、高速化；航空方面，拓展国内、国际航线。此外，辅以地铁、轻轨、快速路、高架桥等现代化交通方式，大力改善交通状况。

（四）优化生态环境，助力产业发展

产业发展应与资源、环境协调一致。第一，完善管理机制。各级政府要高度重视生态环境建设，把建设生态型社会作为重要工作内容，制定可操作的节能、节水、资源综合利用规划和实施方案；加强各级政府部门在环境保护中的联系，形成有序的监管体系；加强环境立法工作，加大环保部门的监管力度和执法力度。第二，加大环境污染防治力度。一是要节约用水，保护水资源。要坚持"全面节流、适当开源、依靠科技、强化管理"的方针，大力开展节水工程建设，发展节水型农业、节水型工业，努力提高水资源利用率。二是治理污染，保护环境。把治理水污染、农药和地膜污染作为重点，加快环保新产品的研制、开发、引进和推广，防止造成新的污染。在大气污染治理方面，控制主要污染物的排放，改善大气质量。三是增加环境综合整治和建设投入。加大对生态环境质量保护和改善的投入，广辟筹资渠道，切实为环保建设提供资金支持。第三，努力提高资源综合利用效率。推动技术进步，提高资源综合利用整体技术水平。建设生态农业、生态牧场、生态城市、生态工厂和可持续发展的生产生活地域综合体系，加快新技术、新产品、新材料的推广和应用。

（五）完善协调机制，促进京津冀产业协同发展

随着京津冀协同发展日益深入，区域间的相互依赖会进一步加深，建立区域间的制度协调机制可以打破行政壁垒对产业发展形成的障碍，从政策上给生产要素以自由流动的空间。为实现区域产业协调发展，围绕京津冀总体

发展目标和各地的区域特色，规划产业发展重点，优化各地产业结构，加强区域间的产业合作和创新。协调好各方利益，推动京津冀各地之间合作向高层次、宽领域、紧密型方向发展。

参考文献

［1］孙久文、张红梅：《京津冀一体化中的产业协同发展研究》，《河北工业大学学报》（社会科学版）2014 年第 3 期。

［2］李国平、张杰斐：《京津冀制造业空间格局变化特征及其影响因素》，《南开学报》（哲学社会科学版）2015 年第 1 期。

［3］鲁金萍、刘玉、杨振武、孙久文：《京津冀区域制造业同构现象再判断——基于分工视角的研究》，《华东经济管理》2015 年第 7 期。

［4］陈曦：《天津制造业发展特征分析及结构调整建议》，《求知》2014 年第 1 期。

［5］孙健、尤雯：《人才集聚与产业集聚的互动关系》，《管理世界》2008 年第 3 期。

［6］吴建新：《先进制造业在国家级区域规划中的定位及发展——以天津滨海新区为例》，《经济与管理》2011 年第 4 期。

B.9

全国现代商贸物流重要基地与
河北战略*

王树强　梁念　王粲　刘赫**

摘　要： 当前我国已进入经济新常态，第三产业已超越第二产业升级
为国民经济的主体产业，商贸物流业是第三产业的骨干，对
经济发展的支撑作用日趋显现。商贸物流业也是京津冀协同
发展的重要载体，《京津冀协同发展规划纲要》明确了河北
省的功能定位，"全国现代商贸物流重要基地"在其一系列
功能定位中位列第一，这意味着商贸物流业对于河北省充分
融入京津冀协同发展、形成长期核心竞争力意义重大。凭借
优越的地理位置和较为完善的交通设施，河北省第三产业发
展迅速，商贸物流业稳定增长。与周边地区相比，河北省批
发和零售规模、交易市场数量以及物流条件占据优势，但在
物流网络、服务功能、品牌效应、区域发展均衡性、会展建
设方面存在一定差距。发挥优势、补齐短板成为河北省商贸
物流业健康发展的战略目标和方向。

关键词： 商贸物流　产业结构　电子商务

* 本报告为2014年度河北省社会科学基金项目"京津冀环境治理协作中的河北省对策"
（HB14YJ083）和2015年度河北省科技计划项目"促进京津冀产业对接与转移的思路与对策研
究"（15457634D）的阶段性研究成果。
** 王树强，河北工业大学经济管理学院教授，河北工业大学京津冀发展研究中心研究员，博士，
硕士生导师，研究方向为宏观经济分析；梁念，河北工业大学经济管理学院硕士生；王粲，
河北工业大学经济管理学院硕士生；刘赫，河北工业大学经济管理学院硕士生。

当前我国已进入经济新常态，经济已由高速增长向中高速增长转变，经济增长模式已由规模扩充转向内涵发展，经济增长动力已由投资拉动转向创新创业为主体的供给侧和需求侧共同发力。经过淘汰落后产能、节能减排和经济转型的多重推动，我国第三产业已超越第二产业升级为国民经济的主体产业，消费超越投资升级为经济增长的主要动力。

作为我国经济发展的第三增长极，京津冀区域成为加快经济转型的主导力量。《京津冀协同发展规划纲要》规划了京津冀整体发展战略目标和战略途径，并根据三地的区位优势确定了相应的功能定位，其中"全国现代商贸物流重要基地"是对河北省的首要功能定位，这预示着河北省的商贸物流业具有巨大的发展潜力。客观评估河北省商贸物流业发展状况，科学比较河北省与周边区域的商贸物流业发展水平，明确河北省商贸物流业发展障碍，制定行之有效的发展对策，对于河北省充分融入京津冀协同发展，形成长期核心竞争力，加速经济转型，具有重大战略意义。

一 商贸物流定义

商贸物流，主要是指商品由生产端流向消费端的全部过程，以及相关的服务活动。《商贸物流专项规划》（2011）将商贸物流界定为：与批发、零售、住宿、餐饮、居民服务等商贸服务业及进出口贸易相关的物流服务活动。从批发和零售业、流通业、公共和商业服务业的角度出发，我们将本报告中的商贸物流定位为第三产业。商贸物流的核心地位主要表现为：①交易和流通是市场价格形成的基础，是市场经济运行的根本动力。在现代经济条件下，产业体系创造价值，交易和流通实现价值，因此，作为交易和流通主体的商贸物流业在国民经济发展中起着越来越重要的作用。②商贸物流业是国民经济的主导产业之一，是市场启动和消费增长的推进器。③商贸物流业发达是现代经济的一个重要特征。④商贸物流业是服务业的核心。影响商贸物流业发展的主要因素包括内部因素和外部因素。其中，内部因素包括人力、财务、设备、信息等资源因素和资源获取、配置、运营、创新等能力因

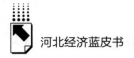

素；外部因素主要有政策、文化、基础设施、宏观经济状况等因素和业内服务水平、消费服务需求等行业因素。所以，发展一个区域的商贸物流业需要多方配合、市场引导、政策清障。

二　河北省发展商贸物流的优势

1.地理位置比较优越

河北省坐落于中国华北地区，省会是石家庄市，环抱首都北京。河北省与内蒙古、辽宁、山东、河南接壤，西隔太行山与山西省相邻，北距首都北京283公里，东与天津市相邻并紧傍渤海，是我国北部重要的沿海大省，是环渤海经济圈不可或缺的重要组成部分。基于其重要的地理位置，河北省在交通运输、省市交流中发挥着重要作用。河北省是北京与全国各省市贸易联系，东北地区联系关内各省区，华北进出口贸易与晋煤外运，广大西北地区、内蒙古与山西通往北方重要港口天津的必经之地。经过多年的建设与发展，河北省现如今已经初步形成了四通八达的以航空运输、公路、水运、铁路为主体的综合立体交通运输网络，为商贸物流业营造了良好的发展环境。

河北省交通优势明显，集铁路、公路、海运、空运等交通方式于一身，这也为其物流发展提供了良好基础。以京九、京包、京沪为骨干的二十多条铁路，呈放射状贯通河北腹地与我国大多数省份，年年增长的铁路里程使河北省的铁路交通更加便捷。河北省濒临渤海，海运优势明显，目前拥有秦皇岛港（秦皇岛）、黄骅港（沧州）、唐山港（唐山）等大型港区，其中，秦皇岛港是我国煤炭主要输出港，黄骅港是中国能源输出的主要港口，唐山港拥有曹妃甸港区、京唐港区等。港口发展对物流运转以及对外贸易起到了极大的推动作用，随着运行的不断完善，相关配套设施正逐渐发挥作用。河北省公路网络较为发达，公路建设也在稳步发展，公路通车里程已扩展到17.9万公里，同比增长了2.7%。其中，新增高速公路通车里程269公里，高速公路通车里程达到5888公里；农村公路总里程达15.6万公里。此外，河北省的空运条件也在逐步完善。

2.物流产业规模持续壮大

根据《河北省 2014 年国民经济和社会发展统计公报》的数据，绘制了如图 1 所示的 2014 年河北省贸易及物流产业规模图，从中可以看出，2014 年，河北省贸易以及物流产业的发展规模与上年相比均有所增长，增长幅度均在 10% 以上，说明河北省商贸物流业发展态势良好，处于持续增长状态，其规模正在扩张。同时，社会贸易总额和物流产业收益的增长率领先于地区生产总值和第三产业产值的增长率，说明商贸物流业在河北省经济中比较活跃，各行各业的发展都与其息息相关，物流产业具有巨大的发展潜力。

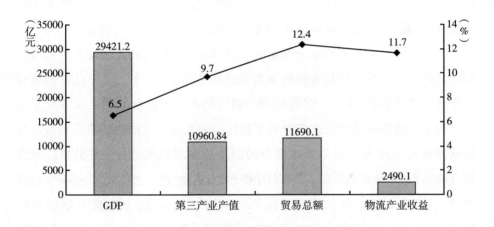

图1 2014 年河北省贸易及物流产业规模

此外，2014 年河北省完成货物运输总量 21.1 亿吨，同比增长 6.0%；货物运输周转量 12631.4 亿吨公里，同比增长 8.3%。营业性旅客运输总量有所下降，为 6.1 亿人次；营业性旅客运输周转量增长近 10%，达到 1276.7 亿人公里。河北省港口货物吞吐量达 9.5 亿吨，增长 6.8%，港口集装箱吞吐量为 183.7 万标准箱，增长 36.5%。港口物流发展态势良好，港口发展带动货物大量出口，物流量激增，使物流业产值迅速增长，有利于带动全省经济的增长。

河北省重视对物流园区的建设和规划。目前，河北省规划在建 16 个省

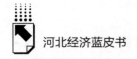

级物流产业聚集区，这些物流园区包括石家庄河北润丰物流中心、迁安市北方钢铁物流产业聚集区、保定白沟物流聚集区、渤海新区物流产业聚集区、唐山海港物流产业聚集区等。同时，围绕环北京发展战略，河北省还在进行三河、涿州等6个物流园区的规划和建设。

3. 基础设施投入加大

加大物流设施的建设力度，为河北省物流产业的发展提供了基本条件。只有物流设施发展布局合理，物流产业才能进一步更好地带动河北省经济发展，使物流产业成为经济发展的重要支撑。截至2013年底，河北省已经具有国家物流一级节点城市1个，即唐山，二级节点城市4个，分别是石家庄、邯郸、秦皇岛、沧州，此外，冀中能源国际物流公司、河北钢铁集团国际物流公司、国药乐仁堂物流中心等一批煤炭、钢铁、医药物流企业发展迅速。河北省新增8个省级物流聚集区，如邢台会宁综合物流聚集区、邯郸国际陆港物流园区等，使其省级物流聚集区总数达到32个，其中已开始进行基础设施建设的有24个，江苏雨润、浙江物产、香港胜记仓、深圳宝湾等大型物流项目相继落户河北省并开工建设。河北省获批的物流产业聚集区总规划面积326.54平方公里，建设中的起步规划面积72.79平方公里。河北省目前共有25条干线铁路、27条国家干线公路通过，公路通车里程（包括村路）达17.4万公里，同比增长7.0%。其中，高速公路通车里程达到5619公里，包括新建成的550公里高速公路。年末民用汽车（包括低速货车与三轮汽车）保有量1035.6万辆，同比增长8.1%。

此外，机场的建设力度逐渐加大，首都第二国际机场正在开工建设，北戴河、邢台等地新机场正在建设，河北省机场的数量将得以增加，从而为航空物流的发展提供了有利条件，减轻了原有机场的运行压力，大大提高了物流配送的效率，使物流业的配送更加及时快捷。

4. 社会消费品零售总额稳定增长

2014年，河北省社会消费品零售总额同比增长11.2%（见图2），其中，乡村增长13.1%，快于城镇增速0.9个百分点。按经营单位所在地统计，城镇消费品零售额完成9123.6亿元，增长12.2%；乡村消费品零售额

完成 2566.5 亿元，增长 13.1%。限额以上批发和零售业商品零售额实现
3074.3 亿元（占全省社会消费品零售总额的 26.3%），同比增长 9.1%，粮
油、食品、饮料烟酒类增长 12.5%，服装、鞋帽、针纺织品类增长 7.4%，
日用品类增长 13.7%，化妆品类增长 10.4%，中西药品类增长 18.6%，金
银珠宝类增长 0.3%，家具类增长 18.2%，石油及制品类增长 8.6%，汽车
类增长 8.3%。20 个商品大类中有 19 个大类同比增长，有 9 大类增速超过
10%，只有机电产品及设备类同比下降（见表1）。

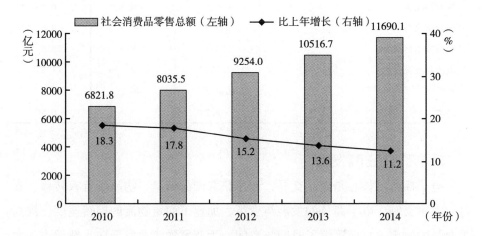

图 2　社会消费品零售情况

表 1　分类别商品交易情况

单位：亿元，%

商品类别	2014 年	2013 年	同比增长
粮油、食品、饮料、烟酒类	354.3	315.0	12.5
服装、鞋帽、针纺织品类	390.4	363.6	7.4
化妆品类	46.4	42.0	10.5
金银珠宝类	88.3	88.1	0.2
日用品类	96.1	84.5	13.7
五金、电料类	14.1	12.5	12.8
体育、娱乐用品类	12.3	11.8	4.2
书报杂志类	37.9	27.4	38.3

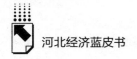

续表

商品类别	2014	2013	同比增长
电子出版物及音像制品类	3.1	2.7	14.8
家用电器和音像器材类	240.5	233.2	3.1
中西药品类	176.9	149.1	18.6
文化办公用品类	21.9	21.0	4.3
家具类	36.3	30.7	18.2
通信器材类	37.3	36.8	1.4
煤炭及制品类	9.9	9.3	6.5
石油及制品类	443.7	408.5	8.6
建筑及装潢材料类	24.3	18.9	28.6
机电产品及设备类	7.5	7.6	-1.3
汽车类	1024.8	946.2	8.3
其他类	8.2	7.7	6.5

5. 电子商务迅猛发展

电子商务的核心是商品交易，涉及获取产品信息、物品所有权转移、支付、实物交割。电子商务的发展与变革，加速了商贸物流的周转速度，提高了交易的效率，从而压缩了时间与空间，为商贸物流业发展注入新活力。河北省已经制定了《河北省电子商务发展总体规划和实施方案》，为未来的发展做出了规划，建立了河北省贸促会信息网络，行政单位大都进行了内部网的建设且已较为完善。如表2所示，2014年，河北省电子商务交易额突破万亿元，达到10833亿元人民币，比上年增加了44.4%，占地区生产总值的37.3%，其中，网络零售额高达1029亿元，占社会消费品零售总额的8.8%。各大型商贸流通企业纷纷加大线上投资力度，积极探索商业O2O模式，与电商平台深度合作，为扩大消费增添了新动力。河北省快递业务量达3.4亿件，在全国排名第9，邮政收入增长了17.8%，达85.9亿元。其中，快递业务收入高速增长42.2%，达41.1亿元。石家庄、保定、廊坊快递业务量进入全国城市排名前50。网络购物的高速增长，对商贸物流业提出了更高质量、高效率的要求。

表 2　河北省电子商务发展情况

单位：亿元，%

年份	电子商务交易额	同比增长	网络零售额	同比增长
2011	3300	48.5	340	41.7
2012	5009	51.8	512	50.6
2013	7500	49.7	723	41.2
2014	10833	44.4	1029	42.3

6. 商品交易市场

河北省是现货贸易大省，全国共 90000 家各类交易市场，河北省达 4011 家，年交易额 5900 多亿元，无论是数量还是交易规模在全国都位居前列。商品交易市场是指经有关部门和组织批准设立，有固定场所、设施，有经营管理部门和监管人员，允许若干市场经营者入内，常年或实际开业三个月以上，集中、公开、独立地进行生活消费品、生产资料等现货商品交易以及提供相关服务的交易场所，包括各类消费品市场、生产资料市场等。其主要分为综合市场和专业市场。河北省县域特色经济发展较为突出，如永年标准件、安平丝网、大营皮草、清河羊绒、白沟箱包等，都已形成市场与产业共生、交互促进的良性格局。河北省亿元以上商品交易市场共有 253 个，其中保定白沟新城市场、石家庄新华集贸市场、石家庄南三条市场、河北香河家具市场、正定县恒山板材批发市场、正定国际小商品市场为全国百强综合贸易市场。表 3 列出了按成交额排名前十的商贸交易市场。2014 年省内 200余家商品交易市场及服务机构共同发起成立了河北省商贸市场联合会，着力破解市场瓶颈、搭建信息平台、推广产品品牌，助力建设商贸流通产业新格局，推动河北省经济转型升级和绿色崛起。

表 3　亿元以上商品交易市场

单位：万元

市场名称	成交额	市场名称	成交额
保定白沟新城市场	6082514	安国市东方药城交易大厅	1400000
石家庄新华集贸市场	4780000	肃宁县皮毛交易市场	1358000
石家庄南三条市场	3710000	沧州崔尔庄红枣批发市场	1000000
河北香河家具市场	2600000	高阳县庞口汽车农机配件城	860000
永年县标准件市场	1500000		

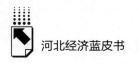
三 河北省与毗邻省份的比较分析

河北省毗邻北京、天津、辽宁、内蒙古、河南、山东,其中竞争与合作共存,为了形成覆盖这一区域的贸易中心,河北省必须突出优势,削弱劣势,我们从以下几方面将河北省与毗邻省份进行比较,旨在说明河北省打造贸易中心的优势和不足之处。

1. 经济基础分析

河北省 2014 年地区生产总值实现 29421.2 亿元,按可比价格计算,比上年增长 6.5% (如表 4 所示),与北京、天津、山东等省市有一定差距。相对于全国平均水平,河北省的经济情况也不容乐观,并且差距有逐年扩大的趋势。较少的地区生产总值意味着消费水平的不足,从而抑制了商贸流通业的发展。但就区域而言,河北省的地区生产总值高于内蒙古、山西、辽宁、河南地区,在所分析的区域内具有一定优势。

表 4 各地区近年的地区生产总值

单位:亿元

地区	2010	2011	2012	2013	2014
全 国	408903.0	484123.5	534123.0	588018.8	635910.2
北 京	14113.6	16251.9	17879.4	19800.8	21330.8
天 津	9224.5	11307.3	12893.9	14442.0	15726.9
河 北	20394.3	24515.8	26575.0	28443.0	29421.2
山 西	9200.9	11237.6	12112.8	12665.3	12761.5
内蒙古	11672.0	14359.9	15880.6	16916.5	17770.2
辽 宁	18457.3	22226.7	24846.4	27213.2	28626.6
山 东	39169.9	45361.9	50013.2	55230.3	59426.6
河 南	23092.4	26931.0	29599.3	32191.3	34938.2

河北省的产业结构也不尽合理,第三产业比重偏低。由表 5 可见,2014年第三产业产值占全省地区生产总值的 37.3%,总体排名靠后,比北京低约 40 个百分点,在所分析的区域内也不占优势。在第三产业中,交通运输、

仓储和邮政业的产值为 2396.4 亿元，占第三产业产值的比重约为 21.9%，批发和零售业产值为 2255.13 亿元，占比为 20.6%，住宿和餐饮业产值为 399.86 亿元，占比为 3.6%，总计河北省的商贸物流业占到第三产业的 46.1%。而北京的这一比例只有 22.4%，内蒙古优势明显，该比例为 51.8%，河北省以微弱的劣势排名第二位。这些数据显示河北省在商贸物流业方面已有一定基础，尤其在交通运输、仓储和邮政业方面，河北省可以与其他省份平分秋色，这为商贸物流业的发展打下较好的交通、储备基础。但在批发和零售业方面，山东省以 7826.46 亿元的绝对优势远超河北省，这反映出河北省消费疲软，批发和零售业尚未形成足以影响整个区域的规模，发展势头不足，侧面也反映出较好的交通条件并没有完全发挥其优势，资源配置存在问题。河北省的住宿和餐饮业也落后于其他省份，并且近年来一直处于下滑趋势，反映了河北省的消费能力尚待开发。从各个省份的情况来看，河北省商贸物流业比重较大，但是基础依然较为薄弱，商贸物流业总产值仅有 5051.39 亿元。要想形成影响区域甚至全国之势，河北省仍需加大力度调整产业结构，合理规划产业发展。

表5　2014 年各地区第三产业情况

单位：亿元，%

地区	第三产业产值	第三产业比重	交通运输、仓储和邮政业	批发和零售业	住宿和餐饮业
北　京	16627.04	77.9	948.1	2411.14	363.76
天　津	7795.18	49.6	720.72	1950.71	230.28
河　北	10960.84	37.3	2396.40	2255.13	399.86
山　西	5678.69	44.5	797.13	990.04	299.16
内蒙古	7022.55	39.5	1313.68	1756.89	569.25
辽　宁	11956.19	41.8	1488.93	2653.65	568.77
山　东	25840.12	43.5	2326.25	7826.46	1112.19
河　南	12961.67	37.1	1676.46	2278.45	998.35

2. 人员结构分析

就人员结构分析，如表6 所示，河北省 2013 年就业人口为 4183.93 万人，其中，第一产业就业人口为1404.49万人，比2012年该产业就业人口下降12万人，所占比例下降0.73个百分点；第二产业就业人口为1438.07万人，比2012年增长38万人；第三产业就业人口为1341.37万人，吸纳了全省32.06%的就业人口，比2012年增长72.69万人，比例提高了2个百分点。相比其他先进省份就业人口数量及分布，河北省产业结构层次较低，至今第一产业依然吸纳了约1/3的劳动力，不符合产业发展的规律，产业升级问题依然严峻。从就业人口的结构和数量来看，北京和天津呈现出对第三产业较强的依赖性；排除地理和自然环境因素外，山东和河北处于同一级别，山东表现出与河北相近的产业发展模式，但是从发展水平上看则位于河北之上。河北与北京、天津等城市第三产业差距较大，市场活力有限，吸纳就业的能力较低，不利于商贸物流业的发展。

表6　2013年各地区三次产业就业人口分布

单位：万人，%

项目	河北	北京	天津	山西	内蒙古	辽宁	河南	山东
就业	4183.93	1141	847.46	1844.2	1408.2	2518.9	6387	6580.4
第一产业	1404.49	55.4	68.99	650.6	580.9	683.8	2563	2086
第二产业	1438.07	210.9	353.85	519.1	264.6	724.2	2035	2270.2
第三产业	1341.37	874.7	424.62	674.5	562.7	1110.9	1789	2224.2
第三产业吸纳人口比例	32.06	76.66	50.11	36.57	39.96	44.10	28.01	33.80

如表7所示，在商贸物流业领域比较关键的细分行业中，河北省就业人员数量相对其他省份较为缺乏：在批发和零售业、住宿和餐饮业领域，就业人员数量差距较大，北京、山东、河南的城镇批发和零售业从业人员分别为72.28万人、62.82万人、53.26万人，而河北省只有28.24万人，差距较大。以上的数据表明，河北省商贸物流行业的市场力量较为薄弱，无法吸引大量的劳动力从事该行业，反过来，劳动力的缺乏也抑制了市场活力，对商贸物流业的发展有削弱作用。

表7 商贸物流业城镇就业人员分布

单位：万人

地区	交通运输、仓储和邮政业	批发和零售业	住宿和餐饮业
北　京	60.23	72.28	30.25
天　津	14.34	17.27	5.96
河　北	28.96	28.24	6.27
山　西	24.59	19.05	5.02
内蒙古	21.31	10.50	4.26
山　东	49.75	62.82	15.58
河　南	44.49	53.26	11.24

3. 商贸物流业的发展状况

从河北省及周边省份的市场交易状况来看，河北省的优势依然不明显。如表8所示，从交易市场数量、总摊位数、营业面积、成交额比较，河北省相比辽宁、内蒙古、山西、河南具有一定优势，但与山东相比，交易市场数量和成交额只有山东的一半左右，差距较大。总摊位数、营业面积也都远小于山东。另外，虽然河北省的上述总量指标高于北京、天津，但是由于河北省人口多和土地面积大，平均每个市场的成交额小于北京、天津，市场覆盖范围不足。由此看来，要想承担区域甚至全国的商贸物流中心的重任，需要加快市场扩围，提高发展速度。

表8 各地区商品交易市场

地区	市场数量（个）	总摊位数（个）	营业面积（万平方米）	成交额（亿元）
北　京	131	108167.00	692.72	3390.27
天　津	65	41839.00	458.57	1790.93
河　北	244	305169.00	2699.80	5193.01
山　西	39	29948.00	279.25	611.12
内蒙古	72	38410.00	768.48	579.82
辽　宁	215	176581.00	912.87	3947.31
山　东	579	395794.00	3972.50	9663.27
河　南	164	144148.00	1268.09	3138.43

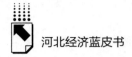

从零售行业来看，与周边区域相比，河北省基础薄弱，如表9所示。河北省的社会消费品零售总额低于山东、河南，虽然绝对值不具优势，但是发展迅速，2013年和2014年，河北省的社会消费品零售总额增速均超过了全国平均水平，其中，2013年增长了13.6%，2014年增长了12.4%。较高的增长水平显示，河北省产业结构调整已经略有成效，市场正在积极调整资源流动方向，河北省商贸物流产业具有较大的发展潜力。

表9 各地区零售行业发展状况

地区	2014 年		2013 年	
	社会消费品零售总额（亿元）	增长（%）	社会消费品零售总额（亿元）	增长（%）
全　国	271896.10	12.0	242842.80	13.1
北　京	9638.00	15.1	8375.10	8.7
天　津	4738.65	6.0	4470.43	14.0
河　北	11820.46	12.4	10516.75	13.6
山　西	5717.89	11.3	5139.3	14.0
内蒙古	5657.56	10.6	5114.2	11.8
辽　宁	11793.10	11.5	10581.4	13.7
山　东	25111.53	12.6	22294.84	13.4
河　南	14004.95	12.7	12426.6	13.8

连锁行业的经营范围包括商业、餐饮、住宿等服务业，在世界各国普遍存在。连锁企业采用关联经营方式，将多个分店组成一个整体，消除了单体商业经营规模不足的问题，提高了规模效益，是实现标准化、专业化、统一化的经营活动。从连锁行业的数据来看，河北省连锁零售业发展较为落后，如表10所示，比较总店数、门店总数、年末从业人数三个关键指标，河北省连锁行业只高于天津、内蒙古和山西，远低于北京、辽宁、山东。从年末零售营业面积、商品销售额两个指标进行分析，河北省高于天津、内蒙古、山西、辽宁，地位略有提高，说明河北省对连锁行业的需求量较大，连锁业销售渠道效率较高。

表10 各地区连锁业的发展

地区	总店数 （个）	门店总数 （个）	年末从业人数 （万人）	年末零售营业 面积（万平方米）	商品销售额 （亿元）
北 京	151	7433.00	16.01	736.82	2544.32
天 津	39	2324.00	3.54	203.52	753.15
河 北	81	4537.00	5.37	645.87	1145.31
山 西	55	3425.00	4.09	269.19	577.4
内蒙古	17	262	0.48	24.5	39.82
辽 宁	98	6157.00	6.57	470.66	941.67
山 东	147	10733.00	17.08	1590.17	2818.61
河 南	138	5321.00	6.88	687.62	903.47

　　流通存在于生产和销售之间，批发企业处于价值链的中间，上连供应商下对零售商，货品由供应商到零售商的转移，必然要通过批发商。批发企业经营状况的好坏能够反映出整个商贸物流行业流通是否顺畅，同时也能够促进其发展。表11中是限额以上批发企业的数据，从中明显可以看出，行业发展较好的地区是北京、山东、天津，这三个省市不仅企业较多而且利润较大，整个行业发展态势良好；而河北省的批发企业数量仅为北京的约1/3，山东的约1/5，主营业务利润仅有342.11亿元，远低于山东省的1616.32亿元。同时，就区域发展来看，河北省整体情况也处于劣势，企业少，购销量和利润都较低。这些数据说明河北省市场并不活跃，批发行业未形成规模，无法吸引大量的劳动力，辐射能力不足。

表11 各地区限额以上批发企业情况

地区	法人企业 （个）	年末从业 人数（人）	商品购进额 （亿元）	进口 （亿元）	商品销售 额（亿元）	出口 （亿元）	主营业务 利润（亿元）
北 京	5791.00	41.17	48485.50	8991.38	50746.80	2637.72	2521.95
天 津	4040.00	11.56	28240.12	1684.33	29929.68	557.77	882.85
河 北	1712.00	12.58	7828.55	94.24	8527.55	101.49	342.11
山 西	1092.00	9.8	9116.06	76.45	9764.09	52.33	260.55
内蒙古	739	3.7	2424.95	108.55	2739.18	59.18	181.15
辽 宁	3376.00	13.07	12395.65	464.95	13201.68	319.43	429.83
山 东	8681.00	41.89	20345.25	1173.21	22148.63	938	1616.32
河 南	3087.00	19.72	6664.77	134.71	7831.17	77.47	622.91

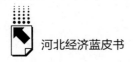

4. 物流情况

物流是指以最低的成本，通过运输、保管、配送等方式，为了满足客户的需要，实现原材料、半成品、成品或相关信息由产地到消费地的计划、实施和管理的全过程。物流运转涉及从原材料供应，到制成品最终移交到消费者手中的所有环节，承担着仓储、运送、包装、搬运、配送、装卸等任务。首先从运输能力分析，河北省有一定的优势，这为未来物流产业的发展奠定了良好的基础。表12列出了各地区各种运输方式的货运量情况，表中数据表明，河北省已经具备了承担大宗商品运输的能力，货运总量仅低于山东和河北，明显高于周边省份，排第三位。其中，河北省公路、港口货运能力极具优势，铁路货运能力也相对较强，民航货运能力需要大力提高。这与河北省铁路、公路网相对发达以及在铁路、公路运输方面投入较多的人力资源有关。但是，河北省在仓储、邮政、装卸搬运领域的从业人员较少，与山东、北京等省市依然有较大差距，物流产业发展对人才和资本的吸引力不足。

表12   各地区货物运输情况

单位：万吨

地区	货运量	铁路	公路	水运	民航	管道	港口货物吞吐量
天 津	51603	8446	31985	9884	21	—	50063
北 京	28294	1078	24651	—	136	2429	—
河 北	277840	49688	224319	2517	3	1313	88984
山 西	156048	73181	82834	28	5		
内蒙古	173913	76849	97058	—	5.49	—	
山 东	344401	19043	311812	13546	—		118137
辽 宁	212305	17817	172923	13379	9.6	8177	98354
河 南	304369	12762	282970	8632	25.79	—	—

5. 会展情况

会展指在一定地域空间内，由行业参与者聚集形成的定期或不定期、制度或非制度的传递和交流信息的群体性社会活动，具体形式包括各种类型的博览会、展销活动、大中小型会议、文化活动、节庆活动等。2014 年，全国共举办展览 7851 场，比 2013 年增加 0.5%，涉及展馆 316 个，可销售面积为 910 万平方米；展出面积为 10344 万平方米，比 2013 年增长 13.7%；举办 50 人以上专业会议 76.5 万场，比 2013 年增加 5.4%；举办万人以上节庆活动 6.1 万场，比 2013 年减少 11.6%；出国境展览面积 64.74 万平方米，比 2013 年减少 7.2%；提供社会就业岗位 1960 万人次，比 2013 年增长 0.5%；实现直接产值 3796 亿元人民币，比 2013 年增长 5.8%，占全国国内生产总值的 0.67%，占全国第三产业产值的 1.45%，拉动实现效益 3.4 万亿元人民币，比 2013 年增长 6.3%。

从数量上比较，山东省有展馆 34 座，居于首位；广东省有展馆 31 座，居于次位；浙江省、江苏省各有 23 座展馆，并列第三名。从可销售面积上看，广东省展馆室内可销售面积为 156 万平方米，约占全国总量的 16%，居于首位；山东省展馆室内可销售面积为 105 万平方米，占全国总量的 11%，居于第二位；浙江省展馆室内可销售面积为 99 万平方米，占全国总量的 10.4%，居于第三位；江苏省展馆室内可销售面积为 67 万平方米，占全国总量的 7%，居于第四位；上海市可销售面积为 49.5 万平方米，占全国总量的 5%，居于第五位；北京市可销售面积为 41 万平方米，占全国总量的 4.2%；居于第六位。相比之下，河北省在会展方面虽然取得一定成绩，但是与其他省份相比依然存在较大的差距，2013 年，河北共有专业化会展场馆 12 个，展馆面积为 35 万平方米，场馆总面积排名全国第 11 位，但展会平均面积仅排名第 24 位。

综上所述，河北省在商贸物流业方面已经取得一定成就，但也存在不同程度的缺陷，为了保证研究的严谨性，下文将采用主成分分析法比较几个地区商贸物流业发展情况。如表 13 所示，分析的因子主要包括：x_1 地区生产总值，x_2 第三产业增加值，x_3 人均地区生产总值，x_4 第二产业增加值，x_5 批发和零售业收入，x_6 交通运输、仓储和邮政业收入，x_7 住宿和餐饮业收入，x_8 全社会固定投资总额（批发和零售业，交通运输、仓储和邮政业，住宿和餐饮业，信息传输、软件和信息技术服务业，金融业）、x_9 货运量、x_{10} 年末城市道路面积，x_{11} 年末移动电话用户人数。对这些数据进行处理，首先进行标准化，其次进行主成分分析，最后判断各省市发展情况。

表13　影响商贸物流业因素的原始数据

因子	北京	天津	河北	山西	内蒙古	辽宁	山东	河南
x_1	21330.83	15726.93	29421.15	12761.49	17770.19	28626.58	59426.59	34938.24
x_2	16627.04	7795.18	10960.84	5678.69	7022.55	11956.19	25840.12	12961.67
x_3	99995	105231	39984	35070	71046	65201	60879	37072
x_4	4544	7731.85	15012.85	6293.91	9119.79	14384.64	28788.11	17816.56
x_5	2411.14	1950.71	2255.13	990.04	1756.89	2653.65	7826.46	2278.45
x_6	948.1	720.72	2396.40	797.13	1313.68	1488.93	2326.25	1676.46
x_7	363.76	230.28	399.86	299.16	569.25	568.77	1112.19	998.35
x_8	1099.29	1346.23	3328.26	1227.92	2428.97	3594.29	4842.72	2863.49
x_9	25748	45233	198009	156045	164346	206868	264100	184823
x_{10}	9611	12440	21205	10602	13454	23370	52043	19791
x_{11}	584585	306302	719108	261339	419540	552621	724584	693529

运用主成分分析法对原始数据进行处理，首先标准化去掉量纲，然后将处理后的数据进行主成分分析，得到累积贡献率为 80% ~ 90% 的主成分，并且要求特征值大于 1；对模型提出两个主成分，设为 y_1、y_2，并根据表14、表15求出主成分的表达式。

表14　解释的总方差

成分	初始特征值			提取平方和载入		
	合计	方差(%)	累积(%)	合计	方差(%)	累积(%)
1	8.066	73.327	73.327	8.066	73.327	73.327
2	1.613	14.665	87.992	1.613	14.665	87.992
3	0.634	5.762	93.754			
4	0.381	3.466	97.220			

成分	初始特征值			提取平方和载入		
	合计	方差(%)	累积(%)	合计	方差(%)	累积(%)
5	0.209	1.899	99.119			
6	0.067	0.607	99.726			
7	0.030	0.274	100.000			
8	0.000	0.000	100.000			
9	0.000	0.000	100.000			
10	0.000	0.000	100.000			
11	− 0.000	− 0.000	100.000			

表 15　因子载荷矩阵

成分	1	2	成分	1	2
1	0.980	0.175	7	0.869	− 0.012
2	0.808	0.522	8	0.943	− 0.135
3	− 0.378	0.869	9	0.806	− 0.521
4	0.978	− 0.029	10	0.949	0.156
5	0.870	0.422	11	0.796	0.029
6	0.876	− 0.248			

y_1 表达式为：

$$y_1 = 0.346 \cdot x_1 + 0.286 \cdot x_2 - 0.134 \cdot x_3 + 0.346 \cdot x_4 + 0.308 \cdot x_5 + 0.309 \cdot x_6 + 0.307 \cdot x_7 + 0.333 \cdot x_8 + 0.285 \cdot x_9 + 0.335 \cdot x_{10} + 0.281 \cdot x_{11}$$

y_2 表达式为：

$$y_2 = 0.138 \cdot x_1 + 0.413 \cdot x_2 + 0.687 \cdot x_3 - 0.023 \cdot x_4 + 0.333 \cdot x_5 - 0.195 \cdot x_6 - 0.009 \cdot x_7 - 0.106 \cdot x_8 - 0.412 \cdot x_9 + 0.123 \cdot x_{10} + 0.023 \cdot x_{11}$$

根据以上公式计算出北京、天津、河北、山西、辽宁、内蒙古、河南、山东几个省份的主成分，并根据方差贡献率算总得分，结果如表 16 所示。可以得出如下结论：山东省和河北省的商贸物流业总体发展情况较好，虽然河北省诸多方面存在一定问题，但整体水平排名靠前，并且地理位置优越，政策方针明确，尤其是在京津冀协同发展的大背景下，商贸物流业的发展会更加快速，对周边地区的影响也会逐步增强。

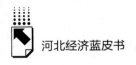

表16 主成分分析结果

省份	y_1	y_2	总得分
北 京	176967.7034	82910.60696	141623.0145
天 津	100904.5129	67818.29584	83833.03877
河 北	281812.8408	-26750.7562	201710.7604
山 西	126183.3531	-28835.83408	87788.47262
内蒙古	173201.8112	-2347.270051	126085.2317
辽 宁	234601.2474	-16032.31243	168854.0637
山 东	331568.4823	-23994.5375	238445.8114
河 南	274034.1804	-22366.56363	196689.9672

四 河北省商贸物流业发展存在的问题

1. 工业的薄弱

工业发展不仅为第一产业的剩余劳动力提供了转移就业的渠道，而且带动了以商贸业为主体的第三产业的发展。没有工业中心支撑的商贸中心会"无商品可卖，无物可流"，就如同建筑在沙滩上的高楼，其根基是不牢固的，最终只能陷于停顿和衰落。近年来，由于环境污染和产能过剩限制了河北省支柱产业的发展，原有的优势产业集群式发展受到挑战。这就造成商贸物流业的发展呈现"集散性"，由于来自制造业的支撑能力的下降，而难以融入河北省产业总体，短期内，这种商贸物流形式可以促进第三产业的发展，但从长期来看，这种商贸物流形式会造成区域产业边缘化发展，进而导致地区经济发展速度放缓，形成一种低水平均衡。河北省已发展了产地型交易市场，如白沟新城、香河家具城、晋州新世纪商城（石家庄）、辛集皮革市场，已经形成了较为良好的产、供、销一体化的商品交易市场。但是，河北省整体制造业的落后使得其辐射能力不强，并且交易市场上强势种类较少，没有较大的规模支撑，对河北经济转型的推动力有待提升。

2. 经营主体规模化水平低

河北省商贸物流业面临的另一个问题是经营主体规模较小，具体表现为两方面。一是缺乏规模大、盈利水平高的企业,河北省北国人百集团入围百强商贸企业,排名第 18 位,唐山百货大楼排名第 63 位,除此之外无一入围,由此可见河北省内百货企业实力整体不足。与排名前十位的山东商业集团有限公司相比,北国人百集团的销售额为 2365970 万元,仅是其销售额的1/3。在 2014 年公布的全国连锁超市百强名单中,河北省入围 4 家,只有北国人百集团的超市入围前 50 名,而北京、山东、武汉、四川等地区的企业入围较多。二是河北省品牌的地方色彩浓重,在北京、上海、深圳等一线城市缺乏竞争力,主要集中在省内发展,辐射周边省份的能力较低。

河北省民营流通主体也存在一些问题,束缚着商贸业的发展。主要表现在以下几个方面:第一,经营主体分布不集中,摊位经营层次较低,不利于长远发展和竞争;第二,资金少、规模小,产品和服务质量难以突破低端档次,不能满足客户的多重需要,也无法与高附加值的企业形成良性合作;第三,民营流通主体实力不足,规模较小,无法保障银行贷款的安全性,使得部分资金没有发挥其作用,同时,民营主体缺乏资金扩大经营,提升空间不足。综上所述,河北省的大型和小型商贸经营主体发展空间均有待提升,目前尚没有营造出活跃的市场环境。

3. 流通网络和服务功能不够健全

河北省立体化的交通体系建设已基本完善,海陆空运输线路均发挥了各自的作用,为河北省物流发展夯实了基础,但是,基于虚拟网络的商贸物流业的发展并不健全。首先,对电子商务的投入缺乏力度,企业始终无法突破传统商贸框架。企业对以互联网为基础的"虚拟交易"认识并不全面,建立健全电子商务运行模式的意识薄弱。河北省对于电子商务的宣传活动较少是企业对于电子商务的认识不到位的原因之一。政府支持的专业性网站较少、运转效率较低,并且缺乏对企业的培训,没有真正发挥其作用。其次,一些企业已经开始开展电子商务的运营,但是由于缺乏技术和专业人员,核心电子商务服务企业较少,只能依托于国内知名的已成型的 B2B、B2C 交易平台开展电子商务,缺乏自我平台的搭建,创新能力不足。低附加值、小商户为主的经营方式使得利润空间较小,无法显著拉动商贸物流业的发展。最

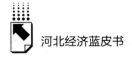
后，服务功能不健全，公共服务水平落后，电子支付水平低，信用环境差。电子商务的发展需要完善的公共服务，从而给予客户较好的体验，并保证顾客的财产不受损失。信息的认证、核实及保密、支付的监管和维护、售后权益的保障等都需要政府及企业投入更大的力度予以支持，缓解信息不对称现象，保障合法权益，使顾客在整个过程中都能够安全地减少消费成本、节省交易时间。

4. 物流发展程度较低

河北省的物流企业大都是在传统的物资流通企业基础上发展而成的，总量不足，虽然拥有多种运输方式，但是各种运输方式之间缺乏良好的兼容性和协同性。不仅如此，河北省物流企业量多质弱，不成规模、品质薄弱，没有形成产业集群式发展，空间分布缺乏合理性，集中度较低，产业联动效率较低；同时，企业分工不明确，专业化程度低，导致重复建设，企业间缺乏交流协作，物流外包比例较低，进一步造成物流资源的极大分散、企业资源的重大浪费，以及物流服务专业化、社会化水平较低。从政府角度出发，物流业是跨行业、跨部门、跨区域的行业，连接航空、铁路、公路、水路等多种运输形式，同时涉及运输和仓储等多个业务种类。而河北省在部门管理上仍沿用传统的分割方式，各个运输部门责权并不分明，存在重复交叉现象，并且各自为政。这种体制必然导致物流的不顺畅，在跨行业、跨部门流通中造成不必要的阻碍，从而制约河北省现代物流产业的发展，耗费大量物资人力的基础设施难以协调，物资难以整合，利用效率低，造成资源的浪费。从人才方面而言，我国物流行业从业人员接受教育和培训的程度普遍较低，难以适应对物流专业化的紧迫需要。河北省内专门的培训机构和研究机构均较少，还没有形成一套较为完善、科学的培育人才的体系方案，难以满足现代物流产业发展的需要。

5. 会展问题

国际经验显示，第二产业中的制造业需要借助展览、展会开拓销售渠道的比例约为80%，第三产业中的生产流通业参加展览、展会的比例约为40%，金融保险业参加展览、展会的比例约为60%。河北省的会展行业仍处于起步阶段，会展企业小而散，实力弱，服务质量差，亟须培育壮大。河北省共有会展类企业 413 家，从业人数为 4933 人，企业平均员工数量不到 12 人，基本上都为小微企业，缺乏行业内公认的龙头企业。由于河北省毗邻北京、天津两个实力较强的地区，两地的虹吸效应严重，河北省会展企业缺乏竞争力，也没有形成具有品牌特色的展会，级别较高的展会均在京津两地举办，并且一些知名会展公司、国际专业服务机构也未在河北省设立分公司。综合而言，河北省会展主要存在四个方面的主要问题。一是场馆面积小、配套设施落后。近年来，虽然承接展会的数量逐年攀升，但仍受制于场地小、设施不完备等局限。二是无法吸引品牌企业参与会展，难以与国际接轨。尽管举办过有一定知名度的会展，但涉及领域较窄，与其他省份尤其是一线城市相比会展质量较差。三是相关方面的人才稀缺，河北省毗邻北京、天津，人才外流情况严重，加之会展行业本身发展并不迅速，导致人才匮乏。会展的发展需要有组织能力、策划经验、与各部门协调能力的人才，所以人才的培养尤为重要，这也成为制约会展行业发展的一个因素。四是由于配套水平低，会展的带动作用并不显著，国际经验表明，会展行业能带来 1:9 的拉动效应，可以促进交通、餐饮、住宿、通信、商业、物流、旅游等多行业的协调发展。而河北省展馆周边的餐饮、住宿、交通一体化配套设施缺乏，由此也制约了大规模、高质量、知名度较高的展会的发展。

6. 城乡、区域差异大

河北省政府一直在推进城市与商贸物流业的融合，城市市场发展迅速，市场规模不断扩大。然而农村的商贸物流业发展速度慢且质量差，压制了农村的消费需求和收入增长需要，同时也制约了城乡商品的双向流通。农村商贸物流业存在的问题主要包括以下几点。一是商贸物流业相关的基础设施建设不足，政府投入偏向城市，农村的仓储、交通、通信设施都较为落后，交易结算、信息服务等设施缺乏，严重拖累了市场交易效率的提高。二是零售、连锁、电子商务等现代商贸形式发展缓慢，农村主要发展杂货店、便利店，零售方式较为单一，连锁运营呈现连而不锁的现象，无法形成规模。而电子商务虽有所发展，却多依靠淘宝、京东等大型电商发展，难以为本地企业提供良好的信息销售服务。农民的收入越来越多，青年消费群体已经形成，他们已不再满足于单纯在农村集市消费，农村商贸服务的落后一定程度上抑制了农村群体的消费能力，也忽视了拓宽就业、带动农村更快发展的有效途径。

河北省各市发展也并不平衡，如表 17 所示，石家庄、唐山、保定、邯郸地区发展较快，商贸物流业相对繁荣，市场规模较大，业态呈现多样化和专业化的趋势，物流业务发展也较快，而其他地区的商贸物流业水平较低，市场相对不够活跃。2013 年，河北省社会消费品零售总额为 10516.7 亿元，其中，石家庄、唐山、保定位列前三名，三地社会消费品零售总额为 5259.47 亿元，约占全省的 50%。衡水、承德、张家口、秦皇岛地区的社会消费品零售额均不到石家庄销售额的 25%，虽每年均有所增长，但是基础依然薄弱。河北省各地不仅商品销售上存在不均衡，物流方面也有所差距。唐山、石家庄、保定、邯郸、沧州等地货运量较大，衡水地区货运量不足唐山的 20%；从邮政业务收入来看，石家庄、保定的邮政业务收入较高，其他地区均与之差距较大；从交通运输、仓储和邮政业从业人员来看，石家庄和唐山的从业人员最多，占河北省全部该行业从业人员的 40%。由此可见，

表 17　2013 年河北省内各市商贸物流业发展情况

地区	地区生产总值（亿元）	社会消费品零售额（亿元）	货运量（万吨）	邮政业务收入（万元）	交通运输、仓储和邮政业从业人员（万人）
石家庄	4863.66	2179.73	35893	187727	6.54
唐　山	6121.21	1743.61	47879	71095	4.29
保　定	2904.31	1336.13	26879	109450	2.45
邯　郸	3061.50	1106.18	36956	51548	2.95
沧　州	3012.99	895.95	35406	68217	1.74
邢　台	1604.58	708.41	15425	36895	1.22
廊　坊	1943.13	644.18	12821	75051	0.73
秦皇岛	1168.75	514.57	7835	26687	3.44
张家口	1317.02	499.77	9780	33514	1.30
衡　水	1070.23	491.24	7045	32736	1.35
承　德	1272.09	396.97	9154	26188	1.30

石家庄市作为河北省的商贸物流中心有一定的优势，而其他城市与其相比从行业规模到人员素质等均有较大差距，这阻碍了中心地区更加全面的发展，降低了区域辐射作用，同时，如果弱势地区不积极改善现有状况，对于当地生产建设的发展、百姓生活的提升也将产生不利的影响。

五　政策建议

1. 打造优势产业集群

商贸物流相当于产业集群中各个企业连接的纽带，可实现供需的快速调整，促进企业根据需求状况进行分工协作，促进产业集群的规模扩大和结构升级，同时使得产业链不断延伸。而产业集群的发展，扩大了产品生产，要求各个企业通过交易来降低成本，缩短生产周期，从而促进了贸易往来，带来了商贸的繁荣。可见，产业集群和商贸物流是相辅相成的，然而河北省虽然有一定的工业基础，尤其是在钢铁、汽车、纺织、制药方面已经有了一定成就，但是一直没有形成上、中、下游产品和大、中、小型企业协作配合的产业链条和产业集群。河北省应该加速传统工业的改造，建立现代化先进制造业的战略基地，扶持各种类型的企业，尤其是中小企业，以修补和完善产业链条，培育龙头企业拉动，上下游配套，产供销一体化，企业互补互促的产业体系。具体措施主要包括以下几点。第一，调整产业结构，优化产业布局。推进钢铁、石化、装备制造业等传统产业的结构调整和产业升级，改善高能耗、高污染、低附加值的产业现状，增加对高技术设备的购买，淘汰过剩产能和设备，引进与企业经营发展需要相符的人才。第二，培育龙头企业、核心企业和配套企业。龙头企业作为产业链的终端，决定了产业链的规模，起到了带头发展的作用，同时龙头企业掌握着丰富的资金、技术、人力等资源，有利于集成创新和原始创新；核心企业是产业链的关键，这些企业掌握着较先进的知识技术，产品附加值较高，决定了整个产业链的竞争优势，是产业原始创新的主要来源；配套企业是连接整个产业链的枢纽，在完成消化吸收再创新的过程体现了产业链内部的分工和供需关系，影响着产业

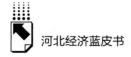

链的运营成本、效率和竞争能力。产业的升级就是三个环节创新协作的过程，政府应针对不同的企业类型，制定相关扶持政策，引导企业间的合作互动，而企业本身需要系统性地规划和定位，积极与产业链中的企业配合。第三，营造良好的发展环境。产业集群是一种空间上的集聚现象，需要完善的公共环境予以支持。政府应该创造和提供企业集聚所需要的硬件设施及政策支持，包括建设良好的交通、水电、通信等基础设施，在税收、资金和土地方面予以一定的支持，并且加强法律保护，保障企业的知识产权，维护职工的个人权益，同时组织行业协会、相关中介机构的建设，为各个企业提供更优质的中介服务，减少企业间的摩擦，推动企业的良性互动。

2. 推进电子商务的发展

电子商务在提高商贸流通效率、降低流通成本、改变流通格局方面发挥着越来越重要的作用。河北省的电子商务虽然发展迅速但是依然存在很多弊端，处于竞争弱势地位。摆脱困境，建立强势的电商体制需要企业和政府的无间配合。具体措施主要包括以下几点。第一，加强电子商务支撑服务体系建设，推进电子商务认证、监管系统建设。交易安全和支付安全是电子商务发展的基石，一旦底层破裂，这种"虚拟"交易就没有了存在的价值，政府需要严格把关市场进入者，推进数字证书认证体系，保证企业信息的完善、真实、有效，同时加强对电子交易市场的监控，推进互联网站备案管理工作。提供良好有序的互联网环境，并且利用现有的法律法规以及制定相关的奖惩条例，对在交易过程中有违法违规行为的企业和个人予以惩罚，以维护电子商务市场的健康发展。第二，加大电子商务宣传力度和扶持政策。组织电子商务相关的宣传和培训活动，帮助更多的企业认识和了解电子商务的运营机制和在企业贸易中发挥的优势作用，帮助企业工作人员更加顺利地开展电子商务。同时，在政策，尤其是资金上进行扶持，可以成立专项扶持基金，为银行和企业牵头，鼓励银行为电子商务企业进行贷款。第三，培育电子商务龙头企业，打造电子商务交易平台。一方面重点支持本地特色电子平台的建立，多维拓展销售渠道，另一方面健全全省网络购物平台，依托大型购物中心、各类批发市场，建设高效利民的网络购物平台。平台的搭建需要技术支持，所以培育龙头企业至关重要。重点扶持具备电子商务应用基础的企业，深入调查发展的政策瓶颈，疏通发展渠道，促进行业发展。

3. 推进物流业的发展

河北省已经具备了较为良好的物流基础设施，但是其兼容性、配套性并不显著，而且物流布局分散混乱，各地区的物流发展只考虑自身情况，而没有形成良好的合作态势，缺乏合理的整体布局。要实现物流业的良性长久发展，需要打破目前的局面，整合重组资源，具体措施包括以下几点。第一，因地制宜，开发特色物流。各地区应该深入调查、评估当地的自然条件、产业资源，准确定位市场，依据自身的优势产业建立物流体系，使得产业资源与物流发展相辅相成，只有找准优势物流才能实现长远发展。不能随波逐流，盲目建立物流园，发展物流行业，只会浪费资源。第二，省内各地区应保持良性竞争，多建立稳定合作关系，实现物流集聚状态，整合区域物流资源，建立信息共享、产品互补、市场共建的发展格局，实现省内共赢的目标。河北省还应该积极与京津地区共建物流产业，开拓协同发展的局面。第三，努力建设增长极，发挥其辐射作用。省内各地区由于在自然资源、基础设施以及商贸活动方面存在较大差异，物流发展情况也不同，石家庄、唐山、邯郸地区物流业更发达，但并没有成为能够辐射区域的增长极。河北省可以加强建设这些地区的硬件设施，培育软实力和核心企业，形成物流业集聚发展态势，产业规模的逐步扩大会逐渐使得资源扩散，从而带动河北省的发展。而周边地区应借助增长极的发展，夯实物流基础，建立配送中心，降低物流成本以分担核心城市的物流存储功能，吸引部分物流业企业在本地发展，与核心城市物流业发展相辅相成，从而形成均衡的可持续的运行模式。

4. 完善实体商贸建设

河北省在零售业方面已经取得一定成就，有较为完善的市场体制，但是与商贸大省相比，竞争优势不明显，零售业绩欠佳。这种状况与政府政策，批发和零售企业或商铺管理经营模式等一些因素有关，提升零售竞争力也需要从这些角度出发，具体措施如下。第一，拓宽批发和零售企业或商铺的融资渠道。一方面需要企业从自身着手，提高盈利水平，提升企业信誉，加强

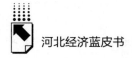

自主品牌建设，为融资提供保障，从而争取更多的融资机会；另一方面需要政府、金融机构的支持，尤其是对中小企业或者尚处起步阶段的企业的扶持，针对不同规模的企业建立不同层次的资金支持，取消政策性歧视，支持并监督金融中介机构的工作，减少企业和融资机构的信息不对称性，鼓励信用担保机构提供担保和帮助。第二，扩大经营规模。对于一些大型的本地零售企业来说，可以以重组或并购的方式继续扩大零售市场占有额，同时可以在其他地区开展业务，扩大辐射范围。而对于中小型零售企业来说，可以发展自由连锁方式，保持区位的分散和经营的集中，提高采购优势，降低成本，增加竞争优势。第三，拓展农村和中小城镇的商贸市场。首先，改善中小城镇和农村的商贸基础设施，包括交通设施、商铺、通信设备等，以营造良好的发展环境；其次，零售企业应因地制宜，结合自身发展情况，深入调查消费能力、消费主体情况，准确定位，选择合适的区位开展商贸活动，同时政府应给予一些补贴，以刺激农村的消费能力。第四，改善企业经营管理方式。企业在降低成本的同时，应该提高产品的差异化，注重品牌、营销形象、产品设计等，以满足不同消费心理的需求，以特色赢得先机。同时，应该加强信息技术的应用，实现数字化的采购管理、存货管理和客户关系管理等，从而提高运行效率，使得决策更加科学合理。

5.积极推进会展建设

首先，可以通过虚实结合的会展形式，规避场地面积较小的劣势，在现有会展的基础上，采用线上线下的方式，利用网络展示更多的内容和信息，并可延长会展时间，并降低会展成本，打破场地的限制。进行虚拟会展要求具有较高的网页设计能力，需要将会展信息进行全方位的展示，可以利用视频、图片等方式使网上会展更加真实、全面。其次，培育特色会展。一方面要立足省内特色产业，重点培育相关会展，着力打造少数精品会展，加大营销推广力度；另一方面，应该积极引进先进会展品牌，学习先进的管理方式、营销模式和服务经验，学以致用来提高河北省的会展水平。最后，引进相关专业人才，努力破除人才交流瓶颈，培养营销、策划、管理人才以及会展搭建、设计等专项人才，为会展的专业化发展提供基础。

参考文献

［1］汪鸣：《城市商贸物流体系建设问题探讨》，《中国流通经济》2011年第11期。

［2］高金城：《武汉商贸流通业电子商务发展对策的分析》，《现代商业》2014年第30期。

［3］刘鹏、刘思：《河北省商贸物流发展的制约因素与战略突破》，《中国市场》2012年第23期。

［4］中国社会科学院课题组：《商贸流通服务业影响力实证分析》，《中国流通经济》2008年第4期。

［5］黄福华：《推进区域性商贸流通现代化进程的物流战略》，《中国软科学》2004年第3期。

［6］中国社会科学院财政与贸易经济研究所课题组：《中国商贸流通服务业影响力研究》，《经济研究参考》2009年第3期。

［7］段淏泽：《河北省物流业发展现状和对策》，《合作经济与科技》2015年第1期。

［8］傅维钦、周灵芝：《我国物流业发展存在的问题及对策》，《商业现代化》2010年第3期。

［9］孙健：《商贸物流、产业支撑和区域发展》，兰州商学院硕士论文，2013。

［10］朱坤萍：《区域物流与区域经济发展的互动机理》，《河北学刊》2007年第3期。

［11］舒辉、周熙登：《区域物流产业总体发展模式初探》，《中国流通经济》2010年第9期。

［12］范晓林：《中国西部地区现代物流业发展研究》，中央民族大学博士学位论文，2011。

［13］蔡南珊：《城市商贸物流发展瓶颈及对策》，《天津财贸管理干部学院学报》2008年第4期。

［14］王博：《商贸物流发展策略研究》，北京交通大学硕士论文，2007。

［15］袁平红、武云亮：《我国物流产业发展的国外经验借鉴》，《物流科技》2004年第12期。

［16］张华芹：《论商业企业物流模式的选择》，《商业经济管理》2006年第6期。

［17］段迎豪、樊丽丽：《基于菱形理论的河北会展业竞争力研究》，《经济研究参考》2014年第4期。

［18］逢金玉、申恩威：《京津冀区域一体化中的现代商贸合作研究》，《中央财经

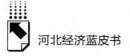
大学学报》2014 年第 8 期。

[19] 詹浩勇：《商贸流通业集群对制造业转型升级的作用机理》，《中国流通经济》
2014 年第 2 期。

[20] 王菊红、郝正亚：《商贸流通业的产业先导作用、约束机制与路径选择》，
《商业时代》2014 年第 16 期。

[21] 陆立军、郑小碧：《基于共同演化的专业市场与产业集群互动机理研究》，
《中国软科学》2011 年第 6 期。

[22] 王琳：《专业市场对区域产业先导作用的实证研究》，《浙江工商大学》2009
年第 5 期。

[23] 吉利：《商贸流通业对区域经济发展影响的机理分析与效率评价》，《商业时
代》2014 年第 32 期。

[24] 陆立军、杨海军：《市场拓展、报酬递增与区域分工——以"义乌商圈"为
例的分析》，《经济研究》2007 年第 4 期。

[25] 李亚：《提升石家庄市商贸功能对策研究》，河北师范大学硕士论文，2008。

[26] 褚晓玉：《完善河北省电子商务市场结构的研究》，河北师范大学硕士论文，
2014。

[27] 杜梅：《河北省区域物流布局的时空演变研究》，燕山大学硕士论文，2014。

[28] 韩增林、王成金、尤飞：《我国物流业发展与布局的特点及对策探讨》，《地
理科学进展》2002 年第 1 期。

[29] 秦璐、刘凯：《城市物流空间结构演化机理研究》，《中国流通经济》2011 年
第 6 期。

[30] 邱春龙、张桂兰：《海西经济区物流空间布局及演化分析》，《物流工程与管
理》2011 年第 11 期。

[31] 赵艳娜：《河北产业集群可持续发展研究》，《宏观经济管理》2014 年第 7 期。

[32] 忻红、吴清萍：《河北省城乡一体化商贸流通体系建设研究》，《经济与管理》
2012 年第 3 期。

[33] 陈芳芳：《河北省零售业竞争力研究》，河北农业大学硕士论文，2011。

B.10
京津冀协同发展机遇下河北省产业 转型升级研究

魏学辉　张　超*

摘　要：　河北省是制造业大省，产业技术含量低、污染高，转型升级势在必行。京津冀协同发展战略也将河北省定位为产业转型升级示范区。为此，本报告首先分析了河北省农业、工业和服务业的发展现状，接着利用产业结构层次系数、结构超前系数以及波士顿矩阵法对河北省产业发展情况进行了测度和分析；其次从产业梯度差、首都非核心功能转移、创新、环保及要素市场一体化等角度分析了京津冀协同发展为河北省产业转型升级带来的发展机遇。在此基础之上，报告提出了河北省产业转型升级的路径及战略选择：以市场为基础，坚持需求导向，提高环保标准，理性承接产业转移，打造创新共同体，推动产业集群发展升级。

关键词：　协同发展　机遇　转型升级　河北省

一　河北省产业发展现状

（一）河北省三次产业结构现状

三次产业结构是衡量产业结构升级的重要指标。改革开放以来，河北

---

* 魏学辉，河北工业大学经济管理学院讲师，博士；张超，河北工业大学经济管理学院讲师，博士。

省三次产业结构不断优化，第一产业增加值占比不断下降，由改革开放初期的28.5%，下降到2014年的11.7%，下降了近17个百分点。近三年，河北省第一产业增加值占比基本维持在12%左右，但与天津的1.4%以及北京的0.7%相比，产业结构差异相当明显。这一方面源于京津两地行政区划所形成的城市经济特殊性质，另一方面也说明了河北省的农业大省地位。在农业方面，河北与京津两地相比具有明显的比较优势，在为京津两地提供农副产品等方面的商品或服务的同时，也应努力延长农林牧渔等产业的生产经营链条，从农产品的原材料向深加工转变。随着经济转型和产业升级，河北省第一产业在地区经济中所占比例越来越小将是一个必然趋势。

河北省第二产业增加值占比基本保持稳定，在50%上下波动。20世纪80年代初期最低达到40.6%，2008年最高为54.3%，金融危机之后有所下降，2014年为51.1%（见图1）。2014年，天津第二产业增加值占比为49.4%，北京仅为21.4%（见表1），北京不到河北和天津的1/2。从中可以看出，第二产业是河北省的绝对主导产业，对地区生产总值的增长起着关键作用，而天津市第二、第三产业并重，北京市则以第三产业为主导。

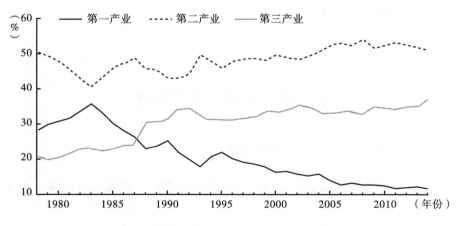

图1　河北省地区生产总值中三次产业占比

表 1　2012～2014 年京津冀三次产业增加值占比

单位：%

年份	地区	第一产业	第二产业	第三产业
2012	河北	12.0	52.7	35.3
	天津	1.3	51.7	47.0
	北京	0.8	22.7	76.5
2013	河北	12.4	52.2	35.4
	天津	1.3	50.6	48.1
	北京	0.8	21.7	77.5
2014	河北	11.7	51.1	37.2
	天津	1.4	49.4	49.3
	北京	0.7	21.4	77.9

资料来源：《河北经济年鉴》《天津统计年鉴》《北京统计年鉴》，以及各地《国民经济和社会发展统计公报》。

河北省第三产业增加值占比逐年增加，从 20 世纪 80 年代初期的 20.1% 上升到 2014 年的 37.2%，达到了改革开放后的最高点，上升了约 17 个百分点，与第一产业增加值占比下降的程度相当。北京市从 1994 年起第三产业增加值占比就超过了第二产业，经济结构由"二三一"型转变为"三二一"型（见图 2），成功跨入产业发展的高级阶段。天津市 2014 年第三产业增加值占比为 49.3%，与第二产业占比基本持平（见图 3）。

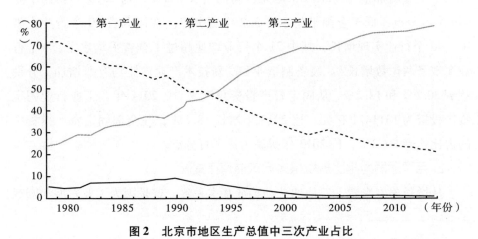

图 2　北京市地区生产总值中三次产业占比

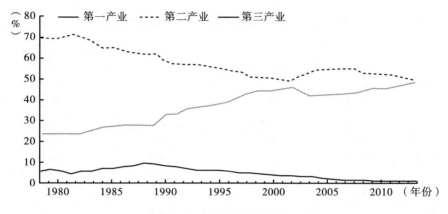

图3　天津市地区生产总值中三次产业占比

从纵向来看，河北省三次产业结构变化符合三次产业结构演化的一般规律，但与北京和天津的产业结构发展相比，差距还非常大。随着京津冀协同发展规划的制定和实施，河北省需要抓住机遇，借助京津两地的辐射带动作用，积极促进产业结构的进一步调整升级。

（二）河北省工业发展现状

1. 工业发展规模不断扩大，结构不断优化

2014年，河北省工业增加值为13330.7亿元，同比增长5%，其中，规模以上工业增加值为11758.3亿元，同比增长5.1%，与2013年相比下降4.9个百分点，低于全国平均水平3.2个百分点。在河北省40个行业大类中，40个行业实现增长，其中21个行业增速超过了全省平均水平，8个行业实现了两位数增长[1]。装备制造业和高新技术产业占比均有所增加，分别达到20.6%和13.2%。从固定资产投资角度来看，2014年，工业行业固定资产投资为13114.1亿元，比2013年增长18.8%，在全部固定资产投资中的占比达到50.2%，比2013年提高1.4个百分点。

2. 与京津两地相比规模虽大但效益有待提高

从增长速度来看，三地的波动特征基本一致，这是因为工业发展和宏观

---

① 资料来源：河北省统计局。

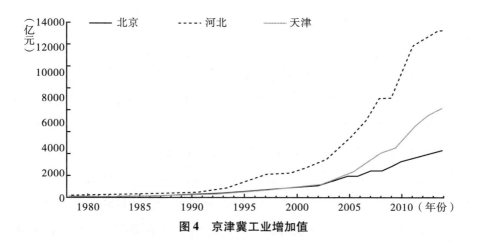

图4 京津冀工业增加值

经济形势密切相关，宏观经济形势向好时，工业发展速度增加，宏观经济形势下行时，发展速度减缓。从图5中可以看出，河北省工业经济经历了两个快速发展时期，一个是20世纪80年代中期，另一个是90年代中期。1983～1988年，河北省工业平均增速为14.79%，明显高于同时期北京的9.97%和天津的9.17%。1994～1998年，河北省工业平均增速为15.06%，同时期北京为8.94%，天津为12.4%。从20世纪90年代末期开始，河北省的工业发展速度开始减慢，而天津则明显提速。2008年金融危机之后，工业增速全面下降，到2014年河北省的工业增加值增长速度为5.1%，低于北京和天津，后两者分别为6%和10%。

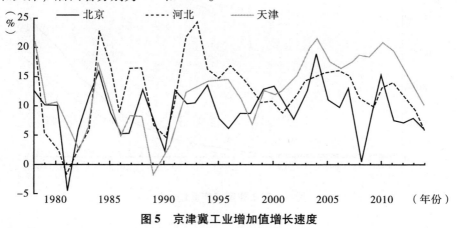

图5 京津冀工业增加值增长速度

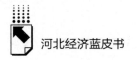

（三）河北省服务业发展现状

1. 服务业的总体规模和比重明显提升，但与京津两地还有明显差距

河北省服务业固定资产投资从 2010 年的 7000.8 亿元增长到 2014 年的 12059.7 亿元，四年增长了 5058.9 亿元，年均增长 14.6%。固定资产投资的快速增长带动了服务业总体规模的提升。服务业增加值从 2010 年的 6928.6 亿元增长到 2014 年的 10953.5 亿元，增长了 0.58 倍，年均增长 12.1%。服务业占地区生产总值的比重也从 34.3% 增加到 37.2%，提高了近 3 个百分点。从京津冀第三产业增加值对比来看（见图6），在 20 世纪 90 年代中期以前，三地第三产业增加值差距不大，但之后北京的第三产业增加值经历了快速增长期，从 90 年代中期到 2008 年，增长速度一直处于较高的水平（见图7），逐渐与河北和天津拉开差距。虽然从总量上来看，河北的第三产业增加值高于天津，但占地区生产总值的比重却比天津低 12.1 个百分点（见表1），可见河北省服务业发展还明显落后于京津两地。2008 年金融危机之后，全球经济下滑，服务业发展也受到明显影响，京津冀第三产业增加值增速明显下降（见图7），其中，北京的增速下降幅度最大，河北次之，天津下降幅度最小。

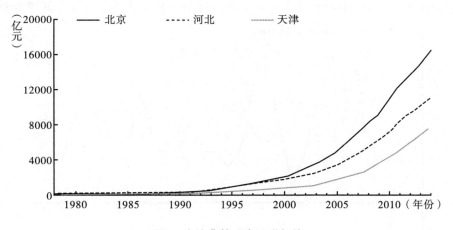

图6　京津冀第三产业增加值

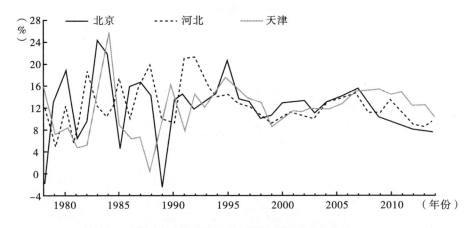

图7　京津冀第三产业增加值增长速度

2. 传统服务业比重偏高，现代服务业发展不足，服务业结构仍需进一步调整

从近几年河北省第三产业的内部结构变化来看，传统服务业比重偏高，现代服务业发展不足。2014年，河北省交通运输、仓储及邮政业，批发和零售业，住宿和餐饮业三个行业的增加值之和占第三产业增加值的近50%，是北京这三个行业占比的2倍，比天津也高出8个百分点。这一方面说明了传统服务业在河北省的主导地位，另一方面也表明了河北在京津冀产业发展中的比较优势，为京津冀错位发展中河北省的选择提供了依据。2014年，河北省金融业增加值占第三产业增加值的比重为10.3%，比天津低7.1个百分点，比北京低8.5个百分点。河北省其他现代服务业增加值在第三产业增加值中的比重比北京低近20个百分点。从发展速度上看，河北省的金融业以及其他现代服务业的增加值占比甚至出现了负增长的情形，与此同时，北京和天津的这些行业却获得了快速发展。从产业结构角度来看，北京已经步入后工业化时代，走在全国的前列，河北与北京在第三产业结构上的对比分析，为河北省服务业内部结构进一步调整提供了方向上的参考。2011～2013年京津冀第三产业分行业增加值情况见表2。

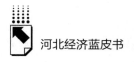

表2　2011～2013年京津冀第三产业分行业增加值

单位：亿元

行业	年份	河北	天津	北京
交通运输、仓储及邮政业	2011	2046.22	632.10	808.95
	2012	2212.93	683.56	816.31
	2013	2377.59	725.05	883.58
批发和零售业	2011	1780.63	1463.89	2139.65
	2012	2024.29	1680.33	2229.77
	2013	2163.95	1902.52	2372.43
住宿和餐饮业	2011	338.91	194.52	348.42
	2012	388.87	222.18	373.06
	2013	415.18	241.34	374.75
金融业	2011	746.01	756.50	2215.41
	2012	913.66	1001.59	2536.91
	2013	1033.55	1202.04	2822.07
房地产业	2011	918.02	411.46	1074.93
	2012	982.05	449.65	1244.17
	2013	1041.28	519.37	1339.52
其他	2011	2653.38	1760.77	5775.82
	2012	2862.98	2012.15	6469.71
	2013	3007.34	2314.71	7194.08

资料来源：《河北经济年鉴》《天津统计年鉴》《北京统计年鉴》，以及各地《国民经济和社会发展统计公报》。

3. 为地区经济发展做出了贡献

河北省服务业有力地促进了地区就业水平的提高和收入的增长。河北省服务业就业人数从2000年的820.6万人增加到2013年的1341.37万人，占全社会就业人员总数比重从24.24%提高到32.06%，成为促进就业的主要力量。从第三产业的内部结构来看，吸纳就业较多的行业依次为批发和零售业，占27.1%，交通运输、仓储和邮政业，占14.4%，住宿和餐饮业，占13.3%，三个行业合计占比达到54.8%，而代表现代服务业的信息传输、软件和信息技术服务业，金融业，租赁和商务服务业，科学研究和技术服务业等的从业人员占比合计不过8.9%，就业人员结构有待进一步优化。

二 河北省产业发展水平测度

（一）产业结构高级化水平测度

产业升级主要表现在两个方面：一是产业结构的改善和提升，二是产业效率的提高。本节拟从产业结构和产业效率两个方面对河北省产业发展水平进行测度，在对河北省产业升级情况做出评价的同时，指出产业转型升级的目标和方向。

从已有的研究成果来看，衡量产业结构调整升级的指标有产业结构层次系数和产业结构超前系数两个。产业结构层次系数由靖学青（2005）提出，用来衡量产业结构高级化的程度或水平，其计算方法如下。假设经济体共包含 n 个产业，将 n 个产业按照层次由高到低排列，并依次计算每个产业在经济体中的比重，记为 $q(j)$，$0 < q(j) < 1$，$j = 1, 2, \cdots, n$，则产业结构层次系数 w 为：

$$w = \sum_{i=1}^{n} \sum_{j=1}^{i} q(j) \tag{1}$$

由（1）式可以看出，w 值在 1 到 n 之间，w 值越大，表明该经济体产业结构高级化程度越高。如果从三次产业角度来分析，即 $n = 3$，此时产业结构系数实际计算公式为：

$$w = 3q(3) + 2q(2) + q(1) \tag{2}$$

其中，$q(j)$，$j = 1, 2, 3$ 分别表示第一、第二、第三产业增加值占地区生产总值的比重。显然，产业结构层次系数为三次产业增加值占比的加权和。根据产业结构演变理论，随着经济的发展，第三产业增加值将占据地区生产总值的绝大部分，而第一产业增加值占比将越来越小，即产业结构呈现"三二一"形式。所以，产业结构层次系数赋予第三产业的权重为 3，第二产业的权重为 2，第一产业的权重为 1。但这样的赋权存在两个问题：一是

261

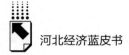

没有考虑到三次产业内部结构变动所带来的产业结构的改善和升级。比如,地区经济由传统服务业向现代服务业转变,也属于产业升级,但在第三产业增加值占比保持不变的情况下,产业结构层次系数测量不出这种升级。第二产业内部结构变动也是如此,在第二产业增加值占比保持不变的情况下传统制造业向现代制造业的转变也无法由产业结构层次系数测量。二是高估或低估产业结构高级化的程度。比如,经济体第三产业内部传统服务业占比高,此时权重3就可能高估该经济体产业结构高级化的程度。如果经济体第二产业内部现代制造业比重大,此时权重2就有低估产业结构高级化程度之嫌。吕宁(2014)考虑到了(2)式会高估产业结构高级化程度的问题,他提出将第三产业的权重由3变为2,和第二产业同等权重。付凌晖(2010)结合Moore指标对产业结构层次系数进行了调整,将(2)式中的 $q(j)$, $j=1$, 2,3替换为产业结构向量和三次产业坐标轴向量的夹角。这些调整方法都没有考虑产业内部结构调整对产业升级的影响,为此,本节提出一种新的产业结构层次系数计算方法,定义为:

$$w = (3 + b)q(3) + 2q(2) + q(1) \qquad (3)$$

其中,b 为第三产业和第二产业内部结构调整系数,用来表示第三产业和第二产业内部结构调整对产业升级的影响。如果产业内部结构调整属于产业升级,则必然表现为产业劳动生产率的提升,产业结构层次系数计算公式中的权重应随之增加;反之,如果产业内部结构调整不属于产业升级,则必然表现为产业劳动生产率的停滞甚至下降。本文中 b 用第三产业和第二产业劳动生产率的增速之差来表示,如果第三产业劳动生产率增速大于第二产业劳动生产率增速,则相当于增大第三产业增加值占比的权重;反之则减少第三产业增加值占比的权重。根据(3)式计算得到的产业结构层次系数既可以反映产业间的调整升级,又可以体现产业内部结构的调整升级。

利用河北省1986~2013年三次产业结构比重数据以及劳动生产率数据,根据公式(3)可以计算出不同时期的产业结构高级化程度值。为了对比分析,本文也按照(2)式计算了河北省的产业结构层次系数,两种方法计算出的产业结构层次系数变化情况见图8。首先，从总体趋势上来看，河北省产业结构层次系数在不断增加，但从实际产业结构层次系数值来看增加幅度不大，甚至有下降的趋势。2013年产业结构层次系数为2.223，但在2009年曾经达到2.263，在2002年也曾为2.223。其次，从两种计算结果的对比来看，尽管两者的波动特征基本一致，但由（2）式计算的w2较为平缓，而w3波动更加明显，更能反映出经济事件所造成影响，比如2009年的波峰，是由2008年金融危机对第二产业的影响所致，但w2却没有显示出这一点。

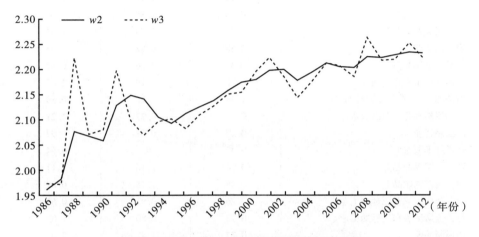

图8 河北省1986~2013年产业结构层次系数

（二）产业转型升级方向测度

分析产业结构变动方向有助于把握经济体产业分布状况，从而有针对性地制定产业转型升级的相关政策。衡量产业结构变动方向的指标为：产业结构超前系数，即某一产业结构增长相对于整个经济系统平均增长趋势的超前程度，其计算公式为：

$$E_i = \alpha_i + \frac{\alpha_i - 1}{R_t} \tag{4}$$

其中，E_i为产业i的结构超前系数，α_i为产业i期末所占份额与期初所占份额之比，R_t为同期经济系统的平均增长率。如果产业i所占份额上升，

则 $E_i > 1$；如果产业 i 所占份额下降，则 $E_i < 1$。显然 E_i 越大，产业 i 相对于整个经济系统发展越超前。根据产业结构超前系数，本报告选择工业内部 21 个行业以及服务业内部 14 个行业，分别计算了其结构超前系数。21 个工业行业的产业结构超前系数计算结果见表 3。

表 3 21 个工业行业的产业结构超前系数

行业	2001~2005 年	2005~2009 年	2009~2013 年
采矿业	1.23	1.11	1.31
食品加工制造业	0.68	0.85	1.08
纺织服装及皮革制造业	0.48	0.79	1.31
家具制造业	0.88	0.92	1.58
造纸和纸制品业	0.39	0.66	0.87
印刷和记录媒介复制业	0.30	1.19	2.47
石油加工、炼焦和核燃料加工业	1.26	1.12	0.89
化学原料和化学制品制造业	0.63	0.77	1.21
医药制造业	0.27	0.61	0.97
化学纤维制造业	0.42	-0.05	0.94
橡胶和塑料制品业	0.74	1.16	1.11
非金属矿物制品业	0.48	1.15	0.89
黑色金属冶炼和压延加工业	2.26	0.97	0.67
有色金属冶炼和压延加工业	0.73	0.80	1.09
金属制品业	0.77	1.47	2.06
通用设备制造业	0.98	1.61	0.58
专用设备制造业	0.70	1.18	1.72
汽车制造业	0.86	1.43	1.06
电气机械和器材制造业	0.64	2.20	0.90
计算机、通信和其他电子设备制造业	0.19	1.87	1.28
仪器仪表制造业	0.60	1.52	0.53

从 21 个工业行业的产业结构超前系数可以看出，在 21 世纪初，河北省除了采矿业，石油加工、炼焦和核燃料加工业以及黑色金属冶炼和压延加工业在经济中占有绝对优势地位之外，其他行业发展都相对滞后，这正是河北省原材料和钢铁大省的体现。到了 2005~2009 年，河北省加快了装备制造以及高新技术产业的发展，设备制造业，汽车制造业，电气机械和器材制造业，计算机、通信和其他电子设备制造业以及仪器仪表制造业等产业结构超

前系数处在大于 1 的区间，在经济体系中的地位和比重明显提升。但河北省在这些行业不具备人才和创新优势，2008 年金融危机后，各国经济增速明显放缓，这给河北省第二产业造成沉重打击，很多现代制造业的产业结构超前系数明显下降，如电气机械和器材制造业，计算机、通信和其他电子设备制造业等。与此相对的是食品加工、纺织服装及皮革、家具等传统制造业的产业结构超前系数却在不断增长，由此可见，河北省高端制造和高新技术产业发展形势堪忧，产业转型升级也显得日益紧迫。

表 4 给出了河北省 14 个服务行业在 2005～2009 年以及 2009～2014 年两个阶段的产业结构超前系数计算结果。从计算结果可以看出，2009～2014 年产业结构超前系数大于 1 的行业有 5 个，分别为住宿和餐饮业，房地产业，租赁和商务服务业，水利、环境和公共设施管理业以及文化、体育和娱乐业，这其中仅租赁和商务服务业属于生产性服务业。生产性服务业的发展对于制造业有着至关重要的影响，河北省制造业发展效率不高与生产性服务业发展滞后不无关系。另外从两个阶段对比来看，产业结构超前系数下降的行业有 9 个，其中信息传输、计算机服务和软件业下降幅度最大，其次依次是文化、体育和娱乐业，科学研究、技术服务和地质勘查业，教育的下降幅度也不小。一般来看，信息、科研和教育是一个经济体发展创新的基础，河北省这三个行业的发展趋势不容乐观，有待进一步完善。

表4　14 个服务行业的产业结构超前系数

行业	2005～2009 年	2009～2014 年
交通运输、仓储和邮政业	0.95	0.75
信息传输、计算机服务和软件业	9.51	-0.43
批发和零售业	0.94	0.94
住宿和餐饮业	1.04	1.37
金融业	1.12	0.83
房地产业	1.11	1.29
租赁和商务服务业	1.71	1.38
科学研究、技术服务和地质勘查业	1.59	0.34
水利、环境和公共设施管理业	0.62	2.96
居民服务和其他服务业	0.07	0.89

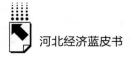
续表

行业	2005～2009 年	2009～2014 年
教育	0.77	0.12
卫生、社会保障和社会福利业	0.98	0.86
文化、体育和娱乐业	2.87	1.16
公共管理和社会组织	0.45	-0.16

（三）产业结构的波士顿矩阵分析

本小节利用波士顿矩阵分析方法对河北省工业内部的 34 个细分行业以及服务业内部的 6 个细分行业进行分析。波士顿矩阵分析法又被称为四象限分析法，最初用于产品市场增长率和相对市场份额的组合分析，现在已被拓展到很多研究对象的两维度组合分析。在产业结构的转型升级研究中，区位熵和劳动生产率是两个很重要的衡量指标，前者反映了一个地区的某一产业在区域经济体中的重要程度，后者反映的是该产业本身的效率。这两个衡量指标相结合，可以为产业转型升级的方向和着力点提供参考。因此，本报告选择煤炭开采和洗选业、石油和天然气开采业、食品制造业以及通用设备制造业和专用设备制造业等 34 个工业行业，计算了各行业在京津冀地区的区位熵和劳动生产率，并画出了两个维度的波士顿矩阵图，见图 9 至图 11。

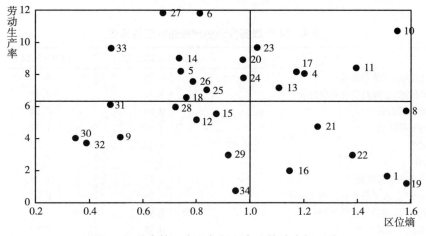

图9　河北省第二产业各行业发展的波士顿矩阵

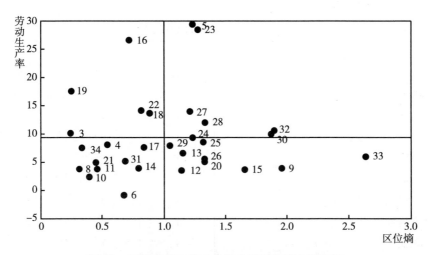

图10 天津市第二产业各行业发展的波士顿矩阵

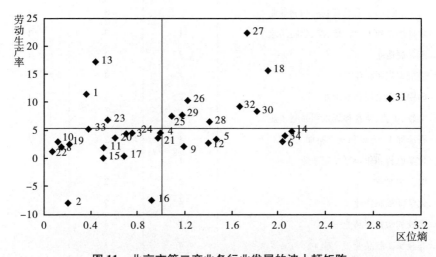

图11 北京市第二产业各行业发展的波士顿矩阵

　　根据京津冀各行业波士顿矩阵图，将各工业行业划分为四类：位于第一象限，即区位熵和劳动生产率双高产业，这些产业是各地区的优势产业；位于第二象限，即区位熵低但劳动生产率较高产业，这些产业是各地区优先发展的产业；位于第三象限，即区位熵和劳动生产率双低产业，这些是各地区需要转型的产业；位于第四象限，即区位熵高但劳动生产率较低产业，这些产业是各地区需要升级的产业。具体分类情况见表5。

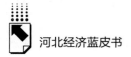

表5　各细分工业行业分类表

行业名称	所处象限		
	河北	天津	北京
1. 煤炭开采和洗选业	4	2	2
2. 石油和天然气开采业	1	1	3
3. 黑色金属矿采选业	1	2	3
4. 农副食品加工业	1	3	3
5. 食品制造业	2	1	4
6. 酒、饮料和精制茶制造业	2	3	4
7. 烟草制品业	1	2	2
8. 纺织业	4	3	3
9. 纺织服装、服饰业	3	4	4
10. 皮革、毛皮、羽毛及其制品和制鞋业	1	3	3
11. 木材加工和木、竹、藤、棕、草制品业	1	3	3
12. 家具制造业	3	4	4
13. 造纸和纸制品业	1	4	2
14. 印刷和记录媒介复制业	2	3	4
15. 文教、工美、体育和娱乐用品制造业	3	4	3
16. 石油加工、炼焦和核燃料加工业	4	2	3
17. 化学原料和化学制品制造业	1	3	3
18. 医药制造业	2	2	1
19. 化学纤维制造业	4	2	3
20. 橡胶和塑料制品业	2	4	3
21. 非金属矿制品业	4	3	3
22. 黑色金属冶炼和压延加工业	4	2	3
23. 有色金属冶炼和压延加工业	1	1	2
24. 金属制品业	2	4	3
25. 通用设备制造业	2	4	1
26. 专用设备制造业	2	4	1
27. 汽车制造业	2	1	1
28. 铁路、船舶、航空航天和其他运输设备制造业	3	1	1
29. 电气机械和器材设备制造业	3	4	1

续表

行业名称	所处象限		
	河北	天津	北京
30. 计算机、通信和其他电子设备制造业	3	1	1
31. 仪器仪表制造业	3	3	1
32. 其他制造业	3	1	1
33. 废弃资源综合利用业	2	4	2
34. 金属制品、机械和设备修理业	3	3	4

从结果中可以看出，河北省位于第一象限的双高产业集中于采掘业和低端制造业，如农副食品加工业，皮革、毛皮、羽毛及其制品和制鞋业，木材加工和木、竹、藤、棕、草制品业，化学原料和化学制品制造业等。而在北京和天津，这些行业都是低生产率、低区位熵的双低产业，河北省的优势比较明显，产业升级的方向应是提高科学技术含量，降低能耗和污染。

河北省的高端制造业大都集中在第二象限，如食品制造业、医药制造业、通用和专用设备制造业等。京津冀三地相比较，食品制造业的区位优势和生产率优势都集中在天津，医药制造业和通用及专用设备制造业的区位优势和生产率优势都集中在北京。但在通用及专用设备制造业上，河北比天津具有生产率优势，天津比河北具有区位优势；而在医药制造业上，河北和天津具有同等优势。由此可见，在京津冀协同发展，疏解北京非首都功能过程中，津冀两地应统一规划，错位发展，避免一味追求产业升级而造成区域内恶性竞争的结果。

电器机械和器材设备制造业，计算机、通信和其他电子设备制造业，仪器仪表制造业属于高技术产业，河北省在这些产业上既不具备区位优势，也不具备生产率优势，反而已经步入后工业化时代，以服务业为主的北京具有绝对优势，可见科技提升对于高技术产业的重要性。在京津冀协同发展过程中，河北省应着力于构建高技术产业的产业链和配套产业，实现产业转型升级。

黑色金属矿采选业在河北省既具有区位优势，又具有生产率优势，但河北省的黑色金属冶炼和压延加工业却仅具有区位优势。这是资源型大省的典型特征，资源型行业大都能耗高、科技含量低。河北省应重点从调整产品结构、提高产品科技含量两个角度促进其转型升级。

考虑到数据的可得性，本报告仅对第三产业中的交通运输、仓储和邮政业，批发和零售业，住宿和餐饮业，金融业，房地产业和其他服务业进行了区位熵和劳动生产率的对比分析。京津冀第三产业各行业波士顿矩阵见图12至图14，具体行业分类见表6。

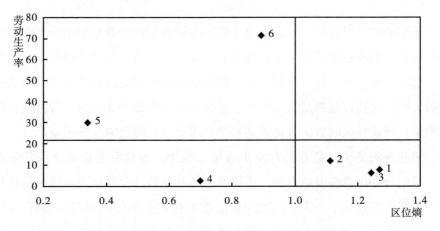

图12　河北省第三产业各行业发展的波士顿矩阵

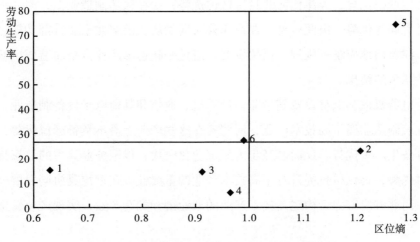

图13　天津市第三产业各行业发展的波士顿矩阵

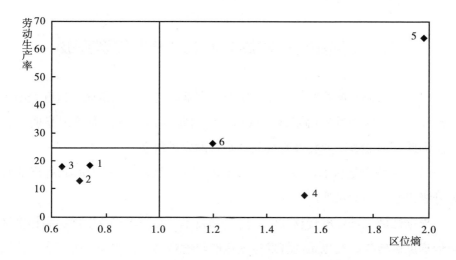

图14 北京市第三产业各行业发展的波士顿矩阵

表6 各细分服务业行业分类表

行业名称	所处象限		
	河北	天津	北京
1. 交通运输、仓储和邮政业	4	3	3
2. 批发和零售业	4	4	3
3. 住宿和餐饮业	4	3	3
4. 金融业	3	3	4
5. 房地产业	2	1	1
6. 其他	2	2	1

从计算结果中可以看出，相对于房地产业和其他服务业来说，河北省的交通运输、仓储及邮政业，批发和零售业，住宿和餐饮业，金融业的劳动生产率都很低。具体来说，交通运输、仓储和邮政业、批发和零售业，住宿和餐饮业在河北省具有区位优势，接下来产业转型升级的方向应该是在保持区位优势的同时提高行业的效率。金融业的区位优势在北京，但三地金融业发展效率相对于服务业其他行业都较低，表明金融业在京津冀地区发展相对滞后，不适应京津冀协同发展的需要，应进一步推动京津冀金融一体化，通过区域合作促进区域金融效率的提高。

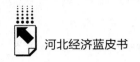

三 京津冀协同发展与河北省产业转型升级

京津冀协同发展战略将河北省定位为产业转型升级示范区，这既表明了对河北省产业转型升级必要性的认识，同时也为河北省产业发展指明了方向。因此，河北省产业转型升级面临难得的发展机遇。

（1）京津冀地区的产业结构梯度差以及产业梯度转移为河北省产业转型升级带来了新的机遇。

根据区域经济梯度转移理论，产品和技术等会随着产业发展由高梯度区向低梯度区转移，这也是经济发达地区的辐射带动方式之一。由三次产业结构可以明显看出，京津冀区域梯度差为北京＞天津＞河北，具备了产业梯度转移的基本条件，而且京津冀地区在资源禀赋、科技水平以及经济发展阶段等方面存在明显差距，再加上北京面临疏解非首都功能的巨大压力和产业结构进一步升级的需要，一些不符合首都功能定位的产业就需要转移到周边津冀地区，成为河北、天津当地相对先进或具有相对比较优势的产业，带动当地的产业转型升级。

（2）河北省承接北京非首都功能为发挥产业比较优势带来了新的机遇。

与京津两地相比，河北省的第一产业以及第二产业中的农副食品加工业都具有绝对优势。在京津冀协同发展背景下，河北省农业发展迎来了扩大市场规模、发展现代农业的新机遇。京津两地市场潜力巨大，蔬菜、水果等传统农产品，绿色有机蔬菜以及休闲生态农业等需求逐年增加，河北省应充分发挥比较优势，建立现代农业园区，大力发展现代农业，实现农业的转型升级。

河北省第三产业中的部分行业在京津冀地区也具有很大的优势，只是发展还相对比较落后。此次京津冀协同发展中，河北省可以发挥比较优势，大力发展现代服务业，如文化旅游、健康养老等特色服务业，在带动第三产业发展的同时积极推进产业转型升级。

（3）京津冀协同发展为河北省产业创新带来了新的机遇。

提升改造传统产业，培育发展战略性新兴产业都离不开创新的支撑。产业转型升级归根结底靠创新。京津两地在科技、人才、资金等创新要素方面具有较大优势，河北省应充分利用协同发展这个大平台，加强与京津两地高校、科研院所、高新技术企业等科技创新资源的合作，积极引进人才，做好创新创业服务，将京津冀共同打造为全国领先的创新发展战略高地，为河北加快转型升级提供有力支撑。

（4）京津冀环保一体化为河北省倒逼产业转型升级带来了新的机遇。

环境污染已成为京津冀乃至全国经济发展的巨大障碍，京津冀协同发展规划提出要率先在生态环境保护等重点领域有所突破。为此，京津冀三地环保部门已经建立污染防治与环境保护的联动机制，这意味着今后三地将统一规划，统一标准，统一监测，联动执法。现在京津冀三地排污收费标准差距明显，三地征收标准大约为 9∶7∶1。统一标准并不是说京津两地的排污收费标准大幅下降，而是河北省的排污收费标准将大幅提升，这对于河北省高能耗、高污染、高耗水的三高企业来说既是挑战也是机遇。河北省应充分利用这次机遇，倒逼企业改革，推动河北省三高行业转型升级。

（5）京津冀要素市场一体化为河北省产业转型升级带来了新的机遇。

京津冀协同发展给河北带来的不仅是产业转移，而是包括行业布局和要素配置在内的产业内分工。产业内分工即要素分工，也就是说经济体之间的分工不再以"产品"为界限，而是以"要素"为界限，其具体表现形式为，企业对其生产经营活动进行更加细密的专业化分工，然后将部分生产活动或环节通过投资或外包的方式分别配置到具有不同要素区位优势的地区。因此，京津冀要素市场一体化给河北带来了参与要素分工的新机遇。由于要素以及中间产品的流动具有知识、信息、技术等溢出效应强的特点，从而能促进整个区域的资源优化配置，进而促进京津冀地区的产业转型升级。

四　河北省产业转型升级的路径及战略选择

面对历史机遇，河北省应系统研究，统一规划，从依赖资源、破坏环境的粗放式产业发展模式转变为依赖技术、保护环境的集约式产业发展模式。

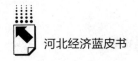

这其中产业转型升级的路径选择至关重要。结合产业结构现状和京津冀协同发展规划，河北省产业转型升级的路径及战略选择有以下几个方面。

（1）重新分析传统产业的市场需求，以需求为导向实现产业转型升级。

传统产业有的能耗高、污染高，如纺织业、采掘业等；有的产品附加值低，如农副食品行业等。随着经济发展，收入水平提高，人们的消费观念也发生了变化，如对于农副产品，过去人们追求数量，现在人们更看重的是绿色、健康、无污染；对于纺织服装产品，现在人们除了看款式、看布料之外，更为看重的是品牌。满足新的市场需求，不仅需要精准的市场定位，更需要和高技术相结合，这样，产业增加值也会随之增加。可见，重新定位传统产业的市场需求，通过与高新技术相结合，可以实现传统行业的转型升级。

（2）提高环保标准，降低投入与消耗成本，从而提高附加值，实现产业转型升级。

河北省是钢铁大省，钢铁行业是典型的"三高"行业，京津冀区域空气污染与此不无关系。京津冀三地环保标准统一后，河北省排污收费标准将显著提高，环保费用将成为高污染行业的主要成本之一，低碳绿色生产势在必行。但低碳生产并非只投入没收益。投入环保设备，研发绿色工艺，不仅可以保护环境，降低环保总成本，还有利于提升企业形象，创造品牌价值，进而推动整个行业转型升级。

（3）积极理性地承接北京非首都功能的产业转移，通过溢出和带动效应促进产业转型升级。

《京津冀协同发展规划纲要》明确了疏解北京非首都功能的目标和任务，给津冀两地承接产业转移，促进产业转型升级带来了新的机遇。为避免津冀两地以及河北各地之间恶性竞争，河北省需要积极理性地统筹规划，明确承接对象和重点。在避免重复建设的基础上，引进科技创新成果转化型企业，先进制造及零部件加工企业等，一方面促进经济开发区或高新技术产业园区发展，另一方面通过其技术溢出以及带动效应促进整体产业升级。有序承接部分第三产业，如区域性物流基地、专业市场等，通过电子商务、连锁经营、品牌营销的方式，促进产业转型升级。

（4）与京津两地共同打造协同创新共同体，依靠科技创新支撑产业转型升级。

科技创新是产业升级的根本动力。北京是京津冀区域的中心城市，也是我国第一大创新中心，但与其他中心城市相比，北京对周边地区的吸附作用明显大于其辐射作用，这是京津冀地区协同发展中急需解决的问题。北京的优势在于人才、创新，发挥辐射带动作用也应以科技创新为主。从现阶段来看，北京创新优势并没有就近转化为产业优势，其创新优势和资源绝大多数在异地转化，在津冀两地的转化只占20%左右①。打造协同创新共同体，促进京津冀区域创新资源的合理配置和开放共享，可以有力支撑河北的产业转型升级。创新共同体可以是创新产业园区、产学研联盟、科技研发中心以及重点实验室等各种形式。创新产业园区作为科技创新平台，应以科技成果转化为重点，加快河北省科技型中小企业的发展。科技研发中心以及重点实验室等，应以污染防治、节能减排等重点领域急需的关键技术研发为主，改造提升钢铁、石油化工等河北省传统产业，同时着重研发高端产品，协助河北省具有领先优势的生物医药等战略性新兴行业延伸产业链，从而实现全行业的转型升级。

（5）以产业园区为平台，以龙头企业为主体，构建产业集群，实现产业集群转型升级。

集群是介于企业和市场之间的"中间组织"，集群的特征在某种程度上是由其核心产业的特征决定的。集群内核心产业的不断变迁决定了集群的变迁。然而，集群也不简单地等同于其核心产业，它是在产业基础上的一种扩展，是一种以产业和空间为基础的复杂经济体。如果依托集群内部众多中小企业来实现产业链和价值链的提升，则过程缓慢并且效率低下。只有依靠行业龙头骨干企业的带领，才能较快地实现集群的产业链和价值链的提升。因此，河北省要加强产业园区建设，积极培育产业园区内的龙头骨干企业，实

---

① 母爱英等：《河北省高污染行业转型与承接产业转移布局优化路径探讨》，《河北师范大学学报》（哲学社会科学版）2014 年第 11 期。

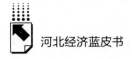
现产业转型升级和产业集群的提升。

（6）坚持市场机制为主，政府引导为辅的原则，推动河北省产业转型升级。

急需转型升级的行业一般技术含量低，污染严重，创新能力弱。这样的行业受市场波动的影响也大，因此，市场可通过价格波动、需求变化等因素找出落后产业并促使其转型升级，否则相关企业会被市场淘汰。产业转型升级的主体是企业，在此过程中企业也需要政府的引导和支持。一方面，企业转型升级需要良好的环境，另一方面，企业转型升级也需要大量的资金。河北省政府在产业转型升级过程中，要坚持以市场机制为主，淘汰落后产业的同时，在人才引进、税收减免、资金融通等方面为转型升级的行业提供支持，推动河北省产业转型升级。

参考文献

［1］付凌晖：《我国产业结构高级化与经济增长关系的实证研究》，《统计研究》2010 年第 8 期。

［2］高燕：《产业升级的测定及制约因素分析》，《统计研究》2006 年第 4 期。

［3］蒋兴明：《产业转型升级内涵路径研究》，《经济问题探索》2014 年第 12 期。

［4］金京、戴翔、张二震：《全球要素分工背景下的中国产业转型升级》，《中国工业经济》2013 年第 11 期。

［5］靖学青：《产业结构高级化与经济增长——对长三角地区的实证分析》，《南通大学学报》（社会科学版）2005 年第 3 期。

［6］吕宁：《对外直接投资结构层次系数和产业结构层次系数的关系》，《经济研究导刊》2014 年第 2 期。

［7］毛蕴诗、郑奇志：《基于微笑曲线的企业升级路径选择模型——理论框架的构建与案例研究》，《中山大学学报》（社会科学版）2012 年第 3 期。

［8］母爱英、江果、武建奇：《河北省高污染行业转型与承接产业转移布局优化路径探讨》，《河北师范大学学报》（哲学社会科学版）2014 年第 11 期。

［9］谢恒、周雯珺、王斌：《京津冀一体化背景下的河北产业升级》，《宏观经济管理》2015 年第 9 期。

专题报告

Special Subject Reports

B.11

京津冀协同发展与新型城镇化下的
河北省智慧城市建设与策略研究

孔俊婷　王倩雯　滕媛媛　杨 森*

摘　要：　智慧城市是我国新型城镇化建设的重要动力。随着城市信息化的不断完善，我国智慧城市建设已逐渐步入系统有效的发展阶段，并逐渐形成协同发展的智慧城市群。本报告首先归纳了我国智慧城市群建设进程与特征；其次，分析了京津冀智慧城市群在我国智慧城市群建设中的现状及特殊性，并通过建立城市特征分析模型对河北省智慧城市建设需求进行分析，总结出河北省智慧城市建设侧重维度不均衡、部分智慧城市项目缺失或不足等问题；最后，针对河北省智慧城市建

＊　孔俊婷，河北工业大学建筑与艺术设计学院教授、硕士生导师，研究方向为城乡规划与城镇设计；王倩雯、滕媛媛、杨森，河北工业大学建筑与艺术设计学院研究生。

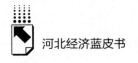

设提出相关策略与建议。

关键词： 京津冀　智慧城市　试点建设　城市特征

自 2006 年起（南京市开始积极研究探索特色智慧城市发展道路成为我国智慧城市建设开端），智慧城市在中国发展已近十年，中国智慧城市建设已经由最初的萌芽期逐渐向推进期演进。《国家新型城镇化规划（2014～2020）》已明确将智慧城市建设纳入规划，并列出了信息网络宽带化、规划管理信息化、基础设施智能化、公共服务边界化、产业发展现代化以及社会治理精细化六项指标。2014 年 10 月，由国家发改委牵头协调 25 个部委成立了促进智慧城市健康发展的部际协调工作组，工作组定期召开部际会议和专家会议，研究智慧城市建设与京津冀协同发展相结合。随着 2015 年《京津冀协同发展规划纲要》的颁布，京津冀的建设也将进入更加科学、有效的阶段。智慧城市建设作为京津冀协同发展的重要引擎，对京津冀地区城市的保障体系与基础设施建设，以及智慧建设与宜居、智慧管理与服务、智慧产业与经济的协同有着至关重要的引导作用，因此，河北省要在智慧城市建设中把握时机，提升城市服务、优化城市功能、进行产业升级，推进城市新型城镇化建设，并在京津冀协同发展的浪潮中找到自己的定位，与京津共建智慧城市群。

一　我国城市群智慧城市建设进程与特征

目前，我国智慧城市已进入了全面建设、务实推进阶段，不同行政级别的城市都在积极创新实践。据统计，截至 2015 年 3 月底，我国已有 386 个城市申请并展开智慧城市试点建设，其中，省级和副省级城市开展智慧城市建设的比例达到 100%，地级城市开展智慧城市建设的比例达到 74%，县级城市开展智慧城市建设的比例达到 32%。全国各省区市（除港、澳、台）智慧城市试点数情况见图 1。

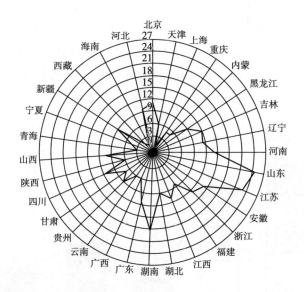

图1 全国各省区市（除港、澳、台）智慧城市试点数

从试点城市空间分布来看，东部沿海地区智慧城市建设较早，智慧城市数量多、密度大，形成了协同发展的智慧城市群，作为中国经济发展的龙头，起到的辐射带动作用十分明显，部分城市之间甚至处于高度耦合状态。随着新型城镇化的提出，中西部及东北部各省份纷纷加入建设行列，以点带面①分布，呈现出快速增长的趋势。与此同时，北京、上海、广州、南京、武汉、长沙、宁波、苏州、佛山、新乡等市已发布了智慧城市建设的相关规划、意见、决定或实施方案。

在我国城市化与工业化不断加快推进的过程中，各城市群借助其各种生产要素汇聚与流动扩散的优势，已经成为当前和未来经济发展格局中最具潜力和活力的地区，成为我国经济的增长极和生产力布局的核心支点。在全国已公布的三批智慧城市试点中约有80个地级以上城市集中在经济发达的环渤海、长三角、珠三角、湘鄂经济圈，以及辐射带动西部地区发展的成渝经济圈，约占总数的57.88%（见图2）。其中，有35个城市人均GDP在4000

---

① 顾成城：《中国智慧城市建设现状及空间分析》，华东师范大学硕士学位论文，2014。

美元以上，45个城市人均GDP在8000美元以上（见图3），具有新型工业化、新型城镇化、信息化和高新技术产业发展的良好经济基础，环境容量大，绿色建筑、低碳产业、生态城镇发展空间大，为智慧城市建设提供了良好的条件。

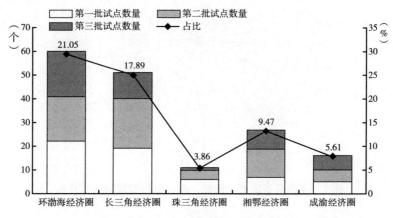

图2　主要城市群智慧城市试点数量统计

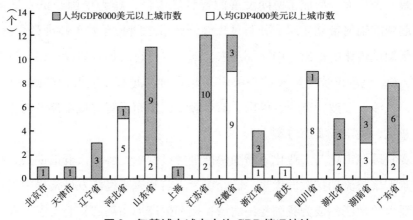

图3　智慧城市试点人均GDP情况统计

在较为典型的城市群建设中，长三角地区城市经济实力雄厚，为智慧建设提供了重要的物质基础，开放多元的氛围使信息技术成为新的社会动力之一，因此其物联网产业发展及应用示范最为集中，为智慧城市建设提供了广泛而有力的技术支持。珠三角地区城市化率及人均GDP均位居所有城市群之首，其借助政府政策机遇、行政区划优势、地缘优势及强大的包容性，强化产业发展的协调性，城市信息化建设基础实、水平高，多种智慧支撑技术应用广泛，是电子信息产品加工密集地区。环渤海地区是我国北方目前经济最活跃的地区，自然资源和人力资源的组合优势突出，具有较好的信息化基础①；但京津冀地区由于市场力量不充分，经济存在巨大落差，而影响了企业的对接与要素的流动。中西部地区的经济发展仍主要靠政策的支持。相比之下，在城市群协同发展过程中，长三角和珠三角地区的市场因素更为充分和活跃，中西部地区基础设施建设落后暂不具竞争力，而京津冀协同发展战略背景下的智慧城市建设具有可靠的发展前景。

从政策环境上看，智慧城市与"十二五"规划内容十分契合，建设运作呈现出多种模式，政府、企业、公众等均作为智慧城市项目建设运作的参与者在不同的模式中扮演不同的角色，智慧城市基础设施建设在三网融合、物联网建设、能源利用等方面也已取得一定的成绩，但距离发达国家和地区的智慧城市建设水平还有一定差距。

二　京津冀智慧城市建设现状及特征

京津冀地区是中东部新型城镇化的城市载体之一。从全局看，京津冀智慧城市建设是我国新型城镇化的重要开局，其协同发展的手段与成效将成为我国区域发展的样本；从其自身看，行政体制的差异及协调机制的缺乏使京津冀协同发展过程弊端凸显，其经济发展一直滞后于长三角及珠三角城市群，相关问题尚有待深入研究和挖掘。

从众多国内外智慧城市的成功实践来看，智慧城市建设为一体化进程提供了重要理论与实践支撑，通过将顶层设计与项目实施相结合，打破"双核极化"的失衡结构，引导"蒂伯特选择"机制作用，保障未来经济的适速增长。

---

① 中国电子信息产业发展研究院、迪赛顾问股份有限公司：《中国感知城市建设战略研究（2011）》，2011。

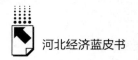

（一）北京市智慧城市建设现状及特征

北京市作为拥有超过 2000 万城市人口的特大型城市，城镇化率已达到 86.3%（2015 年数据，见图 4），人口过快增长使得城市交通压力进一步加大（见图 5），环境资源瓶颈日益凸显。北京借助其经济基础与生产要素的聚集，实施智慧城市建设，改变城镇化发展模式，促进城市产业转型升级，推动城乡空间优化，成为国内重要的智慧城市建设"探路者"之一。

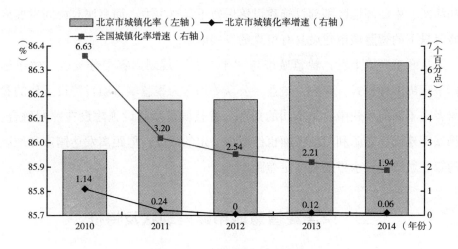

图 4　北京市城镇化发展趋势

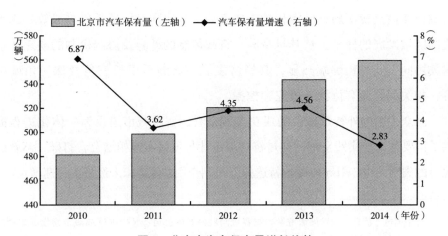

图 5　北京市汽车保有量增长趋势

1. 顶层设计

2012 年 3 月，北京市发布了《智慧北京行动纲要》（以下简称《纲要》），使得"智慧北京"建设成为破解大城市发展难题和实现经济可持续发展的强大动力。《纲要》为实现基础提升和信息化整体发展达到世界一流水平的目标，提出了八大行动计划，即城市智能运行、市民数字生活、企业网络运营、政府整合服务 4 项智慧应用行动计划，和基础设施提升、共用平台建设、应用产业对接、创新发展环境 4 项智慧支撑行动计划，并根据"智慧北京"总体发展目标，设计形成包括城市智能运行、市民数字生活、企业网络运营、政府整合服务和信息基础设施 5 个方面的 30 项指标，由浅入深，迭代发展。"智慧北京"顶层设计主要构成见表 1。

表 1   "智慧北京"顶层设计主要构成

序号	主要构成	具体内容
1	发展目标	实现一个基础提升和四类主体的智慧应用体系，信息化整体发展目标达到世界一流水平
2	基础设施智慧化建设	以信息基础设施为重点，推进"智慧北京"集约发展，重点推进宽带提升，以及智能政务应用支撑平台、物联网及政务服务体系建设
3	城市管理智慧化建设	以重大应用为引领开展多项物联网应用，有重点、分领域逐步推动数据共享机制
4	社会服务智慧化建设	以社会服务管理为提升政府服务能力的抓手，实现管理对象"全覆盖"、需求响应"全流程"、事件处理"全协同"、信息资源"全共享"
5	产业发展智慧化建设	开展需求与产业对接，建设智慧体验中心，筹备举办"智慧北京"信息化大赛，创造良好发展环境，实现多方共赢

2015 年，北京又提出了建设"宜居北京""畅通北京""平安北京""健康北京"等重大战略部署，采用"政府参与、政策扶持、市场运作"的模式，加强城市与城市、城市与企业、项目与金融的结合，破解项目建设落地和资金投入的难题。

2. 试点建设

北京是国家智慧城市发展的首批试点城市之一。在三批公布的试点名单中，北京共申请建设试点 11 个，试点设置由城市中心区域向周边区域推进，

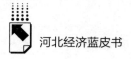

使周边区域逐步发展成为围绕中心城区发展的卫星城。将中心城区部分功能向卫星城疏散，从而强化了中心城区高端服务、商务商贸、信息流动、创意创新等功能（见表2）。各试点既有结合职能特色建设的智慧创新项目，也有与其他试点联合建设的智慧基础项目，形成核心统筹、辐射周边、网络化发展的空间格局。

表2　北京市智慧城市试点重点项目

	试点名称	职能特色	重点项目
第一批	东城区	智慧城市智能中心	智慧东城公众体验中心、城市指挥调度中心、城市运营服务中心、城市数据中心
	朝阳区	北京市重要的工业基地,重要的外事活动区	智慧社区、指挥中枢、综合行政服务大厅、奥运智慧展示中心、门户网站微博群
	未来科技城	我国科技相关产业应用研究技术最高水平的人才创新创业基地	智能电网、智能交通、数据中心、决策运营指挥中心、指标分析仿真中心
	丽泽商务区	国际知名的高端商务区和金融首善之区、首都金融业发展新空间	生态商务区、立体交通网、"信息高速路"、"金融不夜城"
第二批	北京经济技术开发区	京津城际发展走廊上的高新技术产业和先进制造业基地	网络基础设施建设、城市公共基础数据库建设、公共服务平台建设、城市信息安全建设
	房山区长阳镇	"潞路之喉",现代化的新型城镇	智慧家居、智慧养老、智慧旅游
第三批	门头沟区	生态涵养发展区与西部综合服务中心	宽带及无线网络全覆盖、政府云建设、应急指挥平台、安全生产物联网平台
	大兴区庞各庄镇	新型文明生态城镇、全国环境优美小城镇	城市公共信息平台及基础数据库、网格化城市管理、地下管网、智慧社区,智慧养老智慧农业、智慧交通、智慧旅游服务管理系统
	新首钢高端产业综合服务区	国际一流和谐宜居之都的示范区、首都创新驱动的承载平台	基础设施服务、城市建设运营、产业发展服务、公众生活服务、智慧决策与应急调度
	房山区良乡高教园区	智慧型产业孵化基地、智库型创业平台	市政交通一体化项目、智慧校园
	西城区牛街街道	宗教活动聚集地、民族特色街道	智慧民族社区、信息化基础设施完善、数据资源中心建设和云数据整合

在试点建设过程中，以信息基础设计为重点，重点推进宽带提升计划，以及智能政务应用支撑平台、物联网与互联网、政务与服务体系的建设，实现"智慧北京"的集约发展，并以重大应用为引领带动产业发展，以网络化管理为手段提升社会服务管理。据统计，2014年，北京软件和信息服务业营业收入增长约11%，规模以上战略性新兴产业增加值提高约17.9%，强有力地支撑了全市经济增长。

3. 发展特点

（1）大数据储备较早，信息系统较为完善，建设资金充足。自1999年提出建设"数字北京"以来，北京在"十一五"期间已经形成了大量的信息系统，并探索性地有重点、分领域逐步推进数据共享机制。

（2）智慧城市进程较快，城市化问题解决效果显著。凭借较为完备的基础，北京智慧城市建设有序进行，多项严峻的城市化问题得到了明显的改善，成为国内智慧城市建设的成功案例之一。

（二）天津市智慧城市建设现状及特征

在过去的20年中，天津城镇化进程逐渐由中期过渡到成熟期。在此期间，先后经历了振兴东北老工业基地、京津"双城记"、京津冀协同发展及城乡统筹的战略决策，塘沽城区与天津中心区互动发展构成了天津城镇化建设的主旋律，与此同时，天津也面临着大量同北京类似的城市问题。为了优化产业环境，提高城市运作效率，缓解城市压力，天津紧随北京，将"智慧天津"作为新型城镇化建设的新路径。

天津市城镇化发展趋势见图6。

1. 顶层设计

2009年，天津市河西区率先进行"数字城市"建设，建立"数字城管""应急指挥""便民服务"三大应用平台，成为建设"无线城市"构想的先行者。

2011年，在国家发改委召开全国低碳省区、低碳城市试点启动会中，天津市成功跻身低碳城市试点之列。天津市将"低碳化"作为智慧城市建设源头，围绕构建高端产业、自主创新和生态宜居三个高地全力打造智慧低

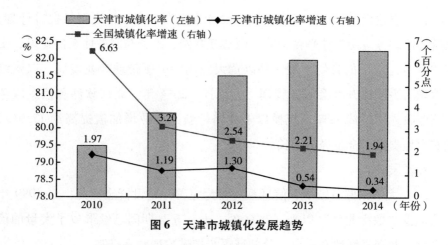

图6　天津市城镇化发展趋势

碳城市发展模式，通过源头低碳化、过程低碳化和末端低碳化的途径，实现能源结构改善、产业结构优化以及低碳消费，全力打造以高端产业、自主创新、生态宜居为基础的智慧低碳城市发展模式。

2015年，依据国家发改委等八部委出台的《关于促进智慧城市健康发展的指导意见》，天津市正式出台颁布《天津市推进智慧城市建设行动计划（2015～2017）》，系统科学地对天津智慧城市建设行动进行指导，计划未来三年将重点推出智慧医疗、智慧社保、智慧教育、智慧旅游等八个重点专项规划内容，多维度为智慧城市建设提供支持，形成覆盖城乡的数字化、智能化社会服务管理体系，全力打造"智能、融合、惠民、安全"的智慧城市。

"智慧天津"顶层设计主要构成见表3。

2. 试点建设

天津作为我国重要港口城市、北方经济和工业中心，需在港口、能源、环保、工业物联网等领域着手，其城镇化发展格局呈现出"乡村工业化"[1]发展阶段的特质，在其三批6个智慧城市试点中，除河西区外，其余均位于四郊五县及滨海新区，除了"生态宜居"项目之外，其智慧城市试点重点项目也多数围绕智能交通、智慧产业优化升级等内容进行（见表4）。预计

---

① 何邕健：《1990年以来天津城镇化格局演进研究》，天津大学博士学位论文，2012。

表3 "智慧天津"顶层设计主要构成

序号	主要构成	具体内容
1	发展目标	打造"智能、融合、惠民、安全"的智慧城市,为实现中央对天津的城市功能定位提供强力支撑
2	基础设施智慧化建设	实施城市基础设施智能化提升行动,包括实施"宽带天津"、三网融合、智能交通、智能电网、智慧水务、智慧口岸等重点专项行动
3	城市管理智慧化建设	实施城市管理精细化推进行动,包括智慧城管、智能应急、智慧环保、智慧安监、城建监管信息化、食品药品安全和公共安全管理信息化等重点专项行动
4	社会服务智慧化建设	实施惠民服务便利化应用行动,包括智慧医疗、智慧社保、智慧教育、智慧旅游、智慧社区、智慧城区和智慧乡村等专项建设
5	产业发展智慧化建设	实施智慧经济高端发展行动,积极发展智慧农业,推动信息化和工业化深度融合

表4 天津市智慧城市试点重点项目表

	试点名称	职能特色	重点项目
第一批	津南新区	引进项目以工业项目为主、商贸物流项目为辅的综合性市级开发区	无线地磁数据采集系统、公共安全防控网络、视频监控平台、安全生产监管系统、网格化管理平台
	天津市生态城	可持续发展的城市型和谐社区	全程光纤网络入户项目、城市级数据中心和指挥中心、客户管理平台和公共地理信息平台、智能电网综合示范工程
第二批	武清区	国际化功能区和京津之间高新技术产业基地、现代服务业基地和生态宜居城市	光纤网络铺入,云计算中心建设,园区统一指挥中心、智能交通、呼叫中心及一卡通系统、媒体视频会议系统、移动办公系统、企业的共享服务系统
	河西区	天津市重要的政治活动中心	无线宽带覆盖综合信息网络、区域公共信息服务平台和云计算数据中心建设
第三批	滨海高新技术开发区	国家级高新技术产业开发区	智能办公系统、工程建设领域信息公开和诚信系统、公安指挥调度系统等
	静海县	循环经济区、区域物流中心、健康产业基地、生态宜居城市	建设高速畅通、覆盖城乡、质优价廉、服务便捷的宽带网络基础设施和服务体系

到2020年,"智慧天津"基本建设完成,届时天津将成为智慧基础设施完善、智慧应用水平显著提升、智慧产业领先、现代化、智能化的北方经济中

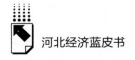

心和国际港口城市。

3. 发展特点

（1）积极吸取国外先进经验，建设中外多国政府战略合作项目。国外智慧城市建设较为领先，天津在结合自身城市特性、地域特色等基本属性的同时，可积极借鉴国外先进经验，开创全球首个多国政府合作的智慧生态城建设。

（2）建立开放性平台，注重适应性项目建设。除在智慧基础设施领域的建设外，天津智慧产业相关项目应与北京错位发展，形成政策联合、资源联通、环境联控的智慧"双城"建设格局。

（三）河北省智慧城市建设现状及特征

与全国大多数省份一样，河北的城镇化进程尚处于发展中期阶段，据统计，2014 年全省城镇化率达到49.3%（见图7），其中，石家庄、唐山、廊坊等市优先受益于京津冀协同发展战略部署的地区，城镇化率在55%左右，仅达到全国平均水平。虽然河北省是京津冀协同发展中的重要一极，但是京津冀城市群建设目前尚处于城市群发展的组接阶段，超大城市高度聚集，中小城市吸纳力不足。与京津相比，河北不仅人口分布差异大，而且经济实力与经济结构也相当悬殊。北京不仅未能起到辐射推动作用，反而产生虹吸效果，使得城镇体系结构不平衡，区域发展缺乏支撑力。为了解决资源分配不

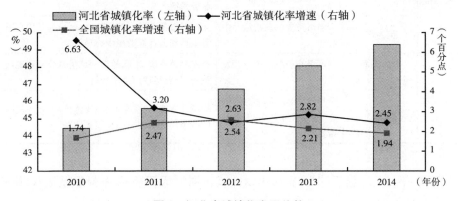

图7 河北省城镇化发展趋势

合理的问题，实现教育、医疗、交通等公共服务与京津接轨，河北省积极开展智慧城市建设。

1. 顶层设计

河北省委省政府高度重视智慧城市建设，2012 年，以河北省信息化工作领导小组下发的《河北省国民经济和社会发展信息化"十二五"规划》为指导，综合利用地理信息、卫星定位、物联网、网络通信、智能控制等信息技术，加快推进智慧城市建设，完善公共服务、城市管理、环境宜居、产业发展、网络安全等方面的信息化应用系统，并通过推广数字城市管理模式，构建功能完备、运转高效、反应灵敏的城市管理和公共服务体系，全面提高城市管理精细化、智能化和规范化水平。同年推行加快推进智慧城市建设的"感知河北"试点工程，选择石家庄、邯郸、廊坊、承德开展智慧城市综合试点，推进物联网技术在城市建设多个领域的应用，旨在提升城市管理和公共服务水平。

2013 年，河北省组织召开了以"构建智慧城市，培育新兴产业，助力河北省新型城镇化发展"的河北省智慧城市建设研讨会，逐步培育智慧城市产业链，力图有效推进智慧城市建设。

"智慧河北"顶层设计主要构成见表 5。

表 5   "智慧河北"顶层设计主要构成

序号	主要构成	具体内容
1	发展目标	实现公共服务便捷化、城市管理精细化、生活环境宜居化、基础设施智能化、产业发展现代化、网络安全长效化
2	基础设施智慧化建设	给排水、电力电信、供热燃气、交通设施、物流配送、北斗导航、防灾减灾等信息建设体系
3	城市管理智慧化建设	市政管理、人口管理、公共安全、应急管理、社会诚信、市场监督、食品安全等领域的信息建设体系
4	社会服务智慧化建设	教育文化、医疗卫生、食品药品安全、劳动保障、住房保障等领域的信息服务体系
5	产业发展智慧化建设	农业、工业、现代服务业等信息平台建设和电子商务服务业信息建设体系

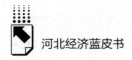
2. 试点建设

根据住房和城乡建设部关于智慧城市的申报要求，河北省目前已设立
10 个国家智慧城市试点，不仅是建设时间较早，也是试点数量较多的省份
之一。为承接京津冀协同发展的空间战略布局，河北省的试点多集中在京保
石、京唐秦两大发展轴及京津冀城市群重要节点上。

由于河北省省域面积相对较大，城市发展基础和资源优势不尽相同，参
照国家新型城镇化规划和国家发改委等八部委意见，结合各地智慧城市建设
的特点，各地方政府针对智慧城市建设的侧重点也不尽相同，例如，"智慧
博野"由知识体系研究（指标体系、信息体系、管理服务体系、标准体系）
和建设体系规划（功能体系、系统体系、技术体系、基础设施体系、保障
体系）组成；"智慧秦皇岛"则围绕建设国际海滨旅游城市的目标，建设实
现旅游与平安城市、智能交通的视频资源共享等，提高秦皇岛市旅游综合竞
争力。未被列入智慧城市试点的城市也积极开展建设，如"智慧沧州"，沧
州市凭借其石油化工基地和北方重要陆海交通枢纽的地位，建设智慧民生、
智慧政府、智慧产业、智慧基础和信息安全系统，巩固其在环渤海经济区和
京津冀都市圈中的地位①。

据统计，河北省 10 个智慧城市试点确定的一百余个重点项目中，已经有
三十余个取得了一定进展，这些项目不仅立足于城市智能特色发展方向，而
且通过智慧的技术和手段解决城市发展最迫切、百姓需求最集中的难题，以满
足现阶段河北省城镇化发展的新要求。河北省智慧城市试点重点项目见表6。

3. 发展特点

（1）建设项目性质单一，侧重维度有明显倾向性。新型城镇化的核心
是人的城镇化，而人的流向最终取决于产业的流向。河北试点城市启动的 5
类重点项目中，占比重较大的为公共服务类和城市管理类，与京津冀协同发
展对接的项目类型社会关注度较低，占比较少，吸纳能力明显不足（见图8）。

---

① 赵勇、吴玉玲、张浩、刘洋：《新型城镇化背景下智慧城市建设实践的思考——以河北省智
慧城市试点为例》，《现代城市研究》2015 年第 1 期。

表6 河北省智慧城市试点重点项目

	试点名称	职能特色	重点项目
第一批	石家庄市	省会、商埠和医药基地	智慧医疗、数字税务、智慧城管、智能安全、B2B电子商务、ICT系统(构架)、MPLS/VPLSM网
	秦皇岛市	北方重要对外贸易口岸	智慧旅游、智慧交通、平安城市、城市云平台
	廊坊市	京津走廊中心城市	智慧管网、便民综合服务岛、智慧公交电子站牌
	邯郸市	冀南中心城市、历史名城	网上公共信息平台、居民一卡通、智慧医疗
	迁安市	钢铁基地、生态城市	智慧城管、智慧市政、智慧环保
	北戴河新区	国际旅游胜地	智慧旅游、智慧交通
第二批	曹妃甸区	连接东北亚的桥头堡,京津冀协同发展战略核心区	智慧港口、智慧社区
	滦南县	冀东商贸物流、食品基地	智慧农业、智慧城管、智慧教育
	博野县	橡胶机带生产基地	平安博野
第三批	唐山市	京津唐城市群核心之一,环渤海重要滨水城市,华北工业重镇	4G网建工程、数字化城管、智慧社区、智慧医疗、智慧安全、"交通E通"、物流智慧服务平台

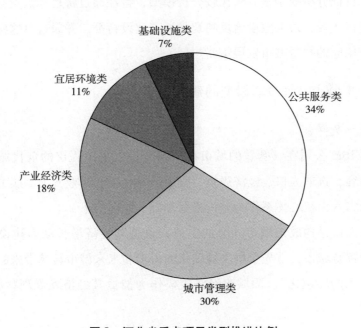

图8 河北省重点项目类型推进比例

（2）建设进度慢，智慧型推动力未显现出明显优势。2005 年，亚洲开发银行资助的一份调查报告首次提出因多重因素叠加产生的京津周边部分"连片贫困"地区。"环京津贫困带"不仅未能缩小与京津周边郊县的贫富差距，反而使其愈加落后。河北 6 个试点城市中有多个位于贫困带范围内。由此可见，由于河北处于劣势的资源配置地位，其公共信息平台和基础数据库储备薄弱，系统工程建设周期较短，建设资金不足，智慧城市建设进程缓慢。据统计，2010 ~ 2014 年，河北省城镇化进程虽稳步推进，但智慧城市建设作为推动河北新型城镇化发展的动力并未呈现显著效果。

三 基于城市特征分析模型的河北省智慧城市建设需求分析

城市特征分析模型是一个比较分析模型，旨在通过将目标试点与其他试点指标进行比较，最大限度地反映智慧城市建设特征，并通过对这些特征的分析制定相应的智慧城市发展策略。

（一）城市特征分析模型的建构

1. 指标选择

根据 IBM 公司在《智慧的城市在中国》白皮书中提出的现代城市和系统构成内容，选取人口、经济规模、交通运输状况、工业实力、服务业实力和创新能力六大核心体系作为分析指标基础，原因如下[①]。

城市人口是构成该城市社会的主体，也是其经济增长动力建设的参与者。建设智慧城市，首先要解决城镇化的需求和未来城市转移带来的发展压力，即"人的城镇化"。而城市经济规模作为衡量其经济发展现状的指标，

[①] 张凡：《基于城市特征分析模型的智慧城市建设需求分析——以新乡市为例》，《城市观察》2013 年第 6 期。

是城市发展的基础，也是智慧城市建设的基础。人口数量与经济发展现状相结合，可以更全面地反映城市规模与智慧城市发展的潜力，因此选取人口和经济规模作为衡量城市特征的两个主要因素。

城市交通系统是城市高速运转和保持活力的重要基础设施之一。通过交通运输，可以完成人与物在不同地点之间的传送，对经济活动有着重要的影响。其中，货物运输量反映了城市中各类物资进出和能量交换情况，其对于经济的影响大于旅客周转量，因此模型中将交通运输状况理解为货物的交通运输能力。

工业实力和服务业实力都属于经济规模的体现因素。工业实力直接反映了城市工业产业的总量规模，将工业与服务业进行比较也可以反映城市工业化进程。

在经济全球化和科学技术革命的条件下，城市的创新能力成为体现其综合竞争力的一项重要内容。新兴技术离不开城市的创新能力，这也是智慧城市建设的基础内容，因此也将创新能力作为城市特征分析模型中重要的比较指标之一。

综上所述，在数据模型中，六大核心体系分别选取城市常住人口数量、地区生产总值、货物周转量（或旅客周转量）、工业增加值（或第二产业增加值）、第三产业增加值及专利授权量（或科技发明授权量）来衡量。结论数据为选定城市某个指标与一定数量的比较对象城市该指标平均值的比值，因此1.00即平均值。

2. 结果分析

分析结果大致可分为指针型与均衡型两类。

指针型是指智慧城市建设需求主要来源于指针指向的指标因素：同等级别类型城市特征相比，指针指向人口意味着人口规模较大，智慧城市建设需要更加关注民生问题；指向交通运输状况意味着城市交通能力优势明显，需要加强智能高效交通体系的建设；指向工业实力、服务业实力意味着城市工业化进程相对较快，服务业较发达，在智慧城市建设过程中应考虑从优势产业入手，带动经济建设，促进产业转型升级；指向创新能力说明城市具有科

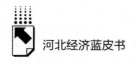

技创新的潜力，有利于尝试研发结合自身特质的新兴科技项目，在智慧城市建设方面具有潜力。

均衡型分析结果并不突出，需要针对各项一级指标寻找二级指标进行分析，找到更为具体的切入点，以确定城市某一方面的智慧城市建设优势，从而推动该城市的智慧城市建设进程。

（二）对比城市的选择

为确保模型分析数据的准确性和有效性，在对比城市选择上需遵循以下几点。

（1）按行政级别划分。我国城市行政级别共分为7级，由于不同行政级别城市的建设阶段、城市规模、经济发展水平等存在较大差异，所选择的对比城市与目标城市应属于同一级别。

（2）考虑区域发展差距。由于我国存在各区域间自然地理条件差异及区域制度基础不完善等客观条件，东部沿海与西部内陆地区呈现出不均衡的发展状况。河北省位于环渤海经济圈的中心地带，处于欧亚大陆桥的东端，是我国政府确定的重点开放地区之一，也是华东、华南、西南等区域连接"三北"（东北、西北、华北）地区的纽带和商品流通中转站，因此需根据东西部城市群发展实际情况选择对比城市。

（3）对比城市数量足够且具有代表性。由于该模型要将目标城市的指标数据与对比城市数据的平均值进行对比，对比城市应有大量的数据支撑，数据规模越大，比值越具有说明性。此外，由于我国多数城市建设已经发展到一定阶段并呈现出集群发展的趋势，在经济规模、产业结构、发展模式等方面具有高度相似性，因此应降低对同一城市带或城市群中对比城市的选择，从而使数据更具代表性。

对比城市名单见表7，目标城市主要对比指标值见表8，准副省部级对比城市主要指标值见表9，正地厅司局级对比城市主要指标值见表10，副地厅司局级对比城市主要指标值见表11。

表7 对比城市名单

城市群或城市带	准副省部级	正地厅司局级	副地厅司局级
分析对象城市	石家庄市、唐山市、邯郸市	秦皇岛市、保定市、廊坊市	迁安市
环渤海地区城市群	—	东营市、威海市、烟台市、济宁市、日照市、潍坊市	曲阜市、莱西市
长江三角洲城市群	无锡市、苏州市、徐州市、淮南市、合肥市	镇江市、常州市、南通市、连云港市、常州市、淮安市、蚌埠市、滁州市	—
珠江三角洲城市群	—	珠海市、佛山市、肇庆市、东莞市	河源市
成渝城市群	—	绵阳市、泸州市	雅安市、崇州市、广安市、乐山市
中原城市群	郑州市、洛阳市	许昌市、开封市	—
长江中游城市群	长沙市	黄冈市、宜昌市、岳阳市、常德市、湘潭市	仙桃市、浏阳市
东北老工业基地城市群	吉林市、沈阳市、齐齐哈尔市	—	—
太原城市群	太原市、大同市	吕梁市、长治市	—

表8 目标城市主要对比指标值（2014年）

行政级别	目标城市	常住人口（万人）	GDP（亿元）	第二产业增加值（亿元）	第三产业增加值（亿元）	货物周转量（亿吨公里）	专利授权量（件）
准副省部级	石家庄市	1061.62	5100.2	2439.3	2172.6	1514	4433
	唐山市	776.82	6225.3	3595.75	2070.85	990.24	2636
	邯郸市	1029.48	3080	1543.5	1133.4	357.4	1498
正地厅司局级	秦皇岛市	306.45	1200.02	447.68	577.68	200	1310
	保定市	1029.5	2757.8	1492.7	916.5	955.2	3385
	廊坊市	452.18	2056	995.3	855.2	205.6	2156
副地厅司局级	迁安市	—	—	—	—	—	—

资料来源：大多数数据来源于该市《2014年国民经济和社会发展统计公报》。

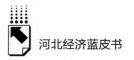
表 9　准副省部级对比城市主要指标值（2014 年）

城市	常住人口（万人）	GDP(亿元)	第二产业增加值(亿元)	第三产业增加值(亿元)	货物周转量（亿吨公里）	专利授权量(件)
无锡市	650.01	8205.31	4186.34	3862.01	525.4	2801
苏州市	1059.1	13760.89	6849.6	5951.6	200.5	5264
徐州市	1023.52	4963.91	2290.26	2200.09	405.75	8468
淮南市	237.5	789.3	453.2	266.6	261.9	2072
合肥市	769.6	5158	2872.01	2028.33	655.91	12722
郑州市	937.8	6873	3771.1	2862.4	537	12316
洛阳市	696.23	3284.6	1845	1192.2	401.92	4820
长沙市	731.15	7824.18	4245.68	3261.09	431.55	11448
吉林市	427.65	2730.2	1306.4	1165.2	239	
沈阳市	828.7	7098.7	3541.4	3232	182	6661
齐齐哈尔市	553.2	1238.8	408.2	531.3	—	—
太原市	429.89	2531.09	1012.31	1479.85	—	1023
大同市	339.19	1001.5	445.5	499.1	—	419

资料来源：大多数数据来源于该市《2014 年国民经济和社会发展统计公报》。

表 10　正地厅司局级对比城市主要指标值（2014 年）

城市	常住人口（万人）	GDP(亿元)	第二产业增加值(亿元)	第三产业增加值(亿元)	货物周转量（亿吨公里）	专利授权量(件)
东营市	209.91	3430.49	2345.08	961.42	—	3058
威海市	280.92	2790.34	1410.07	1165.77	336.8	2833
烟台市	653.41	6002.08	3212.35	2348.46	—	675
济宁市	824	3800.06	1912.58	1444.15	—	317
日照市	293.92	1611.87	811.39	660.64	155.12	167
潍坊市	924.72	4786.7	2432	1898.5	487.8	8435
镇江市	317.14	3252.4	1662.6	1467.6	—	12707
常州市	469.6	4901.9	2458.2	2305.2	112.7	18152
南通市	729.8	5652.7	2873.8	2411.8	—	12391
连云港市	526.52	1965.89	—	—	227.31	—
常州市	469.6	4901.9	2458.2	2305.2	112.7	18152
淮安市	560.25	2455.39	11.20	12.50	336.64	6663
蚌埠市	371.1	1108.44	572.25	354.14	—	529
滁州市	449.6	1184.8	633.7	332.7	606.5	3053
珠海市	161.42	1857.32	939.04	869.49	—	6258
佛山市	735.06	7603.28	4687.02	2773.8	252.45	1109
肇庆市	403.58	1845.06	922.79	650.24	65.15	1449

城市	常住人口（万人）	GDP（亿元）	第二产业增加值（亿元）	第三产业增加值（亿元）	货物周转量（亿吨公里）	专利授权量（件）
东莞市	191.39	5881.18	2697.9	3162.44	75.52	20336
绵阳市	548.8	1579.5	805.7	522	67.5	3071
泸州市	508.88	1259.73	759.23	338.23	121.61	781
许昌市	431.5	2108	1438.8	480.1	190.7	2028
开封市	454.9	1492.06	678.02	528.87	19.00	619
黄冈市	626.25	1477.15	586.1	515.93	48.3	913
宜昌市	410.45	3132.21	1857.56	923.09	491.54	2353
岳阳市	559.51	2669.39	1440.08	937.07	335.37	1306
常德市	583.08	2514.2	1198.7	965.8	235.6	1109
湘潭市	281.3	1570.6	900.6	538	66.3	1883
吕梁市	381.31	1101.3	685.1	347.9	—	143
长治市	340.44	1331.2	776.5	496.4	—	739

资料来源：大多数数据来源于该市《2014年国民经济和社会发展统计公报》。

表 11　副地厅司局级对比城市主要指标值（2014 年）

城市	常住人口（万人）	GDP（亿元）	第二产业增加值（亿元）	第三产业增加值（亿元）	货物周转量（亿吨公里）	专利授权量（件）
曲阜市	—	—				
莱西市	25.12	651.7	309.55	281.1	32.37	50
河源市	306.32	758.95	384.92	284.05	76.6	567
雅安市	154.37	462.41	266.03	128.89	63.56	516
崇州市	66.98	203.23	101.04	71.59	—	226
广安市	471.7	919.6	482.9	281	3.24	368
乐山市	128.7	1207.59	720.3	352.16	—	699
仙桃市	154.99	552.3	295.99	172.32	—	—
浏阳市	145.32	1012.83	720.73	206.21	21.92	—

资料来源：大多数数据来源于该市《2014年国民经济和社会发展统计公报》。

（三）河北省智慧城市建设需求分析

通过建立河北省主要试点城市特征分析模型可以看出，除廊坊市呈现均衡型特征之外，其他试点均呈现指针型特征（见图 9），但是指针所反映的

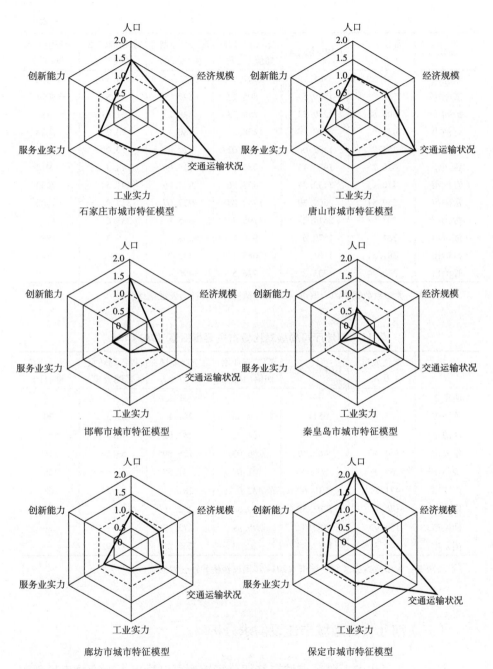

图 9 河北省主要试点城市特征分析模型

试点特质不尽相同。其中，石家庄市、邯郸市和保定市人口规模均超过同类型城市平均指标，同时，石家庄市、唐山市和保定市交通运输状况在对比城市中处于较高水平。因此在智慧城市建设过程中，除了要更多关注使用智慧技术提高公共服务效率及缓解人口压力之外，还需要发挥交通运输的优势，更多地投入于满足智能化交通系统及智慧交通配套项目的建设需求，巩固各大试点的交通区位优势。

此外，通过分析发现，除石家庄市和唐山市之外，其余试点城市的经济规模、工业实力和服务业实力均未达到对比城市的平均水平，城市经济基础薄弱，工业化进程与产业高端化建设仍处于落后状态，在智慧城市建设过程中，对于借助信息化手段推进工业智能化、服务业智能化以及高效促进整体经济实力提高有着较大需求。

与此同时，河北省各智慧城市建设试点科技创新能力远落后于同级别类型城市平均值，而智慧城市建设从本质上来讲是城市管理和建设模式的创新，是将现代信息技术与城市紧密结合的一种先进手段，因此创新能力薄弱为智慧城市建设增加了难度，河北省应加强对各智慧城市创新能力的培养。

四　京津冀协同发展与新型城镇化下的河北智慧城市建设策略

（一）建设的总体思路

智慧城市能够充分运用信息和通信技术，对社会各项需求包括民生、环保、公共安全、城市服务、工商业活动等做出智能响应，从而形成网络化、信息化、智能化和现代化城市，这不仅能够运用人类智慧更好地管理和发展城市，也能为人类创造出更美好的城市生活。而这就要求智慧城市在不同的空间层次上有着相应的建设指引和明确的总体思路，以达到区域融合、城市智能和生活宜居的目的。

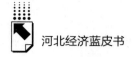

1. 区域尺度

要保证智慧城市发展的可持续性、科学性与先进性，高瞻远瞩、全局把握智慧城市顶层设计十分重要。智慧城市首先要在战略高度上确立一些原则及发展方向，如让各城市、各部门间的协作与信息共享成为制度上的要求，为各部门数据制定统一的标准，为信息的互联共享创造条件[①]。此外，对于智慧城市的目标、标准及建设重点，应在区域的层面上明确。

京津冀城市群中各自城市的智慧发展水平差异是其协同发展上的巨大阻碍。而要破除这些阻碍，一方面要求各地各级政府在总体部署、系统规划、统一决策下，构建政府、企业、公众、大学、研究机构、使用者和生产者等城市主体共同推动智慧城市群建设的有效机制，形成技术创新与社会创新相结合的综合创新体系和创新网络；另一方面，河北省各市县应把握京津两地产业转型、转移的契机，并利用转移出来的教育和科研基地，提升河北省的创新科研能力，结合当地城市特征，升级当地产业与服务，推进智慧城市的建设[②]。

2. 城市尺度

现今中国的智慧城市建设多集中在城市尺度的层面上，这要求政府参与主体应具有对新的信息收集、分析、处理的能力，为城市管理提供强有力的空间运行监测支持，这也是现今智慧城市建设的主要目的之一，如此，管理者才能更完善地把握城市现状，并提供更丰富、全面、准确的数据及信息，从而做出科学的决策。同时，城市尺度的智慧城市建设，也更关注城市使用者的需求，通过各种信息平台的搭建，为他们创造联通、畅达的立体信息网络，提供丰富的城市服务和功能保障也是智慧城市的目标之一。这不仅能有效解决城市发展中出现的社会经济问题，也是推动城市向更高阶段发展的重要支撑和根本手段。

---

① 王鹏、杜竞强：《智慧城市与城市规划——基于各种空间尺度的实践分析》，《城市规划》2014 年第 11 期。

② 陈博：《我国智慧城市群的系统架构、建设战略与路径研究》，《管理现代化》2014 年第 4 期。

在河北省各县市的智慧城市建设中，应发挥信息作为城市运营新资源的作用，实现信息技术与城市运营的有机融合，培育城市信息服务业新增长点，探索城市空间转型智能化布局。这不仅要求城市构建支撑体系，推进智能管理，规划管理先行，做好平台支撑，也要做到落实资金保障，突出试点示范，加强组织领导，着力科技创新。尤其要在城市功能组织优化、城市交通出行方式诱导、城市空间形象优化方面加大力度，努力营造智慧宜居城市生活。

3. 近人尺度

近人尺度的智慧城市建设强调民众的参与，这多归功于智慧个人终端的普及、大数据的开放以及社会和民众的强烈需求。现今已有越来越多的政府部门采用新的信息技术手段来改进公众参与的方式，根据其互动方式的不同，可将其分为 4 个类型：单向沟通、反馈式沟通、回应式沟通和交互式对话（见表 12）。信息和通信技术的发展给公众参与提供了很多新手段，城市管理者也能更广泛地听取民众的声音，这使得民众在智慧城市的建设中不再是沉默的大多数。小规模、亲民尺度的智慧建设往往也是智慧城市建设的第一步，积极做好近人尺度的智慧城市建设也在一定程度上决定了智慧城市建设的方向与水平，并为智慧城市的进一步发展奠定了基础。

表 12　智慧城市建设中公众参与方式

单向沟通	比如以网页的方式公布规划数据、方案、会议纪要和决策结果,但公众只能被动地获取信息
反馈式沟通	公众可以通过电子邮件或者网络留言的方式表达自己的意见和看法,但是无法控制相关部门是否回应
回应式沟通	公众可以通过网络提交自己的申请而相关部门有义务和责任回应每个申请。比如规划部门如果允许建筑商或者个人在网上提交土地开发或者装修申请表格,则该部门有义务就每个申请在规定期限内做出回应
交互式对话	政府部门、公众以及利益相关方在网上通过论坛、社交媒体等形式进行互动式对话,共同制订规划方案

资料来源：根据董宏伟、寇永霞《智慧城市的批判与实践——国外文献综述》（《城市规划》2014 年第 11 期）整理。

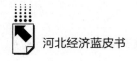

（二）建设的重点及策略

1. 河北省智慧城市建设框架

（1）智慧城市群建设框架

在智慧城市群建设框架的构建中，以技术手段为基础，强化理念创新、体制创新、制度创新、组织创新、商业创新等社会创新活动的重要地位，并以此作为推动社会经济发展的区域创新系统中的重要环节，培育综合创新能力，并采用综合型发展战略来推动企业、公众、政府、大学、研究机构、使用者和生产者等城市主体协作，使其在智慧城市的各个环节发挥各自的作用（见图10）。

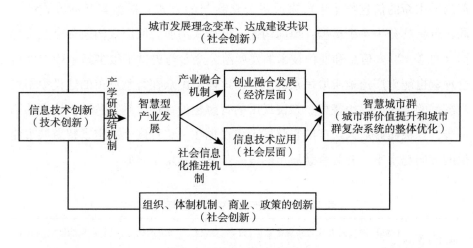

图10　智慧城市群建设框架

资料来源：陈博《我国智慧城市群的系统架构、建设战略与路径研究》，《管理现代化》2014年第4期。

（2）智慧城市系统建设框架

智慧城市系统建设框架，强调更透彻的感知、更全面的互联互通以及更深入的智能化[①]，为实现这个目标，需要完善智能基础设施，形成全面的物

---

① 颜鹰、刘璇：《智慧城市标准化建设的创新策略》，《中国标准化》2013年第2期。

联层，在云计算平台上完成智慧城市的基础架构，并在公共安全、政府服务、智能交通、数字城管、食品安全、医疗保障、水源水质、智慧园区和智能楼宇等方面提出智慧的解决方案（见图11）。

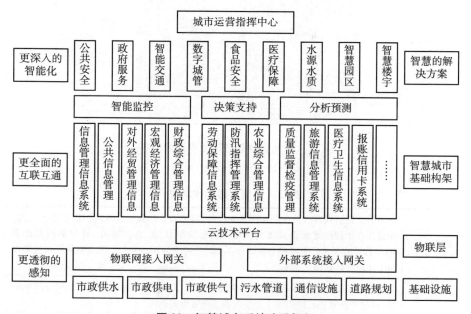

图11 智慧城市系统建设框架

2. 河北省智慧城市建设重点

河北省智慧城市建设内容包括城市智能交通系统、能源管理系统、水资源管理系统、医疗卫生、环境保护、公共安全、城市指挥中心、物流等方面（见图12），而智慧交通和智慧环保是京津冀协同发展建设的两大重点领域。

智慧交通。在京津冀协调发展中，交通领域是智慧城市建设的重点。智能交通体系建设有四大驱动力：减排、降耗、安全、高效。2015年4月通过的《京津冀协同发展规划纲要》明确了智慧交通工作部署（见表13），并于12月公布了《京津冀协同发展交通一体化规划》，提出到2020年，多节点、网格状的区域交通网络基本形成，构建"四纵四横一环"骨架（见图13），同时，京津冀地区还将统一机动车注册登记、通行政策，机动车排放标准、油品标准及监管政策，以及老旧车辆提前报废及黄标车限行等政

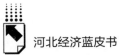

图12　河北省智慧城市重点建设内容

表13　智慧交通工作部署

交通先行	京津冀交通协同发展旨在利用交通先行的优势,为京津冀协同发展提供重要的支撑。根据正在编制的北京市京津冀交通一体化规划目标,到2020年,计划形成京津冀9000公里的高速公路网和主要城市3小时公路交通圈,9500公里的铁路网和主要城市1小时城际铁路交通圈
智慧高速	现代化的交通体系有赖于信息可视化技术的支撑。高速公路是京津冀协同发展的中坚,高速公路管理监控指挥中心是高速公路管理的枢纽
智慧公交	解决京津冀协同发展中城镇化建设中的"乘车难"问题,除了合理规划城市交通、完善城市交通设施之外,还要做好城市公交的指挥调度,如城市公交的可视化调度
智慧协同	交通协同发展意义非常重大,目前无论是高速路还是高铁,京津冀三地互通还不是很通畅。应完善铁路、公路、轨道交通、机场、港口等规划,构建区域多个综合交通枢纽体系,形成"一张图""一张网""一张卡""一个平台"

资料来源:《京津冀协同发展规划纲要》,2015年4月。

策。2016年1月,工信部、北京市和河北省在北京签订基于宽带移动互联网的智能汽车与智慧交通应用示范合作框架协议,构建京津冀智能汽车与智慧交通的联合创新平台和产业生态,创建智能汽车与智慧交通产业创新示范区,在创建示范区的智慧交通体系过程中还提出了一个新概念——"快乐车生活"。由此可见,路网建设只是其基础之一,在建设上还要做到交通先行、智慧高速、智慧公交、智慧协同等工作,而"互联网+"的智慧交通方式也成为智慧生活的重要组成部分。

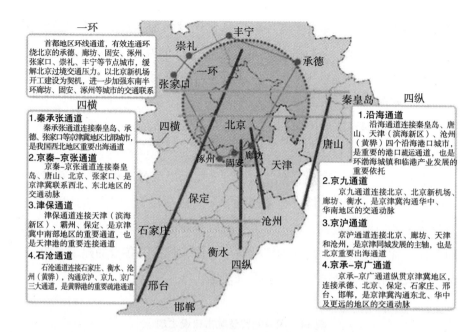

图13 京津冀交通骨架示意

资料来源：《京津冀协同发展交通一体化规划》，2015年12月。

河北省目前已基本形成了以高速公路信息化为主的交通运输信息化总体框架，在现代物流产业方面，积极构建交通运输物流公共信息平台，为物联网的搭建做好基础；在ETC发展方面，2015年新增130名用户，并推出融合ETC、金融、旅游三大功能的京津冀旅游畅行卡；在民生交通方面，实施"公交优先"战略，推行京津冀区域交通"一卡通"。而由于各个城市的交通信息化和智能化水平参差不齐，河北省应加强各地市城市交通信息与高速公路信息系统的整合，以建立行政区域内完善的交通信息共享平台，为京津冀区域交通信息互联互通打下基础。

智慧环保。2015年8月份，国家发改委发文表示将落实京津冀协同发展生态环保率先突破战略，推动印发《京津冀协同发展生态环境保护规划》，同时京津冀也拟共建智慧环保能源监测管控平台，涉及排污权交易系统、智慧环境云服务平台等。河北省环保厅自2013年启动"智慧环保"平台建设以来，已初步建成移动执法、移动监测、申报审批、中心数据库、环

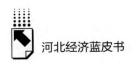
保验收等多个子系统。随着全省环境信息化建设的加速推进，"智慧环保"平台的效力正在显现，今后的关键是促进各系统的互联互通和信息资源共享，打造全省统一的信息平台①，并且加强与京津两地的技术、信息共享、产业等多方面的合作。

3. 河北省智慧城市建设策略

（1）因地制宜，试点示范

由于城市的历史、文化、资源和经济发展水平等各不相同，智慧城市建设不能千篇一律，而应坚持"以需求为导向、以居民为中心"的建设思路，在充分考虑城市所处区域、城市发展规模以及新旧城区差异的基础上，实现协同合作、优势互补。国内外的智慧城市建设，往往有各自的建设主题，并以此为突破点和智慧城市建设的起点（见表14）。

表14　国内外智慧城市建设主题

智慧产业	马来西亚	多媒体超级走廊:建立电子信息城(核心工程),计划在2020年前成为"世界芯片生产中心";开发多媒体产品,将多媒体广泛应用于教育、市场开拓、医疗及医学研究等领域;多媒体超级走廊已发展出两个超级智慧城市:布特拉加亚(电子化的行政中心)和赛博加亚(电子信息城)
	中国广州	抓住2010年亚运会的发展契机,在交通运输、安全反恐、食品安全、组织管理等方面积累经验;规划部署天云计划,建立"天河智慧城""南沙智慧岛""黄埔智慧港"三大试点并组织一批物联网应用示范项目
智慧生态	荷兰阿姆斯特丹	可持续发展:开展智能城市计划,以降低住宅、商业设施、公共建筑物与空间、交通设施等耗能为目标。具体分为四个领域,分别是可持续生活(Geuzenveld项目和West Orange项目)、可持续工作(智能大厦项目)、可持续交通(Energy Dock项目)、可持续公共空间(气候街道项目)
智慧交通	瑞典斯德哥尔摩	采用与IBM公司合作的模式;创新收费系统,不仅缓解交通压力,也能改善城市环境;在2006年投入试运行3年后,交通等待时间减少了50%,每天公共交通乘客增加了60000人次,市内的车辆排放降低了14%～18%
智慧设施	美国	智能电网:由高温超导电网、电力储能技术、可再生能源与分布式系统集成和实现传输可靠性及安全控制系统四部分组成;对于提高效率和效用、可再生能源集成、插件式混合动力电动汽车的应用具有重要意义

---

① 王玲玲:《河北推进"智慧环保"建设　让城市看上去更美》,长城网,2015年12月1日。

智慧市政	卢森堡	无线市政:又被称为"HOT CITY",自 2004 年起,卢森堡政府使用一个门户网站和后台在城市和居民之间进行数字化的文件和程序管理,并成立了HOT CITY 公司,现今已有 12000 个注册用户,450 个 WiFi 点,使得市民能够畅通地与城市进行互动
	美国芝加哥	犯罪地图:芝加哥警察局 2011 年公布了 2001 年以来的 460 万份案件报告原始资料,并推出了面对公众的"犯罪地图",为公众、记者和研究者分析研究提供资料,以帮助市政府更好地应对犯罪

河北省的各个城市,根据各自的城市发展阶段和城市特征,将建设目标分为保增长、保民生和保稳定(见表15)。其中,保增长包括智慧电网、智慧交通、智慧金融与智慧园区建设;保民生包括食品安全、医疗保障、水源水质和智能楼宇建设;保稳定包括公共安全、工作就业、政府服务与指挥中心建设。

表15　河北省智慧城市建设目标与主题

保增长	智慧电网	智慧交通	智慧金融	智慧园区
	唐山、沧州	张家口、保定	廊坊、唐山	唐山、沧州、保定
保民生	食品安全	医疗保障	水源水质	智能楼宇
	承德、邢台	秦皇岛、石家庄	秦皇岛、张家口	廊坊、石家庄
保稳定	公共安全	工作就业	政府服务	指挥中心
	廊坊	保定、石家庄	邯郸、沧州	石家庄、张家口

因地制宜地选定各个城市的智慧城市建设主题后,设立符合主题的试点项目,完善城市功能,促进城市的健康城镇化。在试点项目的选取上,应根据各市的基础条件和原有优势产业,如石家庄的医疗制造产业、沧州的石化产业、唐山和秦皇岛的港口产业等,合理利用和调配城市资源,力争使得每个城市都有各自的建设亮点,避免恶性城市竞争,凸显城市特色,使智慧城市建设朝着健康方向发展,并促使智慧城市群建设有序推进。

(2)统筹合作,模式创新

智慧城市建设面临着资金匮乏、土地财政难以为继、产业转型升级等诸多问题，客观上倒逼城市寻求新的创建模式和项目运作思路——可以将智慧城市建设工作和新型城镇化发展融合在一起，从城市交通资源、水资源、地下空间资源、社区资源、信息资源和政策资源整合的角度，统筹考虑城市的总体规划和建设运维模式，加强各部门之间的联系与合作，以实现通过有限财政资金的投入引导激发社会资金注入和智慧城市建设实证研究。

而智慧城市的开发模式也应从政府主导的基础设施建设或信息化项目投入逐步转变为政企合作的模式，如 BOT 项目、政府购买服务和 PPP 合作模式，这种合作模式注重产业的持续性和资金的长期、稳定性收益。而企业也应从平台运营商的角度，面对城市问题和需求，考虑整体化的解决方案和运维机制，逐步发展"面对问题与需求—系统规划设计—整合上下游参与企业—提供整体化建设运营方案—项目建设项目运营"的模式，并把企业落地和产业园建设统筹起来，将其作为整体运营思路和政府进行沟通①。

（3）平台建设，机制创新

智慧城市建设离不开新一代信息技术迅猛发展下的各种基础平台，包括基础保障层、技术与产业层、基础设施层、应用平台层、综合服务层五个层次。而基于智慧城市结构及其内部广泛联系的复杂巨系统特征，其建构的关键在于打破单个部门、个别城市和单个子系统的局限，形成统一的应用和调控平台，这要求政府和决策部门协商和整合，使智慧城市建设能在统一规划部署下实现资源优化配置、信息高效利用，并促使小系统整合形成大系统并最终形成城市智慧巨系统。

智慧城市建设的实施还要在统一的平台上进行机制创新，主要有产学研联结机制、产业融合机制、社会信息化推进机制和社会创新机制（见表16）。

---

① 万碧玉、李君兰、周微茹、姜栋、张国强：《智慧城市试点创建实践分析》，《现代城市研究》2015 年第 1 期。

表16　关键机制创新

产学研联结机制	应坚持技术创新的市场导向，以企业为主体，以产业技术创新需求为基础，以创造知识产权和重要标准为目标，以产学研联结的技术创新体系建设为突破口，建立区域产业技术创新战略联盟，通过战略联盟成员的优势互补和协同创新，实现多项技术的集成创新和相关产业链的融合创新，突破产业发展的关键技术，构建共性技术平台，集聚和培育创新人才，加速信息技术推广应用和产业化
产业融合机制	应通过"培育主体、开发客体、创新机制、激发竞合"的方式来进行。通过建设产业融合主体，开发产业融合客体，建设促进产业发展的激励机制、动力机制，推动不同企业间的非线性竞争与非线性协同；逐步克服宏观制度因素、企业能力因素与消费需求因素等障碍因素，促使产业融合的主导因素及基础条件在更大产业经济范围内显现并发挥作用，从而使产业融合进一步拓展，引发新的产业革命
社会信息化推进机制	依靠政府的促进和引导，以及市场力量和社会力量的自发推动。省级政府部门通过制定社会领域信息化的全局战略，建立健全信息化推进组织体系，加强河北省各县市内部社会信息化建设的政策、标准、法规的研究制定。推动信息基础设施与网络应用、资源共享管理体系、综合应用平台等方面的建设，实现数据共享、业务系统整合和公共服务联网应用，形成"省—市—区（县）—社区（乡镇）"四级网络结构，有序推进社会管理和公共服务重点领域的信息化建设，促进公共管理和社会生活领域关键环节的组织、协调、监督和控制过程的智能化
社会创新机制	旨在为技术创新活动和城市群发展创造良好的社会秩序、发展环境和提供完善的机制保障。通过加强政府治理能力建设，组织和引导包括制度创新、体制创新、组织创新、市场创新等在内的社会领域创新活动，推动规划设计、组织领导、专家指导、标准法规、政策扶持、市场监管、人才激励、要素保障等方面的建设，不断优化智慧城市群建设发展环境

（4）注重质量，避免误区

在近几年智慧城市如火如荼的建设中，有些城市只是把智慧城市作为城市营销的一个手段，弱化实质性的投入和建设，或者用智慧城市的概念把传统发展思路重新包装，或者只是注重相关基础设施的建设，而没有关注智慧城市所包含的深层含义：以新一代信息技术应用为基础解决城市问题。智慧城市建设应注重质量，这样才能真正有助于提升整体社会的创造力，促进城市和区域不断学习和创新，并强化城市之间的联系网络[1]。同时，高质量的智慧城市建设能够将智力和社会资本、基础设施的投入作为支撑经济可持续

---

[1]　席广亮、甄峰：《智慧城市建设推动新型城镇化发展策略思考》，《上海城市规划》2014年第5期。

增长的动力，并通过参与式治理对上述资本及自然资源进行智能化管理，进而实现高质量的宜居生活①。

智慧城市建设在中国仍属于试点试行的活动，河北省各县市在今后的建设中，应该汲取其他城市的经验和教训，避免走入智慧城市建设误区中。智慧城市的建设是一个长期的过程，盲目的建设有可能造成大量返工现象，不仅浪费了国家资源，甚至可能错过自身城市的发展机会，因此在建设中应避免以下建设误区（见表17）。

表17 智慧城市建设误区

技术决定论	认为只要拥有了相关技术和设备,智慧城市的建设就可以大功告成了,对智慧城市的本质认识不清
口号化	表面上看是想让居民和社会有机会使用新的技术,但是实质上是将智慧城市作为招牌来吸引高科技公司的投资。其结果就是智慧城市的发展只是让科技资本和一部分所谓创新阶层受益,而城市中的低收入阶层和不具备信息技术手段的人则被排除在外,造成收入上的两极分化,甚至是社会和文化上的分化和更加不平等
建设目的不明确	没能认清本地经济社会发展的实际需求和城市特点,而盲目模仿其他城市的建设模式,应认识到智慧城市的建设是一项长期性、复杂性的工程,必须通过充分的调查研究来确定建设任务,解决当前最突出的问题
建设思路不清晰	没有明确的任务和实施路线图,以及跨部门共享和业务协同信息机制、政策机制、运营管理机制,以及相应的配套基础和法制环境,因此不能充分发挥市场配置资源的基础性作用。只把智慧城市建设当作一个项目,没有完整的建设思路和后续的跟进计划,智慧城市建设也只能止步于当前
重复建设	智慧城市建设处于探索阶段,各县市对智慧城市的理解、各自的智慧发展水平、建设基础、标准不一,应成立统一的智慧城市管理部门,组织专业人员团队并负责整体规划和顶层设计,建立统一标准,从而减少重复建设,促进资源共享

总 结

智慧城市的建设是城市发展的新方向，也是河北省各县市发展的新机

---

① 李兰芳：《智慧城市建设推动新型城镇化发展策略》，《城市建设理论研究》（电子版）2015年第10期。

遇，如何在京津冀协同发展的大环境下找到自己的定位和着力点，是河北省各县市智慧城市建设的关键点。因此，河北省各县市应准确评估城市发展特征、合理利用城市资源、找准智慧城市建设方向并避免走入误区，同时，创新体制，运用能够提高城市智慧程度和深度的技术手段来实现智慧城市的最终建设目标。

参考文献

［1］顾成城：《中国智慧城市建设现状及空间分析》，华东师范大学硕士学位论文，2014。

［2］中国电子信息产业发展研究院、迪赛顾问股份有限公司：《中国感知城市建设战略研究（2011）》，2011。

［3］何邕健：《1990年以来天津城镇化格局演进研究》，天津大学博士学位论文，2012。

［4］赵勇、吴玉玲、张浩、刘洋：《新型城镇化背景下智慧城市建设实践的思考——以河北省智慧城市试点为例》，《现代城市研究》2015年第1期。

［5］张凡：《基于城市特征分析模型的智慧城市建设需求分析——以新乡市为例》，《城市观察》2013年第6期。

［6］王鹏、杜竞强：《智慧城市与城市规划——基于各种空间尺度的实践分析》，《城市规划》2014年第11期。

［7］陈博：《我国智慧城市群的系统架构、建设战略与路径研究》，《管理现代化》2014年第4期。

［8］颜鹰、刘璇：《智慧城市标准化建设的创新策略》，《中国标准化》2013年第2期。

［9］王玲玲：《河北推进"智慧环保"建设 让城市看上去更美》，长城网，2015年12月1日。

［10］万碧玉、李君兰、周微茹、姜栋、张国强：《智慧城市试点创建实践分析》，《现代城市研究》2015年第1期。

［11］席广亮、甄峰：《智慧城市建设推动新型城镇化发展策略思考》，《上海城市规划》2014年第5期。

［12］李兰芳：《智慧城市建设推动新型城镇化发展策略》，《城市建设理论研究》（电子版）2015年第10期。

B.12

PPP 模式融入京津冀基础设施
建设的途径研究[*]

梁林　刘兵[**]

摘　要: 逐步在基础设施建设领域应用推广 PPP 模式，已经成为快速
　　　　实现京津冀协同发展的重要保障，合理评估现状可以确定优
　　　　先开展 PPP 模式的重点方向，并且有针对性地改进落后因素。
　　　　本报告梳理了 PPP 模式内涵和在基础设施建设中的重要作用；
　　　　借鉴国内外经验，列举了在京津冀协同发展过程中 PPP 模式
　　　　可融入的基础设施建设的重点领域；应用客观统计数据和主
　　　　观调查数据，构建了综合评价体系，测评了 2013 年京津冀基
　　　　础设施建设现状。研究结果显示，北京评价结果得分最高，
　　　　天津次之，河北最低，三地在交通设施和教育设施的建设方
　　　　面差距很大。通过对比三地的现实差距，分析了现阶段制约
　　　　PPP 模式在京津冀地区实施的主要原因，并提出了京津冀地
　　　　区加快 PPP 模式融入基础设施建设的主要策略。

关键词: 基础设施建设　PPP 模式　京津冀　融合途径

---

* 本报告为河北省博士后科研项目择优资助项目"区域人才集聚系统演化机制及趋势预测研
究"（B2013003010），河北省社会科学基金"生态创新驱动下京津冀人才'集聚+培育'共
享机制"研究（HB15GL106），河北省高层次人才科学研究项目"绿色智力资本对企业可持
续发展的影响研究"（GCC2014036）的阶段性研究成果。
** 刘兵，河北工业大学经济管理学院教授，河北工业大学京津冀发展研究中心研究员，博士生
导师，研究方向为人力资源管理。梁林，河北工业大学京津冀发展研究中心副研究员，河北
工业大学经济管理学院在站博士后，研究方向为区域规划。

京津冀协同发展已经上升为国家重大发展战略,为实现三省市的协同发展,首先是要完善基础设施体系,促进产业和人口的集聚,从而实现区域基本公共服务均等化、同城化和普惠化的目标。随着京津冀协同发展的深入推进,交通、产业和生态保护一体化领域成为重点突破的方向,PPP 建设模式也成为行业的热点话题。我国政府从 2014 年起,开始着力推广政府与社会资本合作模式(PPP 模式),鼓励优质社会资本参与基础设施和公共事业的建设。应用 PPP 模式能够有效提高基础设施建设效率和公共服务水平,减轻政府财政负担,对于推进京津冀协同发展具有重要作用。但是,京津冀地区公共服务差异性较大,PPP 模式在京津冀区域的应用推广仍处于摸索阶段,PPP 项目的覆盖程度与快速增长的基础建设需求之间还存在着严重的不匹配,各地均面临着如何推广 PPP 模式及 PPP 项目如何运作等各种难题。本报告试图在分析 PPP 模式相关内涵以及京津冀协同发展过程中基础设施建设现状的基础上,提出促进 PPP 模式融入基础设施建设领域的相关策略。

一 研究背景

(一)京津冀协同发展过程中基础设施建设的快速发展需求

根据 2014 年发布的《京津冀协同发展规划纲要》,要有序疏解北京非首都功能,补齐河北基本公共服务发展短板,重点在交通一体化、生态环境保护、产业升级转移三大重点领域实现有效突破。伴随着京津冀区域一体化和新型城镇化以及基本服务均等化程度的不断提高,为保障转移人口享有公平的城市基本公共服务,必然会带动轨道交通、公路、铁路、港口、机场等交通基础设施,邮政、物流、供水、供热、供气、供电、绿化环保等市政公用工程设施,养老机构、教育场所、医疗机构、文化娱乐场所、科研机构等公共生活服务设施的建设,从而带来大量的融资需求。

(二)PPP 模式在国外的应用经验

PPP 模式在基础设施建设领域的应用最早始于 18 世纪的英国,而现代

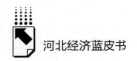
意义上的 PPP 模式则广泛在 1990 年前后的西方发达国家出现。本部分将首先介绍 PPP 模式的全球发展概况，其次介绍英国与加拿大的 PPP 模式发展历程。

1. 目前 PPP 模式的实践应用情况

从 PPP 模式在全球分布的地区来看，投入资金最多的地区前五名依次为欧洲地区、亚洲地区、澳大利亚地区、拉美与加勒比地区、北美地区（2011 年布鲁金斯与洛克菲勒基金会的报告）；从 PPP 项目公司活跃度和质量来看，PPP 模式最活跃的经济体前五名依次为加拿大、美国、法国、比荷卢经济联盟和英国。

2. PPP 模式市场成熟度的理论研究情况

德勤于 2007 年提出了 PPP 模式市场成熟度理论，其对全球多个国家 PPP 项目数据进行实证研究，量化评估了 9 个国家发展 PPP 模式的关键因素，据此将地区 PPP 模式的发展过程划分为由低到高的三个阶段：起步发展阶段、推广活跃阶段和完善运行阶段。目前，我国大部分地区应用 PPP 模式还都处于起步发展阶段。

（三）PPP 模式在我国的实践历程

自改革开放以来，我国在基础设施建设中逐渐引入和实践 PPP 模式，起初开展了如深圳沙角电厂 BOT 项目、北京国际饭店项目等工程。如今，我国已经在城市轨道交通（如北京地铁 4 号线）、城镇化项目（如苏州古里镇城乡一体化建设）、体育场馆（如鸟巢）、水利水务项目（如成都第 6 水厂项目）等领域广泛应用了 PPP 模式。但随着 2008 年金融危机的爆发，PPP 模式的应用出现了短暂的停滞。

2014 年，受我国经济发展新常态和政策变动的影响，PPP 模式在我国的应用发展进入了转折阶段，迎来了快速发展的新高潮。从 2014 年 5 月起，国务院及国家发改委、财政部陆续出台了《国务院关于创新重点领域投融资机制社会投资的指导意见》《关于推广运用政府和社会资本合作模式有关问题的通知》《政府和社会资本合作操作指南》等有关 PPP 模式应用的指导文件，反映出国家层面对 PPP 模式的重视，以及对 PPP 模式的应用范围和路径的制度建设。目前，我国已经形成自上而下的 PPP 模式行政管理体系，在国家部委管理层次上，财政部已经正式成立了全国 PPP 项目工作领导小组，主要负责统筹全国的 PPP 项目管理机构和职责划分等工作；在地方政府管理层次上，浙江、江苏等多个省市财政管理部门也依据财政部部署，积极筹划成立 PPP 项目领导小组，开展 PPP 模式应用试点的统筹工作。然而，由于我国的 PPP 模式应用仍处于探索和起步阶段，目前国内成熟的项目经验并不多，各地开展的 PPP 项目数量和规模还远远不能满足基础设施建设的需求，未来 PPP 模式在我国还具有广阔的发展空间。

二 基本问题

（一）PPP 模式的内涵

广义理解，PPP 模式是指政府和社会资本为公共基础设施建设和公共服务供给而形成的各种类型的合作伙伴关系。在实践中，我国政府文件中阐述了 PPP 模式是指在基础设施建设和公共服务领域建立的一种长期的、公私统筹的合作关系[1]。目前应用的 PPP 模式基本为：在合作准备期，政府和社会出资方共同商定基础设施的建设和服务标准，签订项目合同；在项目施工期，社会出资方利用自有资金、先进技术、成熟管理经验等方面的优势，负责项目工程的设计、建造、运营和维护等工作，政府负责监督工程质量；在项目运营期，工程竣工验收合格后，社会出资方采取在经营期内收取政府购买公共服务的费用或向社会使用者收费等方式回收投资并获得长期稳定的利润，政府主要负责基础设施及公共服务的价格和质量监管，协助和监督社会出资方按照项目标准提供公共服务，保障人民群众能够获得最优的公共利

---

[1] 《关于推广运用政府和社会资本合作模式有关问题的通知》（财金〔2014〕76 号），2014 年 9 月 23 日。

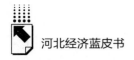
益。由此可见，PPP模式的内涵中至少应包括如下要素。

（1）模式设计的核心思想是将原本由政府承担的为广大人民群众兴建基础公共设施和提供基础公共服务的职责转移至社会资本。

（2）双方合作的依据是在合作开展前签订的合同和拟定的实施细则，明确界定双方权利与利益共担，确定利益分配模式与具体细则。

（3）政府部门的主要职责是在项目开展前，与社会资本商定各种工程建造和服务标准，承担项目施工和运营期间的监督、管理和服务等工作。

（4）社会资本的主要职责是利用自身资金和专业技术等方面的优势，具体实施项目和控制风险。

（二）现阶段创新发展PPP模式的必要性

PPP模式的核心思想是要引入社会资本的资金、技术、商业经验等资源来提高公共服务的效率和质量，是一种激励相容的制度安排。但是，在实施过程中，社会资本追求经济利润回报，而政府部门则追求公共服务产品的效率和质量。鉴于此，允许社会资本合理合法地获取利润是提高社会资本参与社会公共服务领域建设的积极性，并发挥其专业优势的重要前提。同时，保证社会资本获利也有助于PPP项目的顺利开展，从而最终实现政府部门、社会资本和人民群众之间合作共赢。

在以往提及应用PPP模式的项目中，政府更多的时候只是将PPP模式作为基础设施建设过程中的一种能够减轻财政负担的融资模式。在公司双方的合作过程中，政府通过特许经营、购买服务、税收优惠、财政补贴等形式，保障社会资本在参与基础设施建设的过程中能够获取稳定长期的合理回报；而社会资本通过股权分配、投融资、项目施工、项目经营管理和提供特许服务等方式开展PPP项目的建设和运营工作。由此可见，在PPP项目实施过程中，政府和社会资本之间合作的重点在于社会资本的投资收益。投资利润较低将会影响社会资本参与基础设施建设的积极性，限制其专业性资源的投入意愿；而投资利润过高将会提高政府的财务风险，为政府财政增加负担。政府和社会资本在项目开展过程中，对投资收益的过度计算，不利于双方的深度合作，甚至会导致双方在建设过程中出现相互抗拒和防备的现象，这与 PPP 模式的和谐伙伴定位是背道而驰的。

当前，随着我国经济新常态和新型城镇化建设的快速推进，在保证基础设施建设速度和质量的同时，降低政府的财务风险成为积极开展 PPP 模式的重要契机，也要求 PPP 模式摆脱以往思维的束缚，创新其发展模式。

2014 年成为我国政府在全国推广应用 PPP 模式的重要转折年，我国从国家层面上发布了一连串的 PPP 模式制度文件，力求规范 PPP 模式的应用流程，逐渐弱化原有地方政府成立的融资平台公司，而主要通过政府公债和应用 PPP 模式开展公共服务建设，并要求地方政府加强财务风险的评估和管控，做好 PPP 项目的各项监管工作。由此可见，对于那些需要政府付费或者给予适当补贴的 PPP 项目（即非经营性和准经营性公共设施项目）而言，应当在签订合作合同之前，统一政府和社会资本的意识，扩大双方合作领域和范围，不要仅仅局限于单一项目的经济回报，而要通过创新 PPP 模式的盈利渠道和收益周期，减少公私双方在经济利润上的分歧，从而实现长远稳定的收益。

（三）基础设施建设领域中实施 PPP 模式的现实意义

1. 有利于减少政府负债，缓解财政压力

2008 年受全球金融危机影响，中国政府为扩大内需、维持经济稳定，提出了"四万亿计划"，主要用于国内各项基础设施的建设。为此，各级政府成立了融资公司作为基础设施建设的投融资平台，这在无形中屏蔽了社会资本在基础设施建设中的作用。然而，仅依靠政府独自融资，很难满足京津冀协同发展过程中快速增长的基础设施建设需求。同时，在快速推进城镇化过程中，我国各级地方政府以往大多以"土地财政收入"为资金的主要来源，但是在该政策实施以来，土地存量快速下降。并且，各级地方政府成立的投融资平台在基础设施建设中也积累了大量债务，集聚了大量财务风险。

PPP 模式的最大优势就在于通过合理分工将项目建设和运营期间的风险分配至专业化的风控单位。通过应用 PPP 模式开展基础设施建设，政府可以利

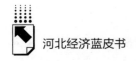

用少量资金吸引大量社会资本的注入，有利于在漫长的项目施工和运营期内降低一次性成本投入，从而有效降低直接投资额度，减轻政府财政负担，提高公共品的供应效率。一是同传统的基础设施建设模式比较，政府仅投入固定的购买公共服务费用，明确了政府相关预算制定工作，有效地降低了政府财政支出的不确定因素。二是通过将项目的施工、前期运营和后期维护等工作分配至社会机构，有效提高了社会资本的工作积极性和效率，同时将施工工期不确定性风险、施工预算超支风险等转移至更具专业化风控经验的社会机构。为了保证项目的经营盈利，社会机构必定会采取多种方式降低项目风险，通过创新手段来降低成本。三是由于项目竣工后在特许经营期内的运营维护工作也归属社会资本，保证工程质量就成为社会资本施工过程中的关注点。

2. 有利于提高公共服务质量，多样化公共服务供给方式

应用 PPP 模式开展基础设施建设，社会资本可以更直接地参与从设计融资到建设施工再到运营维护等的整个项目期，一方面可以发挥社会资本在技术、项目经验和融资等方面的专业化优势，另一方面也可以让政府部门从繁重且并不擅长的具体业务中解放出来，而将工作重点转移到项目的各种协调、管理和服务职能上，从而有效地提高服务质量。

此外，通过 PPP 模式将大量社会资本引导到基础设施建设中，从近期来说，能够提升基础设施建设投资的专业化水平和资金充裕程度，加快经济的发展，从长远来看，能够有效地提高基础设施建设方的多样性，提高基础设施的建设质量，提升公共服务水平。并且，整个 PPP 项目需要设计咨询公司、律师事务所、金融机构、建筑施工公司、物业管理公司等多方的协同合作，多样化公共服务的供给方式，促进区域内相关产业的协同发展。

三　京津冀协同发展过程中 PPP 模式的重点应用领域

（一）京津冀协同发展过程中 PPP 模式的重点应用领域

基础设施是公益性产品，主要应用是为社会群众提供服务，因此，以往

的基础设施建设主要由政府财政提供资金。然而，由于我国政府财政收入与经济发展速度不匹配，单纯依靠政府投资已经不能满足快速增长的基础设施建设需求。从京津冀协同发展的现状来看，当前正是加快三省市产业协同、生态协同、交通协同的关键阶段。伴随着三大重点领域的优先发展，三省市新型城镇化的进程也在日益加快。根据财政部测算，为实现京津冀一体化，在未来 6 年间，需要投入 42 万亿元。在协同发展的三个重点领域中，交通基础设施建设属于重中之重，城际铁路、城市轨道交通、航空、港口的综合立体化规划都在设计和实施当中。同时，在新型城镇化推进过程中，人口的集聚也将带来房地产、生态环保工程、居民养老教育医疗等公共事业设施的快速建设，从而产生了空前的基础设施建设需求。可见，PPP 模式在京津冀协同发展过程中，将发挥巨大作用。表 1 列出了 PPP 模式在京津冀地区基础设施建设中的重点应用领域。

表 1　PPP 模式在京津冀地区基础设施建设中的重点应用领域

交通基础设施	高速公路、城市轨道交通、城际铁路
市政公共基础设施	地下管廊、停车场、公厕与垃圾回收站、社区能源站(供热、供气)
公共事业基础设施	养老社区、教育场所、医疗机构、经济保障房

（二）京津冀基础设施建设现状评价指标体系构建

基础设施建设是一个动态阶段性的推进过程。目前，京津冀三地之间基础设施的建设现状存在着较大差距。为了客观衡量三省市目前基础设施建设发展现状，探索未来可针对性地引入 PPP 模式的基础设施建设领域，本报告将依据前文列出的 PPP 模式在京津冀地区基础设施建设中的重点应用领域，构建建设现状综合评价体系。

1. 评价目的

建立京津冀基础设施建设现状评价指标体系的目的在于通过科学量化评估，比较三省市现有各项基础设施建设水平，分析优劣势，进而从薄弱环节出发，有针对性地选择重点开展 PPP 项目的领域，从而提高京津冀基本公

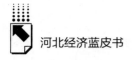

共服务均等化水平。

2. 评价原则

为加快京津冀协同发展过程中 PPP 模式融入基础设施建设的进程，科学评估三省市基础设施建设现状，并考虑未来发展 PPP 模式的趋势，本报告将借鉴王曰芬等（2011）提出的评价指标体系设计原则，遵循兼顾公平与效率、客观数据与主观经验等原则，设计京津冀基础设施建设现状评价指标体系。

3. 数据来源

本报告使用的数据主要来源于以下两个方面。

（1）客观年鉴数据。数据主要来源于《中国统计年鉴（2014）》《北京统计年鉴》（2014）《天津统计年鉴（2014）》《河北统计年鉴（2014）》。以上数据主要用于评价指标体系中二级测量指标的选取和量化，以及二级指标权重的计算。

（2）主观访谈和调查表数据。第一，京津冀三省市相关人员的访谈内容分析数据，用于界定研究范围；第二，73 份有效《区域基础设施建设评价指标调查表》的问卷数据，用于测算指标的权重赋值。

4. 评价指标体系的设计

根据京津冀地区基础设施建设中 PPP 模式可重点应用领域的划分，本报告首先将京津冀主要基础设施建设现状分解为交通设施建设现状、市政设施建设现状、养老设施建设现状、教育设施建设现状和医疗设施建设现状 5个一级分项指标；其次将交通设施建设现状分解为公路通车里程、高速公路通车里程、客运量 3 个二级指标，将市政设施建设现状分解为自来水综合生产能力 1 个二级指标，将养老设施建设现状分解为参加基本养老保险人数、收养性单位数 2 个二级指标，将教育设施建设现状分解为普通高等学校、普通中等学校、小学 3 个二级指标，将医疗设施建设现状分解为卫生机构、医院 2 个二级指标；最后，将二级指标作为具体测量指标，以统计年鉴中的真实数据来计算京津冀基础设施建设现状的评价结果。京津冀基础设施建设现状评价指标体系如表 2 所示。

表2 京津冀基础设施建设现状评价指标体系

一级分项指标	一级指标权重	二级测量指标	二级指标权重	原始统计数据		
				北京	天津	河北
交通设施建设现状	0.25	每万人公路通车里程(公里)	0.29	10.25	10.68	23.80
		每万人高速公路通车里程(公里)	0.37	0.44	0.75	0.77
		客运量(万人)	0.34	33.60	20.05	14.04
市政设施建设现状	0.21	每万人自来水综合生产能力(万立方米)	1.00	0.21	0.31	0.09
养老设施建设现状	0.17	每万人参加基本养老保险人数(万人)	0.39	0.62	0.45	0.17
		每万人收养性单位数(个)	0.61	0.21	0.28	0.32
教育设施建设现状	0.18	每万人普通高等学校(个)	0.38	0.04	0.04	0.02
		每万人普通中等学校(个)	0.30	0.36	0.42	0.40
		每万人小学(个)	0.32	0.52	0.57	1.71
医疗设施建设现状	0.19	每万人卫生机构(个)	0.51	4.79	3.19	10.70
		每万人医院(个)	0.49	0.31	0.23	0.17

注：本指标体系中所有指标均为数值越大，评价值越高的正向指标。

5. 评价方法和模型构建

（1）综合评价模型

本报告采用的综合评价模型如式（1）所示。

$$X_i = \sum_{j=1}^{N} T_{ij} \cdot A_j \tag{1}$$

其中，i 表示地点，即北京、天津、河北，$i=1$，2，3。j 表示第 i 个地点的第 j 项指标，$j=1$，2，$\cdots$，n。X_i 表示 i 个地点的综合评价值。T_{ij} 表示原始统计数据的标准化数据。A_j 表示第 j 项指标的权重。

（2）数据的标准化处理

本报告以统计年鉴中的量化数据为二级指标的具体测量值，但各项指标的量化值和单位存在差距，因此采取极差法对原始统计数据进行了无量纲化标准处理。计算公式如式（2）所示。

$$T_{ij} = \frac{a_{ij} - \min a_{ij}}{\max a_{ij} - \min a_{ij}} \tag{2}$$

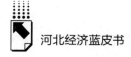

（3）指标权重赋值

本报告采取主观和客观相结合的方式进行指标体系权重的赋值。具体来说，一级分项指标并无对应的量化数据，需要采取主观赋值法和客观赋值法相结合的方式，通过调查明确指标权重的赋值；二级测量指标均采用统计年鉴中的量化数据，可以采取客观赋值法来量化权重值。

①一级分项指标的权重赋值

参考层次分析法计算权重的流程，本报告将通过专家调查法和层次分析法相结合的方式，确定一级指标的权重。通过发放调查表，获取被调查人员对京津冀基础设施建设现状评价指标体系一级指标权重的评分，计算得到指标的权重。赋值过程为：首先，设计发放《区域基础设施建设评价指标调查表》，发放对象为京津冀三省市基础建设领域相关从业人员、政府管理人员和高校科研人员，共发调查表 97 份，实收 73 份；其次，与受访对象沟通联系，编写相关的指标说明书，请受访人员根据了解情况对各项指标进行评分；最后，通过计算分析，得出一级指标的权重赋值，如表 2 中"一级指标权重"一列所示。

②二级测量指标权重

本报告采用熵权法进行二级指标的权重赋值，计算原理是计算指标体系中各指标的信息熵 E_j，其数量值与指标在整个评价指标体系中的权重成反比。

信息熵的计算公式为：

$$
\begin{cases}
E_j = -(\ln m)^{-1} \sum_{i=1}^{m} p_{ij} \ln p_{ij} \\
p_{ij} = \dfrac{T_{ij}}{\sum_{i=1}^{m} T_{ij}}
\end{cases}
\tag{3}
$$

其中，m 表示地区 i 的数目，即 $m = 3$。进而，可以构建基于熵的二级指标权重的客观赋值模型。

如果 $p_{ij} = 0$，则定义 $\lim_{p_{ij} \to 0} p_{ij} \ln p_{ij} = 0$。进而，可以根据公式（4）计算各

项二级测量指标权重值，具体计算结果如表 2 中"二级指标权重"一列所示。

$$A_j = \frac{1 - E_j}{n - \sum_{j=1}^{n} E_j} \qquad (4)$$

其中，n 为被评价指标 j 的数目。

（三）京津冀主要基础设施建设现状评价结果

1. 总体评价结果

从京津冀基础设施建设评价排名来看，北京排第一位，而且与天津和河北的差距明显（见图 1），反映出目前津冀两地在基础设施上与北京还存在较大差距。当然，这与京津冀三地发展进程不同、现有资源配置不平等等原因有直接关系。

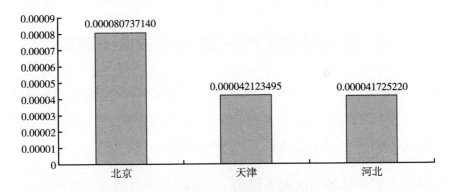

图 1　京津冀基础设施建设总体评价结果

2. 分项评价结果

从图 2 的分项评价结果上来看，目前京津冀三省市差距最大的环节为交通设施，其次为教育设施，反映出三省市可优先在这两个领域开展对接合作，利用北京的先进经验，优先发展 PPP 项目。

从图 2 来看，北京除市政设施一项指标居于第二位外，其他分项指标均

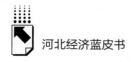

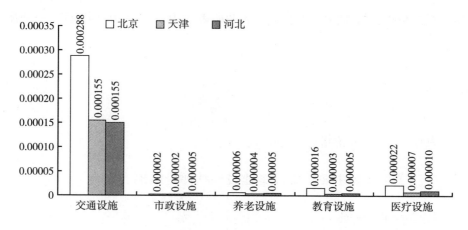

图2　京津冀基础设施建设分项评价结果

排名第一，反映出在市政设施建设方面，北京已经趋近饱和，在新型城镇化进程中，天津和河北在市政设施建设方面还具有广阔的发展空间，也成为融入 PPP 模式的关键领域。

四　制约现阶段 PPP 模式实施的主要原因

从国内外经验来看，PPP 项目的有效推广需要完善的顶层法律法规体系设计、各方协调机制和明确的角色定位。目前我国特别是京津冀地区在推进 PPP 模式过程中，主要还存在以下三类突出问题。

（一）相关法律与法规不健全

PPP 模式是基于政府和社会资本所签订合同开展的，以双方的契约精神为基础。一般说来，与传统的"投资—移交"模式相比，PPP 模式具有更长的投资效益回收周期。因此，为保障政府和社会资本双方的权益，以及确保投资合同的顺利履行，必须从法律和法规方面提供相应的支撑。PPP 项目的实施过程中涉及各级政府、金融单位、第三方测评机构、社会出资方、大众群体等多方主体，若缺少明确而健全的立法体系，就无法对项目实施和服务的各方主体利益进行有效保障，更会影响更多社会资本的介入意愿。近年来，我国已经从法律、法规、管理制度等多层次上进行设计，但从严格意义上看，我国目前尚没有一部针对 PPP 模式管理的法律法规。

现有的《国务院关于创新重点领域投融资机制社会投资的指导意见》(2014)、《国务院办公厅关于政府向社会力量购买服务的指导意见》(2013)、《国务院关于加强地方政府性债务管理的意见》(2014)，以及《关于印发政府和社会资本合作模式操作指南（试行）的通知》（财经 2014〔13〕号)、《关于政府和社会资本合作示范项目实施有关问题的通知》（财金 2014〔1112〕号)、《关于开展政府和社会资本合作的指导意见》（发改投资 2014〔2724〕号）等文件都是出自国务院及相关职能部委层面；另外，一些地方政府先于全国，针对 PPP 项目实践的问题，也出台了一些地方性的指导性文件和操作指南，比如《湖南省财政厅关于推广运用政府和社会资本合作模式的指导意见》(2014)、《安徽省城市基础设施领域 PPP 模式操作指南》(2014) 等。这些法规都是从不同职能层面对我国现行 PPP 模式的笼统性、概括性的指导，尚未形成法律效力。从法律角度来看，现行相关的法律法规主要包括《中华人民共和国行政许可法》《中华人民共和国城乡规划法》等，内容比较单一。虽然现行法律法规、政策和制度文件从不同方面规范了 PPP 项目开展过程中的相关问题，但在实践应用过程中还存在涉及面和规范性不足的缺陷。

更为紧迫的是，关于 PPP 应用的国家法律体系与相关部委、地方政府制定的法规体系存在不一致，需要对现有法律法规体系进行系统梳理，加强政府政策的统一性。虽然国家发改委已经启动了 PPP 领域的基本法，即《基础设施和公用事业特许经营法》的起草工作，但由于立法牵涉各方的利益，目前仍在探讨过程中。

（二）PPP 各参与方关系的协调机制有待探索

PPP 项目的实施必然会涉及政府部门与非政府部门的合作协调关系。PPP 模式中，各参与方通过分工合作，共担利益和风险。PPP 模式的优势在

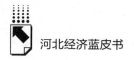

于引入社会资本，可以更好地发挥社会资本在项目投资运作中的成本性和专业性优势，减轻政府的财政负担，提高社会资金总体利用效率。同时，政府也需要参与到项目运营的各个周期中，以避免社会资本在项目开展过程中的不良行为。这就要求设计政府和非政府部门在项目实施过程中的良性协调机制，主要涉及两方面：一是政府部门内部之间的协作关系，二是政府部门与非政府部门之间的伙伴关系。

政府部门主要包括财政部和国家发改委（主管单位）以及各级地方政府和职能部门（执行单位）。目前，从国家到各级地方政府对 PPP 项目实施的理解和指导原则大致相同，但在具体实践过程中，国家发改委与财政部在推动 PPP 模式的制度安排，如项目运作方式、项目实施机构、采购依据、采购方式、储备方式等方面有所偏差，对项目操作流程的要求也有差别。目前，PPP 项目运行缺乏统一监管部门。

非政府部门主要是指各类社会资本、临时成立的项目公司、第三方机构、金融借贷和担保机构等。政府部门与非政府部门之间的伙伴关系，体现在 PPP 项目建设过程的各个阶段：在项目建设期，政府部门要发挥社会资本的技术和经验优势，但也要注意监督社会资本在建设过程中受利益驱动而产生的偷工减料、偷税漏税等舞弊行为；在项目运营期，政府要与社会资本通过协商确定利益分成机制、公共服务标准、收费价格机制、设施回收周期、风险共担机制等，这也成为 PPP 项目能够成功完成的关键。

当前，由于缺乏必要的管理协调机制，PPP 项目运作过程中的融资比例、资本担保、项目收益与设施回收、责任承担与利益共享等影响项目成功的关键问题还存在不确定性，成为制约 PPP 模式广泛推行的重要因素。

（三）政府与社会资本的角色定位仍不清晰

目前，我国 PPP 模式在基础公共设施领域的应用具有投资规模大、建设经营周期长、风险系数高的特点。在 PPP 模式中，政府与非政府部门作为合作伙伴共同推进项目的建设。在建设过程中，政府是社会大众利益的代表，承担着公共利益最大化的责任，需要发挥好服务者、监督者的角色；而社会资本作为营利机构，在项目开展过程中，自然会将资本收益最大化作为参与目标。因此，需要明确项目建设的主体角色、项目运营者和服务者角色。

政府与社会资本是 PPP 模式的双方主体，只有双方地位平等，责任明确，才能在项目实施过程中形成良好的合作关系。然而，长期以来，我国政府在经济发展中占据主导地位，尤其是在公共服务领域，另外，各级政府官员的"官本位"思想也尚未杜绝，这些都影响了 PPP 项目的顺利开展。

从项目整体运作过程来看，政府与社会资本按照一定融资比例，成为共同投资方和合作者，同时也是直接经营者和监管者。为满足社会大众日益多样化的需求，保障公共服务和设施建设的品质，政府迫切需要转变思路，积极寻求与具有专业经验的社会资本合作，发挥"有限政府"的监管与服务功能。

从 PPP 项目开展的公平角度来看，社会资本作为项目的实际操作者，应在建设期和运营期发挥主导作用，但是鉴于基础公共服务的垄断特征，非政府部门在运营期的管理可能会导致定价机制的垄断，从而违背基础公共服务的公益性。此时，就需要政府发挥监督作用，对公共设施的运营进行严格规范。

五　加快 PPP 模式融入基础设施建设的策略

在中国老龄化和城镇化加快、财政收入增速放缓、政府职能转变的背景下，推动私人资本参与基础设施建设具有重大意义。国内外的实践成果证明，推广成熟的 PPP 模式有助于盘活社会存量资金、减轻政府负债，同时能够提高基础设施建设效率、提升区域整体基础公共服务水平。当前，PPP 模式在我国正在进入快速推广的阶段，特别是对于京津冀地区来说，虽然 PPP 模式已经在一些地区得到应用，但整体来看，实践规模仍然偏小、基础仍然偏弱，尤其是制度设计层面的问题依旧突出。因此，在京津冀地区发展 PPP 模式还应从以下几个方面力求改进。

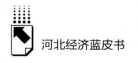
（一）借鉴国外发展 PPP 模式的先进经验，明确 PPP 模式的内涵和作用

积极总结英国、加拿大等发达国家的先进经验，同时要特别注意国外在发展 PPP 模式过程中出现的问题，从中总结出解决困难的办法。从国外经验看，英国、加拿大、美国等国家都围绕 PPP 项目中的融资、管理等环节建立了专门的法律法规制度体系。从项目开展的时间维度来看，要加强对前期招标、项目施工、特许运营和项目移交等环节的管理；从项目实施的重点环节来看，要加强对合同制定、绩效评定和实施主体关系的管理。

准确理解 PPP 模式的内涵和作用，既要看到 PPP 模式在缓解政府财政负担中的积极作用，也要重视 PPP 模式在拉动区域经济发展和满足社会大众公共服务需求中的重要作用。评估一个基础建设项目，首先要开展 PPP 模式应用可行性分析，通过核算成本和收益，评估是否需要和适合应用 PPP 模式。

（二）完善 PPP 模式的法律法规制度建设，完善 PPP 项目建设的制度框架

PPP 模式的成功开展需要健全的法律法规制度环境和有效的第三方监管，以降低项目建设和经营中的风险，保障项目如期实施，防止发生项目运作过程中的权力寻租行为。尽快从国家层面完善 PPP 项目的立法并从地方政府层面形成 PPP 项目的法规约束，明确 PPP 模式中各类主体的职能定位，增强社会资本参与基础设施建设的信心，同时规避项目建设过程中多头管理、工程质量监管不力、项目运作不透明等问题。

完善的法律法规制度是 PPP 模式稳定开展的关键，特别需要明确界定公私合作关系中，政府与社会资本之间的权利、责任与义务，监管与服务职能等。可以从法律法规的角度，界定社会资本属于投资者，具体的管理和实施需要由公私双方共同成立的专门机构来执行，从而将政府和社会资本的职能定位剥离为监管服务和投资管理，并且引入第三方机构发挥监督与评价职

能，甚至还可以将公共服务的消费者——人民群众的代表作为第三方监管者，使其全面参与到基础设施项目的立项、预算、施工中期评估、验收机构的选择、竣工质量验收等环节中。

（三）明确各级政府的监督和管理职能，加快建立健全市场机制

PPP 项目引入社会资本的前提是各级政府更为积极主动的前期投入，包括国家层面的政策引导（资金支持，土地、介入方式等方面的优惠政策等）和地方政府层面的项目运作支持。政府在恰当时点的有度介入有利于推动基础建设项目的持续积累，吸引大量社会资本，稳定资本市场的投资需求，并且保持行业内部的竞争性，从而提高项目实施的效率和质量。同时，还要注重发挥市场机制作用。首先，PPP 模式在应用中涉及投资主体较多，而且项目开展时间较长，需要加强管理制度建设；其次，平等对待各类投资主体，利用特许经营、投资补助、政府购买服务等方式吸引民间资本参与经营性项目的建设与运营；最后，加快建立健全资本市场，特别是债券融资市场，通过资本市场为 PPP 模式的顺利开展引入多种类型和层次的社会资本。PPP 项目一般资金需要规模较大，完善的资本市场不光可以为基础设施建设提供稳定有效的资金来源，而且能够通过健全的市场机制，对项目的实施从资本角度加强约束。

（四）建立 PPP 模式的三省市及相关部委的定期联席会议机制

在京津冀区域推进 PPP 模式，首先要转变政府"一家独揽"的传统理念，根据 PPP 模式的要求，完善政府和社会资本合作的关系，以及财务、项目招标、合同管理等一系列规则制度。京津冀协同发展已经上升为国家战略，建议在京津冀领导小组的统一协同和领导下，建立基础设施建设 PPP 模式联席会议制度，由国家发改委、财政部和三省市地方政府及对口机构等相关部门围绕重大专项项目和地方项目的常态建设机制等问题，定期碰头，联合办公，解决京津冀地区在推进 PPP 模式过程中的各种问题。

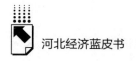
（五）以新型城镇化为依托，选择优先发展领域的示范项目作为重点试点

目前，京津冀协同发展正处于关键时期。在协同发展过程中，新型城镇化的推进也是 PPP 模式发展的重要催化剂。新型城镇化的关键在于在维持农业生产和保护生态环境的前提下，提高农民的生活水平，促进城乡基础设施的平等化和公共服务的均等化，促进区域经济社会发展和实现人民群众的共同富裕。推进新型城镇化战略，需要兴建大批公共基础设施。从京津冀三地的新型城镇化现状来看，特别是对于河北省目前农村相对落后的现实来说，新农村建设、基础教育场所、经济保障房、公立医疗机构和养老社区、环境保护工程等是京津冀地区 PPP 模式的重点应用领域。因此，建议在三省市产业协同发展和承接的重点地区，选择轨道交通、电力、教育机构等一批试点示范项目。通过公开试点项目的示范，打消社会资本进入基础设施建设领域的顾虑，同时吸引国外资金参与到京津冀地区的基建项目中。

（六）成立京津冀区域 PPP 模式发展建设基金

2015 年 10 月，财政部联合中国建设银行等 8 家银行、中国社会保障基金理事会、中国人寿保险公司共 10 家金融机构，共同发起成立了规模近 2000 亿元的 PPP 专项建设支持基金。该基金将主要为我国重点区域的铁路工程项目、大型工程机械项目和基础设施建设项目提供快捷和必要的融资保障，并且该基金的成立也为区域级 PPP 模式发展建设基金的成立提供了参考与借鉴。2015 年，河北省成立了城市建设投融资协会，该协会在《河北省人民政府关于推广政府和社会资本合作（PPP）模式的实施意见》等文件的指导下，将河北省内相关企业、金融机构以及相关领域专家联系到一起，并牵头成立首个 PPP 模式发展建设基金。可见，在国家及地方已有经验的基础上，京津冀地区可以统筹成立区域级的 PPP 模式发展建设基金，重点为京津冀协同发展进程中大型基础设施的建设提供前期资金保障，以便引入更多社会资本，有效推进现阶段产业承接地区的基础设施建设。

参考文献

［1］ 王灏：《PPP 的定义和分类研究》，《都市快轨交通》2004 年第 5 期。

［2］ 张喆：《PPP 三层定义及契约特征》，《软科学》2008 年第 1 期。

［3］ 贾康、王泽彩：《应对气候变化：PPP 模式融资机制研究》，《地方财政研究》
2013 年第 8 期。

［4］ 谢军荣、鲁艳艳：《PPP 模式在北京地铁四号线中的应用》，《财务与会计》
2013 年第 7 期。

［5］ 蒲静、张伟召：《PPP 融资模式在棚户区改造中的应用》，《财经纵览》2013 年
第 23 卷。

［6］ 王曰芬、戴建华、李鹏翔：《图书情报机构知识服务能力及评价研究
（Ⅱ）——评价指标体系设计与权重赋值》，《情报研究》2011 年第 1 期。

［7］ 王昆、宋海洲：《三种客观权重赋权法的比较分析》，《技术经济与管理研究》
2003 年第 6 期。

［8］ 彭国甫、李树丞、盛明科：《应用层次分析法确定政府绩效评估指标权重研
究》，《中国软科学》2004 年第 6 期。

B.13

自贸区与京津冀协同发展

胡建梅*

摘　要：　建立天津自贸区的目的是进一步推进改革开放，加快实施京
津冀协同发展战略。京津冀三地外向型经济的发展需要依托
天津自贸区。天津自贸区的负面清单管理模式、京津冀通关
一体化政策等的实施在促进京津冀协同发展中发挥着重要作
用。随着天津自贸区各项政策红利的显现，京津冀企业将以
更快的速度融入全球价值链，京津冀地区对外贸易与投资也
将迎来一个较快发展的时期。北京、天津和河北应积极主动
地参与天津自贸区建设，共谋京津冀协同发展大计。

关键词：　天津自贸区　京津冀协同发展　贸易投资便利化

　　中国（天津）自由贸易试验区（以下简称天津自贸区）是我国北方唯
一一个自贸区，其建立是顺应新形势的必然要求，对于进一步推进改革开
放，加快实施京津冀协同发展战略十分重要，对于转变政府职能、探索创新
型管理模式、促进贸易和投资便利化意义重大。

　　自改革开放以来，中国逐步从计划经济走向了市场经济。在这一过程中，
对外开放起着十分重要的作用。李文溥等（2015）将中国对外开放划分为三
个阶段，并概括了三个阶段对外开放取得的重要成果：第一个阶段以经济特
区为代表，推动中国走上市场化之路；第二个阶段以加入 WTO 为代表，推动

---

* 胡建梅，经济学博士，河北工业大学经济管理学院，讲师，研究方向为国际金融、对外援助。

中国实现了从计划经济向市场经济的初步转轨；第三个阶段将以自由贸易区为代表，这次对外开放浪潮将推动中国越过改革的攻坚区和深水区，建成发达的现代市场经济。由此可见，自由贸易区将在中国对外开放中发挥重要作用。本报告详细阐述了自由贸易区的基本概念与特征，探讨了中国（天津）自由贸易试验区的发展历程、功能定位，并同中国（上海）自由贸易试验区、中国（广东）自由贸易试验区、中国（福建）自由贸易试验区进行了对比研究。中国（天津）自由贸易试验区的核心目标是加快京津冀协同发展，为更好地理解中国（天津）自由贸易试验区和京津冀协同发展两大国家战略对区域发展的影响，我们分析了京津冀三地外向型经济的发展情况，着重介绍了三地进出口贸易、利用外资和对外直接投资的基本情况。天津自贸区的负面清单管理模式、京津冀通关一体化政策等的实施在促进京津冀协同发展中发挥着重要作用。随着天津自贸区各项政策红利的显现，京津冀企业将以更快的速度融入全球价值链，京津冀地区对外贸易与投资也将迎来一个较快发展的时期。

一 自由贸易区概况

自1978年改革开放以来，中国已逐步建立起经济特区、经济技术开发区、高新技术产业园区以及边境自由贸易区和保税区等各种类型的自由经济区，这些自由经济区为中国经济的快速发展做出了重要贡献。孟广文（2015）根据产业类别、宏观区位和发展阶段，将自由经济区划分为贸易型、加工制造型、服务型、科技型、综合型和跨边境型六类自由经济区。其中，贸易型自由经济区依据自由政策范围与程度、产业功能、空间结构和规模可分为自由市或自由城（如开曼群岛、维尔京群岛等）、自由港（如中国香港、直布罗陀等）、自由贸易区（如巴拿马科隆、釜山等）、保税区（如鹿特丹、天津港等）等类型。自由贸易区已经有460多年的历史，其产生是生产力提高和产业转移的结果，客观上又起到了提高经济效益、扩大贸易规模的作用[①]。

---

① 李洪侠：《自由贸易试验区试什么?》，《中国财政》2013年第18期。

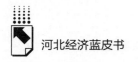
（一）自贸区、自由港与保税区

1. 自由贸易区的概念

孟广文（2015）从政治地理学角度对自由贸易区所做的界定认为自由贸易区是指为实现国家经济发展和改革开放战略目标，促进区域经济一体化，在一块与关境隔离的区域取消关税壁垒，开放投资，实现与国际市场的货物、资本、服务、技术与人员等生产要素的自由流动。根据他的观点，本报告将自由贸易区区分为跨国自由贸易区和国内自由贸易区两种类型。

第一种类型的自由贸易区是广义的自由贸易区，即双边或多边的自由贸易区（Free Trade Agreement，FTA），这是区域贸易安排的主要形式，指两个或两个以上的国家或地区在签订双边或多边自由贸易协定的基础上，相互取消绝大多数商品或服务的关税和非关税壁垒，开放投资领域，以促进商品、服务、资本、技术以及人员等生产要素的自由流动。这一意义上的自由贸易区是贸易自由化的有益补充，可以有效缓解贸易保护压力，促进贸易自由化[①]。截至2013年7月，向世界贸易组织通报并仍有效的双边和区域贸易安排有379个，这些不同形式的FTA在提高区域资源配置方面发挥着重要作用。

自由贸易区的另一类型是狭义的自由贸易区，指一国范围内的自由贸易园区（Free Trade Zone，FTZ），该形式的自由贸易区指的是在一国的部分领土内，运入的任何货物就进口关税及其他税种而言，被认为在关境以外，并免于实施惯常的海关监管制度。此概念为1973年国际海关理事会在签订的《京都公约》[②]中对自由贸易区的界定。美国关税委员会认为自由贸易区对用于再出口的商品在豁免关税方面有别于一般关税地区，是一个只要进口商

---

① Cadot, O., Melo, J., Olarreaga, M., "Can Bilateralism Ease the Pains of Multilateral Trade Liberalization?", World Trade Organization Working Paper, June, 1998.

② 《京都公约》即《关于简化和协调海关业务制度的国际公约》(*International Convention on the Simplification and Harmonization of Customs Procedures*)，于1973年5月18日在日本东京召开的海关合作理事会第41/42届年会上通过，于1974年9月25日生效。中国于1988年5月29日交存加入书，同年8月29日生效。1999年6月26日，海关合作理事会在布鲁塞尔通过了《关于简化和协调海关制度的国际公约修正案议定书》。

品不流入国内市场即可免除关税的独立封锁地区。这种类型的 FTZ 在全球有千百个，它们建立在一国国内，在特定区域范围内取消关税等贸易和非贸易壁垒，以减少官僚制度对企业运营的限制①。为了论述上的方便，下文我们所指的自由贸易区均指狭义的一国范围内的自由贸易区。

自由贸易区（以下简称自贸区）通常采取"境内关外"的政策，即"一线放开，二线管住"，境内外货物可以自由地运出或进入自贸区，不受海关监管；而自贸区与国内非自贸区之间的货物流通必须接受海关监管，并征收相应的税收。

2. 自贸区与自由港

与自贸区有着密切关系的两个概念是自由港和保税区，明确区分两两之间的关系将有助于我们更好地理解自贸区的概念。下面将分别讨论自贸区与自由港、自贸区与保税区政策。

自由港（Free Port）是一国关境以外的港口地区，允许该区域内的全部或绝大多数外国商品免关税进出，还可在遵守所在国有关移民、卫生等政策的前提下，在港内自由改装、加工、长期储存或销售货物。自由港主要从事转口贸易，所在国可由此收取各种贸易费用，如运费、堆栈费、加工费等，扩大其外汇收入。当前自由港的功能已不单是纯商业行为，其业务范围已扩展到工业、贸易、运输、金融及旅游等多个领域。自由港最早出现于 13 世纪的法国，1547 年热那亚共和国将里南那港定名为世界上第一个自由港。随着世界经济和国际贸易的发展，当前世界上已经有 600 多个自由港、区。中国香港和中国澳门是重要的自由港，转口贸易占香港出口额的 98%。世界上有名的自由港还有新加坡、巴拿马、汉堡、贝鲁特等。就中国内地而言，保税港区是世界自由港在中国的一种特殊表现形式，是"中国化"的自由贸易港。1984 年，国务院决定将 1980 年设立的厦门经济特区扩大到全岛，并实行自由港的某些政策②。

---

① 高中理、刘丽伟、邓业建：《中国（上海）自由贸易试验区：探路中国经济参与全球化的"升级版"》，《地方财政研究》2013 年第 12 期。

② 李文溥、陈婷婷、李昊：《从经济特区到自由贸易区——论开放推动改革的第三次浪潮》，《东南学术》2015 年第 1 期。

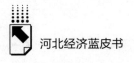

自贸区与纯粹意义上的自由港在很多方面存在差异，表1给出了两者的比较。

表1　自贸区与自由港的比较

项目	自贸区	自由港
覆盖区域	境内关外	境内关外
功能	促进所在国对外贸易的发展	增加财政收入
关税率	非零,由项目决定关税优惠程度	零关税
出境注册企业	必须签证,必须报批	落地签,不需要太多审批
报关手续	先进货后报关	先报关后进货
税收优惠	无优惠	有优惠
人员流动	有限制	无限制

资料来源：天津经济课题组《建设天津自贸区——经济增长的新极点》，《天津经济》2014年第9期，第24～31页。

3. 自贸区与保税区

保税区是经国务院批准设立的、受海关特殊监管的经济区域，实行"境内关内"的政策，保税区内进出口的货物必须接受海关监管，货物进出保税区须登记，同非保税区一样，也需要交纳关税。保税区内货物的存储时间有限制，一般是2～5年，因此其基本功能是中转存放，对周边经济的带动作用有限，且通常采取账册管理的方式。表2列出了自贸区与保税区的主要区别。

表2　自贸区与保税区的主要区别

项目	自贸区	保税区
覆盖区域	境内关外	境内关内
海关手续	不受海关监管,无贸易限制,无关税	受海关监管,须登记,且有关税限制
存储时间	无限制	2～5年
管理方式	门岗管理	账册管理
功能定位	物流集散中心	中转存放
影响范围	对周边经济具有较强的带动作用	对周边经济带动作用有限

资料来源：天津经济课题组《建设天津自贸区——经济增长的新极点》，《天津经济》2014年第9期，第24～31页。

与保税区相比，自贸区拥有更高的贸易自由度和投资便利性，而从"境内关内"政策到"境内关外"政策的转变也是自贸区金融、投资等体制改革的前提。

4. 中国贸易型自由经济区的发展

20 多年前，为遏制西方国家对我国的经济制裁，彰显我国改革开放的政策不变，上海浦东开发开放拉开序幕。1990 年 4 月，我国成立了内地第一个保税区，并将其英文译名定为 Free Trade Zone，这是在当时国内外背景下采取的"一区二名"的做法：对内称保税区，有利于国内各项政策的实施；对外称 Free Trade Zone，显示了时任各级领导将改革开放向更大范围、更高层次推进的决心①。此后，在中国逐步实施对外开放的过程中，分阶段、分层次建立了不同类型的贸易型自由经济区，这些自由经济区经历了由出口加工区、保税港/区到自由贸易区的发展历程，这也符合发展中国家贸易型自由经济区的一般发展路径②。1990～1996 年，有 14 个港口型保税区和 13 个边境口岸贸易区获批成立；2000～2009 年，建立了 56 个出口加工区；2004～2009 年，建立了 10 个保税物流园区③；2005～2009 年，建立了 15 个综合保税区④。截至目前，我国内地已建立起六大类、100 多个具有部分自贸区功能的各类海关特殊监管区，在连接国内外市场、促进国际贸易、引进国外资金和技术、引领我国经济适应全球化潮流方面发挥了重要作用⑤。

这些对外开放区域在功能上存在较大区别，表 3 给出了各种类别的对外开放区域的功能比较。

---

① 庄崚：《亲历保税区到自贸区的变革》，《档案春秋》2014 年第 12 期。
② 孟广文：《建立中国自由贸易区的政治地理学理论基础及模式选择》，《地理科学》2015 年第 1 期。
③ 孟广文：《建立中国自由贸易区的政治地理学理论基础及模式选择》，《地理科学》2015 年第 1 期。
④ 《两区概况》，http://www.cfea.org.cn/lq06.asp（中国保税区出口加工区协会网站）。
⑤ 李洪侠：《自由贸易试验区试什么？》，《中国财政》2013 年第 18 期。

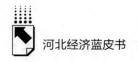

表3　不同类别对外开放区域的功能比较

区域名称	保税仓库	出口加工区	保税物流园区	保税港区、综合保税区	自由贸易区
主要功能	仓储物流	仓储物流、加工制造、对外贸易、商品展示、国际中转、国际采购、分销配送	仓储物流、加工制造、对外贸易、商品展示、国际中转、国际采购、分销配送、检测及售后服务、产品研发、港口作业	仓储物流、加工制造、对外贸易、商品展示、国际中转、国际采购、分销配送、检测及售后服务、产品研发、港口作业、离岸贸易、离岸金融、离岸外包

资料来源：刘洪昌《加快对接上海自由贸易区的基本路径探讨》，《商业经济研究》2015年第24期。

2015年8月28日，国务院办公厅颁布了《加快海关特殊监管区域整合优化方案》，逐步整合现有各种海关特殊监管区域，并统一命名为综合保税区。综合保税区是当前我国设立在内陆地区开放层次最高、政策最优惠、功能最齐全的海关特殊监管区域，实际上是保税区、保税物流园区、出口加工区等的叠加。

我国当前的综合保税区和自贸区的联系最为紧密，在一定程度上效仿了国际自贸区的发展模式，都需要设置标准的隔离措施，由海关进行封闭管理，都实行不同优惠程度的税收、通关、贸易管制等方面的政策。但中国的综合保税区与国际自贸区之间仍存在较大差别，表4对二者进行了详细对比。

表4　中国综合保税区与国际自贸区的不同

项目	自贸区	综合保税区
定位与目标	在不影响对国内市场保护的前提下，最大限度地获取全球自由贸易的好处	改善投资、建设软环境，利用海关保税条件，最大限度地利用国外资金、技术发展开放型经济
区域性质和海关监管	真正实现了"境内关外"，区内货物的存储、流动、买卖等不受海关干预，货物进入国内非自贸区时才进行严格监管，简化了海关监管手续	"境内关内"，保税区内实行一线、二线、区内三重管理

续表

项目	自贸区	综合保税区
管理体制	国际上自贸区的设立、管理属国家行为,由中央政府成立专门机构负责区域内事务的宏观管理,具有较高的权威性和协调管理能力,且先立法后设区	由地方政府管理,管理体制相对较严,自主权小,协调能力不足,且导致各综合保税区的优惠政策不一致
优惠政策	含税收制度、人员出入境优惠、对自主投资企业的优惠、自由汇兑的货币政策	主要在税收方面,其他方面较少涉及
企业权利	在自贸区注册的企业属关境外企业,免于实施惯常的海关监管制度,企业及其雇员有外汇结算、离岸金融、个人税收、签证等方面的优惠待遇	企业面临的限制条件较多,如区内企业不得在区外开立外汇账户、区内投资注册的贸易企业无出口经营权等
地理范围	一般与港口相连,实行紧密的港区一体化管理,以港口为载体开展各项保税业务,提高港口的开放度和自由度	临港而不含港,货物进出不流畅,管理烦琐、重复,费用多

资料来源:衡波《关于综保区和自贸区功能及政策区别的思考》,http://www.cfea.org.cn/show_news.asp?id=15272。

我国综合保税区与国际自贸区之间存在差别,当前的国际国内形势要求我国要加大改革开放力度,建立自由贸易试验区先行先试势在必行。

(二)建立自由贸易试验区的战略意义

党的十八届三中全会《中共中央关于全面深化改革若干重大问题的决定》提出要构建开放型经济新体制,通过"走出去"和"引进来"的方式,在新技术革命发展浪潮下促进技术创新和结构调整;主动适应国际经贸新规则,发展面向全球的高水平自由贸易区网络;利用我国产业结构调整的重大契机,在要素禀赋条件变化中培育新优势并发挥整体优势[1]。建立自由贸易试验区既是当前我国发展自身经济的必然要求,也为中国融入国际经贸环境的形势所迫。

---

① 裴长洪、郑文:《中国开放型经济新体制的基本目标和主要特征》,《经济学动态》2014年第4期。

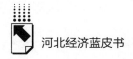

1. 中国经济自身发展的要求

经过 30 多年的持续增长，我国的综合国力和国际竞争力大幅提升，但现有的经济发展方式较为落后，可持续发展受到限制。国内要素成本的持续上升削弱了我国对外贸易的传统竞争优势，与周边国家相比，我国在制造业劳动力、厂房租金、资源环境等方面的制约日益增强，跨国公司甚至国内企业纷纷向周边国家转移投资。我国服务贸易的发展尤其落后，服务进出口总额占全部贸易额的比重只有 10% 左右，远低于世界 20% 的平均水平。中国始于 20 世纪 80 年代的改革开放主要围绕出口加工制造展开，而作为经济发展和转型重要内容的服务业特别是金融业领域的改革开放力度仍较弱，相关机制体制的建立需要逐步探索，人民币国际化、世界城市和经济中心的建立也需要进行结构化的深化改革。

此外，我国改革开放每十年左右就会推出具有里程碑意义的重大国家战略举措，从 20 世纪 80 年代深圳等经济特区的建立，到 20 世纪 90 年代上海浦东的开发开放，再到世纪之交的加入 WTO，以及 2013 年 9 月中国（上海）自由贸易试验区的正式成立，这些重大对外开放举措的一个共同功能即按照建设中国特色社会主义理论指引，倒逼体制和机制改革①。

2. 国际经贸环境发展的需要

截至目前，国际金融危机深层次的影响仍未消除，世界经济发展持续低迷，急需科技和贸易拉动经济走出危机。我国仍缺乏促进重大科技创新和产业升级的最有效率的环境，在对外贸易发展方面，WTO 基本完成了货物贸易自由化谈判，始于 2001 年的多哈回合谈判由于发达国家和发展中国家分歧较大而陷入僵局，美欧等发达国家和地区推进了"国际服务贸易协定"（Trade in Service Agreement，TISA）、"跨太平洋伙伴关系协议"（Trans – Pacific Partnership Agreement，TPP）、"跨大西洋贸易与投资伙伴协议"（Transatlantic Trade and Investment Partnership，TTIP）等多边

---

① 庄峻：《亲历保税区到自贸区的变革》，《档案春秋》2014 年第 12 期。

谈判，进一步推进更高标准的国际贸易规则，以适应新的国际贸易模式的发展需要①。TTIP－TPP 所包含的经济体是中国主要的贸易对象，其经济总量占世界经济总量的 60%，因此中国需要长远考虑 TTIP－TPP 将达成的新规则所产生的影响。《中共中央关于全面深化改革若干重大问题的决定》指出了我国进入改革攻坚期和深水区阶段的目标之一即形成面向全球的高标准自由贸易区网络。相关学者研究表明，中国加入 TPP 将对中国经济产生积极影响②。

周边国家和地区纷纷建立的自由贸易区对我国构成很大挑战。如韩国于 2002 年制定了一个建立"东北亚经济中心"的雄伟计划，实现了韩国由工业化驱动向服务业化驱动的模式转变。在当前的国际政治经济格局下，各国纷纷建立自由贸易区推动本国对外贸易和加快经济转型升级。世界自由贸易区协会是当前推动和组织全球性自由贸易区交流与合作最具影响力的组织，该协会已有 120 多个国家或地区的自由贸易区加入。与德国汉堡、英国利物浦等 20 世纪创立的自贸区相比，我国在设立上海自贸区时就从多方面进行了模式创新，主要体现在起点更高、模式更新、金融更亮、结构更优、能级更强等方面③。

二 天津自贸区简介

2015 年 4 月 21 日，中国（天津）自由贸易试验区（以下简称天津自贸区）正式挂牌成立，总面积 119.9 平方公里。其功能定位着眼于京津冀协同发展，服务于北方经济，促进环渤海经济带的产业结构调整，并面向东北亚。

---

① 李文溥、陈婷婷、李昊：《从经济特区到自由贸易区——论开放推动改革的第三次浪潮》，《东南学术》2015 年第 1 期。
② 吴润生、曲凤杰：《跨太平洋伙伴关系协定（TPP）：趋势影响及战略对策》，《国际经济评论》2014 年第 1 期。
③ 庄崚：《亲历保税区到自贸区的变革》，《档案春秋》2014 年第 12 期。

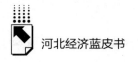
（一）天津自贸区的发展历程

天津自贸区的设立具有悠久的历史溯源和良好的政策基础。2006年8月31日，东疆保税港区的成立为天津自贸区建设提供了物质与制度基础，重点发展国际中转、国际配送、国际采购、国际转口贸易和出口加工等业务。

2008年3月，《国务院关于天津滨海新区综合配套改革试验总体方案的批复》（国函〔2008〕26号）中首次提及自由贸易区建设问题，明确指出以东疆保税港区建设为龙头，努力推进各类海关特殊监管区域的功能整合和政策叠加。2011年5月，《国务院关于天津北方国际航运中心核心功能区建设方案的批复》（国函〔2011〕51号）中规定以东疆保税港区为载体，在四个方面开展创新试点工作，即国际船舶登记制度、国际航运税收政策、航运金融和租赁业务。

2013年7月，天津市人民政府成立了由市商委、市政府研究室、滨海新区政府、东疆保税港区管委会等部门组成的东疆自由贸易试验区建设领导小组，经商务部外资司协助起草并向国务院有关部委提交了《天津东疆自由贸易试验区总体方案》。2013年12月，李克强总理调研天津滨海新区时提出天津要"在新一轮改革开放中争当领军者、排头兵，积极探索促进投资和服务贸易便利化综合改革试验"的建议，给天津自贸区的功能与定位指明了方向。

天津自贸区申报方案正式于2014年3月上报国务院。2014年12月12日，国务院决定增设广东、天津、福建三个自由贸易园区。2014年12月28日，国务院调整了中国（广东）自由贸易试验区、中国（天津）自由贸易试验区、中国（福建）自由贸易试验区和中国（上海）自由贸易试验区扩展区域的有关法律规定。2015年4月21日，中国（天津）自由贸易试验区正式挂牌成立。

表5总结了天津自贸区发展各阶段的大事记。

表5　天津自贸区大事记

2002 年	提出建立中日韩三国自贸区的设想
2005 年	天津、上海、深圳、成渝地区等地陆续向国务院及各部委提交了关于保税区转型自由贸易(园)区的建议
2006 年 8 月 31 日	根据《国务院关于推进天津滨海新区开发开放有关问题的意见》(国发〔2006〕20 号)和《国务院关于设立天津东疆保税港区的批复》(国函〔2006〕81 号)成立东疆保税港区
2007 年 12 月	天津东疆保税港区一期封关,自由贸易港区成为天津未来的发展方向
2008 年 3 月	国务院批复《天津滨海新区综合配套改革试验总体方案》,允许东疆保税港区在条件成熟时进行建立自由贸易港区的改革探索
2011 年 5 月 10 日	国务院批复《关于天津建设北方国际航运中心的建设方案》,再次重申在天津东疆进行自贸区改革的探索目标,确定以东疆保税港区为载体,在国际船舶登记制度、国际航运税收政策、航运金融和租赁业务四个方面开展创新试点工作
2012 年 12 月	天津市委十届二次全会审议通过《中共天津市委 2013 年工作要点》,明确提出推动东疆保税港区向自由贸易港区转型
2013 年 6 月	天津市向中央相关部门提交了天津自贸区方案,并启动东疆二岛规划
2013 年 12 月 27 日	李克强总理考察天津滨海新区时提出,天津应在新一轮改革开放中争当领军者、排头兵,积极探索促进投资和服务贸易便利化综合改革试验
2014 年 3 月	天津自贸区申报方案正式上报国务院
2014 年 12 月 12 日	决定设立中国(天津)自由贸易试验区,总面积 119.9 平方公里,主要覆盖天津港片区、天津机场片区和滨海新区中心商务片区三个功能区
2014 年 12 月 28 日	国务院调整中国(广东)自由贸易试验区、中国(天津)自由贸易试验区、中国(福建)自由贸易试验区和中国(上海)自由贸易试验区扩展区域的有关法律规定
2015 年 3 月 24 日	中共中央政治局审议通过广东、天津、福建自由贸易试验区总体方案以及进一步深化上海自由贸易试验区改革方案
2015 年 4 月 21 日	中国(天津)自由贸易试验区(简称天津自贸区)正式挂牌成立

　　资料来源:赵铮铮《天津自贸区十年等待,批准在即》,《中国外资》2014 年第 12 期;天津经济课题组《建设天津自贸区——经济增长的新极点》,《天津经济》2014 年第 9 期;《中国（天津）自由贸易试验区》,http://baike.baidu.com。

(二)天津自贸区的功能定位

　　我国建设自贸区是新常态下全方位融入世界经济的全新开放模式,总体

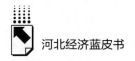

而言，自贸区的设立具有以下宗旨和定位：即接轨国际通行规则的试验基地、全面深化改革的制度创新高地和"一带一路"国家战略的着力支点。天津自贸区主要服务于国家的两大战略：一是服务京津冀协同发展，二是作为陆上和海上丝绸之路的交汇点，服务"一带一路"。天津自贸区有五新，即制度创新新高地、转型升级新引擎、开放经济新动力、区域协同新平台、"一带一路"新支点①。

天津自贸区地理区位优势独特，作为重要交通枢纽，连接南北、沟通东西，是连接亚欧大陆桥最近的东部起点。作为中国北方首个自贸区，天津自贸区的核心任务是制度创新，努力建设成为全国改革开放先行区和制度创新试验田，以及面向世界的高水平自由贸易园区。

天津自贸区下辖天津港片区、天津机场片区、滨海新区中心商务片区三大部分。其中，天津港片区覆盖30平方公里，坐落于天津港东北部，以东疆保税港区为主体，具备港口航运、物流加工、商务贸易、金融服务、休闲旅游五大功能，重点发展航运物流、国际贸易和融资租赁等现代服务业，已形成八大主导产业，包括航运产业基地、租赁产业基地、国际商品展示交易基地、国际贸易结算基地、高端物流业基地、旅游产业基地、航运金融产业基地、文化创意产业服务基地等。

天津机场片区有43.1平方公里，其主体是天津空港经济区，包含现代化新城区和研发科技园、高新工业园和现代物流园，已形成航天航空业、装备制造业和电子信息技术产业三大综合性先进制造产业集群。今后，该区域的发展重点是航空航天、装备制造、新一代信息技术等高端制造业和研发设计、航空物流等生产线服务业。

滨海新区中心商务片区覆盖面积为46.8平方公里，始建于2007年，包括五个板块，即响螺湾商务区、于家堡金融区、解放路商业区、大沽宜居生活区和蓝鲸岛，重点发展国际金融、高端商业、现代商务、科技研发、中介服务、河海文化和生态居住等功能。

---

① 《天津自贸区政策解读》，http：//www.chinaparkm.com/News/content/show－4－7623.html。

（三）天津自贸区与沪、粤、闽自贸区的对比

中国设立自贸区的本质是以更大的开放程度深化改革。天津、上海、广东和福建四个自贸区在功能定位、战略目标等方面又有所区别，这些区别与各自贸区的已有发展成果密不可分。盛斌认为天津自贸区承载着五大国家发展战略：一是京津冀协同发展区域发展战略；二是自由贸易试验区战略；三是滨海新区综合配套改革战略；四是"一带一路"建设战略；五是高质量自由贸易协定战略①。

表6从多维视角比较了天津、上海、广东和福建四个自贸区。

表6　津沪粤闽自贸区对比

自贸区	天津	上海	广东	福建
主题	京津冀牌	金融牌	港澳牌	两岸牌
战略定位	面向世界的高水平自由贸易园区、全国改革开放先行区和制度创新试验区、京津冀协同发展高水平对外开放平台	推进改革和提高开放型经济水平的"试验田"	21世纪海上丝绸之路重要枢纽、粤港澳深度合作示范区、全国新一轮改革开放先行地	改革创新试验田，21世纪海上丝绸之路核心区，深化两岸经济合作的示范区
总体目标	国际一流自由贸易园区，引领京津冀协同发展，促进中国经济转型发展	建设成为具有国际水准的自由贸易试验区，扩大开放和深化改革，探索新思路和新途径	符合国际高标准的法制环境规范、投资贸易便利、辐射带动功能突出、监管安全高效的自由贸易园区	创新两岸合作机制，增强闽台经济关联度；拓展与21世纪海上丝绸之路沿线国家和地区交流合作的深度和广度
实施范围	119.9平方公里，涵盖天津港片区，天津机场片区，滨海新区中心商务片区	120.72平方公里，上海外高桥保税物流园区、上海外高桥保税区、上海浦东机场综合保税区和洋山保税港区	116.2平方公里，涵盖广州南沙新区片区、深圳前海蛇口片区、珠海横琴新区片区	118.04平方公里，涵盖平潭片区、厦门片区、福州片区

---

① 盛斌：《天津自贸区：制度创新的综合试验田》，《国际贸易》2015年第1期。

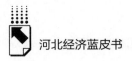
续表

自贸区	天津	上海	广东	福建
主要任务和措施	扩大投资领域开放,加快政府职能转变,深化金融领域开放创新,推动贸易转型升级,推动实施京津冀协同发展战略	加快政府职能转变,推进贸易发展方式转变,扩大投资领域的开放,完善法制领域的制度保障,深化金融领域的开放创新	建设国际化、市场化、法治化营商环境,深入推进粤港澳服务贸易自由化,强化国际贸易功能集成,深化金融领域开放创新,增强自贸试验区辐射带动功能	切实转变政府职能,推进投资管理体制改革,推进贸易发展方式转变,率先推进与台湾地区投资贸易自由,推进金融领域开放创新,培育平潭开放开发新优势
保障机制	健全法制保障体系,优化行政管理服务环境,完善配套税收政策,抓好组织实施工作,建立评估推广机制	创新监管服务模式,探索与试验区相配套的税收政策	创新通关监管服务模式,加强监管协作,充分发挥现有政策的支持促进作用	实行有效监管,健全法制保障,完善税收环境
优势	老牌直辖市,高校众多,人力资源丰富;煤电资源丰富;带领京津冀经济区联动发展,有效吸引北京产业外溢,多角度对接日韩东北亚经济圈	起步较早,对自贸区的相关理论与实践有较为清晰的认知;已搭建起相关改革基础架构,政企在自贸区建设方面互动日益充分;具有发达的金融市场,便于金融改革,提出了"货币兑换自由"的概念	交通便利,人力资源丰富;深厚的资源腹地;前海、横琴特区等粤港澳合作为其提供了便利的条件,民营经济活跃,"特区"优势明显,创新能力强	辐射台海,承接台湾制造业、高新产业的外溢、转移
劣势	水资源是瓶颈,环境承载能力有限;市场机制、市场动力相对不足;工业经济转型升级依然是困扰;缺少产业平台、产业群体	商务成本高企,土地资源紧张	亟待对深圳前海、珠海横琴等开放区域在功能方面进行整合	人力资源有限,成本相对较高。水、电资源承载能力有限
共同点	共用一份负面清单:禁止私自设立邮政、从事中国法律事务、地图编制、投资设立新闻机构、收购国际重点保护野生植物、从事银行卡业务以及稀土和稀有矿采选;限制(需由中方控股):期货公司、民用机场的建设、铁路干线路网的建设、民用卫星设计与制造、出版物印刷、开立A股证券账户、再保险的分出或者分入业务			

　　资料来源:根据《中国(天津)自由贸易试验区总体方案》《中国(上海)自由贸易试验区总体方案》《中国(广东)自由贸易试验区总体方案》《中国(福建)自由贸易试验区总体方案》整理。

三　京津冀对外贸易概况

2013 年 12 月，国务院总理李克强在天津考察时表示，天津自贸区可称为投资和贸易便利化综合改革创新区，天津应在新一轮改革开放中成为北方地区的"排头兵"和"领军者"，为我国经济领域的拓宽和与区域及多边合作经验的积累打下深厚基础。因此，在天津自贸区建设过程中，贸易和投资便利化是其重点关注的领域。天津自贸区的建立在京津冀协同发展中的一个重要作用即提高三地外向型经济的发展。为了使天津自贸区在京津冀协同发展中更好地发挥作用，我们分析了京津冀三地对外贸易和对外投资的基本发展情况，以便为今后的发展提出更好的政策建议。

（一）京津冀进出口贸易基本情况

2014 年天津口岸进出口总额为 2285 亿美元，其中 40% 是天津企业完成的，22% 是北京企业完成的，13% 是河北企业完成的。2015 年上半年，北京、河北经天津口岸进出口货物 320.55 亿美元，占天津港进出口总额的 1/3 强，其中有 80% 的进出口集装箱来自北京和河北。天津自贸区挂牌以后，京津冀对外贸易将迎来一个快速发展时期。

1. 京津冀三地对外贸易的基本构成

京津冀三地进出口贸易的发展历程基本相似，在中国加入 WTO 之前的多个年份，三地进出口总额均不高，平稳保持在一个较低水平。中国加入 WTO 后，三地进出口规模都出现了较大幅度的增长（见图 1）。

20 世纪 90 年代早期，京津冀三地进出口总额占全国进出口总额的比重较高，1990 年达到 24.4%，但 20 世纪 90 年代前几年该数据处于直线下降的趋势，随后虽有小幅上涨，但幅度不大，目前该比例维持在 14.1% 左右（见图 2）。

分地区看，20 世纪 90 年代初，北京市对外贸易在全国的地位较高，2010 年以来其进出口总额占全国的比重维持在 10.6% 左右。20 世纪 90 年代早期，天津市对外贸易总额在全国的比重较低，20 世纪末到 21 世纪初的

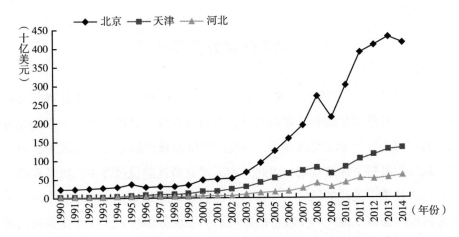

图1　1990～2014年京津冀三地各自进出口总额

资料来源：根据各年份《北京统计年鉴》《天津统计年鉴》《河北经济年鉴》数据整理得到。

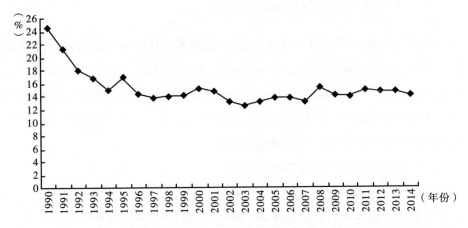

图2　1990～2014年京津冀三地进出口总额占全国进出口总额的比重

资料来源：根据各年份《北京统计年鉴》《天津统计年鉴》《河北经济年鉴》《中国统计年鉴》数据整理得到。

几年，天津市对外贸易总额占全国的比重维持在3.5%左右，最近几年其所占比重大体为2.9%。多年来，河北省对外贸易总额占全国对外贸易总额的比重都不高，除个别年份能超过1.5%以外，多数年份的占比都在1.1%～1.3%之间徘徊（见图3）。

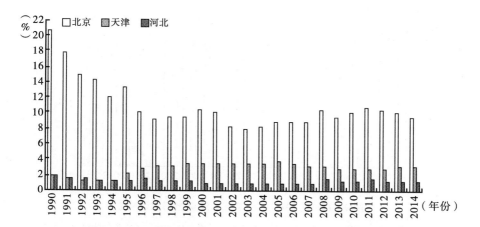

图3　1990～2014年京津冀三地各自进出口总额占全国进出口总额的比重

资料来源：根据各年份《北京统计年鉴》《天津统计年鉴》《河北经济年鉴》《中国统计年鉴》数据整理得到。

由图4可以很直观地看到京津冀三地对外贸易总额的构成情况，北京进出口总额占据了大半江山，20世纪90年代早期占三地进出口总额的比重多在80%以上，之后年份有所降低，但多数年份在65%左右。天津市对外贸易总额在三地对外贸易总额的构成中变化较大，虽然20世纪90年代初期较低，但20世纪90年代末到21世纪初天津对外贸易总额占三地对外贸易总额的比重为25%左右，最近几年又下降到20%左右。就三地对外贸易总额的构成看，河北省对外贸易总额所占比重的变化较小，基本维持在8.7%左右。

2. 北京市进出口规模及增长率

20世纪90年代初，北京市进出口总额为250亿美元左右，20世纪90年代后期逐步上升到300亿美元，加入WTO后的2002年，北京市进出口总额达到525亿美元，之后出现了大幅度的增长（见图1）。2003～2008年的6年内，北京市进出口总额年均增长率达到31.7%。2009年美国次贷危机爆发后，北京市对外贸易受到的冲击较大，进出口总额由2008年的2717亿美元下降到2009年的2148亿美元，下降幅度达到21%（见图5）。之后北京市对外贸易规模快速复苏，显示了较强的竞争力。

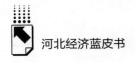

河北经济蓝皮书

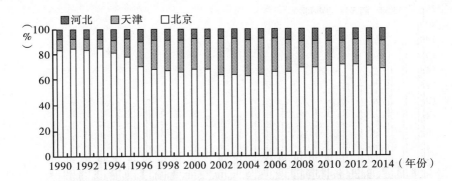

图4 1990~2014年京津冀三地进出口总额构成

资料来源：根据各年份《北京统计年鉴》《天津统计年鉴》《河北经济年鉴》《中国统计年鉴》数据整理得到。

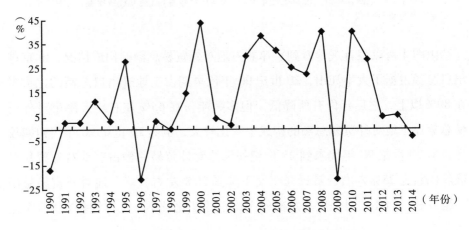

图5 1990~2014年北京市进出口总额增长率

资料来源：根据各年份《北京统计年鉴》数据整理得到。

3. 天津市进出口规模及增长率

20世纪90年代初，天津市进出口总额只有30亿美元左右，90年代中后期逐渐增加到100亿美元。进入21世纪，随着中国加入WTO，天津市进出口总额开始逐渐上升，2001年达到182亿美元，到2008年时已上涨到805亿美元（见图1）。2008/2009年的美国次贷危机对天津市进出口的负面影响也很大，危机的爆发使得天津市进出口总额下降了20.6%（见图6）。之后几年，随着各项利好消息的出台，天津市进出口规模一直在上升，2010～2014 年的年均增长率达到了 16.3%。

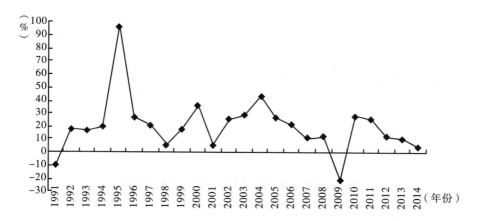

图6 1990～2014 年天津市进出口总额增长率

资料来源：根据各年份《天津统计年鉴》数据整理得到。

4. 河北省进出口规模及增长率

20 世纪 90 年代初，河北省进出口总额只有 24 亿美元左右，1996 年突破 40 亿美元，2000 年为 52 亿美元（见图 1）。进入 21 世纪，河北省对外贸易总额增长较快，2000～2008 年，河北省对外贸易总额年均增长率达到了 27.5%，不可谓不快。当然，受 2008 年美国次贷危机的影响，2009 年进出口总额比 2008 年下降了 22.9%。受前期基数小的影响，2010 年和 2011 年河北省进出口总额的同比增长率分别为 41.6% 和 27.8%。2012 年，河北省进出口总额同比下降 5.7%，2013 年和 2014 年分别同比增长 8.6% 和 9.1%（见图 7）。

（二）京津冀出口贸易概况

从总量看，北京进出口规模远高于同期的天津和河北，表 7 给出了三地各自的出口额与出口依存度。由表 7 可知，近年来，北京和天津出口依存度相差不大，都维持在 20% 左右，而河北的出口依存度较低，2014 年只有 7.5%。

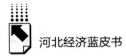

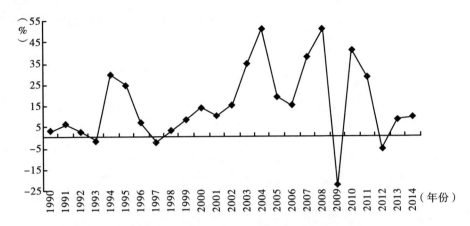

图7　1990~2014年河北省进出口总额增长率

资料来源：根据各年份《河北经济年鉴》数据整理得到。

表7　京津冀三地出口额与出口依存度

单位：万美元，%

年份	出口总额			出口依存度		
	北京	天津	河北	北京	天津	河北
1990	441348	178555	190069	42.2	27.5	10.1
1991	457114	160636	202052	40.6	25.0	10.0
1992	561037	175234	194801	43.6	23.5	8.4
1993	669930	194234	167991	43.6	20.8	5.7
1994	834205	239978	230303	62.8	28.2	9.1
1995	1024977	299841	286635	56.8	26.9	8.4
1996	811975	404913	308989	37.7	30.0	7.4
1997	961103	501818	325480	38.4	32.9	6.8
1998	1051293	549856	311632	36.6	33.1	6.1
1999	990352	633199	311957	30.6	34.9	5.7
2000	1196916	862906	370685	31.3	42.0	6.1
2001	1177236	950177	395613	26.3	41.0	5.9
2002	1261386	115949	459402	24.2	4.5	6.3
2003	1688682	1437396	592863	27.9	46.1	7.1
2004	2056926	2086544	934031	28.2	55.5	9.1
2005	3086590	2741476	1092685	36.3	57.5	8.9
2006	3795398	3353985	1283469	37.3	59.9	8.9

续表

年份	出口总额			出口依存度		
	北京	天津	河北	北京	天津	河北
2007	4892639	3816122	1701651	37.8	55.2	9.5
2008	5749961	4222900	2402981	35.9	43.6	10.4
2009	4835807	2998500	1569129	27.2	27.2	6.2
2010	5543942	3751700	2257002.8	26.6	27.5	7.5
2011	5899770	4449800	2858386	23.4	25.4	7.5
2012	5963212	4831400	2960384	21.1	23.7	7.0
2013	6309757	4902500	3096268	20.0	21.1	6.8
2014	6234791	5259657	3571342	18.2	20.8	7.5

资料来源：1990~2013年数据根据各年份《北京统计年鉴》《天津统计年鉴》《河北经济年鉴》《中国统计年鉴》数据整理得到，2014年数据来源于国家数据（http://data.stats.gov.cn/index.htm）。

北京出口贸易以一般贸易为主，2014年一般贸易出口额占所有贸易方式的45.5%，加工贸易占35.8%，其中有24.2%属于来料加工。北京2014年出口总额中，国有企业出口337.3亿美元，占当年出口总额的54.1%，同比减少0.1%；外商投资企业出口207.4亿美元，占当年出口总额的33.3%，同比减少8.5%；民营企业出口78.2亿美元，占当年出口总额的12.5%，同比增长18.2%。北京前十位的出口对象是美国、中国香港、日本、越南、韩国、印度、新加坡、伊朗、印度尼西亚和俄罗斯，对这十个国家和地区出口额占2014年北京出口总额的47.9%。

2014年，天津一般贸易出口达43.6%，高于加工贸易7.6个百分点，同比提高了1.5个百分点，保税仓储转口货物进出口额达221亿美元，同比增长23.8%。2014年，天津对新兴市场出口额占出口总额的46.7%，同比增长9.5%。

2014年，河北省出口总额为357.1亿美元，同比增长15.4%。东盟成为河北省第一大出口市场，对东盟出口额占全省出口总额的15.1%，增幅达到41.1%。民营企业出口214.5亿美元，同比增长24%。

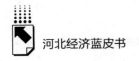

（三）京津冀进口贸易概况

就进口规模来看，京津冀三地的差别较大，2014 年，北京进口总额为
3533.1 亿美元，天津为 813.2 亿美元，而河北只有 241.7 亿美元。就进口依存
度而言，京津冀三地的差别也较大，近年来，北京进口依存度已经达到 110%
左右，天津只有 33% 左右，而河北更低，只有 5% 左右（见表 8 和图 8）。

表 8 京津冀三地进口额和进口依存度

单位：万美元，%

年份	进口总额			进口依存度		
	北京	天津	河北	北京	天津	河北
1990	1923128	42424	36716	183.7	6.5	2.0
1991	1967023	41377	38498	174.8	6.4	1.9
1992	1937204	62343	51426	150.7	8.4	2.2
1993	2121769	83432	75736	138.0	8.9	2.6
1994	2053873	91254	85762	154.6	10.7	3.4
1995	2678536	354715	106169	148.4	31.8	3.1
1996	2119858	42483	111423	98.5	3.1	2.7
1997	2077749	500468	86448	82.9	32.8	1.8
1998	1999315	511739	111286	69.6	30.8	2.2
1999	2445599	627265	146081	75.6	34.6	2.7
2000	3743125	852835	152775	98.0	41.5	2.5
2001	3972572	868459	178163	88.7	37.5	2.7
2002	3989142	1123168	207163	76.5	43.2	2.8
2003	5161335	1499745	305029	85.3	48.2	3.6
2004	7400647	2115404	418593	101.5	56.3	4.1
2005	9464052	2597186	514447	111.2	54.5	4.2
2006	12008265	3103307	569147	117.9	55.4	4.0
2007	14407337	3338859	852197	111.3	48.3	4.8
2008	21419329	3831000	1438870	133.8	39.6	6.2
2009	16643296	3395900	1392002	93.5	30.8	5.5
2010	24622187	4468400	1936113	118.1	32.8	6.4
2011	33058544	5889300	2501524	131.4	33.6	6.6
2012	34847523	6730900	2094405	123.0	33.0	5.0
2013	36684413	7950300	2392030	116.5	34.3	5.2
2014	35330641	8131575	2416946	103.0	32.2	5.1

资料来源：1990～2013 年数据根据各年份《北京统计年鉴》《天津统计年鉴》《河北经济年鉴》
《中国统计年鉴》数据整理得到，2014 年数据来源于国家数据（http://data.stats.gov.cn/
index.htm）。

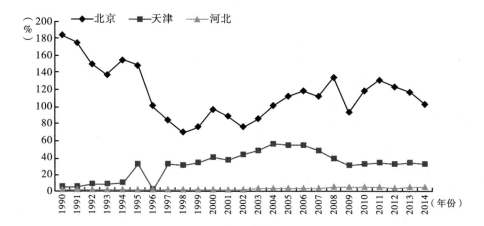

图8　京津冀三地进口依存度

资料来源：1990～2013 年数据根据各年份《北京统计年鉴》《天津统计年鉴》《河北经济年鉴》《中国统计年鉴》数据整理得到，2014 年数据来源于国家数据（http：//data. stats. gov. cn/index. htm）。

北京进口贸易中一般贸易占据主导地位，2014 年一般贸易进口额占所有贸易方式的 86.4%，加工贸易只占 7.1%，其中有 5.2% 属于来料加工（见表9）。北京 2014 年进口总额中，国有企业进口 2448.6 亿美元，占当年出口总额的 69.3%，同比减少 1.7%；外商投资企业进口 586.2 亿美元，占当年进口总额的 16.6%，同比增长 12.5%；民营企业进口 145.6 亿美元，占当年进口总额的 4.1%，同比增长 4.1%。北京进口前十位的国家是美国、沙特阿拉伯、安哥拉、德国、瑞士、伊拉克、阿曼、澳大利亚、俄罗斯和日本，2014 年从这十个国家的进口额占北京进口总额的 54.9%。

天津进口贸易以一般贸易为主，2014 年一般贸易进口 413.1 亿美元，占全年进口总额的 52.0%，加工贸易占 25.1%，其中以进料加工为主。天津作为贸易港，保税区贸易占比较大，2014 年保税区仓储转口货物进口量达到 157.4 亿美元，占天津进口贸易总额的 19.8%。2014 年，天津外资企业进口额为 473.2 亿美元，占天津进口总额的 59.5%；国有企业进口额为 165.8 亿美元，占天津进口总额的 20.9%；私营企业进口额为 155.1 亿美元，占天津进口总额的 19.5%。机电产品进口额为 479.0 亿美元，占 60.2%，高新技术产品

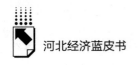

表9 2008～2014年北京市进口贸易方式情况

单位：亿美元，%

进口贸易方式	2010年		2011年		2012年		2013年		2014年	
	金额	比重	金额	比重	金额	比重	金额	比重	金额	比重
一般贸易	2182	88.7	2975	90.0	3112	89.4	3269	89.4	3052	86.4
加工贸易	146	6.0	149	4.5	167	4.8	206	5.6	250	7.1
进料加工	60	2.4	62	1.9	66	1.9	72	2.0	185	5.2
来料加工	86	3.5	87	2.6	101	2.9	135	3.7	65	1.9
保税仓库进出境货物	101	4.4	137	4.1	152	4.4	132	3.6	194	5.5
外商投资企业投资进口的设备、物品	7	0.3	11	0.3	4	0.1	4	0.1	3	0.1

资料来源：北京商务委员会外贸运行处。

进口额为306.4亿美元，占38.5%。天津排名前十位的进口来源地分别是韩国、美国、日本、澳大利亚、德国、法国、巴西、中国台湾、马来西亚和新加坡，2014年从这十个国家和地区的进口额占天津进口总额的75.1%。

河北2014年进口总额为241.7亿美元，以资源型性产品进口为主，铁矿砂进口占5成以上。外商投资企业进口75.0亿美元，占该年进口总额的31%。澳大利亚、巴西、美国、南非、德国、韩国、日本、加拿大、中国台湾和俄罗斯是河北的十大进口来源地，2014年从这十个国家和地区的进口额占河北进口总额的81.5%。

（四）总结

通过对京津冀三地对外贸易基本情况的分析，我们发现，进口贸易对北京市经济社会发展的影响较大，1990～2014年北京市进口依存度远远高于其出口依存度，2014年北京市出口依存度与进口依存度分别为18.2%和103.0%（见图9）。

对于天津而言，2008年之前的多数年份，出口贸易对国民经济的贡献比进口贸易大，如1996年天津市出口依存度和进口依存度分别为30.0%和3.1%。在加入WTO后，天津市2002年的出口依存度由2001年的41.0%骤

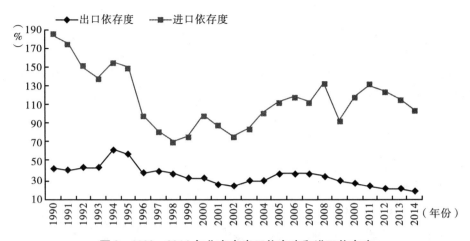

图9 1990~2014年北京市出口依存度和进口依存度

资料来源：根据各年份《北京统计年鉴》数据整理得到。

减到4.5%，而进口依存度却从2001年的37.5%上升到2002年的43.2%。2002年，天津市出口依存度比进口依存度低了38.7个百分点。2006年，天津市出口依存度达到峰值（59.9%），此后便一直下跌，2014年天津市出口依存度仅为20.8%。天津市的进口依存度在2004年达到峰值（56.3%），此后也呈下跌趋势，2014年天津市进口依存度只有32.2%。2009年以后，天津市的出口依存度长期低于进口依存度（见图10）。

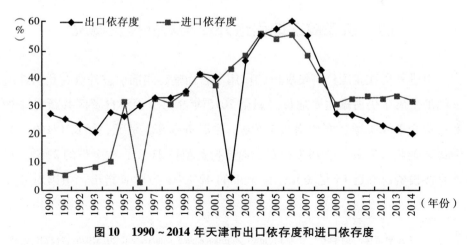

图10 1990~2014年天津市出口依存度和进口依存度

资料来源：根据各年份《天津统计年鉴》数据整理得到。

河北省的进出口依存度较低，且出口依存度一直高于进口依存度，说明对外贸易在河北省国民经济中的地位远低于全国平均水平，且出口贸易的地位高于进口贸易。2008 年金融危机后，河北省出口依存度大幅下降，而进口依存度仍有小幅上升。2014 年，河北省出口依存度和进口依存度分别为7.5% 和 5.1%（见图 11）。

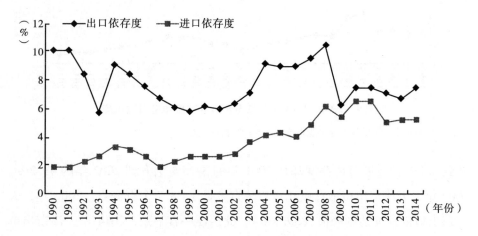

图 11　1990～2014 年河北省出口依存度和进口依存度

资料来源：根据各年份《河北经济年鉴》数据整理得到。

四　京津冀三地引进外资与对外投资概况

引进外资在我国经济发展中的作用不言而喻，当前引进外资在我国外向型经济发展中仍占据主要地位。截至 2015 年 9 月，天津自贸区共新设立外商投资企业 451 家，同比增长 175%，注册资本 931 亿元，增长 171%，其中备案企业 337 家，占 75%；新增境外投资项目 31 个，占全市的 21%，对外直接投资总额近 13 亿美元，占全市的 42%[1]。有学者指出，中国对外经

①　《天津自贸区"期中考"交卷》，http：//finance. sina. com. cn/roll/20151025/111223570053. shtml。

济结构即将进入一个新的发展阶段，对外投资将为中国对外开放型经济提供更大的驱动力①。本部分分别考察了京津冀三地引进外资和对外直接投资的基本情况，为使天津自贸区更好地服务于京津冀协同发展战略提供支持。

（一）京津冀三地引进外资情况

改革开放政策实施以来，我国经济的快速发展得益于大规模的引进外资，当前阶段，对外直接投资是我国转移国内产能的重要途径。京津冀三地的利用外资和引进外资在近年来都得到了有效发展，天津自贸区的成立也从多个方面促进京津冀对外投资领域的发展。

20 世纪初期，北京由于其对外开放的程度较高，引进外资的规模较大。1990 年，北京实际利用外资 2.77 亿美元，天津实际利用外资 0.83 亿美元，而河北只有 0.39 亿美元。1995～2002 年，天津实际利用外资额开始超过北京，如 2002 年北京实际利用外资额只有 17.89 亿美元，而同期天津实际利用外资额高达 38.06 亿美元，是北京的 2 倍多。2003～2006 年，北京实际利用外资额重新超过天津，但自 2007 年以来，天津实际利用外资额超过北京，且两者的差距越来越大。河北实际利用外资额基本保持了同北京相似的变化趋势，2014 年北京实际利用外资额为 90.40 亿美元，河北为 70.10 亿美元（见图 12）。

京津冀三地实际利用外资增长率波动幅度较大，20 世纪初期，三地实际利用外资额均有所增长，且增长率较高。20 世纪末到 21 世纪初，三地实际利用外资额增长率较低，有些年份还是负增长，如天津 2003 年实际利用外资额同比下降了 57%，2001 年北京实际利用外资额同比下降 28%，河北下降 26%（见图 13）。

（二）京津冀三地的对外直接投资

在"引进来"和"走出去"相结合的战略下，近年来我国对外直接投

---

① 裴长洪、郑文：《中国开放型经济新体制的基本目标和主要特征》，《经济学动态》2014 年第 4 期。

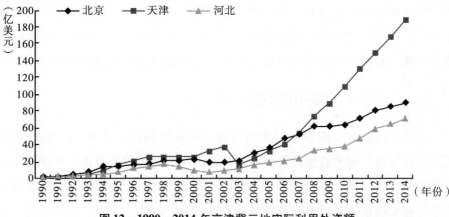

图 12　1990～2014 年京津冀三地实际利用外资额

资料来源：1990～2013 年数据根据各年份《北京统计年鉴》《天津统计年鉴》《河北经济年鉴》数据整理得到；北京市 2014 年实际利用外资额数据来源于《2014 年北京实际利用外资突破 90 亿美元》，http：//finance. chinanews. com/cj/2015/01 – 14/6967317. shtml；天津市 2014 年实际利用外资额数据来源于《2014 年天津利用外资和境外投资获双丰收》，http：//news. xinhuanet. com/local/2015 – 02/04/c_ 1114255829. htm；河北省 2014 年实际利用外资额数据来源于《2014 年河北省国民经济和社会发展统计公报》，http：//district. ce. cn/newarea/roll/201503/02/t20150302_ 4705346_ 2. shtml。

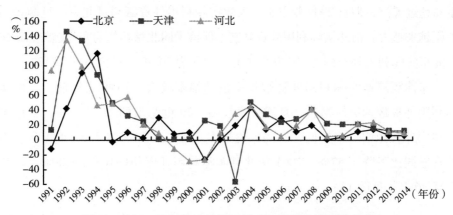

图 13　1991～2014 年京津冀三地实际利用外资额增长率

资料来源：1990～2013 年数据根据各年份《北京统计年鉴》《天津统计年鉴》《河北经济年鉴》数据整理得到；北京市 2014 年实际利用外资额来源于《2014 年北京实际利用外资突破 90 亿美元》，http：//finance. chinanews. com/cj/2015/01 – 14/6967317. shtml；天津市 2014 年实际利用外资额数据来源于《2014 年天津利用外资和境外投资获双丰收》，http：//news. xinhuanet. com/local/2015 –02/04/c_ 1114255829. htm；河北省 2014 年实际利用外资额数据来源于《2014 年河北省国民经济和社会发展统计公报》，http：//district. ce. cn/newarea/roll/201503/02/t20150302_ 4705346_ 2. shtml。

资（Outward Foreign Direct Investment，OFDI）发展迅速。2014 年，我国境内企业对全球 156 个国家和地区的 6128 家境外企业的对外直接投资总额为 1029 亿美元，在全球对外直接投资中继续居于第三位。京津冀地区是我国经济发展最具活力的地区之一，2014 年京津冀三地对外直接投资总额为 73.7 亿美元，占全国对外直接投资总额（1029 亿美元）的比例为 7.16%。

表 10 列出了 2004～2014 年京津冀三地各自的对外直接投资额和京津冀对外直接投资总额，以及三地对外直接投资额占京津冀总额的比重，也给出了各年份京津冀对外直接投资总额占全国的比重。由表 10 可知，京津冀三地对外直接投资总额占全国的比重近年来有所上升。2006 年京津冀三地对外直接投资总额占全国的比重仅为 0.75%，但此后这一比例一直处于上升趋势，2014 年京津冀三地对外直接投资总额占全国的比重已经上升到 7.16%。

表 10　2004～2014 年京津冀三地对外直接投资情况

单位：亿美元，%

年份	对外直接投资额			三地占京津冀的比重			京津冀合计	全国总计	京津冀占全国的比重
	北京	天津	河北	北京	天津	河北			
2004	1.57	0.18	0.13	83.51	9.57	6.91	1.88	54.98	3.42
2005	1.13	0.19	0.85	52.07	8.76	39.17	2.17	122.61	1.77
2006	0.56	0.28	0.49	42.11	21.05	36.84	1.33	176.34	0.75
2007	1.53	0.80	0.54	53.31	27.87	18.82	2.87	248.38	1.15
2008	4.73	0.82	0.54	77.67	13.46	8.87	6.09	418.59	1.45
2009	4.52	2.10	2.20	51.25	23.81	24.94	8.82	477.95	1.84
2010	7.66	3.41	5.32	46.71	20.79	32.44	16.40	601.82	2.72
2011	11.75	4.07	4.64	57.43	19.89	22.68	20.46	685.84	2.98
2012	16.89	6.75	5.78	57.41	22.94	19.65	29.42	777.33	3.78
2013	30.75	9.65	8.90	62.37	19.57	18.05	49.30	901.70	5.47
2014	55.47	14.75	3.50	75.24	20.01	4.75	73.72	1028.90	7.16

资料来源：《2014 年中国对外直接投资统计年鉴》。

分地区看，北京对外直接投资额上升较快，从 2006 年的 0.56 亿美元一直上升到 2014 年的 55.47 亿美元，9 年间上升了近百倍，不可谓不快，自 2004 年以来的年均增长率为 42.8%。自 2004 年开始，天津对外直接投资额就一直处于上升趋势，到2014年这一数值已上升到14.75亿美元，11年间上升了81倍，年均增长率为55.4%。河北对外直接投资额也有一个较快的增长过程，自2004年的0.13亿美元上升到2014年的3.50亿美元，11年间上升了26倍，年均增长率为39.0%（见表10和图14）。

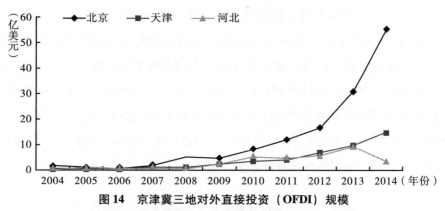

图14　京津冀三地对外直接投资（OFDI）规模

资料来源：《2014年中国对外直接投资统计年鉴》。

总体而言，京津冀区域的对外直接投资存在明显的发展差距。北京对外直接投资在京津冀地区对外直接投资中占据了大半江山，而天津和河北的对外直接投资能力较北京弱，尤其是河北对外直接投资水平近年来一直较低（见表10和图15）。

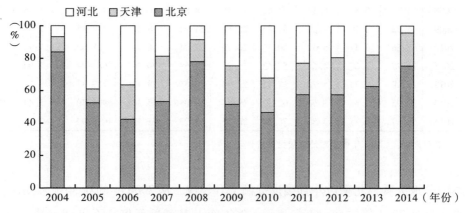

图15　京津冀三地各自OFDI占京津冀总额的比重

资料来源：《2014年中国对外直接投资统计年鉴》。

（三）总结

邓宁的投资发展周期理论将经济发展水平和对外直接投资的关系分为四个阶段（见表 11）。据此判断，北京和天津应处于投资发展阶段的第四阶段，而河北处于第三阶段，其对外投资处于开始增加阶段。但韩红莲等对京津冀三地人均 GDP、对外投资和利用外资实际数据进行考察发现，北京处于投资发展阶段的第三阶段，滞后于其经济发展水平一个阶段，天津处于投资发展阶段的第二阶段，滞后于其经济发展水平两个阶段，河北处于投资发展阶段的第二阶段，滞后其经济发展水平一个阶段①。

表 11 经济发展水平与对外直接投资的关系

项目	阶段一	阶段二	阶段三	阶段四
人均 GDP（美元）	0～400	401～2000	2001～4750	大于 4751
对外投资	几乎没有	很少	增加	快速增加
利用外资	很少	增加	增幅减慢	增幅减慢
开放格局	没有对外投资，只有少量利用外资	利用外资大于对外投资	利用外资与对外投资差值减少	对外投资大于利用外资

资料来源：韩红莲，李慧茹，王昊《京津冀区域"走出去"战略的实施与推进》，《河北大学学报》（哲学社会科学版）2015 年第 4 期。

在引进外资领域，仍要看到外商投资在京津冀三地经济发展中的重要作用，优化外商投资结构，更多地吸引能够促进京津冀产业结构调整的优质外商投资流入京津冀地区。在对外直接投资领域，北京应继续保持领先地位，充分利用天津自贸区政策优势和区位优势，鼓励河北富余产能向境外转移，加快京津冀地区"走出去"进程②。

---

① 韩红莲、李慧茹、王昊：《京津冀区域"走出去"战略的实施与推进》，《河北大学学报》（哲学社会科学版）2015 年第 4 期。

② 韩红莲、李慧茹、王昊：《京津冀区域"走出去"战略的实施与推进》，《河北大学学报》（哲学社会科学版）2015 年第 4 期。

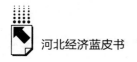

五 天津自贸区对京津冀协同发展的影响

天津自贸区的设立将进一步推进京津冀三地的对外开放，外资质量、资金流动、服务贸易等都将得到很大程度的改进，更加开放的市场将给企业带来实实在在的利益，有利于优化三地的资源配置，负面清单的管理模式将推动京津冀三地加快对接，倒逼其进行改革①。

随着天津自贸区建设逐步走向正规，以及相关政策措施的逐步实施，天津自贸区在京津冀协同发展国家战略中的作用也将显现出来。

我国自贸区建设强调自由贸易，但更加强调综合配套改革；强调提升当地经济竞争力，但更强调经验的可复制与可推广；强调对内的改革助力功能，但也考虑对外的辐射影响功能②。目前来看，天津自贸区的综合配套改革正进行得如火如荼，自贸区建设对提升京津冀三地经济竞争力的作用以及自贸区对外辐射功能的显现仍需假以时日。下面，我们主要从负面清单管理模式、通关一体化政策、京津冀企业融入全球价值链、提升京津冀三地的对外贸易与投资水平几个方面探讨天津自贸区对京津冀协同发展的作用。

（一）负面清单管理模式

负面清单（Negative list）是一种外资管理模式，常与准入前国民待遇相提并论。截至目前，全球至少有 77 个国家采用这种管理模式。负面清单，是指在签订国际投资协定时，缔约方以列表的形式列出与所承担义务不符的特定措施，或者以列表的形式列出某些行业，保留在将来采取不符措施的权利③。负面清单相当于投资领域的"黑名单"，政府规定了不能投资或限制投资的领域和产业，并以清单方式列明了针对外资的与国民待遇、最惠国待

---

① 曹方超：《天津自贸区挂牌成立，力促京津冀发展》，《中国经济时报》2015 年 4 月 24 日。
② 谢杰斌：《新一轮自贸区建设的逻辑与前景》，《社会观察》2015 年第 9 期。
③ 任清：《负面清单，国际投资规则新趋势》，http://finance.people.com.cn/n/2013/1106/c1004-23444008.html。

遇不符的管理措施或业绩要求①、高管人员②等方面的管理限制措施。对于负面清单之外的领域，按照内外资一致原则，改外商投资项目的核准制为备案制，改外商投资企业合同章程的审批制为备案管理。从法律角度看，负面清单是国际法而非国内法的概念，因为负面清单一般规定在国际投资协定的附件中，是一国对他国和/或他国投资者承担的有约束力的国际义务，一经制定，须经缔约双方协商一致才能修改。

与负面清单相对应的是正面清单（Positive list），在这种外资管理模式下，一国政府通过制定投资领域的"白名单"调整外资在本国的产业投资结构，控制敏感行业的外资参与度，为本国相对弱势的民族产业的发展提供生存空间。我国在改革开放初期制定的《外商投资产业指导目录》等即采用了正面清单的管理模式，但这种方式严重制约了投资者的自主性和积极性，很难发挥市场在国民经济发展中的决定性作用③。

在双边或区域贸易协议谈判时，是采用正面清单还是负面清单是由参与谈判的各成员共同决定的，因此就产生了三种清单管理模式：第一种是正面清单模式，以 GATS 为代表；第二种是负面清单模式，以北美自由贸易协定为代表；第三种是混合模式，以欧洲共同体为代表。负面清单模式能够极大地增强市场透明度，增加市场开放度，并能增进市场自由度。当然，负面清单模式的使用也面临一些挑战，长期使用正面清单模式的思维方式需要转变，同时负面清单模式侧重于事中事后监督管理，职责任务加重④。

上海自贸区为我国由正面清单向负面清单管理模式转变提供了试验田。2013 年 9 月 27 日，国务院《中国（上海）自由贸易试验区总体方案》提出了探索建立负面清单管理模式的建议。同年 9 月 29 日，上海市按照《国民

① 业绩要求分为两类：一是不得对投资强制实施出口业绩、国内含量等 8 种业绩要求，二是不得将出口业绩、国内含量等 4 种业绩要求规定为投资获得优惠的条件。

② 关于高管人员的义务是指，不得要求另一方投资者在其境内投资的企业任命具有特定国籍的自然人作为高级管理人员。

③ 杨海坤：《中国（上海）自由贸易试验区负面清单的解读及其推广》，《江淮论坛》2014 年第 3 期。

④ 于宏伟、李静：《负面清单制度的发展与完善》，《中国发展观察》2013 年第 3 期。

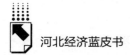

经济行业分类及代码》提出了 18 个门类、190 条特别管理措施，其中禁止类 38 项，限制类 152 项。而对于未列入负面清单的外商投资一般项目采取"非禁即入"的管理模式。2014 版的负面清单进一步将外商投资准入特别管理措施由 190 条减少到 139 条。

负面清单管理模式主要面向服务业，广泛应用于服务业开放中。裴长洪、杨志远和刘洪愧研究认为负面清单管理模式将产生投资创造效应、投资转移效应、贸易创造效应和贸易转移效应四个方面的影响，并对负面清单管理模式下我国服务业转型升级提出了如下建议：发挥大国优势，尽快构建负面清单"区域锚"；以负面清单管理模式为契机，重点发展现代服务业；完善服务业的政府调控机制，以负面清单为手段保护新型服务产业。天津自贸区实施的准入前国民待遇加负面清单管理模式，进一步减少和取消了对外商投资者的资质要求、股权比例、业务范围等方面的准入限制，门槛进一步降低，对外开放水平持续上升，而对于负面清单之外的领域，实施外商投资项目备案制，只要要件齐全，备案可在一天之内办理完成[①]。

（二）通关一体化政策的影响

天津自贸区的功能按海关监管方式划分为海关特殊监管区域和非海关特殊监管区域。2014 年 5 月 14 日，海关总署出台《京津冀海关区域通关一体化改革方案》，提出以海关通关改革落实京津冀协同发展战略的时间表和路线图。2014 年 7 月 1 日，北京海关和天津海关启动实施通关一体化改革，同年 9 月 22 日，石家庄海关加入。此后，京津冀企业可以根据物流需要自主选择口岸清关、转关、"属地申报、口岸放行"、"属地申报、属地放行"、一体化通关等其中的一种通关方式，试点"一地注册、三地报关"。天津海关还将探索使用新媒体技术，实现京津冀三地企业共享"中国海关网上服务大厅""12360 统一服务热线"等公共服务，实现三地企业与海关间即时、

---

① 裴长洪、杨志远、刘洪愧：《负面清单管理模式对服务业全球价值链影响的分析》，《财贸经济》2014 年第 12 期。

便捷的信息互通。此外，自 2014 年 7 月 1 日起，《京津冀检验检疫一体化实施方案》开始实施，分三步逐渐实现"出口直放"和"进口直通"新模式。在此模式下，出口货物只需属地一次验放，口岸不再查验，直接装船登机，可缩短 1 天以上的物流时间；而进口货物可以直接到达目的地施检，可缩短港口滞留时间 1~2 天。

2015 年 4 月 21 日，天津海关推出了首批 18 项监管创新政策，这些政策在推动天津自贸区发挥辐射带动作用、提升贸易便利化水平和支持新型业态发展等方面均取得了显著效果。2015 年 6 月，天津海关又推出 8 项新的创新措施，促进海关制度的创新。

截至 2015 年 10 月底，京津冀地区已设立了 10 个无水港，京津冀通关一体化政策的实施为北京、河北制造业出口开辟了一条"快速通道"，有效降低了自贸区内企业的运营、报关成本，缩短了企业备案审核时间。三地海关通关一体化政策的实施极大地促进了京津冀三地货物贸易、服务与投资便利化的发展，促进了生产要素的有效流动，提升了京津冀区域经济的辐射作用，为未来自贸区内的投资便利化和贸易便利化提供了强有力的支持。

（三）促使京津冀企业融入全球价值链

天津自贸区的最大特色是服务于京津冀协同发展国家战略。天津自贸区实施的更为开放的政策措施为京津冀企业的发展提供了良好的市场经济环境，准入前国民待遇加负面清单管理模式可以深化行政管理体制改革，由此而形成的事中事后监管体系促使京津冀企业在国际通行规则下开展业务，这对于提升三地企业自身能力至关重要。天津自贸区放宽了生产性服务业、先进制造业领域的市场准入，并运用多项金融创新手段（如租赁、股权投资等）引进更多国际先进的技术、设备、管理经验、高端人才等进入京津冀市场，对于三地构建高端产业体系，提升产业链具有积极作用。此外，这些高端生产要素的涌入将促进京津冀企业的技术更新和创新发展，这必将从多方面改造三地的制造业，使其能够顺应全球制造业生产方式的转变。

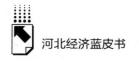

（四）提升京津冀三地的对外贸易与投资水平

天津自贸区建设将提振传统贸易投资业务的发展。我国已基本进入工业化的中后期，以往要素和投资驱动的发展方式将面临深刻变革，偏重出口贸易和以吸引外资为主的外向型经济将转变为进口和出口并重、"引进来"和"走出去"并重，并以对外投资构建以中国企业国际化生产网络为主要内容的外向型经济新格局[①]。中国对外经济结构即将从以引进外资为主转变为以对外投资为主。从京津冀三地对外投资与引进外资比较来看，现阶段仍应重视外商直接投资的流入，但更重要的是充分发挥对外直接投资对本地区经济的反向促进作用。

跨境电商业务发展正在起步，这将极大地促进京津冀对外贸易与投资的发展。2015年10月21日，天津正式获批第八个跨境电商试点城市，为此天津市成立了专门的工作推动小组，拟搭建起跨境电商的公共服务平台，这对于进一步扩大京津冀三地的对外贸易大有裨益。天津市跨境电商已建立起良好的发展基础，天津自贸区三个片区都在跨境电商领域取得了突破性进展。其中，天津港东疆片区将利用跨境电商试点城市的有利时机，充分利用其海运优势发展保税备货模式的跨境电商业务，现已有五大类八十余家国内外知名电商企业计划或已经落户东疆，其发展目标是将天津港东疆片区打造成中国北方最重要的跨境电子商务海港口岸。滨海新区中心商务片区已经入驻多家兼具渠道和技术优势的跨境电子商务综合平台企业，中心商务片区将建成集海关、税务、外汇、检验检疫、电商、物流、金融等服务于一体的跨境电商公共服务平台。此外，跨境电商也是天津自贸区机场片区创新业务的重要一环，多家跨境电商企业和航空物流企业相继落户机场片区，重点发展跨境电商的航空物流业务[②]。

---

① 裴长洪、郑文:《中国开放型经济新体制的基本目标和主要特征》,《经济学动态》2014年第4期。

② 《津获批跨境电商试点自贸区搭台助突破》, http：//www.chinaparkm.com/News/content/show‐3‐8769.html。

六　促进天津自贸区在京津冀协同发展中
作用的政策建议

天津自贸区与京津冀协同发展均是国家战略，两者应相辅相成，共同利用国家政策优势，加快发展。应加快完善天津自贸区自身建设，使其在发挥自贸区功能的同时更好地为京津冀协同发展出力。

（一）完善天津自贸区自身建设

天津自贸区建设要积极学习借鉴国内外的已有经验，对内积极吸取上海自贸区建设的经验教训，与其他三个自贸区一起努力完善中国自贸区的建设工作，做好经验积累与示范；对外可多方位考察国际上通行的自贸区建设方案，完善天津自贸区自身建设工作。迪拜机场自贸区（Dafza）在英国某机构所做的 2012/2013 全球自贸区排名中居于首位。Dafza 具有优良的运输环节，有明确的工作重点，园区内的环保意识持续提高，既有明确的目标以应对中短期的全球经济形势变化，又注意长期的经济变化。这些经验在建设天津自贸区的过程中都值得学习。

天津自贸区应充分发挥自身优势，与其他自贸区展开错位竞争。天津自贸区应严格实施世界自贸区通行的"开放一线、管住二线"的制度，在区内免除通常的监管措施，并制定优惠的税收政策。此外，还应以国际航运中心和国际港口城市建设为目标，筹建十大中心，即国际物流服务中心、国际航运服务与交易中心、国际海事服务中心、国际保税租赁中心、国际金融中心、国际法律咨询服务中心、国际生产贸易服务中心、国际企业服务中心、国际航海文化博览中心和社会生活综合服务中心[①]。

天津自贸区挂牌以来，有一大批政策措施相继获批，为自贸区建设添砖加瓦。2015 年 4 月 21 日～10 月 20 日中国（天津）自由贸易试验区实施半

---

① 天津经济课题组：《建设天津自贸区——经济增长的新极点》，《天津经济》2014 年第 9 期。

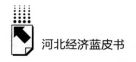

年以来，新登记市场主体 7958 户，同比增长 137.98%，注册资本（金）2120.86 亿元人民币，同比增长 243.24%①。

2015 年 5 月 21 日，中国（天津）自由贸易试验区公布了第一批 122 条制度创新清单②，截至 2015 年 10 月 25 日，已有 60% 的清单内容落地实施。2015 年 10 月 21 日，在推进第一批制度创新举措的基础上，自贸区又制定了第二批制度创新清单，包含 4 个方面 53 条，其中，政府服务和监管创新方面 14 条、促进投资便利化方面 6 条、促进贸易便利化方面 25 条、推动金融开放创新方面 8 条，这些措施将在 2016 年天津自贸区成立一周年时全部完成③。

2015 年 9 月，天津市发展改革委、天津市商务委、天津市市场监管委联合印发了《中国（天津）自由贸易试验区反垄断工作办法》，该办法将自 2015 年 10 月 15 日起在天津自贸区内正式实施。截至 2015 年 10 月 23 日，天津自贸区跨境电商、保税展示交易、平行进口汽车试点等政策获批，全面提升了天津自贸区的贸易便利化。

（二）天津应充分发挥区位优势

天津自贸区的核心是市场经济，在此过程中天津应充分发挥其区位优势（包括濒海、拥有港口和毗邻首都），突出其地位和作用，带动京津冀地区的发展。为此，天津要加强与北京和河北的协同与合作，充分利用国家战略优势和区位优势，推动与周边地区的产业链接，充分利用天津的区位与交通优势，加强与周边地区的内陆无水港和主要物流节点的联系，形成天津与中西部地区的保税物流大网络。

作为我国传统的北方经济中心和环渤海经济圈的引领城市，天津市有着

---

① 赵贤钰：《天津自贸区力推京津冀协同发展》，http：//bhsb. tjbhnews. com/html/2015 – 10/22/content_ 3_ 1. htm。

② 《天津自贸区公布首批 122 条制度创新清单》，http：//finance. ifeng. com/a/20150521/13723037_ 0. shtml。

③ 《天津自贸区再推 53 条制度创新举措》，http：//news. 022china. com/2015/10 – 22/142294_ 0. html。

悠久的开放历史。天津自贸区应进一步突出天津在区位、资源、人才、产业集群等方面的优势，助力京津冀协同发展。尤其是区域通关一体化改革后，企业可自行选择向经营单位注册地、货物实际进出境地海关或其直属海关集中报关点办理通关手续。京津冀通关一体化为生产要素的跨区域自由流动创造了更加便利的条件，有利于形成区域间产业合理分布和上下游联动机制。

天津自贸区内的滨海新区中心商务区的建设目标是打造"京津第二金融街"和央企"第二聚集地"，在京津冀一体化发展过程中还出现了一大批各种各样的大型功能平台，承接北京部分高端制造业和现代服务业的转移。因此，要充分将北京的资金、人才和科技成果资源与天津自贸区的高新技术产业和现代服务业对接，推动自贸区内的"天津制造"向"高精尖智绿"迈进①。

为配合天津自贸区和京津冀协同发展，天津将在 2015 年底至 2016 年年初搭建跨境电商公共服务平台，助力电商企业发展，专门的工作推动小组已经建立。

（三）北京应充分利用政策优势

现阶段，北京应充分利用天津自贸区的政策优惠，扩大进口商品销售。利用北京的海关特殊监管区，把天津自贸区的利好政策延伸到北京。北京没有出海口，京津冀通关一体化政策的实施大幅提高了北京口岸的通过效率，转关直通模式使得北京可以享受天津自贸区的优惠政策。北京企业获利于天津自贸区的改革创新，2015 年上半年，北京到天津投资的企业投资额约占天津吸引内资总额的 41%。中国人民银行总行拟定的支持天津自贸区发展的金融政策允许北京、河北的银行机构为天津自贸区的企业开设自由贸易账户，并为这些企业提供金融服务，该项政策获批后，在天津自贸区注册的北京、河北企业可以在本地就近选择银行机构开设账户和办理业务，北京、河北的银行机构也能新增客户和业务品种，具备为天津自贸区企业提供贷款、境外业务等服务。

---

① 盛斌：《天津自贸区：制度创新的综合试验田》，《国际贸易》2015 年第 1 期。

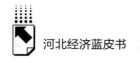
（四）河北应积极融入天津自贸区发展战略

河北省应紧抓京津冀一体化协同发展的机遇，借助天津自贸区建设的政策红利，全面促进对外贸易向更深层次发展，并应充分利用石家庄综合保税区、曹妃甸等特殊监管区域建设的机遇，加快加工贸易发展，提高出口贸易规模，提升对外开放水平。

河北省应充分利用自贸区这一平台，完善招商引资策略，扩大开放力度。天津自贸区的成立将在多个方面为河北省带来扩散效应。河北省应积极利用天津自贸区给本省企业带来的进出口服务方面的便利，结合自身实际，促进对外贸易结构优化，加大优势产品的出口力度，提高本省的对外贸易依存度，让对外贸易更好地拉动河北省经济的发展。

河北与天津的产业结构具有较强的互补性，河北省可重点发展钢材、煤炭、玻璃等特色产品，对接天津的高端制造业，承接北京的产业转移，积极融入以天津自贸区为核心、以京津冀区域的互联互通为抓手的区域产业价值链建设。

提升河北港口综合实力，实现与天津港的错位发展也是河北积极融入天津自贸区战略的重要一环。河北的秦皇岛港、唐山港、黄骅港主要开展石油、煤炭、矿石、装备制造等业务，而天津港主要发展集装箱运输业务。在天津积极准备申请自贸试验区期间，围绕京津冀协同发展，天津就已经与河北签署了一系列协同发展方案，涉及交通、文化、环保等多个领域，这些政策效果将逐渐显现出来。

七 展望

京津冀三地总人口超过 1 亿人，占全国总人口的 7.98%，三地 GDP 占全国 GDP 的 10.9%，社会消费品零售总额占 9.9%，进出口总额占 14.7%，京津冀协同发展将为天津自贸区带来巨大机会，随着京津冀协同发展的深入，三地将从天津自贸区发展中获得更大的发展机遇。

2014 年 11 月 17 日，习近平访问澳大利亚期间再次阐述了中国将坚定不移奉行互利共赢的开放战略的理念。就天津自贸区在我国改革开放新阶段的作用而言，政策制定者将自由贸易试验区作为在全国范围内全面实行自由贸易区政策的改革试验田，因此，包括天津自贸区在内的现有四个自贸区应为扩大开放和全面深化改革探索新途径、积累新经验，服务于自贸区政策的全国推广。

四个自贸区是我国继续深化改革的起点，其最终目标是建立起面向内陆腹地的全面开放态势和面向全球的自由贸易区。这将是一个长期工程。韩国自由经济区的发展模式给我们提供了很多有价值的经验。早在 1960 年韩国就开始了其自由经济区建设，截至 2013 年，韩国自由经济区经历了加工制造型自由经济区、科技型自由经济区、综合型自由经济区和中日韩跨国自由经济区四个主要的发展阶段。在这一过程中，国际环境、国内政策和区内外条件共同推动了韩国自由经济区的发展演化[①]。

天津自贸区既承担着自贸试验区战略，又承担着京津冀协同发展战略，京津冀协同发展战略为天津自贸区的发展提供了国家层面的政策指引，这也是天津自贸区成为第二批获批自贸区的重要前提，天津自贸区战略为京津冀协同发展提供了坚实的物质基础。天津自贸区面向东北亚市场，立足京津冀协同发展。中国近些年加快了自由贸易协定（FTAs）的建设步伐，天津自贸区的发展必将顺应京津冀一体化国家战略发展的需要，聚焦投资、金融与政府职能领域深化改革。

参考文献

[1] 李文溥、陈婷婷、李昊：《从经济特区到自由贸易区——论开放推动改革的第

---

① 杨爽、孟广文、陈会珠、高玉萍、邵擎峰：《韩国自由经济区发展演化过程及启示》，《经济地理》2015 年第 3 期。

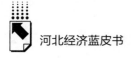
三次浪潮》，《东南学术》2015 年第 1 期。

[2] 孟广文：《建立中国自由贸易区的政治地理学理论基础及模式选择》，《地理科学》2015 年第 1 期。

[3] 李洪侠：《自由贸易试验区试什么？》，《中国财政》2013 年第 18 期。

[4] Cadot, O., Melo, J., Olarreaga, M., "Can Bilateralism Ease the Pains of Multilateral Trade Liberalization?" World Trade Organization, Working Paper, June, 1998.

[5] 高中理、刘丽伟、邓业建：《中国（上海）自由贸易试验区：探路中国经济参与全球化的"升级版"》，《地方财政研究》2013 年第 12 期。

[6] 庄峻：《亲历保税区到自贸区的变革》，《档案春秋》2014 年第 12 期。

[7] 裴长洪、郑文：《中国开放型经济新体制的基本目标和主要特征》，《经济学动态》2014 年第 4 期。

[8] 吴润生、曲凤杰：《跨太平洋伙伴关系协定（TPP）：趋势影响及战略对策》，《国际经济评论》2014 年第 1 期。

[9] 《天津自贸区政策解读》，http：//www. chinaparkm. com/News/content/show － 4 － 7623. html。

[10] 盛斌：《天津自贸区：制度创新的综合试验田》，《国际贸易》2015 年第 1 期。

[11] 《天津自贸区"期中考"交卷》，http：//finance. sina. com. cn/roll/20151025/111223570053. shtml。

[12] 韩红莲、李慧茹、王昊：《京津冀区域"走出去"战略的实施与推进》，《河北大学学报》（哲学社会科学版）2015 年第 4 期。

[13] 曹方超：《天津自贸区挂牌成立，力促京津冀发展》，《中国经济时报》2015 年 4 月 24 日。

[14] 谢杰斌：《新一轮自贸区建设的逻辑与前景》，《社会观察》2015 年第 9 期。

[15] 任清：《负面清单，国际投资规则新趋势》，http：//finance. people. com. cn/n/2013/1106/c1004 － 23444008. html。

[16] 杨海坤：《中国（上海）自由贸易试验区负面清单的解读及其推广》，《江淮论坛》2014 年第 3 期。

[17] 于宏伟、李静：《负面清单制度的发展与完善》，《中国发展观察》2013 年第 3 期。

[18] 裴长洪、杨志远、刘洪愧：《负面清单管理模式对服务业全球价值链影响的分析》，《财贸经济》2014 年第 12 期。

[19] 《天津海关 8 项新举措助推自贸试验区创新发展》，http：//www. tj. xinhuanet. com/tt/jcdd/2015 － 07/05/c_ 1115818925. htm。

[20] 王立岩：《战略视角下天津自贸区建设的思考——中国－东盟自贸区的比较与启示》，《未来与发展》2015 年第 8 期。

[21] 《津获批跨境电商试点自贸区搭台助突破》，http：//www. chinaparkm. com/

News/content/show－3－8769. html。

［22］天津经济课题组：《建设天津自贸区——经济增长的新极点》，《天津经济》
2014 年第 9 期。

［23］赵贤钰：《天津自贸区力推京津冀协同发展》，《滨海时报》2015 年 10 月 22
日。

［24］《天津自贸区公布首批 122 条制度创新清单》，http：//finance. ifeng. com/a/
20150521/13723037＿ 0. shtml。

［25］《天津自贸区再推 53 条制度创新举措》，http：//news. 022china. com/2015/
10－22/142294＿ 0. html。

［26］杨爽、孟广文、陈会珠、高玉萍、邵擎峰：《韩国自由经济区发展演化过程及
启示》，《经济地理》2015 年第 3 期。

❖ 皮书起源 ❖

"皮书"起源于十七、十八世纪的英国，主要指官方或社会组织正式发表的重要文件或报告，多以"白皮书"命名。在中国，"皮书"这一概念被社会广泛接受，并被成功运作、发展成为一种全新的出版形态，则源于中国社会科学院社会科学文献出版社。

❖ 皮书定义 ❖

皮书是对中国与世界发展状况和热点问题进行年度监测，以专业的角度、专家的视野和实证研究方法，针对某一领域或区域现状与发展态势展开分析和预测，具备原创性、实证性、专业性、连续性、前沿性、时效性等特点的公开出版物，由一系列权威研究报告组成。

❖ 皮书作者 ❖

皮书系列的作者以中国社会科学院、著名高校、地方社会科学院的研究人员为主，多为国内一流研究机构的权威专家学者，他们的看法和观点代表了学界对中国与世界的现实和未来最高水平的解读与分析。

❖ 皮书荣誉 ❖

皮书系列已成为社会科学文献出版社的著名图书品牌和中国社会科学院的知名学术品牌。2011年，皮书系列正式列入"十二五"国家重点出版规划项目；2012~2015年，重点皮书列入中国社会科学院承担的国家哲学社会科学创新工程项目；2016年，46种院外皮书使用"中国社会科学院创新工程学术出版项目"标识。

中国皮书网

www.pishu.cn

发布皮书研创资讯，传播皮书精彩内容
引领皮书出版潮流，打造皮书服务平台

栏目设置：

☐ **资讯**：皮书动态、皮书观点、皮书数据、
　　　　皮书报道、皮书发布、电子期刊

☐ **标准**：皮书评价、皮书研究、皮书规范

☐ **服务**：最新皮书、皮书书目、重点推荐、在线购书

☐ **链接**：皮书数据库、皮书博客、皮书微博、在线书城

☐ **搜索**：资讯、图书、研究动态、皮书专家、研创团队

　　中国皮书网依托皮书系列"权威、前沿、原创"的优质内容资源，通过文字、图片、音频、视频等多种元素，在皮书研创者、使用者之间搭建了一个成果展示、资源共享的互动平台。

　　自 2005 年 12 月正式上线以来，中国皮书网的 IP 访问量、PV 浏览量与日俱增，受到海内外研究者、公务人员、商务人士以及专业读者的广泛关注。

　　2008 年、2011 年中国皮书网均在全国新闻出版业网站荣誉评选中获得"最具商业价值网站"称号；2012 年，获得"出版业网站百强"称号。

　　2014 年，中国皮书网与皮书数据库实现资源共享，端口合一，将提供更丰富的内容，更全面的服务。

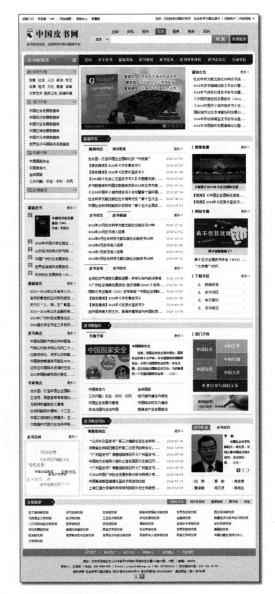

法 律 声 明